Herausgeber:
Dirk Baecker, Zeppelin University, Friedrichshafen
Cornelia Bohn, Universität Luzern
William Rasch, Indiana University, Bloomington
Urs Stäheli, Universität Hamburg
Rudolf Stichweh, Universität Luzern

Wissenschaftlicher Beirat:
Mathias Albert (Bielefeld), Peter Beyer (Ottawa), Jean Clam (Paris), Elena Esposito (Reggio Emilia),
Peter Fuchs (Neubrandenburg), Stephan Fuchs (Charlottesville), Hans Ulrich Gumbrecht (Stanford),
Roar Hagen (Tromsø), Alois Hahn (Trier), Kai-Uwe Hellmann (Berlin), Toru Hijikata (Tokyo),
Michael Hutter (Berlin), Klaus Peter Japp (Bielefeld), André Kieserling (Bielefeld),
Karl-Heinz Ladeur (Hamburg), Armin Nassehi (München), Detlef Pollack (Münster),
Darío Rodriguez Mansilla (Santiago de Chile), Gunther Teubner (Frankfurt a. M.),
Klaus A. Ziegert (Sydney)

Redaktion:
Johannes F. K. Schmidt

Redaktionsadresse:
Soziologisches Seminar, Kultur- und Sozialwissenschaftliche Fakultät, Universität Luzern
Frohburgstrasse 3, PF 4466, CH-6002 Luzern
Fax (+41) (0)41 / 229 55 55, E-Mail: soziale.systeme@unilu.ch

Rezensionen:
Janet Burch, Soziologisches Seminar, Kultur- und Sozialwissenschaftliche Fakultät, Universität Luzern
Frohburgstrasse 3, PF 4466, CH-6002 Luzern
Tel. (+41) (0)41 / 229 56 80, Fax (+41) (0)41 / 229 55 55, E-Mail: janet.burch@unilu.ch

Umschlagentwurf:
Rolf-Hermann Geller, Fachhochschule Neubrandenburg

Homepage:
http://www.soziale-systeme.ch

ISBN 978-3-8282-0560-4
ISSN 0948-423X

© Lucius & Lucius Verlagsgesellschaft mbH, Gerokstraße 51, D-70184 Stuttgart
Tel. (+49) (0)711/24 20 60, Fax (+49) (0)711/24 20 88
E-Mail: lucius@luciusverlag.com. Internet: www.luciusverlag.com

Die Zeitschrift Soziale Systeme erscheint zweimal jährlich mit einem Jahresgesamtumfang
von ca. 400 Seiten. Jahresabonnement 2010: Bibliotheken € 64,–, Persönl. Abo. € 52,–,
Studentenpreis € 36,–; Versandkosten € 3,– / Ausland € 6,–; Einzelheft € 35,– zuzüglich Versandkosten.
Alle Bezugspreise sind unverbindliche Preisempfehlungen. Abonnements laufen jeweils auf das Ende
eines Kalenderjahres. Sie verlängern sich automatisch um ein weiteres Jahr, wenn sie nicht 3 Monate
vor Jahresende durch eingeschriebenen Brief gekündigt werden.

Anzeigen: Anzeigenpreisliste vom 1.1.2010

Satz: Claudia Rupp, Stuttgart
Druck: Rosch-Buch, Scheßlitz

Jürgen Kaube/Johannes F.K. Schmidt (Hrsg.)

Die Wirklichkeit der Universität

Rudolf Stichweh zum 60. Geburtstag

Lucius & Lucius · Stuttgart

Herausgeber:
Dirk Baecker, Zeppelin University, Friedrichshafen
Cornelia Bohn, Universität Luzern
William Rasch, Indiana University, Bloomington
Urs Stäheli, Universität Hamburg
Rudolf Stichweh, Universität Luzern

Redaktion:
Johannes F. K. Schmidt

ISBN 978-3-8282-0560-4
ISSN 0948-423X

© Lucius & Lucius Verlagsgesellschaft mbH, Gerokstraße 51, D-70184 Stuttgart
Tel. (+49) (0)711 / 24 20 60, Fax (+49) (0)711 / 24 20 88
E-Mail: lucius@luciusverlag.com. Internet: www.luciusverlag.com

Satz: Claudia Rupp, Stuttgart
Druck: Rosch-Buch, Scheßlitz

Printed in Germany

SOZIALE SYSTEME

ZEITSCHRIFT FÜR SOZIOLOGISCHE THEORIE

Jahrgang 16 (2010), Heft 2

Inhalt

Jürgen Kaube
Editorial
Rudolf Stichweh, seine Forschungen und die Soziologie
der Universität   219

Dieter Simon
Die Ausgedienten   224

Wahrheit, Wissenschaft, Weltverkehr

Uwe Schimank
Reputation statt Wahrheit: Verdrängt der Nebencode den Code?   233

Christian Hilgert / Tobias Werron
Verwissenschaftlichung als Globalisierungsdiagnose?   243

André Kieserling
Ausdifferenzierung von Konkurrenzbeziehungen.
Wirtschaft und Wissenschaft im Vergleich   259

Christian Mersch
Patente und Publikationen   277

Raf Vanderstraeten
Disziplinbildung. Zum Wandel wissenschaftlicher
Kommunikation in der Soziologie   297

Hartmann Tyrell
Universalgeschichte, Weltverkehr, Weltgesellschaft.
Begriffsgeschichtliche Anmerkungen   313

Universität, Idee, Reform

Heinz-Elmar Tenorth
Lebensform und Lehrform – oder: die Reformbedürftigkeit
der »Humboldtschen« Universität 341

Dirk Baecker
A Systems Primer on Universities 356

Cornelia Bohn
Die Universität als Ort der Lektüre. Printkultur trifft Screenkultur 368

Hans Ulrich Gumbrecht
Was ist »die amerikanische Universität« – und was sollen
amerikanische Universitäten sein? Neun ethnographische
Aufnahmen und zwei systemische Fragen 380

Adrian Itschert
Harvard, Princeton, Yale und das Meritokratiemodell 390

Georg Stanitzek
Die Bohème als Bildungsmilieu: Zur Struktur eines Soziotopos 404

Boris Holzer
Was man an der Uni lernt 419

Maren Lehmann
Pendeln. Oder: Variable Absenz als Form der Universität 430

Ulrich Schreiterer
Die überforderte Universität 438

Stefan Kühl
Der Sudoku-Effekt. Zu den Gründen und Folgen der
Komplexitätssteigerung an den Hochschulen 444

Zum Schluss

Nikolaus Wegmann
Wie kommt die Theorie zum Leser? Der Suhrkamp Verlag
und der Ruhm der Systemtheorie 463

Abstracts 471
Über die Autoren 482
Autorenhinweise 486

Soziale Systeme 16 (2010), Heft 2, S. 219-223

Jürgen Kaube

Editorial

Rudolf Stichweh, seine Forschungen und die Soziologie der Universität

»So gut wie jeder Gebildete«, zitiert Rudolf Stichweh einmal die amerikanischen Organisationsforscher Michael Cohen und James Marsh (1974, 195) »kann eine Vorlesung über ›Die Ziele der Universität‹ halten. So gut wie niemand wird sie sich freiwillig anhören.« Was das Festredenformat angeht, das hierzulande, aber auch in der angelsächsischen Welt üblich ist, so wäre nur das Wort »Ziel« durch »Idee« zu ersetzen, und die Diagnose bleibt stichhaltig. Doch soll man auf Festreden viel geben? Etwas schon. Vergleicht man nämlich mit anderen Organisationen, die sich ja auch in regelmäßigen Abständen feiern, scheint es sich um eine universitäre Spezifik zu handeln. »Die Idee der Bank«, »Die Idee der Sozialdemokratie« oder »Die Idee der Polizei« sind Titel, die man lange suchen kann. Die Universität ist gewissermaßen eine Institution, an die Ideen nicht primär von außen, sondern von innen herangetragen werden. Es mag sein, dass dieser Tatbestand, dem ihre soziologische Analyse Rechnung tragen muss, mit der Besonderheit von Universitäten zusammenhängt, im Unterschied zu viel eindeutigeren Organisationen in zwei gesellschaftliche Funktionssysteme einbezogen zu sein, also ohnehin kein ganz selbstverständliches Ziel zu haben und mindestens zwei Aufgaben lösen zu wollen: die der erziehenden Lehre und die der wissenschaftlichen Forschung. Ihre »Idee« wäre dann von vornherein eine ganz bestimmte, nämlich beides, die allgemeine Bildung und die Beförderung des Spezialistentums, durch dieselben Vollzüge zu leisten. Ein noch besserer Begriff als »Idee« wäre insofern, um die Unwahrscheinlichkeit und historische Vielfalt der dafür jeweils beanspruchter Lösungen zu betonen, »Ideal«.[1]

Zu diesem idealisierenden Umgang der Universität mit sich selbst stehen die soziologischen Studien Rudolf Stichwehs, wenn ein Laie hier gewissermaßen als Kurzschüler diesen Eindruck formulieren darf, in einem besonderen Verhältnis. Man könnte sagen: Sie entbehren nicht einer taktvollen Normativität, die sich daraus ergibt, dass der Soziologe in der Universität über die

---

1   Etwa im Sinne von Gottlieb Leuchtenberger (1893, 17 ff.), wonach das Ideal die historisch-regionale Ausdeutung einer Idee, also die jeweilige Art, sich etwas als vollkommen zurechtzulegen, ist. Man könnte so der Tatsache Rechnung tragen, dass dieselbe »Idee« von sehr unterschiedlichen Universitätssystemen in Anspruch genommen wird.

Universität als etwas spricht, woran er nicht als Teil des Publikums beteiligt ist. Unter all denen, die an der Fortentwicklung der soziologischen Systemtheorie arbeiten, ist Stichweh vermutlich derjenige mit dem größten und auch ausdrücklichsten Respekt gegenüber ihren Anfängen im Werk von Talcott Parsons. Dessen Gedanke, die Wissenschaft selbst als eine Profession zu behandeln, deren Klient die Gesellschaft ist und sie insofern zum evolutionär treibenden Funktionssystem zu machen, die Universität aber als Konkretisierung der damit verbundenen Werte, wird von Stichweh zwar nicht einfach übernommen. Doch die vielfältigen Studien, die er zum Gestaltwandel des Fremden, zur Lage der Professionen oder zur Weltgesellschaft als Wissensgesellschaft durchgeführt hat, teilen ein deutliches Interesse an der Frage mit, wie kognitive Einstellungen – beispielsweise zu Migranten – und empirischer Erkenntnisgewinn die Gesellschaft verändern. Es ist darum wohl kein Zufall, dass die Universität, jene »Intelligenzbank« (Parsons / Platt 1990, 407), bei Stichweh wie bei Parsons nicht nur überhaupt an zentraler Stelle der Gesellschaftstheorie, sondern auch ohne jene Ironie behandelt werden, die so gut wie jeder andere Systemtheoretiker ihr gegenüber nutzt.

Stichwehs Studien lesen sich darum mitunter wie der Versuch, das Motiv der nützlichen und darum allgemein zu verbreitenden Erkenntnis, wie es im 18. Jahrhundert als Definition von »Aufklärung« aufkam, durch die Kritik, die daran sowohl im Neuhumanismus wie in den sich spezialisierenden und allgemeinen Nützlichkeitserwartungen sich entziehenden Disziplinen formuliert wurde, hindurchzuretten. Insofern kann man nicht sagen, dass seine Arbeiten zur europäischen Universität, die von ihrer frühneuzeitlichen Geschichte bis in die Gegenwart reichen, den Idealen einfach nur die Wirklichkeiten gegenüberstellen. Vielmehr gelten sie oft der Wirksamkeit von Idealen wie der »Einheit von Lehre und Forschung«, der »Bildung« – die in seinen Schriften nirgendwo in Gegensatz zu Begriffen wie Humankapital« tritt – oder auch der »Massenuniversität«, die wiederum für Stichweh nicht nur eine Wirklichkeit im Gegensatz zur Idee ist, sondern ein Zustand, der sich folgerichtig aus der sachlichen Inklusivität der Hochschule ergibt. Wenn sie für alle Formen des Wissens einen disziplinären Ort kennt, spricht auch nichts dagegen, alle universitär zu erziehen. Stichwehs überraschende These, dass Inklusion nie zum entschiedenen Programm der europäischen Hochschulen geworden sei (1994a, 258), steht darum nur vordergründig im Widerspruch zu späteren Diagnosen, das entscheidende Merkmal der Universität des zwanzigsten Jahrhunderts heiße Inklusion (2006). Denn er argumentiert auch hier im Sinne hochschulinterner Normimplementation, wenn er für die europäischen Hochschulen eine Reihe von Grenzziehungen nach außen – zur Berufsausbildung, zur Eliten- und Massenerziehung, zur Allgemeinbildung – konstatiert, die das amerikanische Universitätssystem als eine Reihe von Grenzziehungen innerhalb der Hochschulen realisiert hat.

Eine ähnliche Wendung nehmen Stichwehs Überlegungen zum Bildungsbegriff. Die ältere Vorstellung ging dahin, universitäre Bildung bestehe letztendlich in der Fähigkeit der Studierenden, für philosophische Gesichtspunkte an ihren Erkenntnisobjekten empfänglich zu sein. Dem wird dann oft die Wirklichkeit der spezialisierten Wissenschaft und der spezialisierten Berufswelt gegenübergestellt und je nachdem das eine oder das andere präferiert.[2] Stichweh hingegen verweist auf zwei Argumente, die noch im Kontext der idealistischen Universitätsbegründung formuliert worden sind: Auf den Zusammenhang von Bildung und Individualität und auf das Postulat eines wissenschaftlichen Weltbildes, das an der Universität vermittelt werden soll. Die wissenschaftliche Welt sich aus einem individuellen Gesichtspunkt heraus zu erschließen, diese Aufforderung entproblematisiere, so Stichweh (1994b, 220), den Gegensatz von Spezialistentum und persönlicher Entwicklung, Fachstudium und studium generale. Denn auch Disziplinen sind, in der Sprache Herders, Schillers oder Hegels, Individuen, die ein Verhältnis zum Ganzen unterhalten und deren Studium alle Kräfte einer Person in Anspruch nehmen kann. In einem sehr schönen Text zur Popularisierung wissenschaftlicher Erkenntnis hat Stichweh diese These an disziplinären Spezialisten wie Stephen Jay Gould oder Jared Diamond exemplifiziert, die ohne Umweg über die Philosophie in popularisierenden Werken zur »allgemeinen Selbstreflexion des Denkens und der Gesellschaft« (2005, 102) beigetragen haben. Man könnte weiter auf Autoren wie Erwin Panofsky, Norbert Wiener, John von Neumann, Gregory Bateson oder Erving Goffman verweisen, zum Beweis der Möglichkeit, unmittelbar aus hochspezialisierten Erkenntniszusammenhängen heraus und nicht in einem reflexiven Nachspiel zu ihnen »uneinseitiges« Denken zu realisieren. Die Universität hätte nur zu fragen, unter welchen Bedingungen sie solche Forscher – deren Typus schon im neunzehnten Jahrhundert bei Helmholtz, Marx und Freud sich abzeichnet – an sich zu binden vermag und wie sie die Bildungsidee, die sich an ihren Werken demonstrieren lässt, in ihrer Lehre konkretisieren kann. In einem Beitrag zur Massenuniversität spricht Stichweh davon, es seien »Nischen der Armut und Nischen der Gemeinschaft« (2010) einzurichten, die denjenigen, die sich ganz auf Erkenntnis konzentrieren wollen und darin einen Interessengegensatz von Forschern und Lernenden nicht kennen, die Möglichkeit dazu geben.
Diese Beispiele mögen genügen, um den sachlichen Optimismus anzudeuten, der die Forschungen Rudolf Stichwehs zur Universität auszeichnet, weil sie historisch die Differenzierungsfähigkeit dieser Organisation kennen und weil sie Empirie als die permanente Verflüssigung und den unablässigen Austausch von Unterscheidungen (Idee und Wirklichkeit, Bildung und Humankapital, Elitenerziehung und Massenuniversität usw.) betrachten. Das vorliegende Heft der *Sozialen Systeme* versammelt aus Anlass des sechzigsten

2 Zuletzt etwa die philosophische Erziehung bei Brandt 2011.

Geburtstags von Rudolf Stichweh Beiträge zur Soziologie der Universität und der Wissenschaft. Es gibt dabei seinerseits und absichtsvoll einen Eindruck von dem Variantenreichtum, in dem systemtheoretisch angeregte Forschungen zu ein und demselben Gegenstand vorliegen.

Zuletzt sei eine Bemerkung zur Bildung und Individualität des Forschers erlaubt, in Form eines winzigen Beitrags zur empirischen Wissenschaftsforschung. Was für ein Wissenschaftler Rudolf Stichweh ist, nämlich ein lesender, darauf geben unter manche Eigenheiten seiner Schriften vor allem die Fußnoten einen Hinweis. Nehmen wir zum Beispiel die Fußnote 37 seines Aufsatzes über den »Körper des Fremden« von 1995, in dem er der Frage nachgeht, unter welchen Voraussetzungen es sozialhistorisch überzeugend sein konnte, Fremde an Körpermerkmalen zu identifizieren. Stichweh zitiert für die Selbstverständlichkeit solcher Identifikationen, wie sie vor allem in der Beschreibung von Juden herrschte, den bedeutenden deutschen Experimentalphysiker Friedrich Kohlrausch, der 1885 in einem Brief über den Besuch eines Habilitanden berichtet, dessen Name zwar nicht jüdisch klinge, dessen Sprache und Körperhaltung aber auf eine solche Zugehörigkeit hindeuteten (2011, 68).

Stichweh hat über die Entstehung der Physik – jenes Faches, das der Soziologie wie kein anderes durch atemberaubende Abstraktionen und Spekulationen einerseits, Materialprüfung und Werkzeugverbesserung andererseits gleicht – als wissenschaftlicher Disziplin in Deutschland seine erste Monographie (1984) geschrieben. Insofern mag man in jenem Exzerpt aus dem Brief Kohlrauschs den Nachweis eines gut geführten und sinnvoll verschlagworteten Zettelkastens erkennen, dessen Einträge über ihren ersten Verwendungskontext (Disziplingeschichte) hinaus auch im Zusammenhang hinzugekommener Forschungsthemen (Fremdheit) informativ sind und genutzt werden. Doch Stichweh zitiert den antisemitischen Experimentalphysiker aus einem amerikanischen Aufsatz von 1989 über »Kohlrausch and Electrical Conductivity«, der fünf Jahre nach Drucklegung seiner Dissertation über die Entstehung des modernen Systems wissenschaftlicher Disziplinen erschienen ist, als er selbst sein Buch über die europäischen Universität im frühmodernen Staat vorbereitete (1991). Zur Geschichte der Physik hat Rudolf Stichweh nach 1988 allerdings, wenn wir richtig sehen, überhaupt nur noch einen einzigen Aufsatz publiziert. Der Zettelkasten wird also gewissermaßen auch rückwärts gefüttert, der Themenpräferenz wird über ihre Nutzung hinaus die Treue gehalten, die Lektüreinteressen werden unabhängig von Publikationsvorhaben beibehalten, die theoretische und empirische Neugierde hängt nicht an den Projekten. Das ist, nach allem, was wir über Soziologen wissen, bemerkenswert und belegt außer einem Vertrauen in freie Lektüre, das auf dem Weg der Serendipität mit Erkenntnis belohnt wird, die Möglichkeit universitärer Forschung, sich den vielfältigen aktuellen Angeboten zur Zweck-Mittel-Vertauschung zu entziehen.

Literatur

Brandt, Reinhardt (2011): Wozu noch Universitäten? Ein Essay. Hamburg.

Cohen, Michael D./March, James G. (1974): Leadership and Ambiguity: The American College President. Berkeley.

Leuchtenberger, Gottlieb (1893): Idee und Ideal. Ein Stück philosophischer Propädeutik. Posen.

Parsons, Talcott/Platt, Gerald (1990): Die amerikanische Universität. Ein Beitrag zur Soziologie der Erkenntnis. Frankfurt a. M.

Stichweh, Rudolf (1984): Zur Entstehung des modernen Systems wissenschaftlicher Disziplinen – Physik in Deutschland 1740-1890. Frankfurt a. M.

Stichweh, Rudolf (1991): Der frühmoderne Staat und die europäische Universität. Zur Interaktion von Politik und Erziehungssystem im Prozeß ihrer Ausdifferenzierung (16.-18. Jahrhundert). Frankfurt a. M.

Stichweh, Rudolf (1994a): Die Form der Universität. S. 246-277 in: Ders., Wissenschaft, Universität, Professionen. Soziologische Analysen. Frankfurt a. M.

Stichweh, Rudolf (1994b): Bildung, Individualität und die kulturelle Legitimation von Spezialisierung. S. 207-227 in: Ders., Wissenschaft, Universität, Professionen. Soziologische Analysen. Frankfurt a. M.

Stichweh, Rudolf (2005): Die vielfältigen Publika der Wissenschaft: Inklusion und Popularisierung. S. 95-111 in: Ders., Inklusion und Exklusion. Studien zur Gesellschaftstheorie. Bielefeld.

Stichweh, Rudolf (2006): Die Universität in der Wissensgesellschaft: Wissensbegriffe und Umweltbeziehungen der modernen Universität. Soziale Systeme 12, 33-53.

Stichweh, Rudolf (2010): Universität nach Bologna. Die soziale Form der Massenuniversität. Luzerner Universitätsreden Nr. 19, 7-12.

Stichweh, Rudolf (2011): Der Körper des Fremden (1995): S. 59-74 in: Ders., Der Fremde. Studien zu Soziologie und Sozialgeschichte. Frankfurt a. M.

Jürgen Kaube
Frankfurter Allgemeine Zeitung
Hellerhofstraße 2-4, D-60327 Frankfurt a. M.
j.kaube@faz.de

Soziale Systeme 16 (2010), Heft 2, S. 224-229

Dieter Simon

Die Ausgedienten[1]

Wenn einer zum Professor an einer Universität ernannt worden ist, dann hat er in der Regel erreicht, was seinem Typus zu erreichen möglich gewesen ist. Eine weitere Karriere ist nicht vorgesehen und nicht in Sicht. Man kann noch – in höherem Alter – in eine Akademie gewählt werden; man kann kleine oder größere Preise gewinnen; Ehrendoktorhüte und Orden einsammeln; Leiter eines Forschungsinstituts werden usw. – gewiss alles sehr schön, aber doch nicht eigentlich eine richtige Karriere wie: vom Angestellten im Schalterdienst zum mächtigen Chef der Bundesbank aufzusteigen oder vom Physikstudenten zum Bundeskanzler, vom Dachdecker zum Landesvater, vom Hacker zum Chef der Sicherheitsdienste o. ä. Man bleibt, was man ist, und lebt, so man nicht aus der vorgegebenen Spur ausbricht, was man geworden: Professor.

In Deutschland sind Professoren, soweit sie die Universitäten bevölkern (und dies ist nach wie vor die Mehrheit), Staatsbeamte, wie die ordinären Lehrer, die Polizisten und viele andere, zum Beispiel Staatsanwälte, Pfarrer, Soldaten, die alle vorgeblich oder tatsächlich der Erhaltung des Staates dienen und deshalb von ihm in besonderer Weise versorgt werden.

Hat ein solcher Staatsbeamter die auferlegten Pflichten erfüllt, geht er in den »Ruhestand«, er wird pensioniert, verzehrt gemächlich und hobbyversorgt sein kleineres oder größeres Ruhegehalt und wartet auf den Tod. Eine andere Transformation als die zum Pensionär, d. h. zum Kostgänger des Staates, hat er nicht mehr zu erwarten.

Für die Universitätsprofessoren war diese Beamtennormalität bis vor wenigen Jahren in einer ganz besonderen Weise modifiziert. Dann, wenn die anderen pensioniert wurden, wurden die Professoren emeritiert, d. h. zwischen Dienstende und Lebensende gab es noch eine kleine Karriere. Es schob sich noch ein privilegierter Zustand ein: der Zustand des Emeritus.

Bis vor wenigen Jahren! Leider muss bemerkt werden, dass der traditionelle, echte und unverfälschte Emeritus durch einen gesetzgeberischen Willkürakt beseitigt wurde. Inzwischen werden, aus schäbigen finanziellen Motiven, nur noch die vor 1975 erstmalig auf einen Lehrstuhl Berufenen in klassischer Weise emeritiert, der ganze Rest wird pensioniert. Die echten Emeriti sind also

---

1 Für Rudolf Stichweh. Aufklärung und Warnung.

vom Aussterben bedroht. Echte Emeritae gibt es ohnehin so gut wie keine, da eine gegenwärtig (2011), d. h. vor mehr als 35 Jahren, erstberufene Professorin nach Lage unserer Dinge ausschließlich dem Bereich der Wunderkinder zugehörig sein dürfte. Und diese sind – wie die Wunder selbst – ziemlich selten. Das Feld wird also inzwischen von Neo- oder Schein-Emeriten beherrscht, was allerdings der folgenden Beschreibung insofern keinen Abbruch tut, als die hübschen Bezeichnungen Emeritus / Emerita sich bruchlos auf die heutigen pensionierten Hochschullehrer übertragen haben, so dass auch die neuen Pseudo-Emeriten sich weiterhin, wenn auch ohne gesetzliche Grundlage als »Emeritus« oder (inzwischen häufiger) »Emerita« bezeichnen – was sich zweifellos besser anhört als »Pensionär(in)« oder gar »Rentner(in)«.

Legitimiert wird dieser Sprachgebrauch mit dem Hinweis auf das fortdauernde Recht der Emeriti, an ihren Hochschulen zu lehren und zu prüfen – worüber beide in aller Regel nicht unglücklich sind. Denn die Lehrbelastung ist in den letzten Jahren deutlich gestiegen und der Emeritus erlaubt den Zuständigen sich ohne Gesichtsverlust in das eine oder andere (Forschungs-) Feriensemester zu verabschieden. Die Titulierung rechtfertigt sich freilich viel begründeter und substantieller durch die uneingeschränkte Übertragung und Fortpflanzung der spezifischen Mentalitäten, Einstellungen und Verhaltensweisen des klassischen Emeritus in die Person des ruhegehaltsverzehrenden Professors.

Emeritus, so sagt das für hartnäckig Neugierige immer noch unverzichtbare Handwörterbuch von Karl Ernst und Heinrich Georges (8. Auflage 1913), kommt von dem lateinischen, aktiven Verb *ēmerēre = verdienen* oder seinem Deponens *ēmerēri = sich erwerben*, wonach ein Emeritus also zunächst derjenige ist, der etwas verdient bzw. sich etwas (z. B. einen Anspruch) erworben hat, kurzum: ein Mensch mit Meriten. Erst in zweiter und übertragener Rede tritt dann für *emeritus* die Bedeutung *ausgedient, alt, unbrauchbar geworden* hinzu. Ein *miles emeritus* ist ein *unbrauchbar gewordener Soldat*, mithin: ein Veteran. Emeriti sind also Veteranen.

Es ist durchaus eine mit der Gesamtheit dieser Konnotationen verknüpfte Welt, aus der der klassische Emeritus sein Selbstverständnis schöpfte, das sich jetzt metempsychotisch im Neo-Emeritus fortsetzt.

Der Emeritus weiß zwar, dass er ein Veteran ist, aber zuvorderst geht er davon aus, dass er sich eine Reihe von Verdiensten erworben hat, aus denen (durchaus bescheidene) Ansprüche erwachsen, die auch ohne explizite Geltendmachung von den maßgebenden Leuten / Kollegen bedient werden sollten.

An erster Stelle ist hier der Wunsch der vom aktiven Dienst Befreiten nach einem Zimmer zu nennen, einem spartanischen Raum mit Schreibtisch und Sitzgelegenheit, wo es sich der niemals ruhende Emeritengeist bequem machen, Tasche und Mantel niederlegen und seine Studien, die schließlich nur hier und nirgendwo sonst abgeschlossen werden können, unbehindert wei-

terführen kann. Dass es sich um ein genügsames Anliegen handelt, erkennt
man daran, dass die Befriedigung naheliegender weitergehender Wünsche
zurückgestellt bzw. unterdrückt wird, etwa die nach kostenfrei gestatteter Inanspruchnahme von Kopierdiensten oder nach einer studentischen Hilfskraft
zur Bücherbeschaffung.

Dass der Zimmerwunsch angesichts der generellen Raumnot der Universität
kein bescheidener, sondern ein höchst anmaßender, fast schon unverschämter
ist, dürfte jedem Angehörigen einer deutschen Hochschule klar sein. Nicht
so dem Emeritus. Denn er hat sich schließlich das Privileg verdient (!), zwar
nicht täglich anwesend sein zu müssen, sondern nur dann und wann, jedoch,
wenn Geist und Seele es so wollen, das ihm zugeteilte Zimmer aufsuchen zu
dürfen, ein bisschen zu lesen, sich alte Bekannte und Vertraute zu bestellen,
ein wenig zu plaudern, und – last not least – umfänglich und fast dienstlich zu
telefonieren, um dann nach Hause zu schreiten, während im Zimmer nebenan zwei junge Kollegen sich echtdienstlich über ihre gegeneinander gescho-
benen Schreibtische beugen und wütend den fröhlichen Lauten von nebenan
lauschen.

Schon lange sind die Verantwortlichen der Fakultäten dazu übergegangen,
dem Zimmerproblem durch das verschiedenen Wahlverfahren abgelauschte
Prinzip der »Häufelung« zu begegnen. Emeriti, denen der Wunsch nicht ab-
geschlagen werden kann, »einen Arbeitsplatz beibehalten« zu dürfen – und
wer würde es wagen, einen Verdienstvollen als unbrauchbar (!) zu schmähen
und ihm damit die Arbeitsplatzberechtigung abzuerkennen – werden »zusam-
mengelegt«. Wobei es sich von selbst versteht, dass das aus den Kontrollen
des Flugverkehrs bekannte »Profiling« stattfindet, d.h., es darf nicht irgend
ein Durchschnitts-Emeritus mit einem Star-Emeritus zusammen gesperrt
werden, sondern es gilt mit der jeweils gebotenen Dezenz im ersten Zimmer
ein Prominenten-Duo, im zweiten eine bedeutende Trias und im dritten ein
Schlicht-Quartett unterzubringen.

Diese Maßnahme muss freilich letzten Endes als Fehlschlag bezeichnet werden. Sie hat die Beliebtheit der Emeriti nicht spürbar erhöht. Denn mag man
auch, wie im Beispiel, statt der 9 Zimmer nur 3 vergeben und mithin 6 frei-
gehalten haben, so sind diese 6 doch längst belegt und gleichwohl ist immer
noch viel zu wenig »Kapazität« vorhanden. Und die drei leerstehenden, wenn
auch mit vielen Prof. Dr. Dr.-Namensschildern versehenen Räume sind be-
harrlich Gegenstand vieler begehrlicher Blicke. Dass sie aber überwiegend
leer stehen, hat seinen Grund nicht etwa im schwindenden Raumwunsch der
Emeriti, sondern in der ihnen aufgenötigten Partnerschaft. Schließlich haben
sie Jahrzehnte allein und souverän in ihren Räumen geherrscht. Sie sind es
nicht gewohnt zu teilen. Natürlich wird der Kollege geschätzt und respektiert,
aber so sympathisch, dass man ihm dauernd begegnen möchte, ist er doch
auch wieder nicht gewesen. Und was einer in »seinem« Zimmer macht, geht

andere auch nichts an. Also müsste geplant werden, wer wann anwesend ist, um sich taktvoll und kollegial aus dem Weg gehen zu können – ein Vorgang, der einer würdevollen Emeritus-Existenz, die sich ihre Spontaneität verdient hat, stracks zuwiderläuft. Ergebnis: der Emeritus verzichtet verbittert auf sein Erscheinen, ohne den Grund für sein Ausbleiben offen benennen zu dürfen. Da dieser aber unschwer zu erraten ist, ist am Ende keiner der Beteiligten zufrieden.

Sieht man davon ab, hat der Emeritus allerdings keinen Grund zur Klage. Niemand erwartet, dass er wissenschaftlich und technisch auf dem neuesten Stand ist. Er braucht weder Sonderdrucke zu lesen, noch die Publikationen jener Kollegen zu studieren, die ihm schon früher gleichgültig waren. Er braucht keine Anträge zu formulieren, kann Ermahnungen und Ermunterungen der Administration ungelesen in den Papierkorb werfen und muss keine gediegen wirkenden Rechenschaftsberichte ersinnen. Er darf Einladungen zu Vorträgen ignorieren und Sitzungsprotokolle als Erinnerungen an vormalige Lästigkeiten überfliegen. Er braucht sich nicht mehr mit den Folgen seines Wirkens auseinanderzusetzen, weil er nicht mehr prüfen muss und deshalb auch nicht mehr damit konfrontiert wird, was er angeblich gelehrt hat. Er kann die Beschäftigung mit neuen pädagogischen Konzepten ausschlagen, selbst wenn sie unerhörte Erfolge auch bei der unbegabten und uninteressierten Studentenmehrheit versprechen sollte. Er wird darauf verzichten, Powerpoint-Vorlesungen zu halten oder darüber nachzugrübeln, ob die gepriesene Blu-ray-Disc seinen DVDs tatsächlich überlegen ist.

Er darf sich ausschließlich mit dem beschäftigen, was ihn interessiert. Er kann freundlich lächelnd und grüßend durch die immer hohlwangiger werdende Universität schweifen, Erfahrung und kompaktes Wissen an geeigneter und dankbarer Stelle abladen und unbeschwert den Heimweg antreten.

Gefahr droht ihm nur dann, wenn er als geeignete und dankbare Stelle aus Versehen oder aus Eitelkeit nicht den Hörsaal, sondern die Sitzungen der Gremien seiner Fakultät identifiziert. Als Emeritus steht ihm ohne Zweifel das Recht zu, an deren Sitzungen teilzunehmen. Er darf zwar bei strategisch wichtigen Dingen, wie etwa einer Berufung, in der Regel nicht mehr mitstimmen, aber er darf mitreden. Ob er auch mitreden sollte, vor allem dann, wenn er, wie meist, nicht nach seinen guten oder schlechten Erfahrungen oder den Umständen, die früher geherrscht haben, gefragt wurde, ist eine andere Sache.

Der feinfühlige Emeritus wird vermutlich jene freundlich angestrengte Höflichkeit nicht übersehen, mit der seine Wortmeldung registriert und er um Äußerung seiner Meinung gebeten wird. Spätestens bei der entschieden wohlwollenden, aber – wie sich schnell zeigt – völlig folgenlosen Zustimmung zu seinen Bekundungen, muss ihm klar werden, dass er ausgedient hat und dass die Weisheiten des Veteranen von gestern sind.

Leider sind nur wenige Emeriti mit solchem Spürsinn ausgestattet. Als Faustregel mag dienen, dass die Beharrungskraft des Emeritus umgekehrt proportional zu seiner ehemaligen Bedeutung als Lehrer und Forscher wächst. Und mit wachsender Beharrungskraft schwindet die Fähigkeit zur Selbstbeobachtung und zur Selbstkritik. Er wird die allergischen Reaktionen (mühsam (halb) unterdrückte Seufzer, plätscherndes Nachfüllen geleerter Tassen und Gläser, demonstrativer Gang zur Toilette usw.) der Aktiven übersehen, wenn er zu Mitteilungen ansetzt, in denen Sätze vorkommen wie: »früher haben wir in solchen Fällen ...«, »erfahrungsgemäß scheitern alle Versuche ...«, »das haben wir schon vor ... Jahren gemacht«, »wenn ich zu bestimmen hätte ...« o. ä. Er wird nicht begreifen, dass sein erhobener Zeigefinger dem Tatendrang seiner Nachfolger, ihrer Dynamik und ihrem entschlossenen Willen zur Gestaltung auch dann im Wege steht, wenn er zu Recht erhoben wurde. Erst wenn ihm eine mitleidige Seele die unfassliche Minderwertigkeit der gegenwärtigen Gremien, ihre Unfähigkeit die Lage zu erkennen und demgemäß zu handeln, ihre borniierte Verachtung aller guten Ratschläge und den daraus notwendig folgenden alsbaldigen Untergang erläutert haben wird, wird dieser Emeritus sich von der Bühne der Handelnden (verbittert!) zurückziehen.

Der gewitzte Veteran wird solcherlei, auf Selbstüberschätzung, Vergesslichkeit und Versuchung beruhenden Gefährdungen aus dem Wege gehen und seine verbleibenden Trümpfe an anderer Stelle ausspielen. Diese Stelle ist der Hörsaal – die letzte Arena, in der niemand dem Emeritus die alte Herrschaft streitig machen kann.

Die 1968 mit großem Geschrei geltend gemachte Vorstellung der Studenten, sie könnten selbstbestimmt und selbstorganisiert ihre autonom zugeschnittene Lern- und Lebenswelt entwerfen und durchsetzen, ist längst kläglich gescheitert. Heute wird wieder besinnungslos das gelernt, was das Curriculum vorgibt, und wem das nicht passt, der duckt sich, schleicht sich allenfalls davon und *dropped out*, aber er protestiert nicht, fragt nicht, und lässt sich in der Hoffnung auf die Erhöhung seiner Chancen am Arbeitsmarkt bereitwillig in beliebige Richtungen kneten.

Das ist genau die Masse, die der Emeritus-Veteran brauchen kann. Denn sie wehrt sich nicht nur nicht, sie ist auch des giftigen Spotts begierig und schwelgt mit, wenn der Emeritus sich in allerlei Sottisen und ironischen Possen wälzt – wohl wissend, dass da einer spricht, dem sein Status nicht mehr abgenommen werden kann, weshalb er sich, Demokratie sei Dank, deutlicher äußern kann, als dies die Aktiven jemals tun würden. Deshalb können das generelle Leid des Emeritus, der seine Zelte im Café aufschlagen muss, die Beschränktheit der fachspezifischen und der universitären Administration, die Magerkeit der kollegialen Publikationsverzeichnisse und die noch immer ungestillte Sehnsucht dieses oder jenes bedauernswerten Kollegen nach einem anerkennenden Ehrendoktorhut genüsslich geschildert werden.

Der Hörsaal – viele empirische Studien beweisen es – bewahrt den Emeritus davor, zum Eremiten zu werden. Geht er den Gremien aus dem Wege, kann er erreichen, dass die Verdrießlichkeiten nicht bei ihm, sondern bei jenen landen, die ihm kein Zimmer geben und ihm nicht zuhören wollen und deren Karikaturen er jetzt genüsslich an die Wand malt. Und so kann aus dieser intermediären Verpuppung des Emeritus bis zum Zeitpunkt seiner finalen Transformation doch noch ein glücklicher Ausgedienter hervorgehen.

Prof. Dr. Dr. h. c. mult. Dieter Simon
Juristische Fakultät, Humboldt-Universität zu Berlin
D-10099 Berlin
Dieter.simon@rewi.hu-berlin.de

Wahrheit, Wissenschaft, Weltverkehr

Soziale Systeme 16 (2010), Heft 2, S. 233-242

Uwe Schimank

Reputation statt Wahrheit:
Verdrängt der Nebencode den Code?[1]

Fritz Scharpf (1988, 16) stößt sich in der völlig unbeachtet gebliebenen Fußnote eines *Discussion Papers*, in dem er sich kritisch mit Niklas Luhmanns Politikverständnis auseinandersetzt, an »der seltsam inkonsistenten Zuordnung funktionsspezifischer Codes«:

> Wenn Wissenschaft durch den Code »Wahr-Unwahr« konstituiert wird, und das Rechtssystem durch »Recht-Unrecht«, dann müßte man auf derselben begrifflichen Ebene das politische System durch den Code »Gemeinwohldienlich-Gemeinwohlschädlich« charakterisieren. Wenn umgekehrt die Politik durch die jeweilige Nützlichkeit für »Regierung« oder »Opposition« bestimmt wird, müßte man das Wissenschaftssystem durch »Reputationserwerb« und »Reputationsverlust« definieren, und das Rechtssystem vielleicht durch Sieg oder Niederlage in Rechtsstreitigkeiten. Man kann, so denke ich, den Code entweder durch die funktionsspezifischen »public virtues« oder durch die zugehörigen »private vices« bestimmen, aber nicht hier so und dort anders.

Scharpf sieht hier also eine verzerrte, auch ungerechte Wahrnehmung. Er wirft Luhmann vor, mit zweierlei Maß zu messen. Der Wissenschaft und dem Recht nehme er das hehre Streben nach Wahrheit und Recht ab, während er der Politik – genauer: den Politikern, die bei Luhmann freilich nur als ausgeflaggte Kommunikationsadressen auftauchen können – unterstelle, sich um nichts als Machterhalt und -steigerung zu kümmern.

Ich lasse diese theoriebautechnische Kontroverse einschließlich ihrer beiderseitigen normativen Voreinstellungen hier auf sich beruhen[2] und frage vielmehr: Könnte dieser Vorbehalt Scharpfs gegen Luhmanns Sicht der Dinge dergestalt von der Wirklichkeit eingeholt worden sein, dass mittlerweile auch die Wissenschaft eindeutig immer stärker von den »private vices« bestimmt oder gar dominiert wird?

---

1 Für hilfreiche Hinweise danke ich Jochen Gläser, Frank Meier, Lothar Peter und Andreas Stucke.
2 Zum biographischen Entdeckungszusammenhang könnte man ja mit Blick auf Luhmann schon fragen: Wollte er das Geschäft, das er selbst betreibt, nachdem er vorher politiknah in der Ministerialbürokratie gearbeitet hatte, in solch freundliches Licht stellen, weil das dem eigenen Selbstbild zuträglich war? Schließlich kannte er durchaus Taktiken der »Theoriepolitik« (Luhmann 1969, 263-265), die aber in seinem Porträt der »Wissenschaft der Gesellschaft« (Luhmann 1990) nicht prominent auftauchen.

I. Von der Komplexitätsreduktion für Leser
zur Komplexitätsreduktion für Geldgeber

Luhmann (1968; 1990, 244-251) kennt Reputation durchaus als Nebencode der Wissenschaft. Er gibt ihm freilich eine ziemlich harmonische funktionalistische Interpretation. Weil Wissenschaftler – wieder akteurtheoretisch gelesen – mit der Komplexität dessen, was sie alles lesen könnten, zu kämpfen haben, bietet ihnen die Reputation von Autoren ein Auswahlkriterium. Im Zweifelsfall entscheidet man sich für den bewährten bekannten und gegen den unbekannten Namen. So geht man auf Nummer sicher. Das Risiko, die knappe Zeit für Lektüre auf Schlechtes und Abseitiges verwendet zu haben, wird minimiert. Mit etwas Milieukenntnis lernt man auch, sich nicht länger von »erloschenen Vulkanen« (Luhmann 1984, 13) fesseln zu lassen. Auf die Chance, als Erster etwas Bahnbrechendes eines unbekannten Forschers zu rezipieren und weiter verarbeiten zu können, verzichtet man. Man schätzt angesichts der geringen Wahrscheinlichkeit, im Unbekannten fündig zu werden, den Nutzen, dort zu suchen, für die eigene Wiederverwendung des Gelesenen als geringer ein, als sich von bekannten Namen leiten zu lassen, die zwar selten etwas völlig Neues bieten, aber jedenfalls bewährt Brauchbares.

Der tiefgreifende Governance-Wandel in Richtung »new public management« (NPM), dem die Hochschulsysteme der meisten westlichen Länder eins nach dem anderen unterzogen wurden (de Boer et al. 2007; Schimank/Lange 2009), sorgte nun dafür, dass die Komplexitätsreduktion für Lektüreentscheidungen äußerst folgenreich weitergenutzt wurde. Sie wurde nämlich viel systematischer und rigoroser als zuvor auch zur Grundlage für Finanzierungsentscheidungen gemacht. Die dahinter stehende Logik klingt erst einmal bestechend: Wenn hohe Reputation den Fachkollegen als Indikator für gesicherte Qualität dient, warum sollten sich nicht auch gleichermaßen an Qualität interessierte Geldgeber der Forschung an denselben Reputationskriterien orientieren? Da ja die für die Forschungsfinanzierung verfügbaren staatlichen Finanzmittel seit Mitte der 1970er Jahre zunehmend knapp wurden, sahen sich die Geldgeber gezwungen, verstärkt auf eine leistungsgerechte Mittelallokation zu achten, um knappes Geld nicht bei »Versagern« und »Nichtstuern« zu versenken, sondern möglichst nutzbringend zu investieren.

Zeitgleich waren die Möglichkeiten einer »Vermessung der Forschung« (Weingart/Winterhager 1984) entscheidend verbessert worden. Zunächst einmal waren zumindest für die Naturwissenschaften Literaturdatenbanken wie der *Science Citation Index* aufgebaut worden, die auch die Zitationen von Publikationen recherchierbar machten. Dass dies dann schnell mittels Computern und entsprechender Software unendlich beschleunigt und auch auf die anderen Wissenschaftsgebiete ausgeweitet wurde, sorgte dafür, dass die immer schon als Leistungsmerkmal herangezogene, aber in ihrer Aussagekraft bekanntermaßen begrenzte Länge des Publikationsverzeichnisses gleichsam mit der

Zitierhäufigkeit jeder Publikation gewichtet werden konnte. Hinzu kam, dass auch das Volumen der von einem Forscher eingeworbenen Drittmittel zum Leistungsmerkmal erhoben wurde – was eigentlich nur aus der Sicht eines Ministeriums, dem die Gelder für die Grundausstattung ausgehen und das sich deshalb über die »Selbsthilfe« seiner Kostgänger freut, und der ebenso kalkulierenden Kanzler der Universitäten Sinn macht. Bis dahin hatten sich deutsche Professoren Drittmittel oft klammheimlich an der Haushaltsabteilung ihrer Hochschule vorbei beschafft, um mehr Flexibilität der Mittelverwendung zu haben. Dies wurde in dem Augenblick sowohl rechtlich unterbunden als auch inopportun, als das Drittmittelvolumen individueller wie organisatorischer Erfolgsindikator wurde und daher in die offizielle Statistik eingehen musste.

Beide Entwicklungen gingen in dieselbe Richtung einer Quantifizierung der Reputation.[3] Nicht mehr die vielfältigen Eindrücke, die man über jemanden – als Leser von dessen Schriften, als Zuhörer bei dessen Vorträgen, als bei unterschiedlichen Gelegenheiten mit ihm Diskutierender und ihn Beobachtender, nicht zuletzt auch von Hörensagen in Gesprächen über ihn – gewann, ergaben, was man von ihm hielt, sondern Publikationsmengen, *impact*-Faktoren der Publikationsorte, Zitationshäufigkeiten und Drittmittelsummen. Höchst aufschlussreich sind diesbezüglich Beobachtungen, die man in Berufungskommissionen machen kann. Immer häufiger sind inzwischen auch in den Sozialwissenschaften solche Zahlenwerte, ob nun der Hirsch-Index oder das Gesamtvolumen eingeworbener Drittmittel, geradezu Totschlagargumente, denen man mit Hinweisen darauf, wie raffiniert man das theoretische Modell oder methodische Vorgehen eines – leider nur in einem der notorisch verschrieenen Sammelbände erschienenen – Aufsatzes oder wie gut geschrieben man ein Buch findet, nicht mehr Paroli bieten kann. Davon, dass der Aufsatz so in einem *peer-reviewed journal* nie erschienen wäre, weil ihn zwei bis drei Überarbeitungsrunden entlang von Gutachterhinweisen zu einem braven Mainstream-Produkt deformiert hätten, und dass nur das Buchformat die anschauliche Dokumentation und Interpretation qualitativer Empirie erlaubt, ganz zu schweigen! Aus Berufungskommissionen von Medizinern, generell den Lebenswissenschaften, aber auch der Volkswirtschaftslehre hört man immer wieder die ernstgemeinte ungeduldige Frage: »Warum diskutieren wir hier eigentlich lange über Stärken und Schwächen von Kandidaten und laden sie gar noch zu einem Probevortrag ein? Wir können doch die einschlägigen Maßzahlen vergleichen und auf *der* Basis die Berufungsliste erstellen!«[4]

Das immer schon gegebene Reputationsstreben in der *scientific community* geht also in immer schärfere Ressourcenkonkurrenz über: Wer kann wo veröffentlichen, wirbt wie viele Drittmittel ein und bekommt welche Stellen mit welcher Ausstattung und welchem Einkommen angeboten?

---

3 Generell zu quantifizierenden Vergleichen siehe Heintz 2010.
4 Die teilweise horrenden Fehler, die diese zahlengläubige »amateur bibliometrics« begeht, sind ein Kapitel für sich (Gläser / Laudel 2007, 116-118).

II. Von der Komplexitätsreduktion für andere zur eigenen Handlungsorientierung

Je spezifischer die Reputationskriterien durch Quantifizierung geworden sind, desto mehr ist es dem Wissenschaftler nicht nur möglich geworden, diese Kriterien als Orientierungsgrößen eigenen Forschungshandelns zu nehmen – angesichts der Konkurrenzintensivierung sieht er dies auch als geboten an. Der »Homo academicus« (Bourdieu 1984), der sich stets auch strategisch um die eigene Reputation kümmert, damit er sie zur Ressourcenmobilisierung für weitere Forschung einsetzen kann,[5] war immer schon ein Teil der Wissenschaftler-Identität und auch früher bei Einigen der Identitätskern. Doch nun droht er sich, zum »Homo academicus oeconomicus« (Peter 2010) dressiert, flächendeckend breit zu machen, was dem traditionellen Gelehrten, der zuallererst von »curiositas« getrieben wird und die eigene Reputationssteigerung allenfalls als nicht ganz außer Acht zu lassende Konzession an die Spielregeln der *scientific community* ansieht, endgültig den Lebensraum nehmen könnte. Inwiefern kann diese Zielverschiebung von Wahrheitssuche zu Reputationsstreben dem wissenschaftlichen Erkenntnisfortschritt abträglich sein? Die Dogmatiker des NPM versprechen ja genau das Gegenteil: Die Qualität der Forschung steige, wenn die Wissenschaftler auf der Basis von Evaluationen mittels standardisierter Indikatoren und sich damit verknüpfender Ressourcenzuteilungen unter Konkurrenzdruck gesetzt werden. Doch eine ganze Reihe von Überlegungen und teilweise bereits vorliegenden Beobachtungen sprechen eine deutlich andere Sprache:

• Am augenfälligsten ist die offenkundige Zunahme von – aufgedeckten – Betrugsfällen (Mayntz 2000), also insbesondere der Fälschung empirischer Daten, um theoretische Behauptungen beweisen zu können. Fälschung beginnt bereits dort, wo uneindeutige Daten so »frisiert« werden, dass sie den Anschein glatter Bestätigungen erwecken. Ziel dabei ist, an guten Orten publizieren zu können und sich günstige Förderchancen für Fortsetzungsprojekte zu verschaffen. Da das *peer review* bei der Manuskriptbegutachtung bekannte Schwächen hat, die meisten Publikationen – auch in den *top journals* – gar nicht oder nur oberflächlich gelesen und die zugrundeliegenden empirischen Studien nur selten repliziert werden, weil man damit keine Reputation erwerben kann, ist das Risiko, des Betrugs überführt zu werden, gering. Das heißt zwar einerseits, dass Fälschungen oftmals keinen unmittelbaren Schaden anrichten, weil sie schlicht von der weiteren Forschung gar nicht zur Kenntnis genommen werden. Andererseits ist der mittelbare Schaden beträchtlich: Knappe Publikationsorte und Fördermittel werden de-

---

5 Siehe Braun (1994, 66-83), der insbesondere auf Latour/Woolgar (1979) zurückgreift.

nen vorenthalten, die ehrlich, aber dafür weniger spektakulär forschen. Dies war zwar schon immer so – aber je größer sowohl der Konkurrenzdruck als auch die Knappheiten werden, desto größer wachsen sich auch diese dysfunktionalen Effekte aus. Dies erst recht, je mehr sich in der Szene herumspricht, dass Betrug als Praxis einer Anpassung durch Abweichung weit verbreitet sei, wodurch dies zur sich selbst erfüllenden Prophezeiung wird.

• Weniger dramatisch, aber dafür umso verbreiteter sind suboptimale Forschungspraktiken, die insbesondere auf Zeitdruck sowie auf fehlende Ressourcen zurückgehen, mit der Folge eines Verlusts an Zuverlässigkeit der Forschungsergebnisse (Gläser et al. 2008, 161/162, 166). Hierzu gehören etwa die schludrige Durchführung von Experimenten oder Tests sowie zweit- oder drittbeste Versuchsanordnungen, weil z. B. nur veraltete Messgeräte vorhanden sind. Auch der Einsatz unzulänglich angeleiteter Hilfskräfte oder Doktoranden – weil die erfahrenen Wissenschaftler völlig mit dem Schreiben von Anträgen und der Netzwerkpflege eingedeckt sind – ist ein Phänomen in Kauf genommener Suboptimalität, das seit längerem schon um sich greift; und wiederum stehen Knappheiten und Konkurrenzdruck dahinter.

• Viel gesprochen wird mittlerweile auch über sachlich suboptimale Publikationspraktiken, die im Zuge von quantifizierten Reputationszuteilungen üblich werden (Enders et al. 2011). Die bekannte Salami-Taktik der Fragmentierung von Forschungsergebnissen in »least publishable units« gehört ebenso dazu wie die doppelte und dreifache Veröffentlichung derselben Erkenntnis unter anderen Titeln und an anderen Orten. Auch die Neigung, den Publikationsort für Forschungsergebnisse nicht mehr primär unter dem Gesichtspunkt zu wählen, wo die zentral daran interessierten *peers* am ehesten darauf stoßen, sondern sich unter allen erreichbaren Publikationsorten für den mit dem höchsten Impact-Faktor zu entscheiden, also etwa für »Nature« statt für das einschlägige hochgradig spezialisierte Journal, steigert zwar die individuelle Reputation, ist aber eher dysfunktional für das kollektive Streben nach Erkenntnisfortschritt. Insbesondere Geisteswissenschaftler haben darüber hinaus zur Kenntnis zu nehmen, dass die Monographie in standardisierten Evaluationen viel zu gering geschätzt wird, obwohl typische Themenstellungen dieser Disziplinen sie als nach wie vor wichtigste Publikationsart ausweisen.

• Das durch Knappheiten und Konkurrenzdruck auferlegte Reputationsstreben führt weiterhin zu einer Verengung des Forschungs-Portfolios der Wissenschaftler und einer Kurzatmigkeit ihrer Forschungsaktivitäten (Gläser et al. 2008, 160-162, 165). Immer geringere Ressourcen müssen gebündelt werden und tragen keine simultan vorangetriebenen Forschungslinien mehr, womit die wechselseitige Befruchtung, auch im Sinne von »serendipity« (Merton 1948, 100-104), also Gelegenheitsstrukturen für Zufallsfunde, wegfällt. Längerfristig angelegte Forschungslinien werden immer mehr erschwert und müssen häufiger auf halbem Wege abgebrochen werden, weil Förderprioritäten nicht selten wie Moden wechseln und die Projektförderung generell auf kürzere Formate angelegt wird, wobei stets unsicher ist, ob ein Anschlussprojekt bewilligt wird oder nicht.

- Die standardisierten Evaluationskriterien laufen schnell auf eine »one size fits all«-Politik hinaus, die dann im schlimmsten Fall z. B. einen Mathematiker dazu zwingt, zum Wohle seines Fachbereichs und seiner Universität Drittmittel einzuwerben, obwohl er von den Forschungsfragen seines Teilgebiets her sinnvoller Weise Einzelforschung betreiben müsste. Stattdessen hält ihn für die nächsten drei Jahre die Betreuung zweier Projektmitarbeiter vom Nachdenken über seine eigenen Fragen ab, ohne dass deren Fragen ihn weiterbrächten. Eine inzwischen insbesondere in Deutschland verbreitete Spielart dieser Fehlsteuerung findet sich in der geradezu zur fixen Idee gewordenen Vorstellung von Forschungspolitikern und Hochschulleitungen, dass gute Forschung heutzutage nur noch in Gestalt »kritischer Massen« kooperierender Forscher, also in *Clustern*, Schwerpunkten, Verbünden etc. produziert werden könne (Schiene/Schimank 2007). Die »Exzellenzinitiative« ist das sichtbarste Aushängeschild dieser forschungspolitischen Leitidee. Neben sachlich gebotenen und ertragreichen Kooperationen werden auch Zweckbündnisse zusammengetrieben, die von Anfang an nichts als allseitige Quälerei sind, wenn Forschungspolitik und Hochschulleitungen, ihrerseits unter Vorzeigedruck stehend, entsprechende Leistungsindikatoren formulieren.

- Ein ohnehin immer schon angelegter Drang von Wissenschaftlern zum sicheren Mainstream wird durch Knappheiten und Konkurrenzdruck dysfunktional verstärkt. Wer dringender denn je Drittmittel braucht, wird sich opportunistisch gemutmaßten Vorlieben von Gutachtern und Förderorganisationen anzupassen versuchen; und wer auf Gedeih und Verderb in die wichtigen Zeitschriften hinein will, muss sich der von Jochen Gläser (2006, 125-130) so charakterisierten Zurichtung seines Manuskripts durch *peer review* beugen: »der Autor gibt so weit nach, wie er muss, um eine Publikation zu erreichen.« (129) Unorthodoxe Forschungsperspektiven bleiben so auf der Strecke, was auch dann, wenn viele davon abstrus sind, höchst dysfunktional sein kann, weil irgendwann nur noch ganz andere Ideen zum Wagnis animieren können, die ausgetretenen Pfade des Mainstream hinter sich zu lassen.

- Mit je größeren finanziellen Konsequenzen man die zwangsläufig selektiven standardisierten Leistungsindikatoren verbindet, desto mehr
ruft man dadurch auf Seiten der Wissenschaftler eine systematische
Vernachlässigung davon nicht erfasster, aber gleichwohl unentbehr-
licher Teil-Aktivitäten der wissenschaftlichen Leistungsproduktion
hervor. Wenn – im Extremfall – allein »Drittmittelkönige« und »Viel-
publizierer« belohnt werden und diese Belohnungen entsprechend
mehr Gewicht bekommen, dann darf man sich nicht darüber wundern,
dass die Unterstützung des Nachwuchses, das Rezensionswesen, die
Herausgabe von Fachzeitschriften und Buchreihen, das Gutachten-
schreiben, die Organisation von Tagungen und Kongressen sowie die
öffentliche Vermittlung der fachlichen Erkenntnisse u. ä. links liegen
bleiben (Jansen 2009, 47-49).

NPM entpuppt sich also als ein ausgesprochen heikles Unterfangen. Zwar
kann man mittels einer Entfesselung von Ressourcenkonkurrenz anhand
quantifizierter Leistungskriterien die quantitative und qualitative Produktivität wissenschaftlicher Wahrheitssuche wohl durchaus erst einmal ein Stück
weit verbessern, indem Leistungsschwache zu erhöhter Anstrengung getrieben oder ihnen, sollte das nicht wirken, die Ressourcen entzogen werden
und bei Leistungsstärkeren bessere Verwendung finden. Insoweit liegen die
Wissenschaftspolitiker und Hochschulleitungen richtig. Aber sehr schnell hat
man diese Stellschraube zu stark angezogen, was dann all die aufgelisteten
Dysfunktionalitäten mit sich bringt.

III. Quantifizierung als Verlust der »occupational control«

Die Problematik reicht allerdings noch weiter. In dem Moment, in dem Wissenschaftler es zulassen oder hinnehmen müssen, dass ihre Leistungen
anhand von Kennziffern bewertet werden, die keiner weiteren Interpretation,
wie sie nur Angehörige der betreffenden Disziplin selbst geben können, mehr
zu bedürfen scheinen, geben sie einen essentiellen Garanten ihrer »occupational control« im Sinne einer »collective capability of members of an occupation
to preserve unique authority in the definition, conduct, and evaluation of their
work« (Child / Fulk 1982, 155) auf. Wenn Wissenschaftler selbst die Qualität ihrer Kollegen nur noch anhand von Zitationsraten, *impact*-Faktoren und
Drittmittelsummen beurteilen und auf das Lesen und Abwägen verzichten
zu können meinen,[6] dürfen sie sich nicht wundern, wenn Forschungspoliti-
ker, Rektoren, Kanzler oder die Administratoren der Förderorganisationen im
Brustton der Überzeugung sagen: »Das können wir auch!«

---

6 Grit Laudel und Jochen Gläser (2008) sprechen vom »loss of peerness«.

Es ist eine gewisse Ironie der Geschichte, dass sich mit den Naturwissenschaften ausgerechnet diejenigen Disziplinen, die sich eine besonders gehär-
tete Wissenschaftlichkeit und damit auch Autonomie gegen außerwissenschaftliche Einflüsse zusprechen, am weitesten auf diesen Weg begeben
haben, während die Sozialwissenschaften noch zögern und die Geisteswissenschaften sich vehement verweigern. So konnte man es beim Forschungsra-
ting des Wissenschaftsrats beobachten: Die Chemiker hatten wenig Probleme
damit, standardisierte Kennziffern für sich sprechen zu lassen; die Soziologen
beharrten hingegen darauf, noch Schriftproben der zu Beurteilenden zu lesen
und diese Eindrücke neben und immer wieder auch gegen die Zahlen zu stellen; und die Historiker erklärten rundheraus, die Qualität ihrer Forschungen
ließe sich nicht quantitativ-standardisiert vermessen, und nahmen am Rating
nicht teil. Die Frage ist nur, welche Linie sich längerfristig durchsetzen wird.
Spätestens dann jedenfalls, wenn vorrangig auf Grundlage solcher quantitativer Leistungsbewertungen Ressourcen vergeben werden, regiert der Nebencode der Wissenschaft. Die äußere Form einer Autopoiesis der Publikationen
(Stichweh 1987) als wissenschaftsspezifische Manifestation teilsystemischer
Autonomie bleibt zwar gewahrt. Aber wenn Wissenschaftler nicht länger vor
allem anderen den Streit in der Sache suchen, sondern sich bemühen, denjenigen Kollegen, die über begehrte Publikationsorte und Drittmittel entscheiden,
nach dem Munde zu schreiben sowie darüber hinaus möglichst vielen anderen, die man zu Zitationen animieren will, zu gefallen, wird Wahrheitsstreben
durchgängig opportunistischen Erwägungen der Reputationssteigerung unterworfen. Nicht, dass das nicht immer schon in gewissem Maße mitgelaufen
wäre und sich bisweilen auch früher schon verselbständigt hätte! Aber wenn
das der Regelfall wird, leidet die Wahrheit. Überspitzt gesagt: Wenn niemand
mehr irgendjemanden, außer einige auserkorene Sündenböcke, in der Sache
herausfordert, um nicht anzuecken, versinken alle, über braves wechselsei-
tiges Zitieren autopoietisch aneinandergekettet, gemeinsam im Sumpf des
ideenfeindlichen Mittelmaßes – was freilich so schnell keiner merkt, weil ja
andere, bessere Wahrheiten gar nicht mehr hervorgebracht werden und die
äußerliche Bilanz der Publikationsmengen, Zitationsraten und Drittmittelsummen weiterhin stimmt, sich wahrscheinlich sogar noch verbessert.[7]

---

7 Wenn die Wissenschaftsforschung, insbesondere in ihrer systemtheoretischen Fassung
   bei Luhmann oder Stichweh, Autonomiegefährdungen der Wissenschaft durch die Politik
   reflektiert, stellt sie sich vor allem vor, dass der Forschung politische Gesichtspunkte gesellschaftlicher »relevance« aufgedrängt würden. Aber heutzutage ist das weitaus gewichtigere
   Problem, dass die Wissenschaftspolitik ja nur das Beste für die Wissenschaft – nämlich die
   Qualitätsverbesserung der Forschung gemäß innerwissenschaftlichen Gütemaßen – will
   und im festen Glauben ist, sie wisse das im Zweifelsfalle am besten und könne es vor allem
   besser durchsetzen als die scientific community selbst. Das ist – bei Gleichheit in der ober-
   flächlichen Betrachtung und in der Selbstwahrnehmung – tatsächlich das genaue Gegenteil
   der »preußischen Bildungsverwaltung, die sich ... durch einen ungewöhnlichen Grad der
   Internalisierung akademischer Selbstverständnisse auszeichnete« (Stichweh 2009, 48).

Literatur

Bourdieu, Pierre (1984): Homo Academicus. Frankfurt a. M.: Suhrkamp.
Braun, Dietmar (1994): Die politische Steuerung der Wissenschaft. Ein Beitrag zum »kooperativen Staat«. Frankfurt a. M.: Campus.
Child, John / Fulk, Janet (1982): Maintenance of Occupational Control. The Case of Professions. Work and Occupations 9, 155-192.
de Boer, Harry / Enders, Jürgen / Schimank, Uwe (2007): On the Way towards New Public Management? The Governance of University Systems in England, the Netherlands, Austria, and Germany. S. 137-152 in: Dorothea Jansen (Hrsg.), New Forms of Governance in Research Organizations. Disciplinary Approaches, Interfaces and Integration. Dordrecht: Springer.
Enders, Jürgen / Kehm, Barbara / Schimank, Uwe (2011): Turning Universities into Actors on Quasi-Markets: How New Public Management Reforms Affect Academic Research. In: Dorothea Jansen / Insa Pruisken (Hrsg.), The changing governance of higher education and research – multilevel perspectives. Dordrecht: Springer (im Erscheinen).
Gläser, Jochen (2006): Wissenschaftliche Produktionsgemeinschaften. Die soziale Ordnung der Forschung. Frankfurt a. M.: Campus.
Gläser, Jochen / Lange, Stefan / Laudel, Grit / Schimank, Uwe (2008): Evaluationsbasierte Forschungsfinanzierung und ihre Folgen. S. 145-170 in: Renate Mayntz et al. (Hrsg.), Wissensproduktion und Wissenstransfer – Wissen im Spannungsfeld von Wissenschaft, Politik und Öffentlichkeit. Bielefeld: transcript.
Gläser, Jochen / Laudel, Grit (2007): The Social Construction of Bibliometric Evaluation. S. 101-123 in: Richard Whitley / Jochen Gläser (Hrsg.), The Changing Governance of the Sciences. The Advent of Research Evaluation Systems. Dordrecht: Springer.
Heintz, Bettina (2010): Numerische Differenz. Überlegungen zu einer Soziologie des (quantitativen) Vergleichs. Zeitschrift für Soziologie 39, 162-181.
Jansen, Dorothea (2009): Neue Governance im deutschen Forschungssystem. Umsetzung und Wirkungen auf der Arbeitsebene der Forschung. S. 37-59 in: Dorothea Jansen (Hrsg.), Neue Governance für die Forschung. Baden-Baden: Nomos.
Latour, Bruno / Woolgar, Steve (1979): Laboratory Life. The Social Construction of Scientific Facts. Beverly Hills: Sage.
Laudel, Grit / Gläser, Jochen (2008): Responses to the Loss of Peerness in Evaluations. Paper presented at the Joint 4S / EASST Conference »Acting with Science, Technology, and Medicine«, Rotterdam, 20-23 August 2008.
Luhmann, Niklas (1968): Selbststeuerung der Wissenschaft. S. 232-252 in: Niklas Luhmann, Soziologische Aufklärung, Bd. 1: Aufsätze zur Theorie sozialer Systeme. Opladen: Westdeutscher Verlag, 1974.
Luhmann, Niklas (1969): Die Praxis der Theorie. S. 253-267 in: Niklas Luhmann, Soziologische Aufklärung, Bd. 1: Aufsätze zur Theorie sozialer Systeme. Opladen: Westdeutscher Verlag, 1974.
Luhmann, Niklas (1984): Soziale Systeme. Grundriß einer allgemeinen Theorie. Frankfurt a. M.: Suhrkamp.
Luhmann, Niklas (1990): Die Wissenschaft der Gesellschaft. Frankfurt a. M.: Suhrkamp.
Mayntz, Renate (2000): Wissenschaftliches Fehlverhalten: Formen, Faktoren und Unterschiede zwischen Wissenschaftsgebieten. S. 57-72 in: Max-Planck-Forum 2, Ethos der Forschung. München: Max-Planck-Gesellschaft.
Merton, Robert K. (1948): Der Einfluß der empirischen Forschung auf die soziologische Theorie. S. 83-113 in: Robert K. Merton, Soziologische Theorie und soziale Struktur. Berlin: de Gruyter, 1995.
Peter, Lothar (2010): Der Homo academicus. S. 206-218 in: Stephan Moebius / Markus Schroer (Hrsg.), Diven, Hacker, Spekulanten. Sozialfiguren der Gegenwart. Frankfurt a. M.: Suhrkamp.

242 *Uwe Schimank*

Scharpf, Fritz (1988): Verhandlungssysteme, Verteilungskonflikte und Pathologien der politischen Steuerung. Köln: Max-Planck-Institut für Gesellschaftsforschung, Discussion Paper 88/1.

Schiene, Christof/Schimank, Uwe (2007): Research Evaluation as Organizational Development: The Work of the Academic Advisory Council in Lower Saxony (FRG). S. 171-190 in: Richard Whitley/Jochen Gläser (Hrsg.), The Changing Governance of the Sciences: The Advent of Research Evaluation Systems, Dordrecht: Springer.

Schimank, Uwe/Lange, Stefan (2009): Germany: A Latecomer to New Public Management. S. 51-75 in: Catherine Paradiese et al. (eds.), University Governance – Western European Comparative Perspectives. Dordrecht: Springer.

Stichweh, Rudolf (1987): Die Autopoiesis der Wissenschaft. S. 447-481 in: Dirk Baecker et al. (Hrsg.), Theorie als Passion. Niklas Luhmann zum sechzigsten Geburtstag. Frankfurt a. M.: Suhrkamp.

Stichweh, Rudolf (2009): Autonomie der Universitäten in Europa und Nordamerika. Historische und systematische Überlegungen. S. 38-49, 91-92 in: Jürgen Kaube (Hrsg.), Die Illusion der Exzellenz. Berlin: Wagenbach.

Weingart, Peter/Winterhager, Matthias (1984): Die Vermessung der Forschung. Theorie und Praxis der Wissenschaftsindikatoren. Frankfurt a. M.: Campus.

Prof. Dr. Uwe Schimank
Institut für Soziologie, Universität Bremen
Postfach 33 04 40, D-28359 Bremen
uwe.schimank@uni-bremen.de

Soziale Systeme 16 (2010), Heft 2, S. 243-258

Christian Hilgert / Tobias Werron

Verwissenschaftlichung als Globalisierungsdiagnose?

Primatthesen, die einem oder mehreren Teilbereichen eine dominierende Rolle in der modernen Gesellschaft zuschreiben, genießen unter soziologischen Differenzierungstheoretikern keinen guten Ruf. Es ist vielmehr gerade
ein Identitätsmerkmal der Differenzierungstheorie, sich die Moderne primär
als eine in eine Reihe von Makrosystemen differenzierte, »polyzentrische«
Ordnung vorzustellen und Behauptungen zu Relevanz- und Einflussunter-
schieden zwischen diesen Teilsystemen mit Skepsis zu begegnen (Schimank
1996; Tyrell 1998). Insbesondere ökonomische Primatthesen marxistischer
Herkunft bildeten daher eine klassische Abgrenzungsfolie für differenzierungstheoretisches Gedankengut. Umso bemerkenswerter ist es, wenn auch
erklärte Differenzierungstheoretiker selbst gelegentlich darüber spekulie-
ren, unter welchen Umständen und für welche historischen Perioden man
sich eine herausgehobene Position eines oder mehrer dieser Felder vorstellen
könnte. Das ist in letzter Zeit wieder vermehrt mit Blick auf die Wirtschaft
versucht worden (Schimank 2008; Beckert 2009). Unser Beitrag greift eine
weniger prominente Primatthese auf, deren Diskussionswürdigkeit sich u. E.
besonders aufdrängt, wenn man die differenzierungstheoretische Annahme
einer prinzipiellen Gleichrangigkeit der Funktionssysteme im Licht der neueren Globalisierungs- und Weltgesellschaftsforschung reflektiert: die These
einer zunehmenden »Verwissenschaftlichung«.
Der folgende Beitrag referiert zunächst zwei Thesen zur Verwissenschaftlichung – eine systemtheoretische und eine neoinstitutionalistische – als *globalisierungstheoretische Thesen, die die Frage aufwerfen, inwiefern der Wissenschaft
eine herausgehobene Position im Übergang zu einer globalen (weltgesellschaftlichen)
Ordnung zugeschrieben werden kann.* Wir behaupten die Komplementarität beider Verständnisse und führen sie an den Beispielen der ›Verwissenschaftlichung des Sozialen‹ und der globalen Expansion angewandter Forstwissenschaft (›scientific forestry‹) auf globalisierungstheoretische Forschungsfragen
hin. Wir leiten aus dieser Analyse die Aufforderung ab, bei der Untersuchung
der historischen Bedingungen, unter denen sich die moderne Gesellschaft
zu einer globalen Ordnung – der Weltgesellschaft – entwickelt, die Rolle der
Wissenschaft sowohl hinsichtlich ihrer Ausdifferenzierung und Autonomie
als auch bezüglich ihrer Umweltbeziehungen und -einflüsse stärker als bisher
geschehen zu berücksichtigen.

I.

In seinem vielzitierten Aufsatz »Die Weltgesellschaft« stellt Luhmann (1991 [1971]) nicht nur die theoretische Umstellung des Gesellschaftsbegriffes vom Plural der Regionalgesellschaften auf den Singular der Weltgesellschaft vor. Darüber hinaus präsentiert er eine später im Werk nicht weiterentwickelte und deshalb möglicherweise weitgehend vergessene, nach eigenen Angaben »spekulative Hypothese« zur strukturellen Entwicklung dieser Weltgesellschaft.[1] Diese geht von einem sich gegenwärtig abzeichnenden »Führungswechsel« des gesellschaftlich vorherrschenden Erwartungsstiles aus. Während sich der historische Erfolg von Nationalstaaten deren politisch-rechtlicher Spezialisierung auf einen normativen Erwartungsstil – also auf Festhalten an Werten, Normen, Gesetzen, usw. im Enttäuschungsfalle – verdanke, könne sich die Konstellation im Zuge der Emergenz und Konsolidierung einer weltweiten, funktional differenzierten Ordnung als »Fehlspezialisierung der Menschheitsentwicklung« (Luhmann 1991, 57) erweisen. Unter Bedingungen weltweiter Kommunikation seien Erwartungen mindestens potentiell mit einer solchen Vielzahl von kulturell kontingenten Reaktionen und Konsequenzen konfrontiert, dass sich ein kognitiver Erwartungsstil evolutionär gegenüber dem Festhaltenwollen an den eigenen Prämissen bewähre, so Luhmanns funktionalistische Erklärung. Dieser lernwillige, änderungsbereite Erwartungsstil sei jedoch kennzeichnend für Wirtschaft und Wissenschaft, weshalb diese Funktionssysteme im Zuge der angenommenen Entwicklung die Führungsrolle der Politik übernähmen. »Heute definieren Wirtschaft, Wissenschaft und Technik die in der Gesellschaft zu lösenden Probleme mitsamt den Bedingungen und Grenzen ihrer Lösungsmöglichkeit, und der Rang einer Politik bestimmt sich nicht aus ihr selbst oder aus eigenen normativen Vorstellungen heraus, sondern aus dem Abstraktionsniveau und dem Weitblick, mit dem sie sich ändernde Lagen in Pläne faßt.« (1991, 58)
Auch wenn Luhmann die These nicht auf einen eindeutigen Primat der Wirtschaft oder der Wissenschaft zuspitzt, so gibt er ihnen doch einen klaren Vorrang insbesondere gegenüber Politik und Recht mit Bezug auf die Diagnose der Weltgesellschaft. Ähnlich argumentiert er auch in »Selbst-Thematisierungen des Gesellschaftssystems« (1973). Hier spricht er einerseits explizit von einem »Übergang des funktionellen Primates von der Politik auf die Wirtschaft« (36), stellt aber andererseits gegen Ende des Aufsatzes die Möglichkeit in Aussicht, dass Wissenschaft den gesellschaftlichen Primat erringe.[2] Diese

---

1 Darauf, dass diese These im späteren Werk Luhmanns kaum noch vorkommt, macht Rudolf Stichweh (2001) aufmerksam; dass sie zu Recht nicht mehr vorkommt, möchten wir mit den folgenden Überlegungen bezweifeln.
2 Primat definiert Luhmann hier explizit funktionalistisch so, »daß die Erhaltung des Entwicklungsstandes und die weitere Entwicklung der Gesellschaft in erster Linie von einem ihrer funktional notwendigen Teilsysteme abhängt, und daß die anderen von da her ihre Probleme und Beschränkungen vordefiniert erhalten« (Luhmann 1973, 29)

Frage werde sich »durch Leistungen der Forschung entscheiden« (44). Auf der davon zu unterscheidenden Ebene der Reflexion könne eine solche Vorrangsstellung dann entweder die Form für Funktionssysteme üblicher Selbsthypostasierungen annehmen oder aber möglicherweise dadurch begründet werden, dass Wissenschaft »die relativ höchste, noch bestimmbare Komplexität unter den Teilsystemen der Gesellschaft erreich[e]« (44). Festzuhalten ist, Luhmann konnte sich damals einen ›echten‹, nicht auf systemrelativer Selbstüberschätzung, sondern allein auf den gesellschaftlichen Leistungsbeziehungen zu anderen Funktionssystemen basierenden Primat der Wissenschaft vorstellen. Im Laufe der Theorieentwicklung hat er diese Überlegung, ebenso wie die eines wirtschaftlichen Primates bekanntlich zugunsten einer strikten Symmetrisierung der Funktionssysteme verworfen.[3]

II.

Möglicherweise ist dieser theoretischen Gleichstellung der Funktionssysteme aber auch eine in den zitierten Aufsätzen implizierte, durchaus plausible und fruchtbare Intuition hinsichtlich Verwissenschaftlichung zum Opfer gefallen. Diese Vermutung lässt sich anhand auffälliger Parallelen zwischen Luhmanns Schriften und den jüngeren Einlassungen des neoinstitutionalistischen World Polity-Forschung zu ›scientization‹ erhärten. Luhmann schließt seinen Weltgesellschaftsaufsatz mit der Einschätzung, das Problem der Weltgesellschaft liege in »einer weiten Diskrepanz zwischen Möglichkeitsproduktion und Lernfähigkeit« (Luhmann 1991, 66). Eine Konsolidierung der politischen Funktion in Form eines Weltstaates wäre keine adäquate Lösung, denn es handele sich um eine »Diskrepanz, die nur durch kognitive Mechanismen der Forschung und Planung langsam vermindert werden [könne]« (66). An anderer Stelle im Text nennt er als kognitive Schematisierungen, die auf dieses Problem bezogen seien, »Pläne, Theorien und Modelle« (58).
Im Vergleich mit dem Neoinstitutionalismus fällt auf, dass es exakt diese empirischen Phänomene sind, die dort als wesentliche Mechanismen der Distribution einer Weltkultur westlichen Ursprunges angesehen werden. Der Begriff der Theoretisierung (Strang/Meyer 1993) steht dabei für die Typik der entsprechenden Beobachtungsoperationen, und mit dem Terminus ›rationalized others‹ werden die entsprechenden Rollen für Beobachter bezeichnet, die als Experten und Kritiker das Verhalten von Akteuren evaluieren, kritisieren und mit Plänen, Modellen und Theorien beratend zur Seite stehen (Meyer 1994). Bei diesen Beobachtungen und Rollen handelt es sich zweifelsohne nicht immer, vielleicht nicht einmal überwiegend, um Operationen und Struk-

---

3 Zur zurückhaltenden Bewertung der gesellschaftlichen Relevanz der Wissenschaft seitens des späteren Luhmann sieht nur das einschlägige Kapitel in »Ökologische Kommunikation« (Luhmann 1986).

turen innerhalb des Wissenschaftssystems, jedoch handelt es sich stets um
Kommunikationsformen, die auf wissenschaftliche Fundierung und Autorität verweisen. Es geht um Beobachter, die ihre eigene Deutungshoheit durch
die Ausstattung mit dem kulturellen Prestige der Wissenschaft legitimieren
und damit Vorstellungen von rationalen und legitimen Akteuren und Handlungsweisen (›actorhood‹) in unterschiedlichsten Funktionsbereichen erzeugen – womit sie ausweislich neoinstitutionalistischer Studien weltweit äußerst erfolgreich sind, häufig vermittelt über internationale Regierungs- und
Nichtregierungsorganisationen (z. B. Boli / Thomas 1999). Weil der Verweis auf
wissenschaftliche Fundierung seitens der Experten elementar für ihre Kommunikationserfolge ist, werden diese Prozesse und Mechanismen auch als
›scientization‹ beschrieben (Drori et al. 2003).
Vergleicht man diese »scientization«-These mit Luhmanns früheren Spekulationen zu sich verschiebenden Führungsrollen zugunsten kognitiv geprägter
Funktionssysteme, fallen drei Unterschiede unmittelbar auf: Erstens liegt der
Fokus der World Polity-Analysen nicht primär auf dem empirischen Komplex,
der in der Systemtheorie als geschlossenes Wissenschaftssystem behandelt
wird, sondern auf dem Praktischwerden von Wissenschaft, auf Aufbau und
Änderung von gesellschaftlichen Erwartungen jenseits der wissenschaftlichen
Zeitschriften, Universitäten und Institute. Differenzierungstheoretisch gesprochen geht es also um die Einwirkung der Wissenschaft auf ihre innergesellschaftliche Umwelt, oder vorsichtiger, um außerwissenschaftliche Folgen der
Forschung. Zweitens bestimmt der Neoinstitutionalismus auch einen historischen Rahmen für die Erforschung von ›scientization‹-Prozessen, zu dem sich
auch die Luhmannsche Hypothese in Beziehung setzen lassen könnte: Die
Anfänge des Aufstiegs jener wissenschaftlich legitimierten ›rationalisierten
Anderen‹ wird im mittleren bis späten 19. Jahrhundert angesetzt, die nochmalige Intensivierung dieser Dynamik dann in der Zeit nach 1945. Bezogen
auf eine mögliche Führungsrolle der Wissenschaft im Globalisierungsprozess
fällt drittens ein, wie wir denken, besonders anregender Unterschied zwischen
Luhmanns These und der neoinstitutionalistischen World Polity-Forschung
ins Auge: Für den frühen Luhmann stand noch fest, dass sich die Frage nach
einem möglichen Primat der Wissenschaft nicht auf der Ebene der Reflexion,
sondern »durch Leistungen der Forschung entscheiden« werde. Sie war für
ihn, wie oben zitiert, eine Frage *effektiver Erfolge der Wissenschaft bzw. gesellschaftlicher Effekte wissenschaftlicher Leistungen*, mit denen das Wissenschaftssystem auf seine Umwelt einwirkt und sich für diese attraktiv macht. Demgegenüber betont die »kulturalistisch« argumentierende World Polity-Forschung,
dass die Herausbildung der Weltgesellschaft zwar maßgeblich auf den Einfluss
der Wissenschaft zurück geht, aber weniger mit den faktischen Verdiensten
wissenschaftlicher Forschung zu tun habe als mit der Legitimitationskraft und
Reputation der Wissenschaft, die Nachfrage nach wissenschaftlichen Leistungen, Deutungen und Beratungsangeboten bisweilen ganz unabhängig von sol-

chen Leistungen stimulierten (ausführlich Drori et al. 2003, 28 ff.). Die Weltge-sellschaft formiert sich *im Glauben an die Wissenschaft*, weniger aufgrund ihrer Erfolge. »[…], rather than looking at science as an instrument for efficiency or power, we propose that it is more useful to see it as a form of religion in a ra-tionalistic modern world« (Drori/Meyer 2008, 44 ff.) (siehe außerdem Meyer 2010; 8; speziell mit Blick auf Universitäten Frank/Meyer 2007). Diese ›kultu-ralistische‹ Sicht, in der ›rationalization‹ und ›scientization‹ mehr oder weniger unauflöslich miteinander verknüpft sind, wurde insbesondere anhand durch wirtschaftliche Effizienz oder politische Machtverhältnisse kaum zu erklären-de Strukturadaptionen in der Peripherie der Weltgesellschaft empirisch vielfäl-tig untermauert (z. B. zum Überblick Drori 2008; Meyer 2010).

III.

1.

Welches Licht werfen diese Thesen aufeinander, inwiefern könnte es sich loh-nen, ihren empirischen Implikationen näher nachzugehen? Festzuhalten ist zu-nächst, dass sie eine Problemintuition artikulieren, die in der Globalisierungsfor-schung sonst keinen prominenten Platz hat. Bei aller lebhaften Diskussion über die globale Ordnung als »Informationsgesellschaft«, »Wissensgesellschaft« oder »Netzwerkgesellschaft«, über die globale Dynamik des Kapitalismus und der Finanzmärkte, den Einfluss neoliberaler Ideologien und die angeblich schwin-dende Souveränität des Nationalstaats: Wenn über die zentrale Antriebskräfte heutiger Globalisierung diskutiert wird, kommt Wissenschaft selten vor, und noch seltener wird eingehend untersucht, wie Ausdifferenzierung und Globalisie-rung des Wissenschaftssystems auf der einen, Entstehung und Konsolidierung eines globalen Gesellschaftssystems auf der anderen Seite zusammenhängen könnten. Es ist diese Fragestellung, auf die systemtheoretische und neoinstitu-tionalistische Verwissenschaftlichungsthesen aufmerksam machen.

Beide Thesen sind unserer Erachtens nicht zufällig aus dem Forschungszusam-menhang von Theorien der Weltgesellschaft entstanden, sie repräsentieren und illustrieren vielmehr, was neoinstitutionalistische und systemtheoreti-sche Theorien der Weltgesellschaft vom ›Mainstream‹ der Globalisierungs-forschung unterscheidet: beide gehen erstens von der Existenz einer globa-len Makroordnung aus, die Akteurseigenschaften und -spielräume gleichsam ›von oben‹ bestimmt und limitiert; beide reduzieren zweitens die primären Antriebskräfte dieser Weltgesellschaft nicht auf ›harte‹ wirtschaftliche und politische Interessen, sondern beziehen Aufbau, Reproduktion und Transfor-mation von Strukturen, einschließlich der von ›Realisten‹ fokussierten Ak-teursmotive auf ›weiche‹, sinnhafte Diskurs- und Kommunikationsprozesse (hierzu auch Stichweh 2000c; Greve/Heintz 2005; Heintz 2008; Werron/Holzer 2009; Thomas 2010; Heintz/Werron 2011). Dass vornehmlich aus diesen beiden Theorien bisher auch anspruchsvolle gesellschaftstheoretische Analysen zur Globalisierung der Wissenschaft sowie zu Beziehungen von Wissenschaft und (Welt-) Gesellschaft hervorgegangen sind, ist daher auch Ausdruck eines theoretischen Perspektive, die in besonderem Maße für Globalisierungsdynamiken jenseits der naheliegenden Kandidaten Politik und Wirtschaft sensibilisiert. Über diese Verwissenschaftlichungsthesen nachzudenken heißt daher auch, den Erklärungspotentialen dieser beiden Theorien der Weltgesellschaft insgesamt nachzuspüren. Dabei gehen wir davon aus, dass beide Thesen erst in ihrer Kombination ihr volles heuristisches Potential entfalten.

2.

An der These der Verwissenschaftlichung lässt sich eine gemeinsame Prämisse beider Theorien freilegen: das Verständnis der Wissenschaft als Funktionssystem und als globale Institution eint, von Wissenschaft als *einem* relativ kohärenten sozialen Gebilde mit weltweiter Ausdehnung und Relevanz zu sprechen, impliziert also, dass mit Blick auf Weltgesellschaft in einem theoretisch bedeutungsvollen Sinne von Wissenschaft im Singular gesprochen werden kann. Auch wenn der Systembegriff bei Meyer et al. keine zentrale Rolle spielt, gehen auch sie von einem Maß an Systematizität aus, das es ermöglicht, die Wissenschaft als abgrenzbaren Sozialbereich zu behandeln, wie bereits die Formulierung »science as a world institution« (Drori et al. 2003) anzeigt. Bezogen auf diese gemeinsame Hintergrundannahme stellen sich die programmatischen Ausarbeitungen beider Theorien zum Themenkomplex Wissenschaft und Gesellschaft, wie wir finden, als komplementäre Perspektiven mit einander ergänzenden Stärken und Schwächen dar. Luhmanns und Stichwehs grundlegende Schriften zum Funktionssystem Wissenschaft konzentrieren sich auf eine systematische Rekonstruktion der Eigenlogik wissenschaftlicher Kommunikation, sind primär befasst mit der Ausdifferenzierung und Binnendifferenzierung des Funktionssystems (z.B. Stichweh 1984; Luhmann 1990; Stichweh 1994; 1996b). Auf dieser Linie hat Rudolf Stichweh den Forschungsstand insbesondere hinsichtlich der Historisierung dieser Prozesse als auch hinsichtlich der Globalisierung der Wissenschaft vorangetrieben (Stichweh 2000b; 2003). Die diesbezüglich zentralen Forschungsfragen: wie Wahrheitskommunikation funktioniert, welche Rolle spezifische Strukturen, etwa Organisationen (Universitäten), Verbreitungsmedien (Fachzeitschriften), usw. bei ihrer Ausdifferenzierung spielen, wie Varietät erzeugt und eingeführt wird, welche Funktionen dem Reputationsmechanismus zukommen, wie sich wissenschaftliche Disziplinen bilden und abgrenzen, usw. sind dagegen im Neoinstitutionalismus weder Gegenstand theoretischer Überlegungen noch empirischer Untersuchungen. Es wird vielmehr eine hinreichende – man könnte auch sagen: vorsoziologische – Sicherheit in der Frage unterstellt, wie wissenschaftliche Kommunikation funktioniert und wie man sie erkennt. Stattdessen widmet sich eine Vielzahl neoinstitutionalistischer Arbeiten der Frage, wie Wissen und Experten unter dem Banner der Wissenschaft Strukturbildungen in zahlreichen, von der System-theorie als Funktionssystemen erfassten Gesellschaftsbereichen angeregt und konditioniert haben und sich infolgedessen weltweite Isomorphien in Politik, Wirtschaft, Erziehung, Gesundheit, usw. herausbildeten.

Aufgrund dieser Ausrichtungen lassen sich auch komplementäre Schwächen beider Ansätze ausmachen: während die neoinstitutionalistische ›scientization‹-Forschung eine allumfassende Durchdringung der Weltgesellschaft durch wissenschaftliche Strukturen behauptet und empirisch untermauert, vermag sie hinsichtlich ihres theoretischen Arguments des Religionscharakters der Wissenschaft wenig dazu zu berichten, wie die eigentliche Ideen- und Wissensproduktion innerhalb dieses ›Glaubenssystems‹ funktioniert. Spiegelbildlich hat sich die Systemtheorie so konsequent und skrupulös der Ausleuchtung des Innenlebens der Wissenschaft verschrieben, dass zur Frage der Umweltbeziehungen des Systems bisher lediglich einige verstreute und fallweise Überlegungen angestellt wurden, neben dem Leistungsbegriff meist unter dem bisher unterbestimmten Terminus der »strukturellen Kopplung«[4] (z. B. Stichweh 2000a: 170 ff.; vgl. auch Stichweh 2004 zu Wissensformen, die orthogonal zu Funktionssystemen liegen, hier aber auch abgelöst von wissenschaftlichem Prestige gedacht sind). Das differenzierungstheoretische Anregungspotential des Neoinstitutionalismus sehen wir deshalb primär darin, sich konsequenter als bisher geschehen Fragen der Umweltoffenheit, der Umweltbeziehungen und der Umweltfolgen der Wissenschaft zuzuwenden. Es geht dann nicht darum, die trotz aller Antifunktionalismusrhetorik letztlich ebenso funktionalistische Reduktion der Wissenschaft auf einen Religionsersatz zu übernehmen, sondern lediglich darum, den theoretischen Blick zu öffnen gegenüber weltgesellschaftlichen Folgen und Problemen eines ausdifferenzierten Wissenschaftssystems, die in dessen Namen zu verzeichnen sind, bisher aber weitestgehend im Schatten seiner Selbstbeobachtung liegen.[5]

3.

Entsprechend scheint uns die Analyse *wissenschaftsbezogener* Wissensformen und Beobachterrollen, die auf Wissenschaft referieren und wissenschaftliche Autorität in Anspruch nehmen, eine wesentliche Voraussetzung einer ge-

---

4 Ein Befund, der sich auch auf den Stand der Forschung zu anderen Funktionssystemen über-tragen lässt –weshalb in der Rezeption mitunter der falsche Eindruck zu entstehen scheint, die Systemtheorie sei nur mit Geschlossenheit und Autonomie befasst und verschließe sich grundsätzlich einer Analyse der Offenheit und Umweltbeziehungen der Funktionssysteme.

5 Dies impliziert auch eine theoretische Offenheit für Leistungen und Folgeprobleme funk-tionaler Differenzierung: »Und wenn man schon im 18. Jahrhundert zu ahnen begann, bringt ihre eigentümliche Dynamik [der funktional differenzierten Gesellschaft C.H./T.W.] mehr Vorteile und mehr Nachteile mit sich als jede frühere Gesellschaftsformation. Die Büchse der Europa ist, wenn man Fabeln so vermischen darf, geöffnet, und Segen wie Flüche ver-teilen sich über die Welt.« (Luhmann 1985, 22)

naueren differenzierungstheoretischen Ausarbeitung von Verwissenschaftlichung als Globalisierungsdiagnose zu sein. Von wissenschaftsbezogenen Wissensformen und Beobachterrollen sprechen wir, um zu betonen, dass es sich um Formen handelt, die sich der einfachen Zuordnung zur kommunikativen Typik des Wissenschaftssystems entziehen, während zugleich der Verweis auf wissenschaftliche ›authority‹ konstitutiv bleibt für den spezifischen Einfluss, den sie ausüben und der sie soziologisch interessant macht. Sie lenken den Blick daher immer zugleich auf den inneren Kommunikationsraum der Wissenschaft mit seiner Vielfalt von Disziplinen und Sub-Disziplinen wie auch auf eine für ›Wissenschaftlichkeit‹ empfängliche Umwelt. Man könnte auch von Grenzwissen und Grenzrollen sprechen, die sich mit der Systemreferenz Wissenschaft legitimieren und für sich eine Übersetzungsfunktion reklamieren. Unter diesem Gesichtspunkt sind diese Formen auch von den traditionellen Themen der Professionssoziologie zu unterscheiden: Es geht nicht lediglich um klassische Professionen oder die Entstehung neuer Berufsrollen und deren ›Akademisierung‹ an Universitäten, sondern um kommunikative Praktiken, die als ›rationalisierte Andere‹ auftreten, indem sie sich auf anspruchsvolle Formen des Beobachtens spezialisieren. Das schließt »Professionalisierung« zu eigenständigen Berufsrollen nicht aus, ist aber nicht mit dieser identisch und hat daher auch andere gesellschaftstheoretische Implikationen als die professionssoziologische Diagnose vom »rise of professional society« (Perkin 1989).[6] Ein instruktives Beispiel, an der wir Typik dieser Formen und ihren möglichen Einfluss auf Globalisierungsprozesse hier illustrieren wollen, ist der Gelehrtentypus des ›praxisbezogenen Sozialwissenschaftlers‹, der im Mittelpunkt von Lutz Raphaels These zur »Verwissenschaftlichung des Sozialen« (1996) steht. Dieser Typus, bisweilen Sozialingenieur oder schlicht Experte[7] genannt, etabliert sich seit etwa den 1850er Jahren neben dem reinen Universitätsgelehrten und den politisch bzw. gesellschaftskritisch engagierten Intellektuellen und beginnt bald auch – neben den traditionell dort amtierenden Juristen – in die Verwaltungs- und Gerichtspraxis sowie als Wortführer in Gesetzesinitiativen und Reformdebatten einzugreifen.[8] In der Literatur wird sein Aufstieg meist in mehr oder weniger isolierten Nationalgeschichten erzählt, den von diesen praxisbezogenen Wissenschaften selbst erzeugten Beschreibungskategorien folgend, die sich häufig als ›Dienst an der Nation‹ im Rahmen des Ausbaus

6 Zur Einordnung der klassischen Professionssoziologie siehe Stichweh (1996a; 2006), der dabei selbst auf einen interessanten Fall der ›Verwissenschaftlichung« aufmerksam macht: den Einfluss, den die Professionssoziologie mit ihrem klassischen Professionsbegriff – einem Konnex von Wissen/Expertise, »desinterestedness« und Status, verstanden als Gegenmodell zu bloßer ökonomischer Rationalität – auf die Selbstdarstellung neu entstehender Berufe (»professionalisierter Leistungsrollen«) genommen habe.
7 Jasanoff (2004, 39) bezeichnet im Kontext eines Sammelbandes, der die ›Koproduktion‹ wissenschaftlicher und gesellschaftlicher Strukturen untersucht, den Experten als »quintessential bridging figure of modernity«.
8 Eine Figur, die uns umso interessanter erscheint, als die Expansion der »scientific rationalization has been most dramatic in the social, rather than the natural, sciences« (Meyer 2010, 8).

zum heutigen Wohlfahrtsstaat begriffen bzw. noch immer begreifen (Raphael 1996, 170, 172). Untersuchungen, die sich stärker auf Querverbindungen und Parallelen zwischen diesen Nationalgeschichten einlassen, könnten demgegenüber auch den Blick auf die *globale* Dimension dieses Aufstiegs und damit verbundene Forschungsfragen offen legen.

Andeutungsweise untersucht worden ist dies bislang vor allem an der Geschichte der (neoklassischen) Ökonomie seit Mitte des 19. Jahrhunderts. Wie Marion Fourcade (2006; 2009) zeigt, war der transnationale Reputationszuwachs der Ökonomie als praxisbezogene Disziplin, die mit der Entstehung immer neuer ›Experten‹-Rollen einherging, eng mit der Etablierung der Ökonomie als wissenschaftlicher Disziplin an den Universitäten verbunden, aber auch mit der Aufspaltung in unterschiedliche nationale akademische Traditionen. An der Ökonomie ist zudem auch der Einfluss dieser Experten besonders eindrucksvoll demonstriert worden: Erst die von Ökonomen eingeführten und institutionalisierten statistischen Kategorien (wie das Bruttosozialprodukt) erlaubten es, sich Volkswirtschaften als eigendynamische Sphären vorzustellen, »subject to its own internal dynamics, and liable to ›external‹ impulses or interventions that created reverberations throughout the self-contained object« (Mitchell 1999, 93). Diese Vorstellung konnte dann auch neue politische Steuerungsversuche bis hin zu den heutigen ›national innovation systems‹ anregen (hierzu historisch interessant Freeman 1995).[9]

Während Aufstieg und Einfluss der Ökonomie zu einer ›global profession‹ mit nationalen Traditionen bereits relativ gut beschrieben sind, ist die Frage, worauf die zugeschriebene globale Autorität der Ökonomie und Ökonomen beruhte bzw. beruht, hier wie auch in anderen Feldern bislang weithin offen geblieben. Ist tatsächlich das Effizienzkriterium stets entscheidend dafür, wie weit sich die Tür zu Praxisfeldern für unterschiedliche Wissenschaftsdisziplinen öffnet (Raphael 1996, 170), oder kann sich, wie man von der neoinstitutionalistischen scientization-These her vermuten würde, der Zugang wissenschaftlicher Disziplinen zur Praxis auch abkoppeln von konkreten Erfolgen und von einem generalisierten Vertrauen in wissenschaftliche Autorität profitieren? Diese Forschungslücke lässt sich ebenso für andere dieser praxisbezogenen Wissenschaftler, die seit den Anfängen im 19. Jahrhundert in großer Zahl aufgetreten sind, beispielsweise für die Markt- und Meinungsforscher konstatieren, und darüber hinaus keineswegs auf die Sozialwissenschaften

---

9 In systemtheoretischem Vokabular müsste man diese Beobachter wohl dem Bereich der »Selbstbeschreibungen« und »Reflexionstheorien« von Funktionssystemen zuordnen, im Fall der Ökonomie also dem Wirtschaftssystem. Entsprechend müsste man ihr Selbstverständnis (und ihre Fremdwahrnehmung) als ›wissenschaftlich‹ als bloße Selbstbeschreibung, um nicht zu sagen: falsches Bewusstsein, entlarven (zu entsprechenden Begriffen von Selbstbeschreibungen und Reflexionstheorien vgl. Luhmann 1981; Kieserling 2000). Unsere Analyse steht mit dieser Einordnung nicht notwendig in Widerspruch, zeigt aber, dass sie wesentliche Probleme offen lässt; offen bleibt insbesondere, weshalb und mit welchen Folgen solche Selbstbeschreibungsexperten die Behauptung ihrer ›Wissenschaftlichkeit‹ offenbar für eine unabdingbare Legitimationsstrategie halten.

beschränken, wie anschließend am Beispiel der ›scientific forestry‹ zu zeigen sein wird. Dass es jedenfalls keinen linearen Zusammenhang zwischen faktischem Problemdruck und Anrufung wissenschaftlicher Autorität gibt, deutet Raphael bereits mit Blick auf die Anfänge der »Verwissenschaftlichung des Sozialen« an, wenn er beobachtet, dass die Armutskrise im 19. Jahrhundert ihren Höhepunkt längst überschritten hatte, »als die Situation eintrat, dass von den Wissenschaften die entscheidende Hilfe bei der Erfassung und Lösung dieser Frage erwartet wurde« (1996, 171). Andererseits scheinen die plausible *Behauptung* solcher Erfolge und das darauf aufbauende *Effizienzprestige* durchaus entscheidende Variablen des praktischen Einflusses wissenschaftlicher Disziplinen zu sein, ein Prestige, das zudem auf noch kaum geklärte Weise mit der Ausdifferenzierung von Disziplinen, ihrer Etablierung an Universitäten und ihrer wissenschaftsinternen Reputation verbunden ist.

4.

Eines der Forschungsprobleme, für das uns das Konzept der Verwissenschaftlichung und die eben angedeuteten Fragen besonders vielversprechend erscheinen, ist die Frage nach den Mechanismen und Konsequenzen der Expansion einer weltgesellschaftlichen Ordnung. Diesbezüglich ist hervorzuheben, dass es sich bei der (räumlichen) Expansion weltgesellschaftlicher Teilsysteme in den seltensten Fällen um ein Vordringen in sozialitätsfreie Wildnis handelte und handelt, sondern dass sich dieser Prozess in Form einer Penetration, Transformation und Auflösung vorgefundener Sozialsysteme ereignet. Zum Verständnis der Expansionsdynamik ist genauer zu untersuchen, wie dieses Aufeinandertreffen von Erwartungskomplexen in spezifischen Fällen verläuft. Als unterschiedliche Konstellationen sind etwa vorstellbar und bereits in der Globalisierungsliteratur beschrieben: Zerstörung und Überschreibung von Erwartungen mit lokalem Index (Imperialismus, Eurozentrismus, Homogenisierung), Rekombination von globalen und lokalen Erwartungen (Glokalisierung, Hybridisierung, Creolisierung), Einrichtung von entkoppelten Parallelstrukturen (decoupling, loose coupling), oder weltgesellschaftlich induzierte Genese lokaler Strukturen/Identitäten durch Negation von Erwartungszumutungen (regionale, ethnische, religiöse, kulturelle, usw. Partikularismen). Die Rolle der Wissenschaft in solchen Prozessen scheint uns bisher in der Literatur unterbelichtet. Von neoinstitutionalistischen Studien abgesehen, wurde die Globalisierungsrelevanz von Wissenschaft bisher hauptsächlich in der Forschung zur Konstruktion und Diffusion globaler ökologischer Problemen (Taylor 1997; Yearley 1996, 100-142; Engels 2003) diskutiert. Eine zweite Spur, die potentiell zur Wissenschaft führt, lässt sich in der Debatte um den Zusammenhang von Universalismus und Globalisierung (Robertson 1992, 97-114) finden, jedoch ist der Wissenschaftsbezug hier häufig relativ unscharf, da Universalismus als allgemeines Charakteristikum ›westlicher Kultur‹ diskutiert wird. Ein differenzierungstheoretisches Instrumentarium könnte es ermöglichen, den wissenschaftlichen, auf Wahrheit spezialisierten Kommunikationsstil zu identifizieren und seinen Einflüssen in unterschiedlichsten sozialen Umwelten nachzuspüren.[10]

Die Stoßrichtung dieses Arguments möchten wir am Beispiel der ›scientific forestry‹ skizzieren. Dabei handelt es sich um eine spezifische Form staatlicher Forstwirtschaft mithilfe statistischer Verfahren, die sich in der zweiten Hälfte des 19. Jahrhunderts insbesondere in Deutschland entwickelte und innerhalb weniger Jahrzehnte zum globalen Modell rationaler Ressourcennutzung avancierte (Guha 2000; Agrawal 2005; Scott 1998). Deutsche Expertise war um die Jahrhundertwende weltweit in der Mehrzahl der europäischen Nationalstaaten und in zahlreichen Kolonien, darunter Indien, Australien und Südafrika, in den zuständigen Forstbehörden wie auch in einschlägigen Curricula implementiert. In vielen Fällen wurden die entsprechenden Verwaltungs- und Ausbildungskapazitäten überhaupt erst im Zuge der Einführung der ›scientific forestry‹ geschaffen und die vormals in eine Vielzahl lokaler Zuständigkeiten und Besitzverhältnisse fallenden Wälder verstaatlicht. Dies ging, insbesondere in den Kolonien, mit massiven Beschneidungen der tradierten Waldnutzung lokaler Bevölkerungsgruppen einher.

Durch die Brille der Differenzierungstheorie mag man diese Entwicklung in erster Linie für eine Ausdifferenzierung politischer Strukturen halten, wie es auch die Titel einschlägiger Publikationen – »Seeing like a State« (Scott 1998), »Environmentality – Technologies of Government [...]« (Agrawal 2005) – suggerieren. Eine derartige Einordnung greift jedoch zu kurz. An diesen Studien, die selbst keinen differenzierungstheoretischen Rahmen einsetzen, fällt vielmehr auf, dass sie Argumente verwenden, die auf eine Eigenlogik der Wissenschaft hinweisen.[11] Am deutlichsten wird dies bei Agrawal (2005, 32-64), der die politisch-verwaltungsmäßigen Aspekte (›political economy‹), die bereits hinreichend untersucht worden seien, von einer ›representational economy‹, der er sich widmet, unterscheidet. Als solche bezeichnet er die Methoden der angewandten Wissenschaft, insbesondere statistische Verfahren, die die kognitive Grundlage der neuen forstwirtschaftlichen Praktiken darstellten. Anhand dieser Methoden wurden ausgehend von Stichproben Modelle gebildet, um Holzvolumen, jährlichen Zuwachs und Marktwert der Baumbestände zu berechnen. Auf Basis dieser Modelle wurden wiederum landwirtschaftliche Maßnahmen und gesetzliche Regulierung der lokalen Waldnutzung zur Steigerung der Erträge vorgenommen.

10 Ein Grund für die bisherige Vernachlässigung wissenschaftlichen Einflusses könnte in diesem Erlebnisbezug von Wahrheitskommunikation liegen. Im Gegensatz zu Macht und Geld, auf deren Strukturbildungseffekte sich ›realistische‹ Reduktionismen spezialisieren, ist die wissenschaftliche Kommunikation eher durch einen unscheinbaren, impliziten Wirkungsstil gekennzeichnet.

11 Wenn sie die ›scientific forestry‹ in letzter Konsequenz dennoch als bloße Staatstechnologie veranschlagen, so muss dies auch als Konsequenz eines unterliegenden, politisch bestimmten Begriffes der Nationalgesellschaft verstanden werden.

Man kann diese wissenschaftlich angeleitete Praxis der Evaluation und Manipulation der Umwelt nun als Leistungsbeziehung der Wissenschaft zum politischen System interpretieren. Damit wäre betont, dass eine Durchsetzung des neuen staatlichen Umweltbezuges nur unter Berücksichtigung der Entwicklung entsprechender Technologien innerhalb eines nicht auf Politik reduzierbaren wissenschaftlichen Kontextes zu erklären ist. Eine andere Implikation des Leistungsbegriffs ist aber zurückzuweisen: die Vorstellung, die Wissenschaft würde mit der exportierten Technologie nur bereits vorher konsolidierte Bedarfe der Politik bedienen. Am Fall der ›scientific forestry‹ lässt sich zeigen, dass die wissenschaftlichen Beobachtungsinstrumente und wissenschaftsbezogene, öffentliche Diskurse in erheblichen Maße die Vorstellung, dass es notwendig und machbar sei, die gesellschaftliche Nutzung der Wälder zu verstaatlichen, überhaupt erst hervorgebracht haben. Wenn Agrawal von ›forests of statistics‹ spricht, zielt er nicht auf bloße Beschreibungen des Vorhandenen ab, sondern auf die Konstruktion der Wälder als Objekte von Verwaltungshandeln und kollektiv bindenden Verhaltenserwartungen. Insofern liegt der Fall analog zum oben genannten Beispiel ökonomischer Kennzahlen, die Volkswirtschaften als abgrenzbaren Gegenstand politischer Entscheidungen etablieren. Mit Jasanoff et al. (2004) könnte man auch von der Koproduktion wissenschaftlicher und politischer Strukturen sprechen.

Der Einfluss der Wissenschaft auf die Plausibilisierung nationaler Wälder beschränkt sich aber nicht allein auf deren Modellierung durch quantitative Verfahren. Darüber ist auch ein weit in die Öffentlichkeit ausgreifender wissenschaftsbezogener Diskurs zu berücksichtigen, der den Staat als rationalen Akteur präsentiert, in dessen Möglichkeiten und Verantwortung es liegt, durch eine Verstaatlichung von Wäldern, Seen und Flüssen deren modernisierungsbedingter Degradation Einhalt zu gebieten. Deutlich wird dies in Ramachandra Guhas (2000, 25-43) Globalgeschichte des Umweltbewusstseins, in der er die scientific forestry, »the oldest and most influential strand in the conservation movement« (33), als zentrales Element einer breiteren ›scientific conservation‹ beschreibt, die bereits im 19. Jahrhundert zu einem »movement of truly global consequence« (27) geworden sei. Er zeigt, wie damals in öffentlicher Kommunikation ökologische Untergangsszenarien gezeichnet wurden, die nur durch radikale – wissenschaftlich fundierte – Reglementierungen und Rationalisierungen der Umweltnutzung seitens des Staates, der als einziger Akteur einen ausreichend langfristigen Zeithorizont aufweise, aufzuhalten seien.

Analog ließen sich Umweltbeziehungen der Wissenschaft zu anderen Gesellschaftsbereichen untersuchen, nicht um deren Autonomie grundsätzlich in Zweifel zu ziehen, sondern um den Einfluss von Wissenschaft auf Strukturaufbau und strukturellen Wandel in der Weltgesellschaft durch eine Rekonstruktion ihrer Umweltbeziehungen freizulegen. Desweiteren könnte ein Beitrag für die Reflexion der Wissenschaft darin liegen, Wirklichkeitsferne und Scheitern wissenschaftlich inspirierter Projekte nicht, wie üblich, primär den ›Anwendungssystemen‹ zuzurechnen – beispielsweise das langfristige Scheitern der ›scientific forestry‹ vorrangig der simplifizierenden Optik des Staates (Scott) –, sondern auch Faszination und Auslieferung der Politik an persuasive Reduktionismen und Fiktionen aus der Feder der Wissenschaft stärker in Betracht zu ziehen.[12] Diesbezüglich ist hervorzuheben, dass das Scheitern von Projekten, Plänen und Prognosen üblicherweise nicht zu einem grundsätzlichen Vertrauensverlust in die ›rationalisierten Anderen‹ führt. Möglicherweise werden konkrete Personen, Organisationen und Programme ausgetauscht, jedoch bleibt die generalisierte Autorität wissenschaftlicher Experten erhalten, was man auch daran sieht, dass sie in großem Umfange auch die Diagnose von Problemen, Fehlern und Versagen übernehmen und neue Modelle zur Gegensteuerung, Nachjustierung und Folgenbeseitigung emittieren. Eine entsprechende reflexive Dynamik von Beratung und Kritik, die im Ergebnis zur Verstetigung und Vertiefung von Verwissenschaftlichung führt, wird nicht zuletzt durch die Differenz der Referenzdisziplinen unterschiedlicher Experten stimuliert; etwa wenn Sozialwissenschaftler die Gesellschaftsblindheit von auf naturwissenschaftlichem Wissen basierenden Programmen kritisieren – und die Addition der eigenen Expertise als Lösung empfehlen (Taylor 1997).

Für den Fall der ›scientific forestry‹ kommt Agrawal (2005, 30f.) zu dem Schluss, dass die Transformation des gesellschaftlichen Umweltbezuges – im Gegensatz zu den ökologischen Folgen – äußerst ›nachhaltig‹ war, insofern es auch lange nach dem Zusammenbruch der politischen Strukturen der Kolonialordnung kein Zurück mehr zu den traditionellen, ›vorwissenschaftlichen‹ Umweltbezügen gäbe.[13]

IV.

Gegenüber der neoinstitutionalistischen scientization-These haben wir die systemtheoretische Einsicht in die Autonomie von Funktionssystemen betont und insbesondere das Versäumnis der World Polity-Forschung kritisiert, die Autonomie der Wissenschaft als Bedingung wissenschaftlicher ›authority‹ genauer zu untersuchen. Wie das globale Prestige und der Praxiszugang

12 Sowohl bei Guha (2000, 27) als auch bei Scott (1998, 5) lässt sich die Diagnose finden, dass besonderes enge, kurzschlüssige Kopplungen von wissenschaftlicher und politischer Kommunikation vor allem in autoritären Staaten zu beobachten, sind, wo die politischen Prozesse nicht Parlamente durchlaufen und von kritischen Öffentlichkeiten beobachtet werden. So wurde die ›scientific forestry‹ in den Kolonien mitunter wesentlich radikaler implementiert als in den europäischen Nationalstaaten, wo tradierte Eigentums- und Nutzungsansprüche nicht so einfach unter Verweis auf die neue, wissenschaftliche Rationalität suspendiert werden konnten.

13 »It is impossible today to talk about forests, for example, without reference to their area, functions, density and ecosytemic characteristics. That we can talk about forests referring to these features only became possible after the representational innovations of the midnineteenth century [...].« (Agrawal 2005, 30)

einzelner Disziplinen mit ihrer Ausdifferenzierung als wissenschaftlicher Disziplin und ihrer Etablierung an Universitäten zusammenhängen, ist daher eine weithin offene Forschungsfrage geblieben. An Luhmanns These zur Führungsübernahme kognitiven Erwartens gilt es jedoch ebenfalls eine Korrektur vorzunehmen: In den hier skizzierten Fällen zunehmender wissenschaftlicher Einflussnahme – dem Einfluss wissenschaftsbezogener Experten auf die Etablierung globaler politischer Entscheidungsmodelle – geht es nicht einfach um die Substitution eines normativen durch einen kognitiven Erwartungsstil oder darum, dass sich die Problemdefinitionen und Lösungskapazitäten der Wissenschaft an die Stelle der Politik setzen. Vielmehr geht es auch um Transformationen *normativer* Erwartungsstrukturen *im Namen der Wissenschaft*. Dies deutet nicht auf eine Führungsübernahme ganzer Funktionssysteme und des für sie typischen Erwartungsstils hin, sondern auf eigentümliche Prozesse der Relationierung von Funktionssystemen, wie die Überschreibung alter durch neue normative Erwartungen, abgestützt durch wissenschaftsbezogene kognitive Erwartungen, die die Hoffnungen in die Gestaltungsmöglichkeiten der Politik häufig erst evoziert haben. Es sind solche Prozesse, die sichtbar und genauer analysierbar werden, begreift man gesellschaftstheoretische Thesen zur »Verwissenschaftlichung« nicht in erster Linie als Primatannahmen, sondern als heuristisches Instrumentarium zur Untersuchung der Umweltbeziehungen und Wirkungen von Wissenschaft in der sich ausdifferenzierenden Weltgesellschaft.

Literatur

Agrawal, Arun (2005): Environmentality. Technologies of Government and the Making of Subjects. Durham: Duke University Press.

Beckert, Jens (2009): Wirtschaftssoziologie als Gesellschaftstheorie. Zeitschrift für Soziologie 38, 182-197.

Boli, John/Thomas, George M. (Hrsg.) (1999): Constructing World Culture. International Nongovernmental Organizations since 1875. Stanford: Stanford University Press.

Drori, Gilli S. (2008): Institutionalism and Globalization Studies. S. 449-472 in: Royston Greenwood/Christine Oliver/Roy Suddaby/Kerstin Sahlin (Hrsg.), The Sage Handbook of Organizational Institutionalism. Los Angeles: Sage.

Drori, Gili S./Meyer, John W./Ramirez, Francisco O./Schofer, Evan (2003): Science in the Modern World Polity. Institutionalization and Globalization. Stanford: Stanford University Press.

Drori, Gili S./ Meyer, John W. (2008): Scientization: Making a World Safe for Organizing. S. 31-52 in: Marie-Laure Djelic/Kerstin Sahlin-Andersson (Hrsg.), Transnational Governance. Institutional Dynamics of Regulation. Cambridge: Cambridge University Press.

Engels, Anita (2003): Die geteilte Umwelt. Ungleichheit Konflikt und ökologische Selbstgefährdung in der Weltgesellschaft. Weilerswist: Velbrück Wissenschaft.

Fourcade, Marion (2006): The Construction of a Global Profession: The Transnationalization of Economics. American Journal of Sociology 112, 145-195.

Fourcade, Marion (2009): Economists and Societies. Discipline and Profession in the United in the United States, Britain, and France, 1890s to 1990s. Princeton: Princeton University Press.

Frank, David John / Meyer, John W. (2007): University Expansion and the Knowledge Society. Theory and Society 36, 287-311.

Freeman, Christopher (1995): The National System of Innovation in Historical Perspective. Cambridge Journal of Economics 19, 5-24.

Guha, Ramachandra (2000): Environmentalism. A Global History. New York: Longman.

Greve, Jens / Heintz, Bettina (2005): Die »Entdeckung« der Weltgesellschaft. Entstehung und Grenzen der Weltgesellschaftstheorie. S. 89-119 in: Bettina Heintz / Richard Münch / Hartmann Tyrell (Hrsg.), Weltgesellschaft. Theoretische Zugänge und empirische Problemlagen. Sonderband der Zeitschrift für Soziologie. Stuttgart: Lucius & Lucius.

Heintz, Bettina (2008): Governance by Numbers. Zum Zusammenhang von Quantifizierung und Globalisierung am Beispiel der Hochschulpolitik. S. 110-128 in: Gunnar Folke / Andreas Voßkuhl (Hrsg.), Governance von und durch Wissen. Baden-Baden: Nomos.

Heintz, Bettina / Werron, Tobias (2011): Wie ist Globalisierung möglich? Zur Entstehung globaler Vergleichshorizonte am Beispiel von Wissenschaft und Sport. Kölner Zeitschrift für Soziologie und Sozialpsychologie 63, 359-394.

Jasanoff, Sheila (2004): Ordering Knowledge, Ordering Society. S. 13-45 in: Dies. (Hrsg.), States of Knowledge. The Co-Production of Science and the Social Order. London: Routledge.

Kieserling, André (2000): Die Soziologie der Selbstbeschreibung. Über die Reflexionstheorien der Funktionssysteme und ihre Rezeption der soziologischen Theorie. S. 38-92 in: Henk de Berg / Johannes F. K. Schmidt (Hrsg.), Rezeption und Reflexion. Zur Resonanz der Systemtheorie Niklas Luhmanns außerhalb der Soziologie. Frankfurt a. M.: Suhrkamp.

Luhmann, Niklas (1973): Selbst-Thematisierungen des Gesellschaftssystems. Zeitschrift für Soziologie 2, 21-46.

Luhmann, Niklas (1981): Selbstreflexion des Rechtssystems. Rechtstheorie in gesellschaftstheoretischer Perspektive. S. 419-450 in: Ders., Ausdifferenzierung des Rechts. Frankfurt a. M.: Suhrkamp.

Luhmann, Niklas (1985): Kann die moderne Gesellschaft sich auf ökologische Gefährdungen einstellen? Vortrag auf der 35. Jahresfeier der Rheinisch-Westfälische Akademie der Wissenschaften am 15. Mai 1985. Opladen: Westdeutscher Verlag.

Luhmann, Niklas (1986): Ökologische Kommunikation. Kann die moderne Gesellschaft sich auf ökologische Gefährdungen einstellen? Opladen: Westdeutscher Verlag.

Luhmann, Niklas (1990): Die Wissenschaft der Gesellschaft. Frankfurt a. M.: Suhrkamp.

Luhmann, Niklas (1991 [1971]): Die Weltgesellschaft. S. 51-71 in: Ders., Soziologische Aufklärung 2. Aufsätze zur Theorie der Gesellschaft, 4. Aufl. Köln: Westdeutscher Verlag.

Meyer, John W. (1994): Rationalized Environments. S. 28-54 in Ders. / W. Richard Scott (Hrsg.), Institutional Environments and Organizations: Structural Complexity and Individualism. Thousand Oaks: Sage.

Meyer, John W. (2010): World Society, Institutional Theories, and the Actor. Annual Review of Sociology 36, 1-20.

Mitchell, Timothy (1999): Society, Economy, and the State Effect. S. 76-97 in: George Steinmetz (Hrsg.), State / Culture. State-Formation after the Cultural Turn. Ithaca / London: Cornell University Press.

Perkin, Harold (1989): The Rise of Professional Society: England since 1880. London: Routledge.

Raphael, Lutz (1996): Die Verwissenschaftlichung des Sozialen als methodische und konzeptionelle Herausforderung für eine Sozialgeschichte des 20. Jahrhunderts. Geschichte und Gesellschaft 22, 165-193.

Robertson, Roland (1992): Globalization. London: Sage.

Schimank, Uwe (1996): Theorien gesellschaftlicher Differenzierung. Opladen: Leske + Budrich.

Schimank, Uwe (2008): Kapitalistische Gesellschaft – differenzierungstheoretisch konzipiert. Hagen: Fernuniversität Hagen.

Scott, James C. (1998): Seeing Like a State. How Certain Schemes to Improve the Human Condition Have Failed. New Haven/London: Yale University Press.

Stichweh, Rudolf (1984): Die Entstehung des modernen Systems wissenschaftlicher Disziplinen. Frankfurt a. M.: Suhrkamp.

Stichweh, Rudolf (1994): Die Autopoiesis der Wissenschaft. S. 52-83 in: Ders.: Wissenschaft, Universität, Professionen. Soziologische Analysen. Frankfurt a. M.: Suhrkamp.

Stichweh, Rudolf (1996a): Professionen in einer funktional differenzierten Gesellschaft. S. 49-69 in: Arno Combe/Werner Helsper (Hrsg.), Pädagogische Professionalität. Untersuchungen zum Typus pädagogischen Handelns. Frankfurt a. M.: Suhrkamp.

Stichweh, Rudolf (1996b): Variationsmechanismen im Wissenschaftssystem der Moderne. Soziale Systeme 2, 73-89.

Stichweh, Rudolf (2000a): Gibt es eine 'Weltpolitik' der 'Weltwissenschaft'? S. 170-183 in: Ders., Die Weltgesellschaft. Soziologische Analysen. Frankfurt a. M.: Suhrkamp.

Stichweh, Rudolf (2000b): Globalisierung der Wissenschaft und die Region Europa. S. 103-129 in: Ders., Die Weltgesellschaft. Frankfurt a. M.: Suhrkamp.

Stichweh, Rudolf (2000c): Konstruktivismus und die Theorie der Weltgesellschaft. S. 232-244 in: Ders., Die Weltgesellschaft. Frankfurt a. M.: Suhrkamp.

Stichweh, Rudolf (2001): Weltreligion oder Weltreligionen? Soziale Systeme 7, 118-124.

Stichweh, Rudolf (2003): Genese des globalen Wissenschaftssystems. Soziale Systeme 9, 3-26.

Stichweh, R. (2004): Wissensgesellschaft und Wissenschaftssystem. Schweizer Zeitschrift für Soziologie 30, 147-165.

Stichweh, Rudolf (2006): Professionen in einer funktional differenzierten Gesellschaft. Ms. Luzern (http://www.unilu.ch/files/stw-prof.fd.pdf).

Strang, David/Meyer, John W. (1993): Institutional Conditions for Diffusion, Theory and Society 22, 487-511.

Taylor, Peter J. (1997): How Do We Know We Have Global Environmental Problems? Undifferentiated Science-Politics and Its Potential Reconstruction. S. 149-174 in: Ders/Saul E. Halfon/Paul N. Edwards (Hrsg.), Changing Life. Genomes, Ecologies, Bodies, Commodities, Minneapolis: University of Minnesota Press.

Thomas, George M. (2010): Differentiation, Rationalization, and Actorhood in New Systems and World Culture Theories. S. 220-248 in: Mathias Albert/Lars-Erik Cedermann/Alexander Wendt (Hrsg.), New Systems Theories of World Politics. Houndsmill, Basingstoke: Palgrave.

Tyrell, Hartmann (1998): Zur Diversität der Differenzierungstheorie. Soziologiehistorische Anmerkungen. Soziale Systeme 4, 119-149.

Werron, Tobias/Holzer, Boris (2009): »Public Otherhood«: World Society, Theorization and Global Systems Dynamics. Institut für Weltgesellschaft Bielefeld, Working Paper 2/2009.

Yearley, Steven (1996): Sociology, Environmentalism, Globalization. Reinventing the Globe. London: Sage.

Dipl.-Soz. Christian Hilgert
Institut für Weltgesellschaft
Fakultät für Soziologie, Universität Bielefeld
Postfach 10 01 31, D-33501 Bielefeld
christian.hilgert@uni-bielefeld.de

Dr. Tobias Werron
Fakultät für Soziologie, Universität Bielefeld
Postfach 10 01 31, D-33501 Bielefeld
tobias.werron@uni-bielefeld.de

Soziale Systeme 16 (2010), Heft 2, S. 259-276

André Kieserling

Ausdifferenzierung von Konkurrenzbeziehungen. Wirtschaft und Wissenschaft im Vergleich

I.

Gegen die breite Empfehlung von Konkurrenz, die sich in den gesellschafts-politischen Diskussionen der letzten beiden Jahrzehnte behauptet und längst auch in der Wissenschafts- und Hochschulpolitik die Terminologie bestimmt und den Ton vorgibt, hört man mitunter den Einwand, Konkurrenz sei eine genuin wirtschaftliche Form, und der Versuch, sie in der Wissenschaft oder in anderen außerwirtschaftlichen Zusammenhängen zu kopieren, könne diesen daher nur schaden. Dieser Einwand entspricht einer verbreiteten Furcht vor Übergriffen der Wirtschaft auf andere Teilsysteme, ist aber soziologisch nicht sehr belastbar. Denn Konkurrenz ist keine genuin wirtschaftliche Form.
Das folgt aus einer allgemeinen Einsicht, für die man Georg Simmel (1908 / 1992) zitieren kann, dem sie immerhin tragfähig genug schien, sein soziologisches Hauptwerk darauf zu gründen. Die Einsicht besagt, dass es zwischen sozialen Formen wie Tausch, Kooperation oder eben auch Konkurrenz einerseits und gesellschaftlichen Funktionsbereichen wie Recht oder Politik, Wissenschaft oder Wirtschaft andererseits keine festen Zuordnungen gibt: So wenig wie man den Konflikt, um auch diese Sozialform hier zu erwähnen, bei der die ubiqui-täre Verbreitung ja auf der Hand liegt, nur im Einzugsbereich von Recht oder Politik findet, so wenig lassen sich Tausch oder Konkurrenz in einem exklusi-ven Sinne der Wirtschaft zuordnen. Sie müssen daher auch nicht aus der Wirt-schaft übernommen werden, ehe sie in anderen Funktionszusammenhängen genutzt werden können. Sie sind vielmehr immer schon da, und zwar nicht etwa als Fremdkörper, eingeschleust durch neoliberale Politikideen, sondern aus eigenem Recht. Dem entspricht im Übrigen auch der Forschungsstand der soziologischen Systemtheorie: Nur binäre Codierungen, nicht aber soziale For-men gestatten es, zwischen Funktionssystemen zu unterscheiden.
Wenn aber weder Tausch noch Konkurrenz genuin wirtschaftliche Formen sind, dann kann aus der Verbreitung tauschförmiger oder kompetitiver Orien-tierungen in gesellschaftlichen Teilsystemen jenseits der Wirtschaft auch nicht auf deren gesamtgesellschaftliche Dominanz geschlossen werden – und zwar weder im Sinne einer ökonomischen Theorie der modernen Gesellschaft, die den Tatbestand funktionaler Differenzierung bestreitet, noch als These über bevorstehende Entdifferenzierungsprozesse, die ihn gefährdet sieht. Vor fünf-

zig Jahren wäre dies ein Argument gegen Adorno gewesen, der aus der sozialen Ubiquität von Tauschbeziehungen auf den ökonomischen fundierten Charakter der Gesamtgesellschaft zu schließen versuchte, ohne dabei zwischen ökonomischem und sozialem Tausch ausreichend zu unterscheiden.[1] Heute kehrt sich dasselbe Argument gegen Soziologen, die aus der breiten Anempfehlung von Konkurrenz und aus den mindestens semantischen Erfolgen dieser Gesellschaftspolitik etwas Analoges herauszulesen versuchen.[2] Die als Zeitdiagnose und Alarmruf lancierte Behauptung, eine Ökonomisierung der Wissenschaft stehe bevor oder sei schon erfolgt, müsste demnach entweder aus dem Verkehr gezogen oder anders begründet werden.

Eine zweite Linie der Kritik bejaht den Gedanken einer spezifisch wissenschaftlichen Leistungskonkurrenz und bemängelt an der gegenwärtigen Wissenschafts- und Hochschulpolitik nur, dass sie die ungeeigneten Instrumente wählt. Diese Position befindet sich in breiter Übereinstimmung mit der Basisideologie des Wissenschaftssystems, die hier wie in anderen Funktionssystemen der modernen Gesellschaft deutlich meritokratische Züge trägt und damit dem Konkurrenzgedanken auch von sich aus entgegenkommt. Man erkennt dies auch daran, dass dieser Gedanke nicht nur in Alltagstheorien der Wissenschaftler über gerechte Reputationsverteilung vorkommt, sondern mitunter sogar auf der Ebene der Reflexionstheorie ihres Systems vertreten wurde: Die Wissenschaftstheorie des kritischen Rationalismus sieht in ungehinderter Konkurrenz geradezu die institutionelle Vorbedingung dafür, dass jene Falsifikationsversuche unternommen werden können, an denen ihr zufolge der Fortschritt der Wissenschaft hängt. Hier gilt nicht die wissenschaftliche Konkurrenz als Problem, sondern genau umgekehrt: dass sie nicht ohne erhebliche Verzerrungen zum Zuge kommt. Die Wissenschaft scheint dann von sich aus ein kompetitives Unternehmen zu sein und der Wettbewerb eine auch epistemologische Errungenschaft. Folglich müssen alle etwaigen Wettbewerbsverzerrungen auf die Intervention externer Instanzen zurückgeführt werden – sei es auf den persönlichen Geltungsdrang der Wissenschaftler, die ja gerade bei Popper sehr deutlich als wissenschaftsextern begriffen werden, sei es auf mangelnde Autonomie der Wissenschaft gegenüber politischen oder ökonomischen Vorgaben.

Im Unterschied zur ersten Position, die ihren Simmel nicht kennt, könnten die Vertreter dieser zweiten Position sich auf ihn berufen. Sein Formbegriff meint ja gerade die Indifferenz gegen »Inhalte« und so auch gegen »inhaltliche« Unterschiede zwischen Wirtschaft und Wissenschaft – und erleichtert es damit auf seine Weise, sich von der spezifisch wissenschaftlichen Konkurrenz ähnlich segensreiche Wirkungen zu versprechen, wie man sie der wirtschaftlichen Konkurrenz immerhin nachsagt. Der folgende Vergleich dieser beiden Spielarten von Konkurrenz soll dazu dienen, diese Prämisse zu problematisieren.

---

1 Siehe für frühe Versionen dieses Arguments Adorno (1950); ferner etwa Kämpf (1998)
2 Ich erinnere hier eine Diskussion mit Hartmut Rosa, die ich vor einigen Jahren in Jena führen konnte.

Will man wirtschaftliche mit wissenschaftlicher Konkurrenz vergleichen, wäre es nicht sonderlich informativ, nur auf Unterschiede in den beteiligten Knappheiten zu verweisen, also darauf, dass es im einen Fall um Geld, im anderen dagegen um Reputation geht. Damit würde man den Sachverhalt Konkurrenz zu stark auf sich selbst isolieren – so wie übrigens auch Simmel selber es tat. Um dies zu vermeiden möchte ich den Vergleich als Systemvergleich zwischen Wirtschaft und Wissenschaft führen und ihn zugleich, denn eben dies wird dadurch ja ermöglicht, auf das in diesen Systemen realisierte Verhältnis der Konkurrenzform zu anderen Sozialformen beziehen. Ich erhoffe mir davon ein besseres Verständnis für etwaige Grenzen der Vorteilhaftigkeit von Konkurrenz sowie für mögliche Unterschiede zwischen Wirtschaft und Wissenschaft in dieser Hinsicht – und damit auch bessere Grundlagen für eine soziologische Einschätzung der aktuellen Wissenschaftspolitik. Die dazu erforderlich Begriffstechnik ist neuartig, und zwar nicht nur für den Autor dieses Textes, sondern auch in dem Sinne, dass sie innerhalb des Faches keine Tradition hat, an die man anschließen könnte, auch wenn es prominente Vorläuferfiguren gibt, die ich im nächsten Abschnitt vorstellen möchte. Darum kann der folgende Versuch ihrer Erprobung bestenfalls den Stellenwert einer ersten und vorläufigen Skizze für sich reklamieren.

II.

Simmel hatte in seiner Behandlung der Konkurrenz als sozialer Form schlicht unterstellt, dass die Konkurrenten eine Person umwerben, die nicht ihrerseits auch mit ihnen konkurriert, sondern als Ziel der Konkurrenz außerhalb der Konkurrenz steht. Dem entspricht es, dass der Umworbene an anderen Stellen des Buches (1908/1992) auch in der allgemeinen sozialen Rolle des Dritten erscheint. Das aber lässt den Begriff der Konkurrenz unscharf werden, denn wenn ein Dritter im Spiel ist, der seinerseits nicht konkurriert, dann kann man ihn in diesen Konkurrenzbegriff nicht gut einschließen.[3] Dass man ihn auch nicht gut ausschließen kann, da seine Zuwendung ja das eigentliche Ziel des Konkurrenzkampfes bildet, macht die Sache nicht besser, sondern führt nur vor die Frage, welche anderen Möglichkeiten es gibt, das Thema in den Griff zu bekommen. Eine von ihnen hat Peter M. Blau (1964) vorgestellt. Den Umworbenen, der seinerseits nicht konkurriert, beschreibt er in einer alternativen Sprache, die im Vergleich mit Simmel das höhere Auflösevermögen hat. Und zwar verzichtet er darauf, ihn unspezifisch nur als Dritten zu bezeichnen, um ihn stattdessen als Partner einer eigenen Sozialform zu fassen, nämlich als Tauschpartner. Die Beziehung der Konkurrenten zu dem, der als Wähler oder als Kunde umworben findet, wird

---

3 Man kann natürlich sagen, Konkurrenz sei ihrem Wesen nach eine triadische Form (so Werron 2010), aber dann verliert man die Möglichkeit, auch nur die Frage zu stellen, was der Hinzutritt des Dritten für Konkurrenzbeziehungen besagt, da sie ohne ihn keine Konkurrenz wären.

als Tauschbeziehung begriffen. Diese originelle Revision des Konkurrenzbegriffs
führt Blau zu der These, dass es Konkurrenz im Sinne einer ausdifferenzierten
Sozialform nur geben kann, wenn es nicht daneben auch Tauschbeziehungen
gibt. Die Praktizierbarkeit von Konkurrenz als Konkurrenz ist demnach nichts
Ursprüngliches, sondern das Ergebnis eines Differenzierungsprozesses.[4] In der
Manier von Durkheim könnte man formulieren: Es gibt nichtkonkurrenzförmige
Bedingungen der Konkurrenz, die in der Differenzierung dieser Form gegen die
Tauschform (und vielleicht auch gegen andere Sozialformen) liegen.

Daher ist es für Blau vorstellbar, in der Differenzierung von Tausch und Konkurrenz, die bei Simmel als Konstante erscheint, eine Variable zu sehen und sich dann
auch sozialen Situationen zu nähern, in denen diese Differenzierung noch fehlt. So
sei es in interaktionsnahen Gruppierungen ohne Statusdifferenzierung nicht möglich, Konkurrenten gegen Tauschpartner zu differenzieren. Vielmehr konkurriere
man dort mit denen, die zugleich auch als Tauschpartner für Gesprächsbeiträge in
Betracht kommen, und tausche man mit den eigenen Konkurrenten. Die soziale
Anerkennung, die man dem anderen als Tauschpartner zollt, ist dann beides zugleich: inoffizielles Honorar einer empfangenen Gabe und selbstverhängter Nach-
teil im Konkurrenzkampf um Anerkennung (Blau 1964, 68 ff.). Man lacht nicht
gern über den Scherz des anderen, und zwar gerade über den guten Scherz nicht,
weil dies bedeuten könnte, seine Überlegenheit als Humorist anzuerkennen.

Mit diesem Denkansatz ausgerüstet, hat Blau dann auch die Konkurrenz innerhalb des Wirtschafssystems analysiert. In der Wirtschaft ist Konkurrenz
darum ganz deutlich als solche zu erkennen und zu praktizieren, weil die Pro-
duktionsbetriebe dieses Systems in der Lage sind, ihre Konkurrenten gegen
ihre Tauschpartner zu differenzieren (so etwa die These in Blau/Scott 1963,
217 ff.). Die Umweltsysteme, mit denen die Organisation tauscht, unterscheiden sich von den Umweltsystemen, mit denen die Organisation konkurriert.
Kunden und Konkurrenten repräsentieren unterschiedliche Umweltaus-
schnitte der Organisation, die nicht direkt, sondern nur über die Preispolitik
der Organisation miteinander zusammenhängen, und daher können ihnen
gegenüber auch verschiedenartige Sozialformen verwendet und eigensinnig
praktiziert werden, ohne sich in ihren Folgen oder in ihren symbolischen Implikationen wechselseitig zu diskreditieren. Man zahlt nicht an Konkurrenten,
und damit entfällt auch jene Verzerrung des Tausches durch die Befürchtung,
den Konkurrenten durch Zahlungen zu bereichern, die Blau am Beispiel seiner
undifferenzierter Kleingruppen so überzeugend analysiert hat.

Diese differenzierungstheoretische Revision des Konkurrenzbegriffs hat offensichtlich auch Luhmann beeindruckt, wie man an zwei Stellen seines Werkes
erkennt: an seinem frühen Organisationsbegriff (1964) und an seiner später

---

4 Das ist im Prinzip nur die Umkehrung einer sehr viel geläufigeren These, wonach man von
   Tausch nur reden kann, wenn beide Tauschenden über Alternativen verfügen, wenn es also
   mindestens Rudimente eines Marktes und insofern auch Konkurrenz gibt, und dass es nicht
   Tausch, sondern Ausbeutung wäre, sollten diese Alternativen nur einseitig gegeben sein.

entwickelten Wirtschaftssoziologie (1988). Die Organisationssoziologie kopiert zunächst das allgemeine Muster jener Revision, indem sie auch formale Organisationen als Differenzierung zweier Formen für soziale Beziehungen beschreibt, nämlich als Differenzierung von Tauschbeziehungen gegen Kooperationsbeziehungen. Die Systemmitgliedschaft wird danach tauschförmig motiviert, aber innerhalb der dadurch erzeugten Indifferenzzone sind die Mitglieder gehalten, nach den Plänen der Organisation miteinander zu kooperieren. Die Kooperation wird dadurch nicht länger durch die Suche nach komplementär interessierten Tauschpartnern limitiert. Sie kann nach einer eigenen Logik anwachsen oder schrumpfen. Und sie nimmt dabei, mindestens auf der Ebene formaler Vorschriften über kooperatives Verhalten, ausgesprochen tauschfeindliche Züge an. Tauschförmige Orientierungen überleben daher innerhalb von Organisationen nur in einer sehr stark limitierten Version, nämlich nur an den Bruchstellen der formalen Ordnung, an denen ein sinnvolles und notwendiges Handeln gleichwohl nicht formalisiert werden kann, und nur ohne eigene Legitimität. Wissenschaftsgeschichtlich gesehen ist damit die Integration zweier Organisationstheorien gelungen, die jeweils für sich nur eine einzige Sozialform betont hatten: der vorsoziologischen Theorie der Organisation als Zweckverband mit ihrer Betonung von Kooperation und der Koalitionstheorie (March 1962), die demgegenüber primär auf Tauschbeziehungen abgestellt hatte.

Dieser allgemeine Organisationsbegriff wird sodann genutzt, um den besonderen Fall der Wirtschaftsorganisationen und ihres Subsystems zu kommentieren. Und zwar fügt Luhmann den beiden Sozialformen von Tausch und Konkurrenz, die er bei Blau vorfindet, noch eine dritte hinzu, nämlich eben jene organisationsinterne, durch Zwecke sich ordnende Kooperation (1988, 101 ff.). Das dadurch gewonnene Dreierschema gestattet es ihm, kapitalistische mit sozialistischen Wirtschaften zu vergleichen: Den Unterschied sieht er darin, dass kapitalistische Wirtschaftssysteme in der Lage sind, die Sozialformen von Tausch, Kooperation und Konkurrenz deutlich zu differenzieren, und zwar deshalb, weil sie gar nicht erst den Versuch machen, das Gesamtsystem einheitlich zu organisieren, während eine ähnliche Differenzierung in sozialistischen Wirtschaftsystemen nicht gelingt, da dort das Gesamtssystem selber nach Art einer zentral organisierten Kooperation aufgefasst wird und Konkurrenz infolgedessen nur nach Art eines organisationsinternen Marktes praktiziert werden kann. Auch dieses originelle Argument scheint mir das analytische Potential eines differenzierungstheoretischen Zugriffs auf das Thema der sozialen Formen zu belegen.

Halten wir also fest, dass die Wirtschaft, vor allem bei starker Differenzierung gegen die Organisationen in diesem System, auch Konkurrenzbeziehungen gegen andere Arten von sozialen Beziehungen differenzieren kann.[5] Daher

---

5 Gleichermaßen typisch für das moderne Wirtschaftssystem ist übrigens auch noch eine weitere Differenzierung sozialer Formen, nämlich die Differenzierung zwischen dem Tausch und der (dann eigentlich naheliegenden) Vorverhandlung über die Bedingungen dieser

kann man sich in diesem System auch Steigerungen der Konkurrenz vorstellen oder sie ideologisch empfehlen, ohne Störungen in Sozialbeziehungen anderer Art auszulösen, von denen man sich ebenfalls abhängig weiß. Weder der Tausch noch die Kooperation geraten sogleich in Mitleidenschaft, wenn man den Konkurrenten gegenüber eine härtere Gangart bevorzugt. Anzunehmen, dies gelte für Konkurrenz schlechthin, so als wäre sie selbst es, die sich gegen andere Formen durchsetzt, wäre indessen voreilig. Die Theorie Simmels mag eine solche Annahme begünstigen, indem sie die Einzelformen gegeneinander isoliert und dadurch der Frage nach den Systembedingungen ihrer strukturellen Differenzierbarkeit ausweicht. Aber das wäre dann eben ein Grund, sie an diesem Punkte zu revidieren.[6] Die Möglichkeit, Formen zu differenzieren, versteht sich durchaus nicht von selbst, und davon macht auch die Konkurrenz keine Ausnahme. Es mag sehr wohl sein, dass man den Konkurrenten in anderen Funktionsbereichen nicht spezifisch als Konkurrent behandeln kann, weil er daneben auch als Tauschpartner oder für Kooperationszwecke gebraucht wird und daher nicht nur bekämpft, sondern auch geschont werden muss. Entsprechend mag es sein, dass die Tauschpartner sich auf Preise oder funktional äquivalente Konditionierungen ihrer Transaktion auch deshalb nicht einigen können, weil sie im Tauschpartner den Konkurrenten fürchten, den zu bereichern oder zu begünstigen sie lieber vermeiden möchten. Damit ist die allgemeine Typik der Fragen schon umrissen, die wir nunmehr an die Wissenschaft richten wollen.

III.

Die Differenzierung von Organisation und Gesellschaft, die die Sozialformen im Wirtschaftssystem auseinanderzieht, ist bekanntlich keine wirtschaftsspezifische Angelegenheit. Man findet entsprechende Differenzierungen auch in anderen Funktionssystemen und so auch in der Wissenschaft; und auch hier

---

Transaktion. Die Institutionalisierung von unverhandelbaren Festpreisen, die das Feilschen aus der Interaktion normativ ausschließt und es damit faktisch zum Privileg mutiger oder verhandlungserfahrener Interaktionsteilnehmer macht, reagiert vor allem auf die Bedürfnisse von Großorganisationen im Konsumbereich des Wirtschaftssystems, die angesichts der breiten Zusammensetzung ihres Publikums offenbar Schwierigkeiten hätten, aus Erfahrungen mit eigener Preisgestaltung zu lernen, wenn die Preise mit den Interaktionen und dem Verhandlungsgeschick der je Anwesenden schwanken würden; siehe als Kontrast dazu und für eine Wirtschaft ohne Organisation Geertz (1978). Gesellschaftstheoretisch gesehen haben Festpreise den Nebeneffekt, die Konditionierung von Zahlungen gegen das Reichtumsgefälle und insofern auch gegen Schichtung zu differenzieren, denn natürlich würde sich der Verkäufer in einem System ohne Festpreise immer auch an der vermuteten Zahlungsfähigkeit seines Gegenübers orientieren; siehe zu den spezifischen Interaktionsproblemen, die sich daraus ergeben können, Goffman (1969, 83). Die Reichen mögen bei Festpreisen durchschnittlich günstiger davonkommen, müssen dafür aber auch akzeptieren, als ganz normale Kunden, also rollenspezifisch behandelt zu werden.

6   Ich komme auf diese Frage am Ende des Textes noch einmal zurück.

scheinen es, ähnlich wie in der Wirtschaft, vor allem die Organisationen zu sein, die Kooperation gegen Konkurrenz differenzieren.

Ich erläutere diesen Gedanken nur am Beispiel der Universitäten. Die Kollegen an der Fakultät sind normalerweise keine Konkurrenten, da andersartig spezialisiert. Die wissenschaftlichen Konkurrenten wiederum arbeiten, so vorhanden und identifizierbar, in anderen Organisationen, so dass man sie in der eigenen Organisation getrost ignorieren kann. Die lokale Zusammenarbeit wird also möglicherweise durch starke Reputationsdifferenzen irritiert, die den Normen der kollegialen Gleichheit widersprechen,[7] nicht aber durch Konkurrenzbeziehungen gestört. Werden Kooperationen nicht nur, wie selbstverständlich, in Lehre und Selbstverwaltung gesucht, sondern auch in der Forschung, sorgen zum einen die festen Statusdifferenzen zwischen älteren und jüngeren Wissenschaftlern, zum anderen die breite und vielleicht sogar interdisziplinäre Besetzung der Gruppen dafür, dass offene Konkurrenz sich in Grenzen hält. Die Vorteile davon kommen der Kooperation zugute.[8] Man kann diese knappe Übersicht dahin zusammenfassen, dass der Verzicht auf segmentäre Differenzierungen auf der Rollenebene die Universitäten gegen Konkurrenz abdichtet.

Damit werden dann auch die beiden wichtigsten Ausnahmen erkennbar, die freilich mehr auf Erfordernisse der Lehre bzw. der Nachwuchsausbildung reagieren, also nicht eigentlich der Wissenschaft zurechenbar sind. Die eine betrifft große Institute, in denen die für Stundenten obligatorischen Spezialgebiete oft doppelt vertreten sind, die andere betrifft Stellen im Mittelbau, auf denen auch in kleinen Instituten oft mehrere Forscher mit ähnlicher Ausrichtung sitzen, die sich früher oder später einmal auf dieselben Stellen bewerben werden.

Aber nicht nur die Reputationskonkurrenz, auch die Stellenkonkurrenz wird von der Organisation externalisiert. Dafür sorgt vor allem der Umstand, dass die hier möglichen Aufstiege in der Regel auf Stellen in anderen Organisationen führen, also vor Ort gar nicht zur Disposition stehen und folglich auch

---

7 Einen Sinn für solche Spannungen zwischen Gleichheit und Ungleichheit findet man vor allem bei Talcott Parsons, der in ihnen den Grund dafür sieht, dass wissenschaftliche Kontroversen besser *außerhalb* der eigenen Fakultät gesucht werden (s. Parsons / Platt 1990, 215).

8 Für Disziplinen, die keine theoretische Einigung kennen, und natürlich ist hier vor allem an Soziologie gedacht, müßte man dem noch einen weiteren Punkt hinzufügen. Differenzen zwischen konkurrierenden Theorieschulen, die jeweils für sich den Anspruch auf fachuniverselle Geltung erheben, fallen mit den Differenzen an fachlicher Spezialisierung nicht zusammen, sondern stehen quer dazu. Darin liegt das Potential, dass auch solche Kollegen sich universitätsintern als Konkurrenten verhalten oder in gemeinsamen Interaktionen vielleicht sogar zum Konflikt übergehen, die dies mit Hinblick auf ihre Forschungsthemen keineswegs tun müssten, und sind dann ausgerechnet die Stellen für Theoriebildung mehrfach besetzt, gilt das natürlich erst recht. Die auch dann noch mögliche Ausschaltung von Konkurrenz hört bekanntlich auf den Namen des Theoriepluralismus: Mit Recht hat Luhmann ihm die Fähigkeit nachgesagt, Fakultäten zu pazifizieren. Unterdessen wird übrigens auch über den Konstruktivismus als Option für Erkenntnistheorie so geredet, als wäre mit seiner Anerkennung die Entscheidbarkeit von Wahrheitsfragen und damit die Vorbedingung für wissenschaftliche Konkurrenz dementiert. Von den anomischen Effekten, die der Preis dieser originellen Auffassung sind, vermittelt jeder Soziologentag lebhafte Eindrücke.

nicht umkämpft sein können. Auch das Fehlen interner Aufstiegsmöglichkeiten trägt also dazu bei, Konkurrenzdruck von der Universität fernzuhalten – und zwar so sehr, dass das Ungewöhnliche daran von den Einheimischen dieser Idylle oft gar nicht bemerkt wird. Man braucht dann unter Umständen auch als Soziologe Soziologie, um sich klarzumachen, dass dies in Organisationen mit internen Aufstiegsmöglichkeiten ganz anders ist.

Würde man die Wissenschaft nur von ihren Organisationen her sehen, müsste man ihr demnach eine ähnliche Fähigkeit zur Isolierung von Konkurrenz attestieren wie der Wirtschaft. Denn Kooperationspartner und Konkurrenten sind auch hier deutlich, und deutlicher noch als in Wirtschaftsorganisationen, getrennt. Aber man muss nur die Systemreferenz wechseln und an Stelle ihrer Organisationen die Wissenschaft selbst in den Blick fassen, um einzusehen, dass das nicht ganz stimmt.

Gesellschaftstheoretisch gesehen, ist die Differenz von Tauschpartnern und Konkurrenten, an der die Formendifferenzierung im Wirtschaftssystem hängt, nicht nur durch die Umweltlage von Produktionsbetrieben gesichert. Sie ist auch das Derivat einer Differenzierung von Leistungsrollen und Komplementärrollen (Stichweh 2005), die man auch in anderen Teilsystemen findet – so in der Politik als Differenz von Politikern und Wählern, und so auch in der Religion als Differenz von Geistlichen und Laien. Auch in diesen Fällen dient die Rollendifferenzierung zugleich dazu, die Sozialmodelle zu trennen. Politiker und politische Parteien konkurrieren nicht mit den Wählern, die eben darum tauschförmig umworben werden können, und auch im Bereich der Religion gibt es Konkurrenz allenfalls um die Laien, nicht mit ihnen.[9] Wenn diese theoretische Konstruktion zutrifft, dann ist damit bereits ein erster Hinweis auf die Sonderstellung der wissenschaftlichen Konkurrenz gegeben. Denn in der Wissenschaft gibt es keine derartige Rollendifferenzierung. Das Publikum der Wissenschaftler sind die Wissenschaftler selbst. Während man Feststellungen dieser Art häufiger finden kann, werden die Implikationen für Formentrennung und so auch für Konkurrenz selten gesehen. Ein weiterer Abschnitt soll sie zu klären versuchen.

IV.

Der Versuch, die Wissenschaftler und wissenschaftlichen Einrichtungen sämtlicher Länder und Disziplinen unter irgendwelchen Indikatoren für Leistungsfähigkeit zu vergleichen, ergibt zusammen mit den entsprechenden Hitparaden immer nur eine soziale Komparatistik, die man informativ finden mag oder auch nicht. Eine wirksame Orientierung an Konkurrenten setzt demgegenüber auch segmentäre Differenzierung, nämlich Gleichheit der

---

9   Diesen zweiten Fall von Konkurrenz behandelt Bourdieu (2000, 28 ff.).

Konkurrenten in funktional relevanten Hinsichten voraus – ob nun zwischen Organisationssystemen oder auf Rollenebene.[10] Man konkurriert daher niemals mit allen Wissenschaftlern und auch nicht mit allen Soziologen, Biologen, Physikern usw., sondern in erster Linie mit gleichsinnig spezialisierten Kollegen. Nur diese können überhaupt in die Lage geraten, sich für dieselben Stellen, dieselben Forschungsthemen, dieselben Publikationsmöglichkeiten in Fachzeitschriften zu interessieren. Nur sie können einem mit ihren Publikationen oder mit Zugriffen auf Preise und Auszeichnungen in einer Weise zuvorkommen, die man als spezifische Zurücksetzung erlebt und nicht nur als Unzufriedenheit damit, dass es andere gibt, denen es besser ergeht, und nur im Verhältnis zu ihnen kann es daher auch relative Deprivation geben. Ähnlich wie in der Wirtschaft, wo es ja der Weinhandel nicht mit dem Schrotthandel konkurriert, ist die Konkurrenz also auch in der Wissenschaft stark limitiert – und damit auch gut überschaubar.

Die Tauschpartner, die wissenschaftliche Leistung mit sozialer Anerkennung honorieren sollen, könnten daher im Prinzip alle anderen sein, und dann wären Tausch und Konkurrenz auch in der Wissenschaft separiert. Aber dem ist nicht so, da diesen anderen bei starker Spezialisierung die Fähigkeit fehlt, jene Leistungen adäquat zu beurteilen. Sie müssen sich statt dessen an schon vorkonstituierter Reputation orientieren. Im Verhältnis der Wissenschaft zur Gesellschaft hat man diesen Charakter der Reputation als Ersatzindikator für operativ Unzugängliches oft betont, aber er wird bei starker Differenzierung und Spezialisierung auch wissenschaftsintern benötigt. Reputation fungiert dann als Substitut für die Fähigkeit, die Qualität von Beiträgen oder Personen kompetent zu beurteilen. Sie tritt beim Dirigieren der Aufmerksamkeit an die Stelle eigener Sachkenntnis und dient insofern als Korrektiv für Spezialisierung (so Luhmann 1970).

Unter denen, die diese Sachkenntnis haben, kann man sich statt an Reputation an einer Einschätzung der Sache selbst orientieren. Das bringt dieses Publikum der gleichsinnig Spezialisierten in eine strategisch wichtige Stellung, wenn es um den Aufbau der Reputation geht. Soziologische Untersuchungen über wissenschaftliche Spezialgebiete (s. als Übersicht Zuckerman 1988, 535 ff.) zeigen denn auch, dass es sich dabei um die in mancher Hinsicht dominierende Bezugsgruppe eines Wissenschaftlers handeln kann, die Orientierungen an der Einheit der Disziplin ebenso zurücktreten lässt wie das Interessen an den Themen und Meinungen anderer Spezialisten. Da nur dieser engere Kreis der Fachkollegen die Qualität eines Beitrages adäquat einschätzen können, gilt deren Anerkennung als besonders kritisch, und zwar nicht nur für den Wissen-

---

10 Die Einsicht, dass Konkurrenz segmentäre Differenzierung voraussetzt, also durch Arbeitsteilung beschränkt wird, geht auf Durkheim (1977, 325 ff.) zurück; siehe für ihre Verwendung in der Wissenschaftssoziologie die in dieser Hinsicht typische Formulierung bei Gilbert (1977, 108): »for a field to be competitive, at least some researchers must be engaged on the same projects than others«.

schaftler selbst, der sie zu gewinnen versucht, indem er sich den Erwartungen dieser Bezugsgruppe oder ihren objektivierten Kriterien anpasst, sondern auch für Dritte, die seine Beiträge oder seine persönliche Leistungsfähigkeit evaluieren sollen, ohne indessen den Forschungstand seines Spezialgebietes zu überblicken. Sie müssen sich dann entweder an der Reputation orientieren, die er unter seinesgleichen genießt, oder sie müssen, wie bei Berufungen üblich, diese direkt kontaktieren und um ihre Einschätzung bitten.

Soweit es eine solche Einschränkung oder Konzentration der Konsensrelevanz auf eine enger gewählte Bezugsgruppe gibt, ist sie zugleich eine Einschränkung auf mögliche Konkurrenten. Die Möglichkeit, Tauschpartner und Konkurrenten gegeneinander zu differenzieren, die in großen wissenschaftlichen Disziplinen angelegt ist, wird also durch Segmentierung in Spezialgebiete behindert. Der freie Tausch von wissenschaftlicher Leistung gegen soziale Anerkennung ist dann ein Tausch mit den eigenen Konkurrenten, und es fehlt nicht an Hinweisen darauf, dass er dadurch verzerrt wird – ebenso wie natürlich umgekehrt die Konkurrenz unter diesen Umständen nur mit Seitenblick darauf betrieben werden kann, dass der Konkurrent daneben auch noch als Quelle sozialer Anerkennung benötigt wird.

Solche Befunde werden durch die These eines klassischen Aufsatzes von Donald C. Campbell (1969) relativiert, der die verschiedenen Fachgebiete nicht als wechselseitig exklusiv definierte Einheiten sieht, sondern ein Schuppenmodell mit partiellen Überscheidungen vorschlägt, um das Muster ihrer Differenzierung zu erfassen. Auch Kollegen aus Nachbargebieten können demnach kompetent urteilen, ohne in gleichem Maße auch Konkurrenten zu sein, und offensichtlich liegt darin ein Korrektiv gegen mangelnde Formendifferenzierung innerhalb des Spezialgebiets selbst. »This structure and evaluative practice«, heißt es dazu in einem Handbuchartikel von Harriet Zuckermann (1988, 540), »provides for the exercise of organized scepticism«.

Eine weitere Relativierung ergibt sich für Arbeiten von grundlagentheoretischem Charakter, sofern sie nämlich fachweite Ausstrahlung gewinnen. Hier kann Reputation möglicherweise auch dann gewonnen werden, wenn es gleichsinnig spezialisierte Kollegen praktisch nicht gibt. Soziologen wird es naheliegen, hier an die Wirkungsgeschichte von Talcott Parsons zu denken, dem Rudolf Stichweh einmal bescheinigt hat, er habe die Rolle des Spezilisten für soziologische Theorie erst erfinden müssen.[11]

Wie ist nun diese Überschneidung der beiden Sozialmodelle, dieses Ineinander von tauschförmigen und kompetitiven Orientierungen zu verstehen? Zu den wenigen Wissenschaftssoziologen, die sie explizit würdigen, gehört Pier-

---

11 Dieser besonderen Lage der Theorie auf einem Markt ohne viel Konkurrenz und mit einem Publikum ohne ausreichende Kennerschaft entspricht dann freilich auch ihr Rezeptionsschicksal. Gleichfalls am Beispiel von Parsons orientiert hat Luhmann (1981, 268) es so beschrieben: »hoher Aufmerksamkeitsgrad bei geringer Beurteilungskompetenz und weitestgehende Distanzierung, wenn nicht Ablehnung ohne Konzepte für eine Alternative«.

re Bourdieu (1975, 23; 1998). Er wertet die Überschneidung primär positiv, und zwar mit dem Argument, dass wissenschaftliche Anerkennung, da nur von Partnern zu erlangen, die zugleich Konkurrenten sind, besonders schwer zu erlangen sei, und schließt daraus auf eine besondere Hochwertigkeit dessen, was unter diesen Umständen dann anerkannt wird – verglichen vor allem mit Erfolgen in einem urteilsunfähigen Publikum, wie sie für Massenmedien oder demokratische Politik typisch sind. Als deskriptiven Befund scheint er diese Einschätzung nur für Disziplinen von hoher Autonomie zu vertreten. Faktisch dient sie ihm dazu, eine Therapie für die üblichen Fälle des abweichenden Verhaltens von Wissenschaftlern vorzubereiten – von der Publikation geschönter Daten über partikularistische Formen der Personalpatronage oder der innerwissenschaftlichen Kritik bis hin zu Plagiats- oder Betrugsfällen. So wie seine Diagnosen dazu tendieren, in solchen Wettbewerbsverzerrungen immer nur Interventionen externer Systeme in den wissenschaftlichen Meinungsmarkt zu sehen, so läuft die Therapieformel auf eine Steigerung der innerwissenschaftlichen Konkurrenz hinaus. Beides scheint mir die Modellwirkung der Wirtschaft zu überschätzen, also eines Systems, das Konkurrenz gegen Tausch und gegen Kooperation isolieren kann.

Ehe man sich darauf einlässt, müsste man prüfen, ob nicht die Einsicht, dass solche Isolierungen in der Wissenschaft schwieriger sind, eine wissenschaftsimmanente Erklärung für abweichendes Verhalten zu tragen vermag. Eine Skizze dazu, die sich auf die sozialen Institutionen der wissenschaftlichen Kritik bezieht, hat abermals Peter M. Blau vorgestellt. Seine Analyse des Ineinanders von Tausch und Konkurrenz entnimmt ihre Beispiele nicht nur der Kleingruppenforschung, sondern auch dem Urteilsverhalten von Wissenschaftlern (1964, 68). Und ihre These besagt, dass der freie und gerechte Tausch wissenschaftlicher Leistung gegen soziale Anerkennung eher behindert als gefördert wird, wenn die Tauschenden zugleich auch als Konkurrenten fungieren. Gerade die Verschmelzung der beiden Rollen, in der Bourdieu eine Art von eingebauter Qualitätssicherung sieht, tritt bei Blau als Problemquelle auf. Die Schwierigkeit sieht er darin, dass meine Anerkennung seiner Leistungen den Konkurrenten aufwertet und mich selbst abwertet. Lob und Kritik anderer sind also nicht statusneutral für den, der sie kommuniziert. Sie werden vielmehr durch eigene Statusinteressen verzerrt – und das kann einerseits zur Zurückhaltung eines eigentlich angebrachten Lobs führen, aber natürlich auch genau umgekehrt dazu, dass man den anderen großzügig lobt – und insgeheim auf Erwiderung hofft. Das eine mag sich als Strategie mehr für schriftliche, das andere als Strategie mehr für mündliche Kommunikation empfehlen, und soweit beide Arten von Kommunikation zum Zuge kommen, können sich die entsprechenden Tendenzen wechselseitig neutralisieren.

Ein andersartiger, aber funktional äquivalenter Ausweg aus diesen Verzerrungen der Leistungsbewertung durch mangelnde Formendifferenzierung liegt in der Stratifikation der Reputation selbst. Die hohe und sozial breit abgesicherte Reputation gestattet es ihrem Träger, seine Bewertung anderer an Sachkriterien zu orientieren, weil seine Disposition über Lob und Tadel ihn selbst nicht betrifft. Er muß sich, wie man so sagt, nichts mehr beweisen und hat daher bessere Chancen, zu einem abgewogenen Urteil zu finden. Die normale Wissenschaftssoziologie kennt nur einen Mechanismus der Konkurrenzrepression, nämlich den Mechanismus der Spezialisierung und Nischenbildung (Gilbert 1977). Aber auch Stratifikation wirkt sich in dieser Weise aus, da sie Konkurrenzen über Statusdifferenzen hinweg erschwert – und eben damit zu einer Differenzierung von Tausch und Konkurrenz beiträgt.

Dieses objektivierende Potential der Statusdifferenzierung setzt freilich voraus, dass der hohe Status auch dann nicht in Gefahr ist, wenn er im Nachwuchs auf deutliche Spitzenleistungen stößt. Die Bereitschaft, Personen zu fördern, die einen bei uneingeschränkter Konkurrenz sogleich überstrahlen würden,[12] setzt offensichtlich Einschränkungen der Konkurrenz voraus. Die wichtigste unter ihnen scheint zu sein, dass einmal erworbene Reputation gegen das Ausbleiben von Leistungen ihres Trägers relativ indifferent ist. So wie die Lebenszeitanstellung gegen die ökonomischen Folgen der Mobilisierung von Wahrheiten, so schützt diese Immobilität der Reputation gegen die wissenschaftlichen. Gerade hohe Reputation spiegelt häufig keine aktuellen Verdienste, sondern solche, die lange zurückliegen. Dieser Verzicht darauf, nachlassende Leistungsfähigkeit durch soziale Abstiege zu sanktionieren, ist nicht nur eine deutliche Abweichung vom Ideal ungehinderter Konkurrenz. Er hat auch die Funktion, die an sich denkbare Konkurrenz über Statusdifferenzen hinweg zu erschweren – und so zu einer Objektivierung der Urteilsbildung durch Differenzierung von Tausch und Konkurrenz beizutragen. Damit ist die Frage nach positiven Funktionen der Abweichungen vom Konkurrenzmodell bereits gestellt, der wir im folgenden Abschnitt nachgehen wollen.

V.

Nehmen wir einmal an, dass von einem gerechten Tausch wissenschaftlicher Leistungen gegen soziale Anerkennung auf einem akademischen Meinungsmarkt mit freier Konkurrenz nicht die Rede sein kann (und zwar nicht obwohl, sondern weil Tauschpartner und Konkurrenten nicht separiert werden können): Was würde daraus folgen? Ich antworte auf diese Frage mit einem Theorievergleich.

Die strukturfunktionalistische Wissenschaftssoziologie hatte die Reputation primär in ihren Motivationsfunktionen erfaßt. Ehrgeizige Wissenschaftler würden schwierige Themen oder neuartige Thesen bevorzugt anpacken, wenn sie auf diese Weise nicht nur zum Fortgang der Wissenschaft beitragen,

---

12 Beispiele aus der jüngeren Soziologiegeschichte: Helmut Schelsky förderte Niklas Luhmann; Raymond Aron förderte Pierre Bourdieu.

sondern zugleich auch die eigene Berühmtheit mehren könnten. Eine solche Beschränkung der Reputation auf Motivationsprobleme kann es indessen nur geben, wenn über die Rangordnung der in Angriff zu nehmenden Themen und Fragen außerhalb des Reputationsgeschehens entschieden wird. Diese Annahme setzt gut strukturierte Situationen von geringer Komplexität voraus, ist also nur realistisch, wenn die hohe Eigenkomplexität des Wissenschaftssystems, die funktional sinnvoll ist, bereits durch Methoden und Theorien sehr stark reduziert ist. Das trifft jedoch auch in den Naturwissenschaften bestenfalls für die Routinezonen der Forschung zu, nicht aber für Krisenzonen, und in den Sozialwissenschaften sowie auf der Reflexionsebene des Wissenschaftssystems findet man durchgängig Situationen von höherer Komplexität. In all diesen Bereichen richtet sich die Rangordnung von Theorien und Methoden, Fragen und Antworten auch danach, wessen Theorien und wessen Fragen, wessen Methoden und wessen Antworten es jeweils sind.

Die Eignung der Reputation, auch der Aufmerksamkeitslenkung zu dienen, hat ihren Grund in jener Zurechungskonvention, an der zugleich auch die Motivationsfunktion der Reputation hängt. Wissenschaftliche Leistungen werden, unabhängig von ihren wahren Ursachen, auf Personen zugerechnet. Personen aber können ihre Themen wechseln – und dabei ihre Reputation mitnehmen. Daher können nicht nur Themen, etwa weil sie für schwierig gelten, ihre Personen aufwerten, sondern auch Personen ihre Themen. Ein Thema wird auch für andere interessant, wenn man sieht, dass ein Star es in Angriff nimmt, und ähnlich gewinnen auch Thesen und Sachaussagen an Startplausibilität, wenn Träger hoher Reputation sie vertreten. Die Reputation eines Sprechers ist nicht neutral für die sozialen Chancen der These, die er vertritt, sie kann vielmehr zeitweise als Argumentersatz fungieren. In der Reputationsdifferenzierung liegt also ein funktionales Äquivalent für rein rationale, also etwa eine rein theorieabhängige Themenwahl. Die Wissenschaft verwendet ihre eigene Sozialstruktur und insbesondere ihre eigene Statusdifferenzierung, um trotz Überlastung mit kognitiver Komplexität arbeitsfähig zu bleiben. Leistet die Reputationsdifferenzierung aber auch Vermittlungen zwischen offenem Welthorizont und seriös betriebener Forschung, dann kann sie gegen den Strukturfunktionalismus nicht einfach der sogenannten sozialen Identität einer Disziplin zugeordnet werden, sie muß vielmehr in ihrem Übergreifen auf die angeblich rein kognitiven Fragen gesehen werden.

Bourdieu hält es für eine Besonderheit seiner Wissenschaftssoziologie und für ein wichtiges Abgrenzungsmerkmal dem Strukturfunktionalismus gegenüber, das sie auch diese kognitiven Funktionen der Reputation erfassen kann. Andererseits verwendet er (1998) die meritokratische Basisideologie des Wissenschaftssystems zugleich als Leitfaden seiner eigenen Wissenschaftskritik. Die wissenschaftssoziologisch breit dokumentierten Abweichungen vom Modell einer rationalen oder gerechten Reputationsverteilung, die streng und ausschließlich durch wissenschaftliche Leistungen gedeckt wäre, können dann zwar in ihrer Funktion für partikulare Gruppen innerhalb des Wissenschaftssystems untersucht werden. Man kann sie als »Strategien« behandeln, die Theorieströmungen oder charismatische Intellektuelle verwenden, um ihre Meinungen oder ihren Anhang gegen Kritik zu immunisieren oder der offenen Konkurrenz zu entziehen. Bei diesem Zugang verbaut man sich aber die Frage, ob solche Abweichungen nicht möglicherweise auch Funktionen für das Wissenschaftssystem selbst tragen.[13] Denn dazu müsste man dieses System unabhängig von seiner normativen Selbstbeschreibung analysieren können. Da Bourdieu keine derartige Analyse durchführt, hat er auch zur Verurteilung jeder Abweichungen keine Alternative. Seine Darstellung der wissenschaftsinternen Partikularismen und Personalismen lässt keinen Zweifel daran, dass die innergesellschaftliche Autonomie des Wissenschaftssystems von ihrer Auflösung nur profitieren könnte. Daraus ergibt sich ein wissenschaftspolitisches Engagement für »mehr Konkurrenz«, an dem auffallen muss, wie wenig sie sich von dem unterscheidet, was man bei soziologisch naiven Autoren wie Popper dazu lesen kann.[14]

Ganz anders die Behandlung bei Luhmann (1970). Er sieht die Autonomie der gesellschaftlich ausdifferenzierten Wissenschaft als Selbstüberforderung mit der hohen Komplexität eines Themenfeldes ohne gesellschaftlich bereits eingeschränkte Denkmöglichkeiten, und er sieht die methoden- und theoriegerecht durchgeführte Forschung daher angewiesen auf eine strukturelle Reduktion dieser Komplexität, die sie selber nicht leisten kann, weil die dafür erforderlichen Selektionen nicht wahrheitsfähig sein, weil sie nicht ihrerseits als Erkenntnisgewinn auftreten können. Deshalb kann er auf die Idee kommen, gerade die wissenschaftlich nicht legitimierbaren Komponenten des Reputationsmediums zum Garanten der wissenschaftlichen Autonomie zu erklären. Eine Reputationsverteilung, die nichts weiter als der Annex der eigentlichen Funktionserfüllung wäre, könnte diese nicht ihrerseits mit Vorgaben versorgen. Ein Wissenschaftssystem, das am Ende auch Prozesse der Themenwahl und der Personalselektion an erkenntnisanalog begriffene Dispositionen binden wollte, statt sie dem wissenschaftlich unterlegitimierten Reputationsgeschehen zu überlassen, käme gar nicht mehr dazu, die eigentlichen Sachfragen in Angriff zu nehmen.

13 Einen ähnlichen Einwand hätte ich auch gegen Norbert Elias (2006, 274f.) und seine Wissenssoziologie der Verwendung von Ebenenunterscheidungen wie Sein/Sollen oder Genesis/Geltung. Seine Thesen über Konkurrenzrepression halten nur fest, dass die Vorstellung einer kausal unableitbaren Eigenwelt des Sollens oder der Geltung den Philosophen dazu diene, die Konkurrenz der positiven Wissenschaften und insbesondere der Soziologie auszuschalten. Zusätzlich müsste man aber die Frage stellen, ob die Ausgliederung normativer Urteile aus dem Bereich strenger Wahrheitsfähigkeit, die mit jenen Unterscheidungen kodifiziert wird, nicht auch dazu dient, die Sozialwissenschaften von den entsprechenden Zumutungen zu entlasten. Folgt man dieser Lesart (siehe dazu auch Kieserling 2004, 46ff.), dann wären jene Ebenenunterscheidungen nicht nur das semantische Korrelat einer Strategie der sozialen Schließung, sondern zugleich ein Beitrag zur Ausdifferenzierung des Wissenschaftssystems.
14 Diesen Vergleich führt auch Fröhlich (1999; 2003).

Luhmann behandelt die faktisch wirksamen Formen der Reputationsverteilung, über die er kaum anders urteilt als Bourdieu, nach dem Schema der
brauchbaren Illegalität.[15] Ihre Funktion hängt an ihren Abweichungen von
den Systemnormen, und dies in einem doppelten Sinne: weil die benötigen
Vereinfachungen bei voller Konformität mit einer Norm gar nicht zu haben
wären, und weil sie als Abweichungen ohne eigene Legitimität nicht auf
Dauer gestellt werden können. Die mikropolitisch erfolgreichen Partikularismen und Patronagenetzwerke vergehen zusammen mit ihren Betreibern.
Häufig sorgt bereits die Emeritierung des Patrons dafür, dass das »wissenschaftliche« Interesse an seinen Texten zerfällt, und ganz ähnlich machen die
von Bourdieu so verachteten Medienintellektuellen und Zeitdiagnostiker die
Erfahrung, dass ihnen die Gründung wissenschaftlicher Schulen misslingt.
Die Funktion der Systemlenkung wird also durch mobile Reduktionen erfüllt,
die sich nicht als dauerhafte Herrschaft konsolidieren können. Die Offenheit
der Zukunft des Systems verbauen sie nicht, und zwar gerade deshalb nicht,
weil sie als Abweichungen instabil bleiben.

Im Zusammenhang der hier vorgestellten Überlegungen hat dieser Theorievergleich in erster Linie die Funktion, einen zu raschen Übergang von der
Beschreibung zur Kritik zu verhindern. Die verschiedenen Limitationen der
innerwissenschaftlichen Konkurrenz können nicht ohne Würdigung ihrer
reduktiven Funktion und nicht ohne Würdigung verfügbarer Äquivalente
kritisiert werden. Zeigt eine Analyse der theoretisch sehr viel besser konsoli-
dierten Naturwissenschaften, dass es nicht einmal hier nicht gelingt, die be-
nötigten Filterfunktionen ausschließlich in Sachprogrammen zu suchen und
auf das Zurechnungsartefakt der »bedeutenden Forscherpersönlichkeit« zu
verzichten, dann sollte dies auch in den Sozialwissenschaften dazu führen,
gerade den nicht legitimierbaren Komponenten des Reputationsgeschehen
mit mehr Verständnis zu begegnen.

Der Theorievergleich soll aber auch dazu beitragen, eine puristische Lesart der
Systemtheorie zu blockieren.[16] Immer erneut erwecken nämlich Kritiker den
Eindruck, die These eines autonomen Wissenschaftssystems müsse entweder
eine faktische Übereinstimmung dieses Systems mit seiner meritokratischen
Selbstbeschreibung behaupten, und damit vorliegendes Wissen ignorieren,
wenn nicht gar ideologische Funktionen beim Gesundbeten der Verhältnisse
übernehmen, oder sich offen als normative oder kritische Theorie einbeken-
nen. Ließe man sich darauf ein, hätte ein Systemtheoretiker nur die Wahl,
entweder unter Ideologieverdacht zu stehen oder sich dem Verein der billig
und gerecht Denkenden anzuschließen. Konzepte wie das der brauchbaren
Illegalität fügen sich dieser Alternative aber nicht ein.

---

15 Dieser Begriff wird entwickelt in Luhmann (1964, 304 ff.).
16 Kritisch dazu auch Kieserling (2005).

VI.

Ich möchte zum Abschluss dieser Überlegungen noch einmal auf die eingangs zitierte Einsicht von Simmel zurückkommen, wonach jede soziale Form in mehreren Funktionssystemen genutzt wird. Diese Einsicht ist gleichbedeutend damit, dass jedes dieser Systeme mehrere Formen kennt und verwendet. Folglich kann man auch an jedes dieser Systeme die Frage stellen, wie gut oder schlecht ihm die Differenzierung seiner Formen gelingt. Für zwei dieser Systeme, Wirtschaft und Wissenschaft haben wir diese Frage zu diskutieren versucht.[17]
Simmels Einsicht lässt sich aber vermutlich generalisieren, also auch für andersartige Sozialsysteme vertreten, die nicht als Funktionssysteme ausdifferenziert sind und auch sonst nicht den Charakter eines gesellschaftlichen Teilsystems haben. Dass es Schwierigkeiten bereitet, Organisationen einzig als Kooperation zu begreifen, selbst wenn man sich auf formale Strukturen beschränkt, weil dann konstitutiven Umweltbeziehungen zu ihren Mitgliedern nicht thematisiert werden könnten, ist, wie weiter oben schon einmal notiert, eine Implikation des systemtheoretischen Organisationsbegriffs. Aber auch für Interaktionen wäre es offensichtlich schwierig, sie auf eine einzige Sozialform zu verpflichten. Theorien wie die von Blau, die das für die Tauschform versucht haben, stoßen offenbar von sich aus auf weitere Formen wie Konkurrenz oder elementare Statusdifferenzierung. Und für die Gesellschaft als inklusives Sozialsystem versteht es sich ohnehin von selbst, dass sie alle jeweils verfügbaren Formen in sich enthalten muss. Vermutlich lässt sich also für alle Sozialsysteme die operative Verfügbarkeit mehrerer Formen plausibel machen,[18] und folglich kann man auch in der Frage nach den Systembedingungen ihrer Separierbarkeit eine Frage von allgemeiner soziologischer Relevanz sehen.
Blickt man von hier aus auf die Sozialformenlehre von Simmel zurück, die doch ihrerseits allgemeine Theorie sein will, dann muss auffallen, dass er diese Frage nicht stellt. Den Grund dafür sehe ich darin, dass er den Tatbestand der sozialen Differenzierung nur als eine Form neben anderen führt, statt sie dem Formbegriff vorzuordnen. Eben damit verliert er die Möglichkeit, nach der sozialen Differenzierung der Formen selber zu fragen. Man muss daher das Verhältnis von Formbegriff und Differenzierungsbegriff umdrehen, um genau diese Möglichkeit zu gewinnen (dazu ausführlicher Kieserling 2010; 2011).
Eine wichtige methodische Konsequenz, die sich daraus ergibt, haben wir zuvor schon stillschweigend gezogen; sie soll daher abschließend nur expliziert werden. Simmel verfährt stets so, dass er eine bestimmte Form zum

17 Siehe für ähnliche Überlegungen zum Sportsystem Itschert (2009).
18 Bezogen auf die beiden Formen von Kooperation und Konkurrenz urteilt so auch Nisbet (1968, 389f.).

Thema erklärt und dann in wechselnden Handlungszusammenzusammen-hängen nach instruktiven Beispielen ihres Gebrauchs sucht. Die Frage nach dem Systemcharakter dieser Handlungszusammenhänge kann bei diesem Verfahren offen bleiben, und entsprechend tritt der Systembegriff beim reifen Simmel eher zurück. Will man dagegen nach der Differenzierung der For-men selbst fragen, muss man genau umgekehrt vorgehen, nämlich eine Sys-temreferenz wählen und dann fragen, welche Formen in diesem System vor-kommen und wie stark sie gegeneinander differenziert werden können. Der Systembezug, den Simmel in seinen Analysen allenfalls unthematisch mitge-führt hatte, wird also nach dieser Reorganisation seiner Fragestellung zentral. Der Grund dafür liegt darin, dass nur die Einheit eines sozialen Systems von begrenzter Komplexität verständlich machen kann, inwiefern in der Differen-zierung der Formen überhaupt ein Problem liegen kann. Hier wie auch sonst können Fragen der strukturellen Kompatibilität nur behandelt werden, wenn man zuvor das System identifiziert, für das sie sich stellen. Eine differenzie-rungstheoretische Revision der Sozialformenlehre lässt sich nur durchführen, wenn man sie mit Systemtheorie verbindet.

Literatur

Adorno, T. W. (1950): Minima Moralia: Reflexionen aus dem beschädigten Leben. Frankfurt a. M.

Blau, P. M. (1964): Exchange and Power in Social Life. New York.

Blau, P. M. / Scott, R. (1963): Formal Organizations: A Comparative Approach. London.

Bourdieu, P. (1975): The Specificity of the Scientific Field and the Social Conditions of the Pro-gress of Reason. Social Science Information 14, 19-47.

Bourdieu, P. (1998): Vom Gebrauch der Wissenschaft: Für eine klinische Soziologie des wissen-schaftlichen Feldes. Konstanz.

Bourdieu, P. (2000): Das religiöse Feld: Texte zur Ökonomie des Heilsgeschehens. Konstanz.

Campbell, D. C. (1969): Ethnocentrism of Disciplines and the Fish-Scale Model of Omniscience. S. 328-348 in: M. Sherif / C.W. Sherif (Hrsg.), Interdisciplinary Relationships in the Social Sciences. Chicago.

Durkheim, E. (1977): Über die Teilung der sozialer Arbeit. Frankfurt a. M.

Elias, N. (2006): Wissenschaftliche Establishments. S. 243-345 in: Ders., Aufsätze und andere Schriften. Bd. II. Frankfurt a. M.

Fröhlich, G. (1999): Kontrolle durch Konkurrenz und Kritik? Der öffentliche und soziale Cha-rakter der wissenschaftlichen Methoden. S. 166-170 in: W. Löffler / E. Runggaldier (Hrsg.), Vielfalt und Konvergenz der Philosophie. Vorträge des 5. Kongresses der Österreichischen Gesellschaft für Philosophie, Bd. 1. Wien.

Fröhlich, G. (2003): Kontrolle durch Konkurrenz und Kritik? Das »wissenschaftliche Feld« bei Pierre Bourdieu. S. 117-129 in: B. Rehbein / G. Saalmann / H. Schwengel (Hrsg.), Pierre Bour-dieus Theorie des Sozialen. Konstanz.

Geertz, C. (1978): The Bazaar Economy: Information and Search in Peasant Marketing. Ameri-can Economic Review 68, 28-32.

Gilbert, G. N. (1977): Competition, differentiation and careers in science. Social Science Infor-mation 16, 103-123.

Goffman, E. (1969): Wir alle spielen Theater: Die Selbstdarstellung im Alltag. München.

Itschert, A. (2009): Konkurrenz, Tausch, Kooperation, Über- und Unterordnung, Geheimhal-tung und Streit im Radsport. Simmel Studies 19, 62-111.

Kämpf, H. (1998): Tauschgesellschaft. Sp. 926-928 in: J. Ritter / K. Gründer (Hrsg.), Historisches Wörterbuch der Philosophie, Bd. 10. Basel.

Kieserling, A. (2004): Die Soziologie der Selbstbeschreibung. S. 46-108 in: Ders., Selbstbeschreibung und Fremdbeschreibung: Beiträge zur Soziologie soziologischen Wissens. Frankfurt a. M.

Kieserling, A. (2005): Drei Vorbehalte gegen »Funktionssysteme«. Zeitschrift für Soziologie 34, 433-436.

Kieserling, A. (2010): Simmels Formen in Luhmanns Verfahren. S. 109-129 in: B. Stollberg-Rillinger / A. Krischer (Hrsg.), Herstellung und Darstellung von Entscheidungen: Verfahren, Verwalten und Verhandeln in der Vormoderne. Beiheft 44 der Zeitschrift für historische Forschung. Berlin.

Kieserling, A. (2011): Simmels Sozialformenlehre: Probleme eines Theorieprogramms. S. 181-208 in: H. Tyrell / O. Rammstedt / I. Meyer (Hrsg.), Georg Simmels große »Soziologie«: Eine kritische Sichtung nach hundert Jahren. Bielefeld

Luhmann, N. (1964): Funktionen und Folgen formaler Organisation. Berlin

Luhmann, N. (1970): Die Selbststeuerung der Wissenschaft. S. 232-252 in: Ders., Soziologische Aufklärung 1: Aufsätze zur Theorie sozialer Systeme. Opladen.

Luhmann, N. (1981): Wie ist soziale Ordnung möglich. S. 195-287 in: Ders., Gesellschaftsstruktur und Semantik: Studien zur Wissenssoziologie der modernen Gesellschaft, Bd. 2. Frankfurt a. M.

Luhmann, N. (1988): Die Wirtschaft der Gesellschaft. Frankfurt a. M.

March, J. G. (1962): The Business Firm as a Political Coalition. The Journal of Politics 24, 662-678.

Nisbet, R. A. (1968): Cooperation. International Enzyclopedia of the Social Sciences, Bd. 3, 384-390.

Parsons, T. / Platt, G. M. (1990): Die amerikanische Universität: Ein Beitrag zur Soziologie der Erkenntnis. Frankfurt a. M.

Simmel, G. (1908 / 1992): Soziologie. Untersuchungen über die Formen der Vergesellschaftung. Frankfurt a. M.

Stichweh, R. (2005): Inklusion in Funktionssysteme der modernen Gesellschaft. S. 13-45 in: Ders., Inklusion und Exklusion. Studien zur Gesellschaftstheorie. Bielefeld.

Zuckerman, H. (1988): The Sociology of Science. S. 511-574 in: N. Smelser (Hrsg.), Handbook of Sociology. Newbury Park.

Prof. Dr. André Kieserling
Fakultät für Soziologie, Universität Bielefeld
Postfach 10 01 31, D-33501 Bielefeld
andre.kieserling@uni-bielefeld.de

Soziale Systeme 16 (2010), Heft 2, S. 277-296　　　　　© *Lucius & Lucius, Stuttgart*

Christian Mersch

Patente und Publikationen

I. Einleitung

Im Sommer 2011, einige Hundert Kilometer südlich von Bielefeld: in Luzern, erwähnte Rudolf Stichweh in einem Gespräch über Patente, dass er die Mertonianische Beschreibung der Motivation akademischer Wissenschaftler zu publizieren, plausibel fände: Man schreibe auch dann noch unablässig Publikationen, die ja in sehr vielen Fällen kaum einer lese,[1] um am institutionalisierten »Charisma« der Wissenschaft zu partizipieren. Ähnliche Motivlagen ließen sich auch bei Patentierenden beobachten. Er kenne eine Reihe von Ingenieuren, bei denen er regelmäßig einen bemerkenswerten Stolz ausmache, wenn sie von ihren (bisweilen zeitlich weit zurückliegenden) Patentierungen erzählten, ganz unabhängig von der Frage, ob sich das Patentieren auch in barer Münze ausgezahlt habe, was in aller Regel nicht der Fall gewesen sei. Man mag dem zunächst zustimmen und gleichzeitig doch skeptisch nachfragen, ob es sich bei Patenten und Publikationen nicht letztlich um sehr unterschiedliche Phänomene des Publizierens wissenschaftlich-technologischen Wissens handele. Ohne an dieser Stelle Ergebnisse des folgenden Beitrags bereits vorwegzunehmen, soll deshalb einleitend lediglich auf das andauernde Interesse Rudolf Stichwehs an Patenten und dem systematischen Vergleich von Patenten und Publikationen als einem denkbaren Startpunkt für eine Theorie des Patents hingewiesen werden.[2]

Bezüglich der Suche nach Anschlüssen in der soziologischen Forschung war für mich in die Leitunterscheidung von Patenten und Publikationen von Beginn an eine Asymmetrie eingebaut, die mit dem Forschungsprogramm Rudolf Stichwehs zu tun hat. Dies rührte daher, dass sich Stichweh bereits ausführlich mit (akademischen) Publikationen beschäftigt und in mehreren wegweisenden Veröffentlichungen eine system- und differenzierungstheoretische Theorie der Publikation als tragendem Element der »Autopoiesis der Wissenschaft« entfaltet hatte.[3] Die andere Seite der Unterscheidung, das

---

1 Was ja bekanntlich nicht gleichbedeutend ist mit Nicht-Zitieren (vgl. nur Abbott 2010).
2 »Patente und Publikationen«, dies sei hinzugefügt, war einige Jahre zuvor ein Arbeitsauftrag gewesen, mit dem Rudolf Stichweh mir als Forschungsstudenten im Rahmen eines DFG-Forschungsprojekts zur »Globalisierung von Forschung« Publikationen, Patente und die Analyse ihrer Differenz als Arbeitsgebiet nahe legte.
3 Etwa Stichweh 1984 (insbesondere Kapitel VI); 1987; 1996; 1999; 2003.

Patent, ist indes noch nicht systematisch soziologisch erforscht worden, so dass es sich anbot, bei einer soziologischen Beschäftigung mit Patenten bei der Publikation zu beginnen und zu sehen, wie weit dieser Vergleich trägt. Die folgenden Ausführungen stellen somit eine Rekapitulation meiner ersten Schritte bei der Forschung über die Welt der Patente dar und präsentieren eine soziologische Perspektive auf Patente, die stark vom Vergleich mit der akademischen Publikation bzw. dem Wissenschaftssystem her gedacht und konzipiert ist. Sie stellen einen Ausschnitt einer umfassenderen, gesellschaftstheoretisch-historisch ansetzenden Analyse des Patents dar, die eine Soziologie des Patents stärker vom Begriff des Patentrechts her entwirft und hier im Folgenden nicht weiter ausgeführt, sondern nur an einigen Punkten angedeutet werden kann.[4]

II. Die Patentschrift im Vergleich zum wissenschaftlichen *paper*

Die strukturelle Verwandtschaft zwischen Patentschriften und Publikationen ist zunächst augenfällig. Entscheidend hierfür ist nicht nur der unmittelbar auffallende Sachverhalt, dass Format und Aufbau von Patenten und (natur-)wissenschaftlichen Publikationen ähnlich sind. Gemeint ist darüber hinausgehend in einem theoretisch präzisierbaren Sinne die These, dass die Patentschrift wie die wissenschaftliche Publikation als konstitutives Element des Prozessierens und Kommunizierens von Wissen und den an das Wissen gekoppelten Ansprüchen – in der Wissenschaft: auf Wahrheit, im Fall des Patentsystems: auf ein Patentrecht – begriffen werden kann.

Im Vergleich zur umfangreichen Literatur zur akademischen Publikation und Zitation ist die Erforschung von Patentschriften und der Patentzitation allerdings theoretisch-konzeptionell relativ unterbelichtet geblieben. In den letzten Jahrzehnten haben im Kontext von Innovationsforschung und den »Science-and-Technology Studies« (STS) zwar bibliometrische Analysen von Patentverteilungen und Zitationsnetzwerken und damit die Analyse des Patentsystems als »document circulation system« (Bazerman 1999) insgesamt an Relevanz gewonnen. Zudem existiert mit dem Journal »World Patent Information« eine Zeitschrift, die sich eigens der Analyse der Patentschrift und weiterer Patentdokumentationsformen als Träger von technischem Wissen verschrieben hat.[5] Insgesamt betrachtet sind die meisten dieser Beiträge aber

4 Diese wird an anderer Stelle vorgelegt werden; vgl. Mersch 2011.
5 Allerdings ist die dort publizierte Literatur eng der Konzeption von der »Informationsfunktion« als Zweck des Patents und damit verbundenen Effizienz- und Optimalitätsvorstellungen verpflichtet. Die meisten volkswirtschaftlichen Theorien schreiben dem Patent im Wesentlichen zwei Funktionen zu: zum einen, Erfinder und Unternehmer bei ihrer Forschungstätigkeit mit der Inaussichtstellung eines exklusiven Auswertungsrechts anzuspornen (*Schutzfunktion*), zum anderen, dem Patentanmelder als Gegenleistung für das Patent die Veröffentlichung des geschützten Wissens abzuverlangen (*Informationsfunktion*). Zu

letztlich mehr methodischen Fragen und Interessen forschungspolitischer Anwendbarkeit (»policy implications«) denn grundlagentheoretischen Überlegungen verpflichtet.[6] Rekapitulieren wir daher zunächst einige Kernaussagen der soziologischen Theorie von Publikationen und Zitationen, um uns mit theoretischen Anschlüssen für eine soziologische Annäherung an Patente auszustatten.

In Anlehnung an Luhmanns Entwurf der modernen Wirtschaft als eines autopoietischen Verweisungszusammenhangs von Zahlungen besteht der Ausgangspunkt für Stichweh darin, die Publikation als basales *autopoietisches Element* der Wissenschaft zu begreifen: Die Publikation erfüllt die Definitionsbedingungen eines autopoietischen Elements auf verblüffend genaue Weise. Sie ist ein Element, das auf anderen Elementen desselben Typs, i. e. anderen Publikationen, aufruht und sie verweist auf diese anderen Elemente durch Zitation (Fremdreferenzen). Der Sinn einer jeden Publikation wiederum ist, andere Publikationen anzuregen, die an sie anschließen und diese kognitive Relation ihrerseits durch Zitationen dokumentieren müssen (Stichweh 1987, 459 f.).

Im Gegensatz zur frühneuzeitlichen Wissenschaft, die noch durch die – insbesondere in modernen Termini von Digitalität sehr schwerfällig wirkende – Enzyklopädie als Ausdruck (!) eines konservierend-klassifizierenden wissenschaftlichen Selbstverständnisses geprägt war, hat sich heute der kleinformatigere Aufsatz in akademischen Fachzeitschriften als dominierende Form der Publikation von wissenschaftlichen Wahrheitsansprüchen durchgesetzt. Diese fortschreitende Parzellierung des Wissensfortschritts in kleinformatige Beiträge ist insbesondere konstitutiv für die Natur- und Ingenieurswissenschaften, während in den Geistes- und Sozialwissenschaften die Monographie immer noch einen wichtigen, wenn auch möglicherweise abnehmenden Stellenwert besitzt.

Die moderne Wissenschaft reproduziert sich heute als immer weiter fortschreibender Zusammenhang von Zeitschriftenartikeln (*journal papers*). Die operative Schließung des Wissenschaftssystems etabliert sich auf einer Ebene der »Beobachtung zweiter Ordnung«, die sich gegenüber den Handlungskontexten des »Laboratory Life« (Latour/Woolgar 1979) strukturell emanzipiert. Wissenschaftler beobachten (und kontrollieren) sich dann nicht mehr direkt bei ihren Forschungshandlungen – dies ist heute in aller Regel institutionell weder möglich noch notwendig –, sondern referenzieren die Beiträge relevanter Anderer durch die *Zitation*.[7] Die basale kommunikative Funktion der Zitation lässt sich darin sehen, dass sie für wissenschaftliche Anschlussbeob-

---

den entsprechenden Theoriekomplexen – *Anspornungs- und Vertragstheorie* – vgl. als lesenswerten Überblick Machlup 1962.

6 Weitere wichtige Zeitschriften für diesen in den letzten Jahrzehnten stark wachsenden Forschungszweig sind die Journale »Research Policy«, »Scientometrics«, »Science and Public Policy« und einige weitere (Überblick bei Braun 2005, 188).

7 Vgl. überblickend zur Bandbreite von Theorien der Zitation Moed 2005, 193 ff.; dort findet man auch eine tabellarische Auflistung der gängigsten Theorien.

achter sichtbar macht und öffentlich dokumentiert, auf welchen kognitiven Relationierungen früherer Publikationen der Neuheitsanspruch einer neu veröffentlichten Publikation beruht. Die Zitation ist ein konnektiver Attributionsmechanismus: Sie verknüpft Publikationen miteinander und weist ihnen damit uno actu eine Adresse und eine Position im Kommunikationsnetzwerk der Wissenschaft zu. Das wissenschaftliche Publikationssystem reproduziert seine strukturelle Einheit also in Form eines sich immer weiter fortpflanzenden, netzwerkförmigen *Zitationszusammenhangs*, in dem Publikationen an die Wissensofferten früherer Publikationen qua Zitation anschließen und dadurch weitere Publikationen provozieren, die ihrerseits den neu hergestellten kognitiven Bezug durch weitere Zitationen dokumentieren (Stichweh 1987). In Ergänzung zur Konzeptualisierung der Zitation im Rahmen einer Systemtheorie der Wissenschaft als eines autopoietischen Kommunikationssystems lässt sich die Zitation auch mit stärkerem Bezug auf die sie anfertigende(n) Psyche(n) und deren Absichten der Selbst- und Fremdpositionierung in wissenschaftlichen Gemeinschaften begreifen. Gilbert hat in diesem Zusammenhang, viel zitiert, von »Referencing as persuasion« gesprochen (Gilbert 1977; vgl. auch Cozzens 1989). In dieser Lesart von Zitationen wird der schreibende Wissenschaftler als ein strategisch-rhetorischer Akteur beschrieben, der mit Zitationen seine akademische Nahumwelt (*scientific community*) von seiner wissenschaftlichen Glaubwürdigkeit (Innovativität, Originalität) rhetorisch-persuasiv zu überzeugen sucht. Wissenschaft wird als ein zitationsförmig vernetzter »credibility cycle« (Latour/Woolgar 1979) begriffen, der Reputation und wissenschaftliche Glaubwürdigkeit prozessiert. Man kann die Zitation in dieser Hinsicht dann auch als »reward« auffassen, mit der ein Wissenschaftler seine akademischen Kollegen belohnt oder im Umkehrschluss mit Missachtung ›straft‹.

Ausgehend von diesen hier nur kurz rekapitulierten Überlegungen zur Publikation kann man die Patentschrift auf einen ersten (systemtheoretischen) Blick als funktional äquivalent zur wissenschaftlichen Publikation begreifen. Indem sie das Wissen, das durch ein Patentrecht abgesichert werden soll, gegenüber der Öffentlichkeit offenbart, dokumentiert die Patentschrift wie der wissenschaftliche Aufsatz neues Wissen in einer standardisierten, kleinformatigen Weise.[8] Um Neuheit zu reklamieren, rekurriert die Patentschrift mit Zitationen auf ältere Patentschriften und den dort dokumentierten, für die Lösung des in der Patentschrift thematisierten technischen Problems als nicht hinreichend beschriebenen Wissensstand (in patentrechtlicher Terminologie: den »Stand der Technik«). Gleichzeitig dient die Patentschrift wie die

---

8 Zunächst wird die Erfindung in Form der Patentanmeldung dem Patentamt mitgeteilt.
   Gegenüber der Öffentlichkeit (und das heißt in wettbewerbsstrategischer Hinsicht vor
   allem: gegenüber der Konkurrenz) wird die Erfindung spätestens 18 Monate nach Anmeldung in einer vorläufigen Offenlegungsschrift freigegeben und dann nach Patenterteilung
   endgültig in Form der Patentschrift veröffentlicht.

Publikation als Anknüpfungspunkt für darauf folgende Patentschriften, die diese und andere Patentschriften referieren und damit den Stand der Technik fortlaufend variieren (Reproduktion durch Variation). Insofern macht es Sinn, auch die Patentschrift als autopoietisches Element eines Vernetzungszusammenhangs von technischem Wissen und somit das Patentsystem als System der öffentlichen Kommunikation von Wissen durch Patentschriften, als »document circulation system« zu beschreiben.

Dies führt zu der Anschlussbeobachtung, dass sich auch das Patentsystem in Analogie zur Durchsetzung der wissenschaftlichen Publikation auf einer Ebene der Beobachtung zweiter Ordnung organisiert. Diese schriftlich-öffentliche Form des Beobachtens ermöglicht es, technische Evidenzen nicht mehr in einem (theatralischen) Akt der Demonstration ›sur place‹ (populäre Assoziation: Die Magdeburger Halbkugeln) erzeugen zu müssen, sondern andere, sachbezogenere Formen der Validierung von Ansprüchen zu finden, die sich von der Einbettung in situative, stärker personenbezogene Plausibilitäten und Evidenzen abheben. Das System emanzipiert sich von Zwängen eines produktionstechnischen Funktionsnachweises (Prototyp) und der Evidenzierung eines besonderen wirtschaftlichen Werts einer zum Patent angemeldeten Erfindung und schöpft seine Dynamik aus dem Zirkulieren und Vergleichen von Patentdokumenten.[9] Der Mechanismus, der die Verknüpfung zwischen einzelnen Patentschriften kommunikativ herstellt und gleichzeitig für Dritte dokumentiert und sichtbar macht, ist, wie im Fall der akademischen Publikation, eine Zitation.

III. Die Patentzitation

Wie die wissenschaftliche Zitation dokumentiert die Patentzitation (»patent reference«) die kognitive Kontextuierung einer Patentschrift vor dem Hintergrund anderer Patentschriften. Wie wissenschaftliche Zitationen verknüpfen Patentzitationen Patentschriften miteinander und bringen sie damit in einen zirkulären operativen Zusammenhang, der sich in seiner Interkonnektivität gegenüber anderen funktionalen Zusammenhängen wie dem wissenschaftlichen Publikationssystem abschließt. Patentschriften verweisen durch Zitationen auf andere Patentschriften und werden selbst zum Anknüpfungspunkt

---

9 »The United States had developed a system of patent examination based on the novelty of a conception rather than on its proven viability, usefulness or market value. The examination process, carried out in government offices in Washington, was based largely on submitted paper representations of an idea (picture and text), *abstracted out* of the particular object or product that was the realization of the idea. Neither a working prototype nor a competed product nor evidence of economic value was a part of the process of establishing that an idea was ownable and was owned by a particular person. Viability and economic value were only projected consequences, hopes that drove invention and the desire for ownership« (Bazerman 1999, 85; Hervh. CM).

für weitere Patentschriften, die wiederum den *state-of-the-art*, d. h. die bekannten Patentschriften und gegebenenfalls weitere Veröffentlichungen wie
akademische *papers*, zitieren (wir kommen auf Nichtpatentzitationen weiter
unten zurück). In dieser autopoietischen Lesart von Zitationen leistet die Patentzitation einen zur wissenschaftlichen Zitation funktional analogen Beitrag zum operativen Prozessieren von Systemkommunikation.

Wenn wir uns darüber hinaus noch einmal die reputational-persuasive Qualität von Zitationen im Wissenschaftssystem vergegenwärtigen, hilft dies allerdings auch, um einen ersten wesentlichen strukturellen Unterschied sichtbar
zu machen. Diese Divergenz hat damit zu tun, dass sich Patentzitationen im
Gegensatz zu wissenschaftlichen Referenzen nicht eindeutig auf einen Urhe-
ber zurechnen lassen. Patentzitationen verteilen sich auf zwei gänzlich unterschiedliche institutionelle Adressen, nämlich den Patentsuchenden (das an-
meldende Unternehmen) und den Patentprüfenden (den Patentprüfer). Denn
bei den »für die Beurteilung der Patentfähigkeit in Betracht gezogenen Druckschriften« (so der entsprechende Wortlaut in der Patentschrift) handelt es sich
um die dokumentierten Resultate der Prüfrecherchen des Patentprüfers, die
mit den Zitationen, die in der Erfindungsbeschreibung vom Patentanmelder
beigebracht werden, nicht zwingend und in der Regel lediglich zum Teil über-
einstimmen. Der Prüfer übernimmt zwar meistens einige der vom Anmelder beigefügten Referenzen; häufig werden Anmelderzitationen jedoch auch
nicht berücksichtigt und zudem im Laufe des Rechercheprozesses noch weitere von Seiten des Anmelders nicht dokumentierte Referenzen hinzugefügt.
Es kommt somit bei vielen Patentschriften vor, dass der Patentprüfer eine
Patentschrift mit anderen Patentschriften durch Zitationen verknüpft, ohne
dass diese Erfindung dem Patentanmelder selbst bekannt gewesen war bzw.
obwohl er das Wissen um die vom Prüfer zitierte Patentschrift selbst nicht
dokumentieren wollte.

In der »editorial conference« (Reingold 1960, 160) zwischen Anmelder und
Prüfer trifft letztlich der Patentprüfer die Entscheidung darüber, welche Referenzen offengelegt und endgültig mit der Patentschrift veröffentlicht werden.[10] Den Patentzitationen kommt somit in erster Linie die Funktion zu, den
»Prüfstoff«, d. h. das vor dem Zeitpunkt der Anmeldung bereits bekannte technische Wissen im Hinblick auf die Patentfähigkeit der angemeldeten Erfindung, d. h. mit Blick auf die Kriterien von Neuheit und erfinderischer Tätigkeit
selektiv zu dokumentieren; sie ermöglichen es nur in einem eingeschränkten
Maße, auf kognitive Selektionen der ursprünglichen Wissensproduzenten
(Erfinder) zuzurechnen. Patentreferenzen entsprechen somit weder zwingend

---

10 Um diesen Sacherhalt noch einmal zu verdeutlichen, stelle man sich für einen Moment das
   zumindest für das Beispiel der Geistes- und Sozialwissenschaften recht erheiternde Sze-
   nario vor, ein Wissenschaftler hätte bei der Veröffentlichung keinen alleinigen Einfluss auf
   seine Referenzen, sondern wäre dazu *verpflichtet*, die Zitationen von Gutachtern, Lektoren,
   Sammelbandherausgebern mit in die Bibliographie aufnehmen.

einem ›tatsächlichen‹ Wissensstand des Patentanmelders bzw. Erfinders noch
einer auf Individuen oder Unternehmen zurechenbaren Motivation, sich in
einem technologischen Feld reputational zu positionieren. Patentierende sind
im Gegensatz zum akademischen Wissenschaftler am »reward« einer Zitation
in der Regel nicht interessiert, denn eine Zitation deutet auf ein Ausmaß an
Sichtbarkeit der eigenen Erfindungen hin, die man – zumindest aus Sicht des
unternehmerischen Patentmanagements – grundsätzlich so weit wie möglich
reduzieren möchte. Dem Patentanmelder liegt vielmehr a priori an einer Invi-
sibilisierung seiner Kognitionen mindestens insoweit, als sie die Erfolgswahr-
scheinlichkeiten seiner Patentanmeldung unnötig schmälern, d. h. nahe legen
könnten, dass seine Erfindung sich in zu enger kognitiver Nähe zum Stand
der Technik befindet und einer genauen Prüfung auf »non-obviousness« nicht
Stand halten könnte.[11]

Der Patentierende, in aller Regel ein durch Profitabilitätserwägungen gesteu-
erter unternehmerischer Akteur, möchte sein Wissen zunächst grundsätzlich
gar nicht publizieren, da er immer auf der Hut vor Imitation durch Konkurrenzunternehmen sein muss. Er ist aber zur Veröffentlichung verpflichtet,
wenn er seine Marktinnovation rechtlich durch das Patent absichern möchte,
um einen möglichst maximalen privaten Nutzen zu generieren.[12] Das patentierende Unternehmen verfolgt dann eine ›Mini-Max-Strategie‹, d. h. legt es
darauf an, die Öffentlichkeit des Patents zu minimieren und den privaten
Nutzen, d. h. die Weite des Patentanspruchs, zu maximieren.[13] Diese Aus-
gangskonstellation kontrastiert stark mit der Situation des primär akademisch
vernetzten Wissenschaftlers, dessen privater Nutzen in einem positiven Steigerungszusammenhang mit seiner öffentlichen Sichtbarkeit steht und für
den die Idee, Zitationen seiner Publikationen zu vermeiden, einem sehr irri-

---

11 »Non-obviousness« bzw. im deutschen Patentrecht die »erfinderische Tätigkeit« ist ein
   Hauptkriterium, dem eine Patentanmeldung standhalten muss, um Chance auf eine Patenterteilung zu haben. Gemeint ist, dass eine Erfindung nicht ›nur‹ neu sein darf (dies wäre
   prinzipiell schon durch eine geringfügige Verbesserung gegeben), sondern sich darüber
   hinaus auch durch ein kreatives Überraschungsmoment, mit einem anderen, früher häufiger gebrauchten Begriff: durch »Erfindungshöhe«, auszeichnen muss; vgl. als historischen
   Überblick zur Entwicklung dieses Patentfähigkeitskriteriums Beier 1985.
12 Die Institutionenökonomie macht diese Spannung zwischen privatem und öffentlichem
   Interesse und Nutzen zu ihrem Ausgangspunkt bei der Erklärung bzw. Rechtfertigung von
   Patenten. Privates Gewinn- und staatliches Fortschritts- und Wohlfahrtsinteresse und die
   entsprechenden Transaktionskosten (*private vs. social cost*) werden in der dort vertretenen
   Lesart durch die Institution des Patents so effizient wie möglich (pareto-optimal) kombiniert: »A systematic set of incentives to encourage technological change and raise the
   private rate of return closer to the social rate of return was established only with the patent
   system« (North 1981, 164); vgl. bereits oben die Anmerkungen zu Anreiz- und Vertragstheorie des Patents (Fn. 5).
13 Alternativ entschließen sich viele Unternehmen dazu, überhaupt nicht zu patentieren und
   auf funktionale Äquivalente der Amortisierung von F&E-Aufwendungen wie Geheimhal-
   tung oder *first-to-market*-Effekte zu setzen. Es handelt sich hier um branchenspezifische
   Präferenzen, die stark mit der Höhe von Produktimitationskosten zusammenhängen; vgl.
   etwa einschlägig Levin et al. 1987 (»Yale Survey«).

tierenden Gedanken gleich kommen muss.[14] Während es für den Patentierenden entscheidend ist, über solide Rechtsansprüche (»starke Patente«) mit
möglichst weitreichenden und belastungsfähigen Patentansprüchen zu verfügen, kommt es in der Wissenschaft darauf an, mit wahrheits- und reputa-
tionsfähigen Wissensansprüchen aufwarten zu können.

Dieser jeweiligen operativen Schließung der Kommunikation von Rechts-
bzw. Wahrheitsansprüchen entspricht eine weitgehende Schließung der jeweiligen Publikationskreisläufe: in der Regel zitieren Publikationen andere Publikationen und Patente verweisen auf andere Patente. Hiermit ist allerdings
nicht ausgeschlossen, dass Patentschriften Publikationen und Publikationen
Patentschriften zitieren und damit den anderen Veröffentlichungstyp in die
eigenen Kommunikationsnetzwerke einbeziehen. Tatsächlich lässt sich dieses
Phänomen für beide Richtungen beobachten. Während akademische Publikationen Patentschriften allerdings nur relativ selten zitieren (vgl. Glänzel/
Meyer 2003), werden Publikationen von Patentschriften in einem signifikanten Ausmaß referenziert. Diese Referenzen werden in der Szientometrie *Nichtpatentzitationen* (»non patent references«) genannt.

IV. Nichtpatentzitationen

Nichtpatentzitationen sind patentschriftliche Referenzen der sogenannten
»Nichtpatentliteratur« (NPL), die sich neben einigen kleineren Randbereichen
wie technischen *reports* und Berichten zu Standards und Normen vor allem
auf akademische Publikationen beziehen (vgl. überblickend Callaert et al.
2006). Im Durchschnitt entfallen 20 % der Referenzen aus Patentschriften auf
Nichtpatentzitationen und von diesen referieren die meisten Zitationen akademische Veröffentlichungen (vgl. Michel/Bettels 2001). Akademische Veröffentlichungen sind wie alle anderen öffentlich verfügbaren Druckschriften
integraler Bestandteil des »Stands der Technik«, dem zum Tag der Patentanmeldung öffentlich zugänglichen status quo technischen Wissens.[15] Sie werden sowohl vom Anmelder als auch vom Patentprüfer zitiert; häufig finden sie
ferner in Nichtigkeitsklagen[16] als »Entgegenhaltungen« Verwendung und üben

14 Zu dieser »Kollision von Welten«, die eintreten kann, wenn akademische Wissenschaftler
   beginnen zu patentieren, siehe Webster/Packer 1997; allerdings ist es auch für Unternehmen wichtig, die Reputation ihrer angestellten Forscher zu fördern. Zum einen, um die
   Motivation ihrer auch an akademischem Prestige interessierten Forscher zu fördern und
   zum anderen, um über diese Forscher Zugang zu akademischen Netzwerken und dem dort
   zirkulierenden Wissen zu erhalten; siehe hierzu die Passagen weiter unten.
15 Der Begriff des »Stands der Technik« ist sehr abstrakt gefasst und bezieht sich prinzipiell
   auf alles Wissen, das einem unbestimmten Kreis von Personen zugänglich sein konnte, also
   auch Vorlesungen, Veröffentlichungen im Internet, Ausstellungen etc. »Der Begriff ›Stand
   der Technik‹ ist allumfassend, Beschränkungen in gegenständlicher, räumlicher oder zeit-
   licher Hinsicht bestehen nicht« (Held/Loth 1995, 220).
16 Bei »Nichtigkeitsklagen« handelt es sich um eine Klage gegen die Erteilung des Patents, die
   in der Regel von Konkurrenzunternehmen angestrengt wird, allerdings zumindest im deut-

dort dann eine neuheitsschädliche und damit patentverhindernde Wirkung aus, falls sie zuvor übersehen worden waren und somit die Neuheit und die Originalität der zum Patent beantragten Erfindung überschätzt worden war. Die Nichtpatentzitation taktet das akademische *paper* in die Operationen der patentrechtlichen »document circulation« ein und beobachtet das in der Publikation enthaltene Wissen nach den für die Patentfähigkeit einer Erfindung maßgeblichen Rechtskriterien.

Besonders hoch ist der Anteil von Nichtpatentzitationen erwartungsgemäß in wissenschafts- bzw. grundlagenforschungsaffinen Forschungsfeldern wie den »Life Sciences«, in denen sich Erfindungen und Entdeckungen manchmal nur mehr schwer auseinanderhalten lassen und in denen das hohe Ausmaß an personalen und institutionellen Verflechtungen die in anderen Gebieten institutionell deutlicher gezogenen Demarkationslinien zwischen akademischer und industrieller Forschung unscharf werden lässt.[17] So ergaben etwa Studien zu Nichtpatentzitationen in US-amerikanischen Biotech-Patenten, dass ca. 70 % aller Zitationen Artikel referierten, die von »public science institutions« wie NIH-Instituten und wissenschaftlich führenden Universitäten wie der Harvard University autorisiert wurden (vgl. McMillan / Hamilton III 2007). In technologischen Bereichen wie Halbleitern oder elektronischen Konsumgütern ist die »science intensity« – gemessen durch Nichtpatentzitationen – demgegenüber sehr gering (vgl. etwa am Beispiel von Patenten in den USA Guan / He 2007).

Nichtpatentzitationen eignen sich in funktionaler Äquivalenz zur wissenschaftlichen Zitation und der konventionellen Patent-zu-Patent-Zitation für das »mapping« von Verknüpfungen zwischen unternehmerischen und akademischen Forschungsorganisationen. Nichtpatentzitationen werden somit zu einem wichtigen Teilaspekt einer vor allem in der biotechnologischen Forschung beobachtbaren Tendenz einer voranschreitenden Konvergenz von primär industriell und primär akademisch orientierten Beobachtungshorizonten: die Selektionshorizonte von Forschern und Organisationen münden in ein universalisiertes, Grenzen überschreitendes Beobachten im Medium des »Stands der Technik«. Patente und Publikationen stellen für Forscher in diesen Bereichen punktuell informationell gleichwertige Quellen dar. Die Konvergenz von patentrechtlichen und wissenschaftlichen Informationsselektionshorizonten wird durch die in den letzten zwei bis drei Jahrzehnten

---

schen Patentrecht prinzipiell von jedermann eingereicht werden kann (»Popularklage«). Ein typischer »Nichtigkeitsgrund« ist fehlende Patentfähigkeit, d. h. der zum Patent erteilten Erfindung wird in der Klage Neuheit oder Erfindungshöhe abgesprochen (vgl. auch Fn. 11).

17 Das Patentrecht schützt de lege nur Erfindungen (nach patentrechtlicher Definition: »eine Lehre zum technischen Handeln«) und schließt Entdeckungen (in der Regel verstanden als »das Auffinden von etwas Vorhandenem, das bisher nicht bekannt war«) kategorisch aus. Unter §1 PatG Abs. 3 liest man: »Als Erfindungen im Sinne des Absatzes 1 werden insbesondere nicht angesehen: Entdeckungen sowie wissenschaftliche Theorien und mathematische Methoden« (vgl. www.patentgesetz.de).

stark veränderten kommunikationstechnischen Möglichkeiten des simultanen Beobachtens und Rezipierens von Patentschriften und Publikationen mit hervorgebracht. Zu nennen sind hier insbesondere elektronische Datenbanken, die immense Quantitäten von Patentschriften und Publikationen prozessieren und für übergreifende Recherchen zur Verfügung stellen. Ein wichtiges Beispiel sind die CHEMICAL ABSTRACTS (CA) der amerikanischen Gesellschaft für Chemie, in denen man nach Namen, Stichwörtern, Substanzen etc. in *einer* Suchroutine nach Patentschriften aus 60 Patentämtern und Publikationen aus den führenden 10'000 *journals* recherchieren und sich somit sehr schnell einen Überblick zum »state-of-the-art« verschaffen kann (CA Plus).[18] Szientometrische Studien weisen darauf hin, dass die sektorübergreifende Rezeption und Auswertung von technologischem Wissen vor allem ein Charakteristikum wissenschaftlicher Eliten ist, die imstande sind, über institutionelle Grenzen hinweg Ressourcen und Reputation zu mobilisieren. »Star scientists« an »Research One universities« (Owen-Smith 2003) patentieren nicht nur zusätzlich ihre Forschungsergebnisse, sondern publizieren auch noch deutlich mehr als ihre nicht patentierenden Kollegen, und Nichtpatentzitationen referieren mit einer neun Mal höheren Wahrscheinlichkeit Publikationen aus dem Top-Perzentil der meistzitierten *papers* als beliebige andere *papers* (Hicks et al. 2001). Diese Befunde zu Patenten als ›Elitenphänomen‹ zeigen ihrerseits, dass die Bedeutung, die Patente und Lizenzen (Technologietransfer insgesamt) effektiv auf den akademischen Alltag ausüben, geringer sein dürfte als bisweilen angenommen wird.[19]

V. Publikationen in Unternehmen

Während das akademische bzw. universitäre Patentieren inzwischen in einer Reihe von szientometrischen und wissenschaftssoziologischen Studien untersucht und seine (vermeintlich) negativen Folgen bisweilen mit schrillen Tönen (Stichwort: »Kommerzialisierung der Wissenschaft«) beschrieben worden sind, ist das komplementäre Phänomen des unternehmerischen Publizierens bis dato in geringerem Maße zum Gegenstand soziologischer Aufmerksamkeit geworden; wir wollen daher an dieser Stelle einige knappe Anmerkungen machen. Die Quintessenz der vorliegenden Studien zur Erklärung der unter-

18 »*An integrated chemical and scientific resource of journals, patents, and reputable web sources.* CAS databases provide millions of journal article references from more than 10,000 major scientific journals worldwide, patent and patent family references from 61 patent authorities around the world, and other reputable web sources« (Hervh. CM, www.cas.org; Search: »CAS databases provide«).
19 Vgl. hierzu in einem breiteren Kontext der Diskussion des Konzepts der »unternehmerischen Universität« auch Weingart 2010 (v.a. 58-60), der gleichzeitig darauf hinweist, dass das Konzept in ökonomischer Hinsicht als »management fad« entlarvt wurde, was aber nichts an den fortwährenden Umwelterwartungen an die Universität, sich wie ein unternehmerisch organisierter Akteur zu verhalten, ändere.

nehmerischen Praxis, wissenschaftliche Artikel zu publizieren, ist, dass Unternehmen nur auf diesem Wege am »credibility cycle« wissenschaftlicher *communities* teilhaben können (vgl. überblickend Ensign 2009). Es gilt ein Gebot der Reziprozität: Nur wer selbst etwas offeriert, wird auch als legitimer Nutznießer von Wissensaustausch in wissenschaftlichen Reputationsnetzwerken wahrgenommen. Vor allem für Unternehmen in stark wissenschaftsbezogenen Branchen (*science-based industries*) wie Pharma und insbesondere Bio- und Nanotechnologie ist die Inklusion in personale Netzwerke, in denen personengebundenes Wissen zirkuliert, von hoher Bedeutung und der Nachweis von Publikationen ist hierfür unerlässlich (vgl. Howells 1996; Nonaka / Takeuchi 1998).

An wissenschaftlichen Kommunikationszyklen zu partizipieren, ist für Unternehmen eine wichtige Investition zur Erhöhung der eigenen wissenschaftlichen Absorptionskapazitäten, aber sie impliziert im Hinblick auf die kommerzielle Auswertung von Forschungswissen eine riskante Nebenwirkung. Denn gerade bei wichtigen Forschungsresultaten ist die Versuchung, diese zu publizieren, besonders hoch und verstärkt sich, wenn man – wie im Fall von vielen zunächst akademisch sozialisierten Forschern – seine Selbstbestätigung (immer noch zum Teil) darin sehen kann, durch Publikationen am Charisma der Wissenschaft teilzuhaben. Publikationen wirken sich allerdings immer neuheitsschädlich aus, so dass ein übereiltes Veröffentlichen eines Forschungsresultats im schlimmsten Fall die Option auf ein kommerziell hochrelevantes Patent eliminiert: *publish and perish.*[20]

Eine wichtige Funktion unternehmerischen Patentmanagements besteht daher darin, die Veröffentlichungstätigkeit sehr genau zu kontrollieren und jede Veröffentlichung im Hinblick auf ihre Patentrelevanz zu kontrollieren. Man könnte daher auch formulieren, dass das Patentmanagement der »Datenschutz« der F&E ist. Es ist (formal) nicht denkbar, dass ein Manuskript ohne einen vorherigen prüfenden Blick im Hinblick auf die patentrechtliche Relevanz zur Veröffentlichung frei gegeben wird: »*Wir sind die Wächter der Informationen unseres Unternehmens*«, äußerte sich in diesem Sinne ein Patentmanager eines deutschen Pharmakonzerns in einem Forschungsinterview.

Neben dieser Funktion der Vernetzung mit akademischen Wissenszusammenhängen kommt der Veröffentlichung noch eine zweite wichtige Funktion zu, die mit ihrer neuheitsschädlichen Wirkung zusammen hängt. Was veröffentlicht ist, kann, wie bereits gezeigt, nicht mehr patentiert werden, so dass Publikationen mitunter gezielt zu dem Zweck eingesetzt werden können, einen technologischen Bereich gegenüber Patentansprüchen komplett zu

---

20 Ein Ausnahmefall ist die »grace period«, die in den USA akademischen Wissenschaftlern eine Neuheitsschonfrist von sechs Monaten einräumt, was die Möglichkeit eröffnet, Forschungsresultate zunächst zu publizieren, um sie dann innerhalb der »grace period« zum Patent anzumelden.

immunisieren.[21] Diese Taktik wird auch »defensive publishing« (z.B. Slopek 2009) genannt: ein Unternehmen sichert sich gegen die Patente der Konkurrenz nicht durch ein eigenes Patent (»pre-emptive patenting«), sondern durch eine Publikation ab, die in dieser Hinsicht funktional äquivalent zu einer Patentanmeldung und zudem kostengünstiger ist (vgl. etwa Parchomovsky 2000).

Für Zwecke defensiven Publizierens bedienen sich Unternehmen heute verschiedener Kommunikationskanäle. Eine Reihe von Unternehmen publiziert in eigenen Forschungszeitschriften. IBM publiziert z.B. Forschungsresultate im von IMB selbst herausgegebenen *IBM Journal on Research and Development*. Zusätzlich gibt es professionelle Dienstleister wie IP.com oder ResearchDisclosure.com, an die man die Veröffentlichung von Forschungswissen ausgliedern kann. Da Neuheitsschädlichkeit nach heutigen Maßstäben des patentrechtlichen Begriffs von Öffentlichkeit auch durch Publizieren in sehr abseitigen Quellen generierbar ist, ergibt sich an dieser Stelle eine weitere Option im strategischen Kalkül der Wissensauswertung. Gemeint ist, dass man seine ›Veröffentlichung‹ in einem nur relativ schwer auffindbaren, jedoch den Kriterien von Öffentlichkeit genügendem Veröffentlichungsorgan platziert, um Konkurrenten in einem Einspruchsverfahren gegebenenfalls mit einer Entgegenhaltung überraschen und dieses Potential in lukrative Verhandlungspositionen beim wechselseitigen Taktieren um technologische Handlungsfreiheit (»freedom to operate«) konvertieren zu können.[22]

Unbeschadet der grundsätzlichen Bedeutung des Publizierens für unternehmerische F&E lässt sich indes eine Tendenz zur Abnahme unternehmerisch autorisierter Publikationen beobachten. So sank der weltweite Anteil von industriellen Publikationen zwischen 1996 und 2001 um etwas mehr als ein Drittel (35,5%), ein Trend, der vor allem durch eine massive Abnahme von ausschließlich durch industrielle Forscher autorisierten Einzelpublikationen getragen wurde (vgl. Tijssen 2004, 730 ff.). Diese Befunde lassen sich als ein Indikator für eine in vielen Studien konstatierte strukturelle Transformation in Richtung einer Fokussierung unternehmerischer F&E-Aktivitäten auf die Komponente der Entwicklung lesen. Publikationsaffine Aktivitäten der Grundlagenforschung werden zunehmend an akademische Lizenzpartner ausgegliedert und durch industrielle und/oder sektorübergreifende Forschungsallianzen erbracht.

---

21 Ein Forschungsmanager eines großen Pharmaunternehmens äußerte sich in einem Forschungsinterview zu dieser Taktik wie folgt:»Es gibt Fälle, wo es besser ist, wenn man publiziert. Wenn man gleich publiziert, das ist die Politik der verbrannten Erde quasi. Wenn alles publiziert ist, dann kann niemand mehr patentieren. Und es gibt solche Fälle, wo das günstig ist.«
22 Vgl. zu dieser »Guerilla-Strategie« auch Gassmann/Bader 2006, 50.

VI. Patentindikatoren und ihre Nebenwirkungen

Bisweilen wird in Ergänzung zur »Schutz- und Informationsfunktion« von der »Indikatorfunktion« des Patents gesprochen (Schade 2006, 11). Diese Aussage macht sich den Sachverhalt zu eigen, dass die »document circulation« von Patenten in Analogie zum System wissenschaftlicher Publikationen einen permanenten, statistisch sehr gut bearbeitbaren Strom an quantitativen Daten produziert, die sich für Zwecke der Analyse und Evaluation von Forschungsaktivitäten und der Steuerung der Allokation von Forschungsressourcen benutzen lassen.[23] Patentbezogene Indikatoren gehören neben der Messung von akademischen Publikationen und Verteilungen von wissenschaftlichen Zitationen zu den wichtigsten Kennzahlen für die Messung des »outputs« von Forschern und Forschungsorganisationen (S&T-indicators).[24] Zunächst ein kurzer Blick auf akademische Publikationen.

Das methodische Vorbild für die Anwendung von Patentindikatoren sind szientometrische Studien zur Distribution von Publikationen und Zitationen in der akademischen Wissenschaft, die ursprünglich von Eugene Garfield und Derek de Solla Price angeregt wurden (Garfield 1955; de Solla Price 1963). Ein Anwendungsbeispiel ist die Analyse der Verteilung von wissenschaftlicher Produktivität und Reputation. Auszählungen von Publikationsverteilungen und die Analyse und Visualisierung von Zitationsströmen belegen extreme Konzentrationsmuster, die auf Effekte kumulativer Abweichungsverstärkungen im Medium wissenschaftlicher Reputation zurückgeführt werden.[25] Ein weiteres interessantes Beispiel sind Analysen von internationaler Ko-Autorschaft als Maß für internationale Kollaborationen zwischen Forschern und Forschungsinstituten und Messungen zur wissenschaftlichen Produktivität einzelner Staaten; hier zeigen z.B. aktuellere Analysen, dass China aufgrund exponentiellen Wachstums in den 1990er Jahren bereits 8,4 % des weltweiten Outputs an akademischen Publikationen verantwortet und damit hinter den USA an zweiter Stelle rangiert (vgl. Leydesdorff / Wagner 2009).

In Analogie zur szientometrischen Analyse von Publikationsnetzwerken werden auch Maßzahlen zu Patenten und Patentzitationen als Indikatoren technologischer Produktivität angewandt. Patentauszählungen zeigen z.B. für den Bereich der technischen Erfindungstätigkeit Muster der Konzentration von Produktivität, die der auch für die Verteilung wissenschaftlicher Forschungsproduktivität beobachtbaren »skewness« entsprechen (vgl. Narin / Breitzman

---

23 Griliches (1990, 1661) schwärmt bei einem Überblick zu Indikatoren von der Anwendungsbreite und Güte von Patentdaten und -statistiken: »In this desert of data, patent statistics loom up as a mirage of wonderful plenitude and objectivity«.
24 Als Überblick zu *Science & Technology*-Indikatoren vgl. die Beiträge in Moed / Glänzel / Schmoch 2004.
25 Robert K. Merton (1988) hat bekanntlich das Wort vom »matthew effect« geprägt: Wer zitiert wird, wird häufiger wieder zitiert, was seine Chancen, erneut zitiert zu werden, weiter erhöht, etc.

1995; Ernst / Leptien / Vitt 2000). Diese Unterschiede lassen sich auf der Ebene von Individuen, Organisationen / Unternehmen, aber auch im Querschnittsvergleich von Staaten oder Regionen feststellen. *Internationale Patentanmeldungen* werden beispielsweise als Indikator zur Messung der Globalisierung von Forschung und Entwicklung benutzt. Diese vollzieht sich vor allem über eine Internationalisierung von Strategien der technologischen Auswertung und nur in einem weit geringeren Maße über eine Globalisierung der Standorte technologischer Produktion (vgl. überblickend Archibugi / Michie 1995). Das massive Anschwellen des weltweiten Patentaufkommens lässt sich somit auch nicht ausschließlich auf eine allgemein gestiegene technologische Produktivität und Patentierungsneigung zurückführen; es ist vor allem auch Ausdruck der sich intensivierenden internationalen Anmeldung von Patenten in verschiedenen Wirtschaftsräumen und somit auch ein Indikator für die Globalisierung von technologieintensiven Märkten.

In den *Science & Technology-Studies* (STS) läuft seit einigen Jahren ein Diskurs, der sich kritisch gegen die zunehmende Verwendung von quantitativen Indikatoren bei der Evaluierung von Forschungsleistungen, insbesondere in der akademischen Wissenschaft, wendet. Die Benutzung von Kennzahlen wie z. B. dem Hirsch-Index und der metrischen Kennzahlen anhaftende Trend zur Klassifikation der beobachteten Leistungen in *Rankings* (z. B.: Uni A: 280 Patentanmeldungen, Uni B: 123 und Uni C: »nur« (!) 18) überziehe die Wissenschaft mit einem Zwang zur rastlosen Mehr- und Überproduktivität (»publish or perish«), der deutliche Qualitätseinbußen zur Folge habe, so lautet eines der Hauptargumente der Kritiker.[26] So zeigt etwa eine Studie zum Publikationsverhalten von Forschern an australischen Universitäten, dass die Verwendung von »publication counts« als Entscheidungsparametern der Forschungsförderung zu einem signifikanten Anstieg von Publikationsaktivitäten, insbesondere in qualitativ als weniger wertvoll eingestuften »lower impact journals« führt (Butler 2004).[27]

Wir vermuten, dass auch Patentindikatoren und -statistiken vergleichbare performative Effekte entfalten. Die in Analogie zu Beobachtungen der Effekte von *publication counts* entwickelte These, wäre, dass Patentstatistiken nicht nur ›objektiv‹ Verteilungen von Patentanmeldungen messen, sondern in einem komplexen Sinne auf das Patentierungsverhalten selbst einwirken und auch bei der Formulierung von Konzepten und Modellen der Forschung(sförderung) maßgeblich beteiligt sind (vgl. etwa Godin 2006). Ob im Fall des universitären

26 Für skeptische Einschätzungen in diese Richtung siehe etwa van Raan 2005; Weingart 2005; zur »Tonnenideologie« der Forschung siehe auch Kieser 2010; lesenswert auch Schollwöck 2009.
27 Man beachte die selbstreferentielle Prise Ironie, die diesem Argument anhaftet: Man misst und rekurriert auf Größen wie den »journal impact«, um die Wirkung von Forschungspolitik zu beschreiben, die ihrerseits mit denselben Beobachtungsrastern arbeitet. Zur »reactivity« auf »public measures« siehe am Beispiel einer Studie zu US-amerikanischen *law schools* auch interessant Espeland / Sauder 2007; vgl. auch Wedlin 2006.

oder industriellen Forschers, des Forschungsabteilungsleiters, des Forschungs-
ministers und vieler weiterer Akteure: (Mehr) Patente gelten als Nachweis
einer höheren technologischen Aktivität und lassen sich für die persönliche
Vita und somit für Karriere- und Gehaltschancen symbolisch auswerten. Patente dienen als Argument dafür, bei der unternehmensinternen Allokation
von Forschungsgeldern bevorzugt behandelt zu werden und lassen sich auch
in nationalen und internationalen Forschungsministertreffen als Beleg einer
innovationsorientierten Forschungspolitik gut ›verkaufen‹, etc. Insofern es
also auf sehr verschiedenen Ebenen Anreize dafür gibt, in Patentstatistiken
und insbesondere *patent rankings* an einer günstigen, d. h. weiter oben befind-
lichen, besser sichtbaren Stelle platziert zu sein, stellt sich für alle beteiligten
Akteure ein kompetitiver Zwang zum ›Mitziehen‹ ein. Man hat im Zweifelsfall besser ein Patent mehr als ein Patent weniger, auch wenn die monetären
und zeitlichen Kosten des Patentierens selbstverständlich einen das Wachstum begrenzenden Faktor darstellen.

Wir gehen demnach davon aus, dass das Wissen um und die Nutzung von
patent metrics selbst einen Trend zum Mehrpatentieren stimuliert und somit
am starken Anschwellen von Patentanmeldezahlen mitbeteiligt ist. Insbesondere das *Ranking* und *Benchmarking* von *patent counts* – Forscher vs. Forscher,
Abteilung vs. Abteilung, Region vs. Region, Staat vs. Staat etc. – stehen offenbar in einem wechselseitigen Steigerungszusammenhang mit der Zunahme
von Patentaktivitäten. Je mehr patentiert wird und je mehr dies als Ausdruck
von Innovativität und Produktivität (positiv) gewertet wird, desto intensiver
und aufwendiger werden diese Zahlen erhoben, korreliert, ›gerankt‹, etc., um
dann in Form von Steuerungsparametern (»Wir müssen nächstes Jahr mehr
Patente als Hessen haben«; »In 2010 jede Forschungsabteilung 10 % mehr
Erfindungsmeldungen pro Jahr«; »wir müssen annähernd so viele Patentanmeldungen haben wie die Transferstelle an der RWTH Aachen«) in das
anhand von Patentdaten scheinbar im »Urzustand« gemessene Niveau technologischer Innovativität und Produktivität zu interferieren.[28] Weil es z. B.
heißt, dass hochinnovative Firmen besonders häufig patentieren und dass die
besten Universitäten auch die meisten Patente halten, setzen (vermeintlich)
weniger innovative Firmen und Universitäten mitunter alles daran, im nächsten *Ranking* deutlich besser auszusehen, um sich im »numbers game« um
Aufmerksamkeit, Reputation und Forschungsgelder eine bessere Ausgangs-
position zu verschaffen.

---

28 In einem Beitrag zu S&T-Indikatoren weisen Freeman und Soete auf diesen Zusammenhang hin und zitieren das »Goodhart Law«: »The reason that we will tend to affect the statistic in the cheapest and simplest ways, which are probably going to be those which arti-
ficially inflate the statistic without addressing the problem it is supposed to measure. The
correlation measured »in the wild« and the correlation once we start targeting this statistic
will usually be different« (Freeman / Soete 2009, 583).

Es wäre lohnenswert, Gedankengänge zu dieser (latenten) Funktion von Statistiken theoretisch zu verfeinern, am Beispiel von Patentindikatoren und Patent*rankings* empirisch zu plausibilisieren und gegebenenfalls auf weitere soziale Zusammenhänge anzuwenden.[29] Eine solche Analyse würde vielleicht dafür sensibilisieren können, dass der als Nebeneffekt der zunehmenden Erfassung und statistischen Verarbeitung von Patentdaten steigende Vergleichs- und Konkurrenzdruck eher zu einem Mehr an Patenten und damit auch einem Mehr an der grundsätzlich zu vermeidenden Monopolwirkung führt. Einsichten dieser Art wären ein Problem für die Apologeten der »Informationsfunktion« des Patents und eine Erschütterung des Glaubens, mit einem Mehr an Öffentlichkeit, Transparenz und Analyse von Patentwissen die bisweilen als wettbewerbsschädlich eingestufte normative (wirtschaftliche Monopole erzeugende) Funktion des Patents besser kompensieren zu können.

VII. Fazit

Wir haben in diesem Text anzudeuten versucht, inwiefern sich ein systematischer soziologischer Vergleich von Patenten und Publikationen als Ausgangspunkt für eine soziologische Theorie der Wissenschaft und des Patents fruchtbar machen lässt. Es hat sich herausgestellt, dass sich Patente und Publikationen in vielen Hinsichten als funktional äquivalente Formen der Dokumentation, Zirkulation und Auswertung von wissenschaftlich-technologischem Wissen beschreiben lassen. Gleichzeitig sind wichtige Differenzen zwischen beiden Veröffentlichungsformen zu Tage getreten, die vor allem aus ihrer vollkommen unterschiedlichen Inanspruchnahme im Rahmen von unternehmerischen oder akademischen Wissensauswertungsstrategien resultieren. Während Unternehmen Patente als Wettbewerbshebel im Rahmen von Innovations- und Marktabsicherungsstrategien einsetzen, ist es in der akademischen Wissenschaft vor allem die »coin of recognition«, die als ›reward‹ für erfolgreiches Publizieren winkt und unerlässlich ist im Wettbewerb um Aufmerksamkeit und Forschungsressourcen. Unternehmen und akademische Akteure partizipieren zwar auch außerhalb ihrer Kernkompetenz regelmäßig an Wissenschafts- und Patentkommunikation, allerdings nimmt dies – im Falle des akademischen Patentierens entgegen der bisweilen aufgebauten Drohkulisse des »Ausverkaufs der Wissenschaft« – nur selten signifikante Ausmaße an.[30]

---

29 Vgl. Andeutungen hierzu ausgehend vom Sport bei Werron 2005; 2007.
30 Ein hochinteressanter Sonderfall, dem wir uns in diesem Beitrag nicht näher widmen konnten, ist die medizinisch-pharmazeutische Forschung, in der die Grenzen zwischen der objektiv-wissenschaftlichen Dokumentation von Forschungsresultaten und »medical marketing« manchmal kaum mehr zu erkennen sind; vgl. etwa Sismondo 2009 zum »publication planning« in der Pharmaindustrie.

Abschließend sei auf einen weiteren Gesichtspunkt hingewiesen, der instruktiv für einen systematischeren Vergleich von Patenten und Publikationen und auch von darüber hinausgehendem gesellschaftstheoretischen Interesse sein könnte. Die Rede ist, wir hatten diesen Aspekt bereit im letzten Absatz zu Forschungsindikatoren gestreift, von dem in beiden Fällen als zunehmend problematisch eingestuften Verhältnis zwischen Quantität und Qualität des Wissens, das durch Publikationen und Patente hervorgebracht wird. Während diese Klagen zwar nicht grundsätzlich neu sind, lässt sich in den letzten Jahren aber eine Intensivierung der Diskussion über die Sicherung der Wahrung von Qualitätsstandards in Wissenschaft und Patentsystem beobachten. In beiden Fällen wird auf eine starke Überlastung der für die Qualitätssicherung zuständigen Akteure und Verfahren hingewiesen. Während in der Wissenschaft die Effektivität des *Peer-Review*-Verfahrens und der Begutachtung von Qualifikationsarbeiten mit der Diskussion um das Plagiat des ehemaligen deutschen Verteidigungsministers zu Guttenberg eine erneute Intensivierung erfuhr, wird auch die Kritik an der mangelnden Fundierung und Qualität von Patentschriften und der als nur unzureichend empfundenen Qualitätsprüfung durch das Patentamt immer lauter.[31]

Interessant ist nun, dass sich in beiden Fällen strukturell analoge Krisenreaktionsmuster beobachten lassen, die vor allem auf eine ausgeweitete, dezentrale Inklusion von nicht-professionellen Akteuren in neue Verfahren der Qualitätssicherung setzen. So haben beispielsweise im Jahr 2011 Internetplattformen zur kollaborativen öffentlichen Dokumentation von wissenschaftlichen Plagiaten (z. B. Guttenplag Wiki oder Vroniplag Wiki) in Deutschland innerhalb von wenigen Wochen eine hohe Prominenz erlangt und dank einer sehr rasch wachsenden Mitarbeiterzahl eine stupende Geschwindigkeit beim Aufdecken von wissenschaftlichem Betrug entwickelt. Im Bereich von Patenten wird vor allem in den USA seit einigen Jahren die Zweckmäßigkeit der Etablierung von »Peer to patent«- bzw. »Community Patent Review«-Modellen diskutiert und in Form von Pilotprojekten erprobt.[32] In diesen Pilotprojekten können Interessierte in Onlineplattformen ihre Kommentare zu komplexen Patentanmeldungen abgeben, um damit zu einem beschleunigten Patentprüfungsverfahren und einer Verbesserung der Prüfungsergebnisse beizutragen.

---

31 Mit »mangelnder Qualität« ist vor allem gemeint, dass die Patente entgegen der patentrechtlichen Forderung nach »erfinderischer Tätigkeit« keine nennenswerte technologische Neuerung repräsentieren und daher auch in einem Klageverfahren nur selten aufrechterhalten werden können. Kritiker dieser Entwicklung plädieren daher für eine weitere Erhöhung der Ansprüche an die Patentfähigkeit durch eine Verschärfung des Kriteriums der »nonobviousness« (»raising the bar«), wovon man sich eine weitere Entlastung der Patentämter, eine Reduzierung von Patentstreitigkeiten sowie eine bessere Ausbalancierung von privatem und öffentlichem Nutzen von Patenterteilungen erhofft (vgl. überblickend Mandel 2008; siehe auch oben Fn. 11).

32 Vgl. überblickend den Eintrag »Public participation in patent examination« in der englischsprachigen Ausgabe von Wikipedia.

Es bleibt indes abzuwarten, inwiefern sich »Wikipediarisierung« und »Schwarmintelligenz« als eine effektive strukturelle Alternative zu den bisher etablierten Formen der *Peer-Review* und der Patentprüfung bewähren können; dies insbesondere im ›grauen Alltag‹, wenn es fernab von Skandalen und Öffentlichkeitswirksamkeit Dissertationen und Patentanmeldungen von öffentlich nicht bekannten Personen und Unternehmen zu prüfen gälte. Ungeachtet dieser Skepsis dürfte die Tatsache, dass »public participation« zunehmend, auch in anderen gesellschaftlichen Kontexten, entweder spontan entsteht oder von staatlichen Organisationen als ›Outsourcing-Modell‹ ausprobiert wird,[33] weiteres Nachdenken darüber anregen, inwiefern herkömmliche Unterscheidungen von privat und öffentlich in einer Gesellschaft, die über Internet verfügt, ihre Plausibilität verlieren und einer begrifflichen Revision bedürfen.

Literatur

Abbott, Andrew (2010): Varieties of Ignorance. American Sociologist 41, 174-189.
Archibugi, Daniele / Michie, Jonathan (1995): The globalisation of technology: a new taxonomy. Cambridge Journal of Economics 19, 121-140.
Bazerman, Charles (1999): The Languages of Edison's Light. Cambridge (Mass.): MIT Press.
Beier, Friedrich-Karl (1985): Zur historischen Entwicklung des Erfordernisses der Erfindungshöhe. Gewerblicher Rechtsschutz und Urheberrecht 1985, 607-616.
Braun, Tibor (2005): Personalized number crunching in a handbook. A quasi book review. Scientometrics 63, 185-188.
Butler, Linda (2004): What Happens When Funding is Linked to Publication Counts. S. 389-405 in: Henk F. Moed / Wolfgang Glänzel / Ulrich Schmoch (Hrsg.), Handbook of Quantitative Science and Technology Research. The Use of Publication and Patent Statistics in Studies of S&T Systems. Dordrecht: Kluwer.
Callaert, Julie / Van Looy, Bart / Verbeek, Arnold / Debackere, Koenraad / Thijs, Bart (2006): Traces of Prior Art: An analysis of non-patent references found in patent documents. Scientometrics 69, 3-20.
Cozzens, Susan E. (1989): What Do Citations Count? The Rhetoric-First Model. Scientometrics 15, 437-447.
de Solla Price, Derek J. (1963): Little Science, Big Science. New York: Columbia University Press.
Ensign, Prescott C. (2009): Knowledge Sharing Among Scientists: Why Reputation Matters for R&D in Multinational Firms. New York: Palgrave Macmillan.
Ernst, Holger / Leptien, Christopher / Vitt, Jan (2000): Inventors are not alike. The distribution of patenting output among industrial R&D personell. IEEE Transactions on Engineering Management 47, 184-199.
Espeland, Wendy N. / Sauder, Michael (2007): Rankings and Reactivity: How Public Measures recreate Social Worlds. American Journal of Sociology 113, 1-40.
Freeman, Christopher / Soete, Luc (2009): Developing science, technology and innovation indicators: What we can learn from the past. Research Policy 38, 583-589.
Garfield, Eugene (1955): Citation indexes to science: A new dimension in documentation through association of ideas. Science 122, 108-111.

---

33 Man denke beispielsweise an »Virtual Border Watch Programs«, die dazu auffordern, bei der Überwachung von staatlichen Grenzen gegen illegale Immigration zu partizipieren (»European Border Watch Organisation«, »US Border Watch«).

Gassmann, Oliver / Bader, Martin A. (2006): Patentmanagement. Innovationen erfolgreich nutzen und schützen. Berlin: Springer.

Gilbert, Nigel G. (1977): Referencing as Persuasion. Social Studies of Science 7, 113-122.

Glänzel, Wolfgang / Meyer, Martin (2003): Patents cited in the scientific literature: An exploratory study of ›reverse‹ citation relations. Scientometrics 58, 415-428.

Godin, Benoît (2006): The Linear Model of Innovation: The Historical Construction of an Analytical Framework. Science, Technology & Human Values 31, 639-667.

Griliches, Zvi (1990): Patent Statistics as Economic Indicators: A Survey. Journal of Economic Literature 28, 1661-1707.

Guan, Jiancheng / He, Ying (2007): Patent-bibliometric analysis on the Chinese science – technology linkages. Scientometrics 72, 403-425.

Held, Stephan / Loth, Hans-Friedrich (1995): Methoden und Regeln zur Beurteilung der Neuheit im Patentrecht. Gewerblicher Rechtsschutz und Urheberrecht, Int. Teil, 1995, 220-227.

Hicks, Diana et al. (2001): The changing composition of innovative activity in the US – a portrait based on patent analysis. Research Policy 30, 681-703.

Howells, Jeremy (1996): Tacit knowledge, Innovation and Technology Transfer. Technology Analysis & Strategic Management 8, 91-106.

Kieser, Alfred (2010): Die Tonnenideologie der Forschung. Frankfurter Allgemeine Zeitung Nr. 130, 9. Juni 2010, N5.

Latour, Bruno / Woolgar, Steve (1979): Laboratory Life – The Social Construction of Scientific Facts. Beverly Hills: SAGE.

Levin, Richard C. / Klevorick, Alvin K. / Nelson, Richard A. / Winter, Sidney (1987): Appropriating the Returns from Industrial Research and Development. Brookings Papers on Economic Activity 1987, 783-831.

Leydesdorff, Loet / Wagner, Caroline (2009): Is the United States losing ground in science? A global perspective on the world science system. Scientometrics 78, 23-36.

Machlup, Fritz (1962): Die wirtschaftlichen Grundlagen des Patentrechts. Weinheim (Bergstraße): Verlag Chemie.

Mandel, Gregory N. (2008): The Non-Obvious Problem: How the Indeterminate Non-Obvious Standard Produces Excessive Patent Grants. UC Davis Law Review 42, 57-128.

McMillan, G. Steven / Hamilton III, Robert D. (2007): An analysis of the critical role of public science in innovation: the case of biotechnology. Scientometrics 72, 3-10.

Mersch, Christian (2011): Die Welt der Patente. Perspektiven einer Soziologie des Patents. (im Erscheinen).

Merton, Robert K. (1988): The Matthew Effect in Science, II – Cumulative Advantage and the Symbolism of Intellectual Property. ISIS 79, 606-623.

Michel, Jacques / Bettels, Bernd (2001): Patent Citation Analysis – A closer look at the basic input data from search reports. Scientometrics 51, 185-201.

Moed, Henk F. / Glänzel, Wolfgang / Schmoch, Ulrich (Hrsg.) (2004): Handbook of Quantitative Science and Technology Research. The Use of Publication and Patent Statistics in Studies of S&T Systems. Dordrecht: Kluwer.

Moed, Henk F. (2005): Citation Analysis in Research Evaluation. Berlin: Springer.

Narin, Francis / Breitzman, Anthony (1995): Inventive Productivity. Research Policy 24, 507-519.

Nonaka, Ijukiro / Takeuchi, Hirotaka (1998): A Theory of the Firm's Knowledge-Creation Dynamics. S. 214-241 in: Alfred D. Chandler / Peter Hagström / Örjan Sölvell (Hrsg.), The Dynamic Firm. The Role of Technology, Strategy, Organization, and Regions. Oxford: Oxford University Press.

North, Douglass C. (1981): Structure and Change in Economic History. New York: Norton & Company.

Owen-Smith, Jason (2003): From separate systems to a hybrid order: accumulative advantage across public and private science at Research One universities. Research Policy 32, 1081-1104.

Parchomovsky, Gideon (2000): Publish or Perish. Michigan Law Review 98, 926-952.
Reingold, Nathan (1960): U.S. Patent Office Records as Sources for the History of Invention and Technological Property. Technology and Culture 1, 156-167.
Schade, Jürgen (2006): Einleitung. S. 11-11 in: Siegfried Greif/Dieter Schmiedl (Hrsg.), Patentatlas Deutschland. Regionaldaten der Erfindungstätigkeit. München: DPMA.
Schollwöck, Ulrich (2009): Professor Stachanov geht an die Börse: Irrungen und Wirrungen im Reich der Forschungskennziffern. S. 74-81 in: Jürgen Kaube (Hrsg.), Die Illusion der Exzellenz. Lebenslügen der Wissenschaftspolitik. Berlin: Wagenbach.
Sismondo, Sergio (2009): Ghosts in the Machine: Publication Planning in the Medical Sciences. Social Studies of Science 39, 171-198.
Slopek, David E. F. (2009): Defensive Publishing – Verbreitung, Funktion, Strategien. Gewerblicher Rechtsschutz und Urheberrecht 2009, 816-819.
Stichweh, Rudolf (1984): Zur Entstehung des modernen Systems wissenschaftlicher Disziplinen – Physik in Deutschland 1740-1890. Frankfurt a. M.: Suhrkamp.
Stichweh, Rudolf (1987): Die Autopoiesis der Wissenschaft. S. 447-481 in: Dirk Baecker et al. (Hrsg.), Theorie als Passion – Niklas Luhmann zum 60. Geburtstag. Frankfurt a. M.: Suhrkamp.
Stichweh, Rudolf (1996): Variationsmechanismen im Wissenschaftssystem der Moderne. Soziale Systeme 2, 73-89.
Stichweh, Rudolf (1999): Globalisierung von Wirtschaft und Wissenschaft: Produktion und Transfer wissenschaftlichen Wissens in zwei Funktionssystemen der modernen Gesellschaft. Soziale Systeme 5, 27-39.
Stichweh, Rudolf (2003): Genese des globalen Wissenschaftssystems. Soziale Systeme 9, 3-26.
Tijssen, Robert J.W. (2004): Is the commercialisation of scientific research affecting the production of public knowledge?: Global trends in the output of corporate research articles. Research Policy 33, 709-733.
van Raan, Anthony F.J. (2005): Fatal attraction: ranking of universities by bibliometric methods. Scientometrics 62, 133-143.
Webster, Andrew/Packer, Kathryn (1997): When Worlds Collide: Patents in Public-Sector Research. S. 47-59 in: Henry Etzkowitz/Loet Leydesdorff (Hrsg.), Universities and the Global Knowledge Economy. A Triple Helix of University-Industry-Government Relations. London: Pinter.
Wedlin, Linda (2006): Ranking business schools: Forming fields, identities and boundaries in international management education. Cheltenham (UK): Elgar.
Weingart, Peter (2005): Impact of bibliometrics upon the science system: Inadvertent consequences? Scientometrics 62, 117-131.
Weingart, Peter (2010): Die »unternehmerische Universität«. S. 55-72 in: David Gugerli et al. (Hrsg.), Nach Feierabend. Zürcher Jahrbuch für Wissensgeschichte 6. Universität. Zürich: diaphanes.
Werron, Tobias (2005): »Quantifizierung« in der Welt des Sports. Gesellschaftstheoretische Überlegungen. Soziale Systeme 11, 199-235.
Werron, Tobias (2007): Die zwei Wirklichkeiten des modernen Sports: Soziologische Thesen zur Sportstatistik. S. 247-270 in: Andrea Mennicken/Hendrik Vollmer (Hrsg.), Zahlenwerk. Kalkulation, Organisation und Gesellschaft. Wiesbaden: VS.

Dr. Christian Mersch
Rue Victor Hugo 215
1030 Brüssel, Belgien
mersch@christian-mersch.com

Soziale Systeme 16 (2010), Heft 2, S. 297-312

Raf Vanderstraeten

Disziplinbildung.
Zum Wandel wissenschaftlicher Kommunikation
in der Soziologie

I. Einleitung[1]

Wissenschaftliche Spezialisierung scheint zuerst eine intellektuelle Ausrichtung einzelner Individuen zu sein. Sie beruht auf der Entscheidung, sich auf ein relativ kleines Feld wissenschaftlicher Forschung zu konzentrieren. Wie es aber für jede Entscheidung dieser Art der Fall ist, brauchen Individuen einen sozialen Kontext, der sie unterstützt; sie brauchen andere Individuen, welche die gleiche Entscheidung treffen. Um die Mitte des 18. Jahrhunderts, als enzyklopädische Orientierungen sowohl unter professionellen Wissenschaftlern als auch unter *gentlemen scientists* dominierten, waren Entscheidungen für bestimmte Spezialisierungen noch selten. Sie gewannen allerdings in den letzten Jahrzehnten des 18. Jahrhunderts und zu Beginn des 19. Jahrhunderts an Bedeutung.

Es ist bekannt, dass die Ausdifferenzierung von wissenschaftlichen Spezialisierungen mit der Formierung von *scientific communities*, von Netzwerken von Spezialisten einhergeht (siehe z. B. Kuhn 1962). Aber wie findet die Formierung solcher Netzwerke statt? Und wie wird eine kollektive Orientierung der Mitglieder einer *scientific community* aufrechterhalten? In einer Reihe von Schriften hat Rudolf Stichweh die Aufmerksamkeit auf die Entstehung spezifischer Formen wissenschaftlicher Kommunikation gelenkt und insbesondere die Rolle wissenschaftlicher Zeitschriften betont. Wie Stichweh hervorhebt, machen wissenschaftliche Fachzeitschriften neue Formen von Kommunikation möglich und fördern die Entstehung von Netzwerken potenzieller Autoren und Spezialisten. Zeitschriften und die darin erscheinenden Veröffentlichungen strukturieren die wissenschaftliche Kommunikation. Die Autoren von Aufsätzen akzeptieren die von der Zeitschrift gewählte Spezialisierung, modifizieren aber gleichzeitig diese Spezialisierung durch den kumulativen Effekt ihrer veröffentlichten Ergebnisse. Die wissenschaftlichen Zeitschriften bilden ein Medium, durch welches Kommunikationskomplexe, die entlang disziplinärer Linien spezialisiert sind, verbunden und auf Dauer bestehen

---

1 Ich danke Brigitte Lohan für ihre Hilfe bei der Endredaktion dieses Aufsatzes.

werden. Sie ermöglichen die Selbstorganisation und Autopoiesis wissenschaftlicher Disziplinen (Stichweh 1984, 394 ff.; 1987; 1994, 14 ff.; siehe auch Luhmann 1990, 271 ff.).

Mehr noch als Bücher zeigen spezialisierte Zeitschriften die kollektiven Strukturen der wissenschaftlichen Kommunikation. Es ist wahrscheinlich, dass die Zeitschrift die theoretische und methodologische Variabilität einer (Sub-)Disziplin abbildet, da sie aus einer Sammlung verschiedener Aufsätze von verschiedenen Autoren besteht. Dabei kann gerade die Diversität der veröffentlichten Beiträge eine Reflektion über die Beziehung zwischen den Beiträgen und ihren Zusammenhang hervorrufen. Mehr als von Büchern wird von einer Zeitschrift erwartet, dass sie ein aktuelles Bild eines gesamten Forschungsfeldes präsentiert. Von jedem Zeitschriftaufsatz wird auch erwartet, dass er auf die vorhergehenden Bezug nimmt, indem er Argumente mit einbezieht, die in anderen Aufsätzen bereits entwickelt wurden. Aufgrund der Ansprüche, die er auf neues Wissen erhebt, fordert jeder neue Aufsatz auch Reaktionen und somit weitere neue Aufsätze heraus. In diesem Sinne stehen Publikationen in spezialisierten Zeitschriften für die Kontinuität disziplinärer Kommunikationsprozesse. Solche Publikationen – erst eingebunden in nationale, danach zunehmend in supranationale Netzwerke – sind von zentraler Bedeutung für die Formierung von intellektuellen Spezialisierungen und wissenschaftlichen Disziplinen. Sie bilden heutzutage die privilegierte, wenn nicht gar die kanonische Form wissenschaftlicher Kommunikation. Analysen der Evolution dieser wissenschaftlichen Publikationen können daher auch zu unserem Verständnis der Identität und der Evolution der Identität wissenschaftlicher Disziplinen und Spezialisierungen beitragen.[2]

Wenn man wissenschaftliche Disziplinen als Kommunikationsnetzwerke begreift, dann stellt sich auch die Frage, wie disziplinäre Kommunikationsprozesse erzeugt und organisiert werden. Ich möchte dieser Frage empirisch nachgehen, und dabei zwei Themen behandeln, mit denen sich auch Rudolf Stichweh immer wieder befasst hat (siehe Stichweh 2003a; 2003b). Auf der Basis einer Fallstudie über die wissenschaftliche Kommunikation in soziologischen Zeitschriften in den Niederlanden und dem nördlichen Teil von Belgien werde ich mich einerseits mit der Evolution von Inklusionsformen, andererseits mit (fehlender) Globalität befassen. Dazu folgt zunächst eine kurze Skizze der Landschaft soziologischer Zeitschriften in den Niederlanden und Belgien. Danach werden empirische Daten, die längerfristige Veränderungen in den Kommunikationspraktiken innerhalb der niederländischsprachigen Soziologie beschreiben, präsentiert und diskutiert.

---

2 Die bibliometrischen und scientometrischen Instrumente die in den letzten Jahrzehnten entwickelt wurden, wie zum Beispiel ISI's *Journal Citation Reports* und *Journal Performance Indicators,* haben die Bedeutung von Zeitschriften im wissenschaftlichen Kommunikationsprozess sicherlich verstärkt.

II. Soziologische Zeitschriften in den Niederlanden und Belgien

Die ersten Zeitschriften, die sich auf Soziologie spezialisierten, tauchten in den letzten Jahrzehnten des 19. Jahrhunderts auf. Unter ihnen war die *Revue Internationale de Sociologie*, gegründet 1892 von René Worms (inzwischen besser bekannt unter ihrem englischen Titel *International Review of Sociology*), das *American Journal of Sociology*, gegründet 1895 als die erste US-amerikanische wissenschaftliche Zeitschrift in der Disziplin und die *L'année Sociologique*, gegründet u. a. von Émile Durkheim, welche erstmals 1898 erschien. Seit dieser Zeit wurden viele weitere soziologische Zeitschriften in fast allen Teilen der Welt gegründet.[3] Nicht alle diese Zeitschriften existieren noch. Einige von ihnen wurden bereits nach wenigen Heften nicht mehr herausgegeben; andere haben länger existiert, aber verschwanden dennoch – zum Beispiel als Folge eines Manuskriptmangels oder finanzieller Probleme. Aber insgesamt liefern uns diese Zeitschriften und ihre Geschichte reichhaltiges Material für die soziologische Analyse der Morphogenese der Soziologie selbst.

Im 20. Jahrhundert entstanden auch im niederländischen Sprachraum eine Anzahl soziologischer Zeitschriften. 1925 erschien die erste (proto-)soziologische Zeitschrift in den Niederlanden: *Mensch & Maatschappij* (d. h. »Mensch & Gesellschaft«, im Folgenden M&M). Ursprünglich hatte M&M einen thematisch sehr breiten Fokus. Der erste Untertitel zählte elf (Sub-)Disziplinen auf, die sich mit dem Verhältnis von Mensch und Gesellschaft beschäftigten: Anthropologie, Ethik, Ethnologie, Eugenik und Genetik, Psychologie, Sozialgeographie, Soziologie, usw. Offiziell gab es zudem keinen geschäftsführenden Herausgeber; die Editorials wurden unterzeichnet von »den Herausgebern« (von welchen es zu Beginn ebenfalls elf gab). Trotzdem zeichneten sich bereits zu Anfang bestimmte Schwerpunkte im Inhalt von M&M ab. So war der Hauptartikel der ersten Ausgabe einer Diskussion neuer Entwicklungen innerhalb der deutschen Soziologie gewidmet. Sein Autor war Sebald Steinmetz, welcher der Generation von Durkheim und Weber angehörte und bereits seit ca. 1890 mehrere Plädoyers für eine »soziographische« Soziologie veröffentlicht hatte (auch regelmäßig in deutscher Sprache). Im Laufe der Zeit grenzte die Zeitschrift ihr Spektrum dann ganz offensichtlich ein. Ende der 1950er Jahre wurde dies formell bestätigt, indem der ursprüngliche Untertitel der Zeitschrift verschwand. Seit dieser Zeit präsentiert sich M&M selbst als eine allgemeine Zeitschrift für die Sozialwissenschaften *stricto sensu*, je-

---

3 In Deutschland gab es ähnliche Initiativen: 1904 übernahmen Max Weber, Edgar Jaffé und Werner Sombart die Redaktion des *Archivs für Sozialwissenschaft und Sozialpolitik* (die Zeitschrift war die Nachfolgerin des von Heinrich Braun begründeten *Archivs für soziale Gesetzgebung und Statistik*). 1933 stellte diese Zeitschrift ihr Erscheinen aber ein. Die *Kölner Vierteljahrshefte für Sozialwissenschaften* und die *Kölner Vierteljahrshefte für Soziologie* wurden zwischen 1921 und 1934 publiziert; 1948 wurde die *Kölner Zeitschrift für Soziologie und Sozialpsychologie* gegründet. Die *Soziale Welt* erschien zuerst 1949; die *Zeitschrift für Soziologie* wurde 1972 gegründet. *Soziale Systeme* entstand 1995.

doch mit einer starken quantitativen Orientierung. Ungeachtet einer Reihe
von Problemen, sowohl redaktioneller als auch finanzieller Art, ist M&M bis
heute, also mehr als acht Jahrzehnte ununterbrochen erschienen.

Der *Sociologische Gids* (d. h. Soziologischer Führer; im Folgenden SG) wurde
1953 von jungen Absolventen der Universität von Amsterdam gegründet.
Diese Zeitschrift war nicht nur ein Produkt der Expansion der Sozialwissenschaften nach dem zweiten Weltkrieg, sie trieb die Ausdifferenzierung der
Soziologie auch voran. Von Beginn an wählte ihre Herausgeberschaft einen
explizit disziplinären Fokus. Es war die erste Zeitschrift in den Niederlanden,
die ausdrücklich darauf abzielte, zur Professionalisierung der Soziologie beizutragen (siehe auch Wilterdink/Van Heerikhuizen 2004). Die Zeitschrift ver-
stand sich als eine allgemeine soziologische Fachzeitschrift, die Beiträge aus
allen Forschungs- und Themenbereichen der Soziologie veröffentlichte. In der
zweiten Hälfte des 20. Jahrhunderts operierten SG und M&M nebeneinander. M&M wurde mehr und mehr zu einem Sprachrohr der methodologisch-
quantitativen Forschung in der Soziologie, SG dagegen blieb ungefähr ein
halbes Jahrhundert lang eine Zeitschrift, die vor allem Beiträge zu allgemeinen Themen und Forschungsbereichen der Soziologie veröffentlichte. 2004,
kurz nach der Feier des fünfzigsten Jahrestages ihrer Erstveröffentlichung,
wurde die Publikation dieser Zeitschrift dennoch eingestellt. Wie am Anfang
des 21. Jahrhunderts wiederholt in den Geschäftsberichten festgestellt wurde,
zwang der anhaltende Mangel an (qualitativ hochwertigen) Einreichungen
die Herausgeber, die Veröffentlichung von SG in seiner damaligen Form zu
beenden.

In der zweiten Hälfte des 20. Jahrhunderts wurden einige weitere, subdiszi-
plinär spezialisierte niederländischsprachige Zeitschriften gegründet, zum
Beispiel im Bereich der Sozialpolitik. Andere neue, eher allgemein orientierte
soziologische Zeitschriften waren eng an bestimmte Universitäten und ihre
Traditionen angebunden. Es war eine von diesen, die *Amsterdams Sociologisch
Tijdschrift*, mit der SG sich 2004 zusammenschloss. AST war eng verbunden
mit der *Amsterdam School for Social Science Research* und ihrer (oder Norbert
Elias') Figurationssoziologie. 2004 hatte diese Zeitschrift gerade ihr 30-jäh-
riges Bestehen gefeiert; sie sah sich aber mit ähnlichen Problemen wie SG
(und fast alle anderen niederländischsprachigen Zeitschriften) konfrontiert.
Die neue Zeitschrift, die aus SG und AST entstanden ist, trägt den einfachen
Titel *Sociologie*.

In Belgien ist die *scientific community* (im Vergleich zu den anderen Ländern
Europas) relativ klein und heterogen. Soziologische Fachzeitschriften wurden
hier erst ziemlich spät gegründet. Dies ist sowohl eine Konsequenz der Divergenz zwischen dem niederländischsprachigen und dem französischsprachigen Teil (d. h. zwischen Flandern und der wallonischen Region) Belgiens,
als auch eine Konsequenz der ideologischen Spannungen zwischen den verschiedenen ›Säulen‹ (katholisch oder nicht) und ihren Universitäten (Vander-

straeten 1999). Obwohl es in den 1960er Jahren möglich wurde, einen Universitätsabschluss in Soziologie in Flandern zu machen, wurde hier die erste und bisher auch die einzige allgemeine niederländischsprachige soziologische Zeitschrift erst 1979/1980 gegründet: die *Tijdschrift voor Sociologie* (d. h. Zeitschrift für Soziologie, TvS).[4] Diese Zeitschrift besteht jetzt also ungefähr 30 Jahre. In dieser Zeit hat sie aber auch wiederholt mit gravierenden Problemen hinsichtlich Einreichungen und Abonnenten Erfahrung gemacht (Jacobs/De Wit 2004). Wie wir später noch im Detail sehen werden, bereitet die Fokussierung auf eine globale Orientierung der wissenschaftlichen Kommunikation für die niederländischsprachigen Zeitschriften in Belgien sowie in den Niederlanden selbst erhebliche Probleme.

Im nächsten Abschnitt wird eine detaillierte empirische Analyse der Kommunikation innerhalb der niederländischsprachigen Soziologie präsentiert. Es scheint mir unumstritten, dass Wissenschaftler darauf trainiert sind, ihre eigene Arbeit und die Arbeit anderer kritisch zu beobachten. Aber diese kritische Energie ist fast vollständig auf den wissenschaftlichen Produktionsprozess gerichtet, auf die ›technischen‹ Aspekte von Forschung. Die Kommunikationsaspekte werden viel weniger beachtet. Die Formen wissenschaftlicher Kommunikation werden in der Regel als gegeben angesehen. Sie werden meist *nicht* als sozial und historisch spezifische Formen verstanden, die Druck auf den Forschungsprozess ausüben und die Bedingungen für die Inklusion im disziplinären Kommunikationsprozess festlegen. Dennoch tragen und lenken die Fachzeitschriften den Kommunikationsprozess innerhalb wissenschaftlicher Disziplinen. Und sie tun dies in einer Art, die vorstrukturiert, wie Autoren Beiträge zum *state-of-the-art* bestimmter wissenschaftlicher Disziplinen beisteuern können. Vor diesem Hintergrund sollen im Folgenden einige allgemeine und spezifische Charakteristika des Wandels der wissenschaftlichen Kommunikation in der niederländischsprachigen Soziologie detaillierter besprochen werden. Wie bereits im ersten einführenden Absatz kurz erwähnt, werde ich mich dabei einerseits mit dem Wandel von Inklusionsformen (insbesondere in Leistungsrollen), andererseits mit der globalen Orientierung der wissenschaftlichen Kommunikation in diesen Zeitschriften näher befassen.

---

4 Im französischsprachigen Teil von Belgien entstand 1970 die Zeitschrift *Recherches Sociologiques*. Sie wurde gegründet und herausgegeben von Mitgliedern der katholischen Universität von Louvain-la-Neuve (UCL). Obwohl ihr ›offener Geist‹ betont wurde, hatte die Zeitschrift Probleme, ihre lokale ideologische Einbindung zu übersteigen. Unter dem Druck nachlassender Einreichungen und Abonnenten fusionierte man 2005 mit einer lokalen anthropologischen Zeitschrift. Für die neue Zeitschrift hat man den Titel *Recherches Sociologiques et Anthropologiques* gewählt. Insgesamt existierten und existieren nur wenige Kontakte zwischen den niederländischsprachigen und den französischsprachigen Soziologen in Belgien. Sprache stellt die Basis dar, auf welcher die *scientific communities* aufgebaut sind.

III. Autoren und Aufsätze

Die soziologischen Fachzeitschriften in den Niederlanden und Belgien operierten von Beginn an in einem globalen Kommunikationskontext. In vielen anderen Ländern wurden ähnliche Fachzeitschriften mit ähnlichen Zielen gegründet. Für die Sozialwissenschaften blieb die disziplinäre Kommunikation bis zur zweiten Hälfte des 20. Jahrhunderts dennoch überwiegend auf nationalem Niveau organisiert. Im Vergleich zu anderen *national communities* bildet die niederländischsprachige Soziologie ein relativ kleines und peripheres Kommunikationsnetzwerk.

Ein Anzeichen für den peripheren (oder semi-peripheren) Status der niederländischsprachigen Zeitschriften in der Weltwissenschaft ist die Tatsache, dass sie nicht im *Web of Science* und einem seiner Indizes (wie zum Beispiel den *Social Science Citation Index* oder SSCI) erfasst sind. Diese Datenbanken haben eine klare Ausrichtung auf englischsprachige Zeitschriften. Zwar wurden M&M, SG und TvS in das Verzeichnis *Sociological Abstracts* aufgenommen, aber die Erfassung des Inhalts ihrer älteren Jahrgänge ist hier oft unvollständig und irreführend. Ich habe daher eine neue Datenbank zusammengestellt – ausgehend von den einzelnen Heften dieser Zeitschriften selbst. Diese Datenbank enthält alle Publikationen, die in diesen Zeitschriften erschienen sind, mit Ausnahme von Forschungsnotizen, Buchbesprechungen, Konferenzberichten, Nachrufen / Ehrungen, Editorials und Einleitungen zu Themenheften. Die Datenbank umfasst insgesamt 3264 Publikationen aus dem Zeitraum zwischen 1925 und 2010.[5]

Abbildung 1 zeigt für jede der oben genannten Zeitschriften die Entwicklung der durchschnittlichen Anzahl von Autoren pro veröffentlichten Aufsatz – allerdings mit dreijährlichen gleitenden Durchschnittswerten. Von den insgesamt 3264 Aufsätzen sind 2477 (d. h. 75.9 %) von einem einzigen Autor verfasst worden. Veröffentlichungen mit mehreren Autoren waren bis in die 1960er Jahre die Ausnahme, sind aber in den letzten Jahrzehnten zunehmend üblicher geworden (siehe auch De Haan 1997). 1965 noch war jeder M&M-Aufsatz *single-authored*. 1985 waren 50 % von einem einzigen Autor, während 2005 oder 2010 81 % der Aufsätze von mehreren Autoren verfasst waren. Die durchschnittliche Anzahl von Autoren pro M&M-Aufsatz stieg von 1.0 (1925 oder 1965) auf 1.6 (1985) und 2.3 (2005) und 2.5 (2010) an. Für SG und TvS sind die Daten und Trends nicht sehr unterschiedlich (ungeachtet einiger relativ starker Fluktuationen). Auch hier dominieren *single-authored* Aufsätze die

---

5   Der Schwerpunkt dieser Diskussionen liegt bei Aspekten, die am besten vor dem Hintergrund eines umfangreichen Bestandes quantitativen Materials über Publikationen zu betrachten sind (siehe auch Keiner 1999). Dennoch habe ich auch verschiedene individuelle Publikationen genauer untersucht, wie etwa die Editorials aller Hefte. Außerdem hatte ich Zugang zu den Archiven einer der Zeitschriften (TvS). Ich berufe mich hier nicht auf dieses qualitative Material (vor allem aus Platzgründen). Aber einige Entscheidungen, die bei der Präsentation des quantitativen Materials getroffen wurden, sind von ihm beeinflusst.

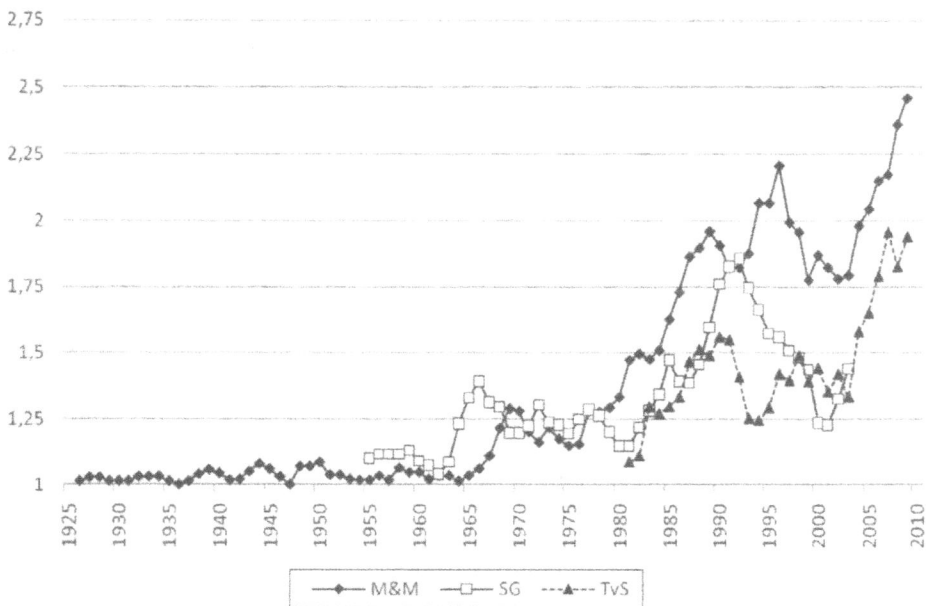

Abbildung 1: Durchschnittliche Anzahl Autoren pro Aufsatz (dreijährliche gleitende Durchschnittswerte)

ersten Ausgaben, während Veröffentlichungen mit 3, 4 oder 5 Autoren in den aktuelleren Jahrgängen zunehmend üblicher werden. Sowohl die Anzahl der Aufsätze mit mehreren Autoren als auch die durchschnittliche Anzahl von Co-Autoren pro Artikel stiegen also. Als Folge dieser Entwicklung ist nun eine steigende Anzahl von Forschern in der Lage, als Autor zu wissenschaftlichen Diskussionen im Bereich der Soziologie beizutragen. In diesem Sinne wurde der Zugang zu wissenschaftlichen Kommunikationsnetzwerken und wissenschaftlichen Veröffentlichungen in den letzten Jahrzehnten erleichtert. Die Inklusion in wissenschaftliche ›Leistungsrollen‹ (als Autor) wird vereinfacht.

Heutzutage besteht nicht nur ein struktureller Publikationsimperativ; auch ein struktureller Druck in die Richtung von *co-authored* oder *multiple-authored* Publikationen wird institutionalisiert. 25 % der M&M-Aufsätze die zwischen 1925 und 2010 veröffentlicht wurden, waren von mehreren Autoren verfasst – gegenüber den 23 % aller SG-Aufsätze und den 30 % aller TvS-Aufsätze die bis 2010 veröffentlicht wurden. In Anbetracht ihrer relativ kurzen Geschichte sind SG und TvS ein wenig vertrauter mit *co-authored* Veröffentlichungen. Dennoch sind Veröffentlichungen in M&M in den letzten Jahrzehnten häufiger von mehreren Autoren verfasst und haben im Durchschnitt mehr Autoren pro Veröffentlichung als die anderen soziologischen Zeitschriften in den Niederlanden oder Belgien. Wie bereits gesagt: M&M ist im niederländischen Sprachraum

zu der Zeitschrift geworden, die sich hauptsächlich der Veröffentlichung empirischer, quantitativer Forschungen widmet. Diese Art von Forschung scheint
am leichtesten eine Art von Arbeitsteilung zu ermöglichen (Pontille 2003).

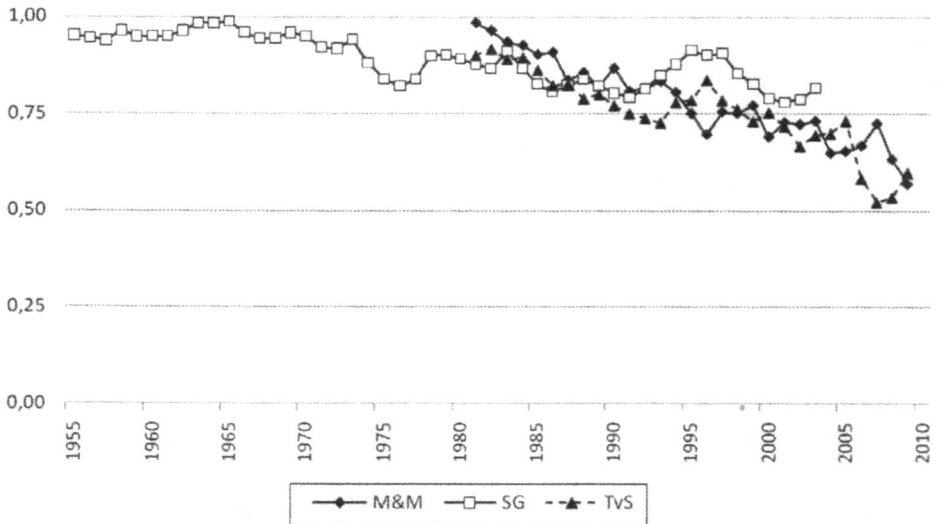

Abbildung 2: Anteil männlicher Autoren (dreijährliche gleitende Durchschnittswerte)

Um die Charakteristika der Autorschaft genauer zu beschreiben, zeigt Abbildung 2 die historischen Veränderungen hinsichtlich der Repräsentation
von Frauen unter den Zeitschriftenautoren. Aufgrund der langjährigen niederländischen Angewohnheit, den Autoren nur Initialen zu geben, können
hier lediglich Daten ab 1954 präsentiert werden.[6] Nur 11 % aller Autoren der
SG waren Frauen. Bis Ende der 1960er hatten Frauen kaum Zugang zur Autorschaft in dieser Zeitschrift. In den letzten 20 Jahren des Bestehens von SG
schwankte ihr Anteil aber zwischen 7 und 25 %. Der Anstieg weiblicher Beteiligung ist stärker für die Zeitschriften M&M und TvS. In den frühen 1980er
Jahren trugen beinahe keine Frauen zu diesen Zeitschriften bei. Seit Beginn
des 21. Jahrhunderts jedoch sind ca. 30 % der Autoren in beiden Zeitschriften
Frauen. Dieser Anstieg in der Repräsentation von Frauen geht mit dem Anstieg der durchschnittlichen Anzahl von Autoren pro Artikel einher. Trotzdem sind nur wenige der Veröffentlichungen von mehreren Autoren exklusiv

---

6 Ich danke J.E. Ellemers, einer der Gründungsherausgeber von SG und auch ihr produk-
   tivster Autor (mit insgesamt 18 *single-authored* SG-Aufsätzen), der mir geholfen hat, die
   biographischen Informationen für eine ganze Reihe Autoren zu vervollständigen. Für SG
   konnten ungefähr 5 % (71 von 1395) der Autoren nicht nach Geschlecht kodiert werden. Bei
   der Mehrzahl der Autoren der frühen M&M-Aufsätze war es bisher unmöglich, zusätzliche
   Informationen über ihre Vornamen (Geschlecht) und institutionelle Zugehörigkeit zu finden. Die Abbildungen 2 und 3 umfassen daher nicht die gleiche Zeitspanne wie Abbildung 1.

weibliche Veröffentlichungen. In TvS zum Beispiel, wirkten Frauen zwischen 1980 und 2010 an 48 % der Aufsätze mit mehreren Autoren mit. Aber nur 9 % der Veröffentlichungen von mehreren Autoren in dieser Zeit haben nicht wenigstens einen männlichen Co-Autor.

Die männliche Mehrheit unter Autoren erlaubt übrigens nicht den Schluss, dass Frauen in den Kommunikations- und Publikationsnetzwerken der niederländischsprachigen Soziologie unterrepräsentiert sind. Es gibt keine zuverlässige Auflistung von Personen die in M&M, SG oder TvS *hätten* publizieren können. Es gibt Auflistungen von Lehrpersonal, angestellt an belgischen und niederländischen Universitäten, aber verlässliche biographische Daten über *alle* Forscher im Feld der Soziologie (von denen viele auf Basis von Kurzzeit- und Teilzeitverträgen angestellt waren/sind) existieren nicht. Tatsächlich legen etwa Daten zur Soziologie in Großbritannien nahe, dass Frauen in dem dort etablierten Zeitschriftenpublikationsprozess nicht diskriminiert wurden/werden (Platt 2007).

Natürlich sind die Veränderungen hinsichtlich Autorschaft nicht nur charakteristisch für die Kommunikationspraxis in M&M, SG und TvS. Ähnliche Trends wurden in anderen akademischen Forschungsfeldern und anderen wissenschaftlichen Netzwerken beobachtet (siehe Clark 1999; Platt 2007). In Disziplinen wie Physik, Biologie, Mathematik oder Astronomie sind wissenschaftliche Aufsätze, die nur von einem männlichen/weiblichen Autor geschrieben werden, höchst außergewöhnlich geworden. Die skizzierten Trends weisen aber auch eine spezifische Paradoxie auf.

Einerseits ist deutlich, dass wissenschaftliche Zeitschriften die Kommunikation von Forschungsergebnissen nicht nur ermöglichen. Sie beeinflussen auch, in welcher Form Beiträge zu wissenschaftlicher Kommunikation geleistet werden können. Im Vergleich mit der Produktion und dem Umlauf von Büchern führen Zeitschriften oder Periodika zu einer *schnellen* Abfolge *kleiner* Beiträge. Veröffentlichungen in Periodika folgen einander in kurzen und regelmäßigen Abständen. *Zeit*schriften beeinflussen die zeitliche Struktur des Wissenschaftssystems. Auf die veröffentlichten Ergebnisse eines Zeitschriftenaufsatzes kann schon im nächsten Heft der Zeitschrift reagiert werden. Die Periodizität des Erscheinens setzt Wissenschaftler unter Druck, regelmäßig zu veröffentlichen (*publish or perish*). Andererseits ist aber auch deutlich, dass die zunehmende Zahl von *co-authored* Aufsätzen und von Autoren pro Aufsatz eben die Zurechnung von Beiträgen auf Autoren nicht leichter macht. Vor dem Hintergrund des skizzierten Wandels kann man behaupten, dass es immer schwieriger wird, den Autor einer bestimmten Veröffentlichung zu identifizieren. Mit Michel Foucault (1995, 789 ff.) kann man eben von einem Verschwinden oder einer Auslöschung des Autors sprechen. Vielleicht ist tatsächlich eines der Paradoxien der ›postmodernen‹ Gesellschaft, dass Veröffentlichungen in wissenschaftlichen Zeitschriften fast gleichzeitig viel bedeutsamer geworden sind für die Beurteilung oder Bewertung individueller Forscher und Forschergruppen.

IV. Supranationale Kommunikationsnetzwerke

Um Aufschluss über einige der historischen Besonderheiten wissenschaftlicher Kommunikation in einem (semi-)peripheren Teil der Weltwissenschaft zu geben, bietet Abbildung 3 einen Überblick über die institutionelle Zugehörigkeit der Autoren von M&M, SG und TvS. Diese Abbildung macht sofort deutlich, dass die große Mehrheit der Autoren – tatsächlich: fast alle – ihren Wohnsitz in den Niederlanden oder in Belgien haben. Die Präsenz von ›Ausländern‹ in den 1960er und 1970er Jahren war das Resultat einiger Sonderinitiativen der Herausgeber von SG, wie zum Beispiel die Veröffentlichung von Themenheften oder Sonderbänden, bei denen diese ›Ausländer‹ zu Beiträgen eingeladen wurden. Manchmal wurden Übersetzungen von Aufsätzen von deutsch- oder englischsprachigen Autoren veröffentlicht; gelegentlich nahmen diese Zeitschriften auch englischsprachige Aufsätze auf. In den letzten Jahren haben multinationale Forschungsprojekte hier und da zu multinationalen Veröffentlichungen mit mehreren Autoren geführt, aber die führenden soziologischen Fachzeitschriften in Belgien und den Niederlanden überschritten / überschreiten in der Regel die Grenzen ihres Sprachraums nicht: M&M, SG und TvS waren bisher kaum in der Lage, internationale Autorenschaften anzuwerben. Die langfristige Evolution von Veröffentlichungen in SG erlaubt es eben, so gesehen, von einer *abnehmenden* Internationalisierung der niederländischsprachigen Soziologie zu sprechen.

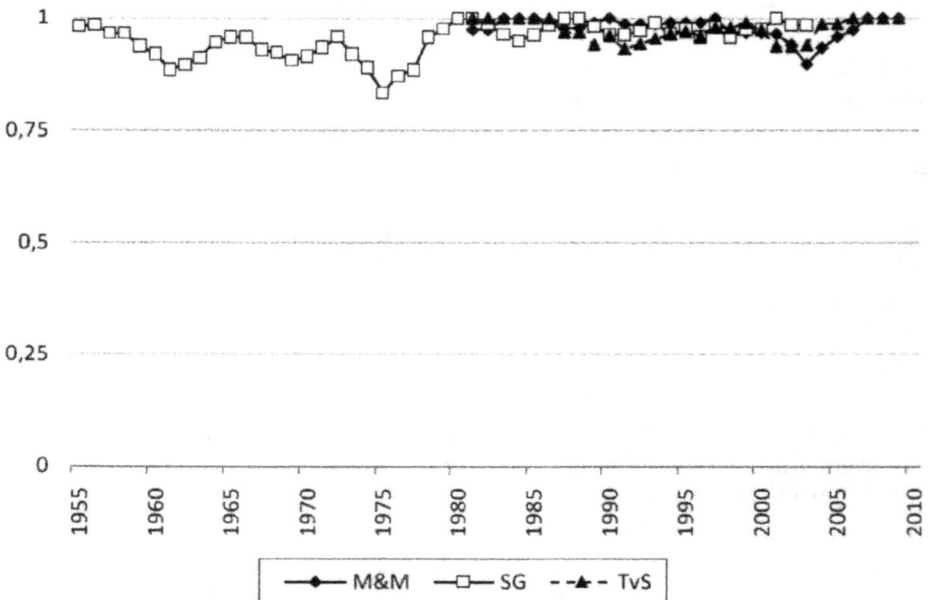

Abbildung 3: Anteil Autoren aus den Niederlanden oder Belgien

Zusätzlich kann betont werden, dass jede dieser Zeitschriften ein relativ starkes nationales (und nicht nur sprachliches) Profil beibehalten hat. Vor der Gründung der TvS trugen nur wenige flämische Soziologen zu niederländischen soziologischen Fachzeitschriften bei. Weniger als 2 % der Autoren (12 von 648), die in SG vor 1980 veröffentlichten, kamen aus Belgien. In den letzten Jahrzehnten hat sich die Situation kaum verändert. Etwa 5 % der Autoren, die zwischen 1980 und 2000 in M&M oder SG veröffentlichten, arbeiteten zu dieser Zeit in Belgien. Eine etwas mildere Form der Exklusion besteht in die andere Richtung: 16 % der Autoren (84 von 521), die ihre Arbeit zwischen 1980 und 2005 in TvS veröffentlichten, arbeiteten in den Niederlanden. Diese Beteiligung findet aber, wie bereits gesagt, nicht auf regelmäßiger Basis statt. Die Beteiligung ist vor allem unregelmäßigen Initiativen, wie der Veröffentlichung von Sonderheften mit eingeladenen Autoren zu verdanken. Ansonsten blieb jede dieser Zeitschriften relativ fest in ihren eigenen nationalen Kontext eingebettet.

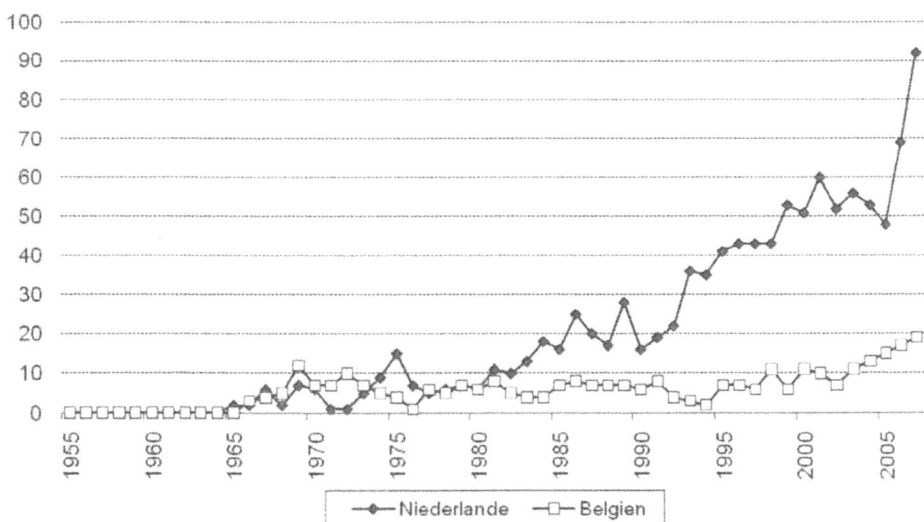

Abbildung 4: Veröffentlichungen in SSCI-Zeitschriften (absolute Zahlen)

Abbildung 4 blickt in die andere Richtung. Sie präsentiert einen Überblick über die Anwesenheit belgischer oder niederländischer Autoren in den weltweit führenden Zeitschriften im Bereich der Soziologie, nämlich in den Zeitschriften, die unter der Rubrik Soziologie der *Social Science Citation Index* aufgelistet sind. Es besteht ein geringer Unterschied zwischen Belgien und den Niederlanden bis in die 1970er Jahre. Dies ist einfach deshalb so, weil Soziologen in beiden Ländern kaum in den global sichtbarsten Periodika ihrer Disziplin veröffentlichten. Ab der zweiten Hälfte der 1960er Jahre wuchs die globale Orientierung in den Niederlanden. Der Anstieg niederländischer Veröffentlichungen in internationalen Zeitschriften ist in den letzten Jahren selbst spektakulär. Für in Belgien arbeitende Soziologen bleiben Veröffentlichungen in den SSCI-Zeitschriften weiterhin die Ausnahme (obwohl der Trend sich auch hier in den letzten Jahren zu verändern scheint).[7] Einer der Hauptgründe für die bemerkenswerte Divergenz zwischen beiden Ländern ist die Wissenschaftspolitik niederländischer Förderorganisationen und Universitäten. Seit den späten 1980er Jahren ist die Anzahl von Veröffentlichungen in SSCI-Zeitschriften bestimmend für die Beurteilung und das *ranking* von Wissenschaftlern und wissenschaftlichen Einheiten. Die Zuweisung von Forschungsmitteln wie auch individuelle Beförderungen wurden abhängig gemacht von dieser Art Output. Aber diese Wissenschaftspolitik hatte auch eine unbeabsichtigte und unerwartete Kehrseite: sie hat den Rückgang der niederländischsprachigen Zeitschriften wenngleich nicht verursacht, so doch verstärkt. Für wen ist es noch wichtig, seine/ihre Arbeit in niederländischsprachigen Zeitschriften zu veröffentlichen, wenn diese Zeitschriften in offiziellen Bewertungen von Forschungsergebnissen nicht mitzählen? Wie viele Einreichungs- und Abonnentenprobleme der niederländischsprachigen Zeitschriften (bis hin zur Einstellung der SG) zeigen, haben diese nationalen Fachzeitschriften Probleme, sich der wachsenden Rolle supranationaler Netzwerke anzupassen.

Es ist zugleich interessant, einen genaueren Blick auf die SSCI-Zeitschriften zu werfen, in denen Arbeiten von Autoren aus Belgien und den Niederlanden veröffentlicht wurden. Niederländische Autoren ziehen klar englischsprachige Zeitschriften mit einer empirischen und/oder methodologischen Orientierung vor. Bis jetzt wurden die meisten ihrer Arbeiten in den folgenden soziologischen Fachzeitschriften veröffentlicht (in absteigender Reihenfolge): *Social Indicators Research, Sociologica Ruralis, European Sociological Review, Social Networks, Journal of Marriage and Family, Sociological Methods & Research, Journal of Mathematical Sociology,* und *Social Compass.* Darüber hinaus existierte zwischen 1962 und 2004 eine SSCI-Zeitschrift, die englische Übersetzungen einer Auswahl von Aufsätzen veröffentlichte, die vorher in niederländischsprachigen sozialwissenschaftlichen Zeitschriften veröffentlicht worden waren. Sie sollte das ›Beste‹ der niederländischen Soziologie für ein breiteres Publikum zugänglich machen. Die Zeitschrift erschien nacheinander unter verschiedenen Titeln: *Sociologia Neerlandica, The Netherlands' Journal of Socio-*

---

7 Eine Anmerkung muss (erneut) gemacht werden. Abbildung 4 erlaubt es uns nicht, zu schlussfolgern, dass die niederländischen Soziologen produktiver wären als ihre belgischen Kollegen. Ich beziehe die Anzahl von Veröffentlichungen nicht auf die Anzahl von Soziologen, die in der Lage gewesen *wären*, zu diesen Zeitschriften einen Beitrag zu leisten – denn verlässliche Listen aller Wissenschaftler die von einer belgischen oder niederländischen Organisation angestellt sind, existieren nur für die letzten Jahre. Um einen breiten Vergleich aber einigermaßen zu ermöglichen, habe ich hier alle Autoren, die in Belgien arbeiten, aufgezählt (also sowohl Autoren aus Flandern als auch aus der wallonischen Region).

logy, und *The Netherlands' Journal of the Social Sciences*. Die *raison d'être* dieser Zeitschrift verschwand am Ende des 20. Jahrhunderts in dem Moment, in dem mehr und mehr niederländische Autoren selbst versuchten, in internationalen Zeitschriften zu veröffentlichen.

Die ›Welt‹ der belgischen Soziologie sieht anders aus. Eine einzige internationale Zeitschrift war extrem populär bei belgischen Autoren: *Social Compass*. Von 1955 bis 2005 erschienen beinahe 42 % ihrer SSCI-Aufsätze in diesem Periodikum (114 der insgesamt 273). Die anderen Aufsätze waren über einen relativ weiten Bereich anderer SSCI-Zeitschriften verteilt – ohne spezifische Schwerpunkte. *Social Compass* ist eine bilinguale (französisch / englische) Zeitschrift im Bereich der Religionssoziologie, die den größten katholischen Universitäten in Belgien stark verbunden ist. Ihr Impact Faktor war immer niedrig; gegenwärtig steht sie auf Rang 95 von 113 soziologischen Zeitschriften. Man könnte sich daher fragen, wie global die globale Orientierung belgischer Soziologie wirklich ist oder war. Vielleicht wiederholt sich die Geschichte hier wieder: die ersten ›nationalen‹ Soziologie-Zeitschriften erschienen spät in Belgien, die ›globale‹ Orientierung ist ebenfalls etwas, das sich nur langsam in der belgischen Soziologie verankert. Dies könnte als indirekter Indikator für die Bedeutung nationaler Fachzeitschriften zur Stimulierung von intellektuellem Austausch und Kommunikation zwischen Mitgliedern wissenschaftlicher Netzwerke angesehen werden.

Die Situation der niederländischsprachigen Soziologie ist bereits mehrfach mit dem Bild eines Beobachters hinter einem Einwegspiegel beschrieben worden. Niederländische (und belgische) Soziologen nehmen wahr, was in anderen *scientific communities* vor sich geht, während ihre eigenen Aktivitäten von denen auf der anderen Seite des Spiegels unbe(ob)achtet bleiben.[8] Gegenwärtig ist es aber schwierig zu behaupten, dass die wissenschaftliche Arbeit niederländischer Soziologen von Außenstehenden unbeobachtet bleibt. Vieles wird in vielgelesenen hochrangigen Zeitschriften veröffentlicht. Vielleicht sind die nationalen *scientific communities* nur ein temporäres Phänomen; nicht allein in den Natur- sondern auch in den Sozialwissenschaften. Für eine lange Zeit schien die Expansion wissenschaftlicher Netzwerke mit der Stärkung nationaler Netzwerke einherzugehen. Das nationale Setting mag eine bedeutsame Beschränkung des Kommunikationsraumes gewesen sein, vor allem für die Formierung von neuen Netzwerken wissenschaftlicher Spezialisten. Die Dynamik von Spezialisierung und disziplinärer Differenzierung scheint aber auch der Hauptgrund zu sein, warum einige nationale Settings nicht länger

---

8 Aber dieser Einwegspiegel war immer ein höchst selektiver. Wie aus einer Übersicht der in M&M und SG besprochenen Bücher ersichtlich ist, erfuhr deutsche, französische und englische soziologische Literatur beachtliche Anerkennung in den Niederlanden vor dem zweiten Weltkrieg. Nach dem Krieg verschwand das niederländische Interesse an Veröffentlichungen aus der deutschen und französischen Soziologie fast vollständig. Stattdessen wurde eine – bis heute andauernde – Orientierung hin zu englischer Literatur vorherrschend (Heilbron 1982).

ausreichende Kommunikationsmöglichkeiten für eine große Anzahl von Disziplinen und Subdisziplinen bieten. In den Niederlanden und Belgien findet die wachsende Partizipation an supranationalen Kommunikationsnetzwerken heutzutage allerdings deutlich auf Kosten nationaler Netzwerke statt. Die nationale Struktur von wissenschaftlichen Organisationen hat die Etablierung von internationalen wissenschaftlichen Kollaborationen nicht verhindert. Deutlich ist auch, dass die Abhängigkeit der wissenschaftlichen Forschung von öffentlicher Finanzierung seit Ende des zweiten Weltkrieges nicht abgenommen hat – eher im Gegenteil. Dennoch gibt es auch beträchtliche Unterschiede zwischen den verschiedenen nationalen *scientific communities*. Die SoziologInnen in Belgien und den Niederlanden haben in ihren eigenen Nischen operiert; sie haben auch auf eine eigene Art und Weise auf die Globalisierung der wissenschaftlichen Kommunikation reagiert. Diese Divergenz reflektiert verschiedene wissenschaftspolitische Schwerpunkte und Akzente.

Rudolf Stichweh (2004) hat die Globalisierung und Spezialisierung der wissenschaftlichen Kommunikation stark hervorgehoben. Als Folge zunehmender Spezialisierung haben (bestimmte) nationale Netzwerke an Bedeutung eingebüßt. Solche Kommunikationsnetzwerke scheinen nicht länger eine adäquate Infrastruktur für wissenschaftliche Kommunikation zu bieten. Dafür findet man viele Beispiele. So haben sich wissenschaftliche Vereine und Fachzeitschriften mit einem ›regionalen‹ oder globalen Schwerpunkt, darunter verschiedene europäische Vereine und Zeitschriften (*European Sociological Review, European Societies, European Journal of Sociology*, usw.) rapide ausgedehnt. Wichtig ist auch, dass einige nationale, besonders englischsprachige Zeitschriften faktisch zu globalen Zeitschriften geworden sind (gemessen an der Zusammensetzung ihrer Herausgeber, der Herkunft ihrer Autoren und Abonnenten oder an dem *impact factor*), andere aber eben nicht. Wie die hier präsentierten Analysen zeigen, wirkt die Stärkung supranationaler Kommunikationsnetzwerke sich auf unterschiedliche nationale Netzwerke und ihre Zeitschriften unterschiedlich aus. Die Globalisierung der Wissenschaft erweitert nicht nur den Kommunikationsraum, sie führt auch zu neuen Strukturen und Differenzen innerhalb des Wissenschaftssystems.

V. Schluss

Wissenschaftliche Zeitschriften ermöglichen nicht nur die Kommunikation von Forschungsergebnissen. Sie beeinflussen gleichermaßen, in welcher Form Beiträge zu wissenschaftlicher Kommunikation geleistet werden können. Die beobachteten Möglichkeiten der Veröffentlichung beeinflussen die Auswahl von Forschungsthemen, die Spezifikation bestimmter Hypothesen, die Wahl bestimmter methodologischer Herangehensweisen, die Verbindung mit früheren Publikationen anderer Wissenschaftler (durch Zitate und

Referenzen), usw. In einer Art Feedback-Schleife wirken Kommunikationsstrukturen und Kommunikationsmöglichkeiten auf den wissenschaftlichen Produktionsprozess selbst ein (vgl. Bazerman 1988; Stichweh 1984, 394 ff.; Gross / Harmon / Reidy 2002). Im Anschluss an die Arbeiten von Rudolf Stichweh habe ich hier auf die Bedeutung von zwei Strukturänderungen für die Soziologie als wissenschaftliche Disziplin hingewiesen: einerseits Änderungen, die die Inklusion in Leistungsrollen (als Autor) betreffen, andererseits Änderungen, die mit der Institutionalisierung einer stärkeren globalen Orientierung einhergehen.

Die beiden Änderungen kann man in ihrem Zusammenhang betrachten. Obwohl die Nationalisierung der Wissenschaft den Kommunikationsraum der Disziplinen beschränkt, so Stichweh (2004), vergrößert sie aber gleichzeitig die Chancen der Beteiligung an wissenschaftlicher Kommunikation. Innerhalb der Grenzen nationaler *scientific communities* haben mehr WissenschaflerInnen und Forschungsgruppen die Möglichkeit, sich aktiv an wissenschaftlicher Kommunikation zu beteiligen. Auch der Anstieg der Beteiligung von Frauen und das Hervortreten von Formen von *multiple-authorship* weisen in die Richtung einer expansiven Logik. Heutzutage sind WissenschaftlerInnen in der Lage, sich als AutorInnen am wissenschaftlichen Kommunikationsprozess zu beteiligen auf Grund von erstaunlich kleinen eigenen Leistungen (in den Naturwissenschaften sind Zeitschriftaufsätze von einhundert oder mehr ›Autoren‹ mittlerweile keine Ausnahme mehr). Vor diesem Hintergrund scheint es daher kein Zufall zu sein, dass die kommunikative Relevanz der Nationalebene jetzt an Bedeutung verliert. Die Expansion institutionell anerkannter Partizipationsmöglichkeiten macht es leichter, wissenschaftliche Kommunikation mittels selektiver, globaler Kommunikationsmedien zu privilegieren.

Literatur

Bazerman, C. (1988): Shaping Written Knowledge. The Genre and Activity of the Experimental Article in Science. Madison: University of Wisconsin Press.

Clark, R. (1999): Diversity in Sociology. The American Sociologist 30, 22-41.

De Haan, J. (1997): Authorship Patterns in Dutch Sociology. Scientometrics 39, 2, 197-208.

Foucault, M. (1995): Qu'est-ce qu'un auteur? Dits et écrits I. Paris: Gallimard.

Gross, A.G. / Harmon, J.E. / Reidy, M. (2002): Communicating Science: The Scientific Article from the 17th Century to the Present. Oxford: Oxford University Press.

Heilbron, J. (1982): Franse sociologie in Nederland: Receptiepatronen in de Nederlandse sociologie. Sociodrome 7, 4, 8-12.

Jacobs, A. / De Wit, K. (2004): Verzilvering van een collectieve inspanning: Context, ontstaan en evolutie van het Tijdschrift voor Sociologie (1980-2004). Tijdschrift voor Sociologie 25, 1, 37-71.

Keiner, E. (1999): Erziehungswissenschaft 1947-1990. Eine empirische und vergleichende Untersuchung zur kommunikativen Praxis einer Disziplin. Weinheim: Beltz.

Kuhn, Th. (1962): The structure of scientific revolution. Chicago: University of Chicago Press.

Luhmann, N. (1990): Die Wissenschaft der Gesellschaft. Frankfurt a. M.: Suhrkamp.

Platt, J. (2007): The Women's Movement and British Journal Articles, 1950-2004. Sociology 41, 5, 961-975.

Pontille, D. (2003): Authorship Practices and Institutional Contexts in Sociology: Elements for a Comparison of the United States and France. Science, Technology, & Human Values 28, 2, 217-243.

Stichweh, R. (1984): Zur Entstehung des modernen Systems wissenschaftlicher Disziplinen. Physik in Deutschland 1740-1890. Frankfurt a. M.: Suhrkamp.

Stichweh, R. (1987): Die Autopoiesis der Wissenschaft. S. 52-83 in: D. Baecker et al. (Hrsg.), Theorie als Passion. Frankfurt a. M.: Suhrkamp.

Stichweh, R. (1994): Wissenschaft, Universität, Professionen: Soziologische Analysen. Frankfurt a. M.: Suhrkamp.

Stichweh, R. (2003a): Genese des globalen Wissenschaftssystems. Soziale Systeme 9, 1, 13-26.

Stichweh, R. (2003b): The Multiple Publics of Science: Inclusion and Popularization. Soziale Systeme 9, 2, 210-220.

Stichweh, R. (2004): Wissensgesellschaft und Wissenschaftssystem. Schweizerische Zeitschrift für Soziologie 30, 2, 147-165.

Vanderstraeten, R. (1999): Versäulung und funktionale Differenzierung. Zur Enttraditionalisierung der katholischen Lebensformen. Soziale Welt 50, 297-314.

Wilterdink, N./van Heerikhuizen, B. (2004): Dertig jaar AST. Amsterdams Sociologisch Tijdschrift 31, 4, 423-430.

Prof. Dr. Raf Vanderstraeten
Center for Social Theory, Department of Sociology
Ghent University
Korte Meer 3-5, BE-9000 Gent, Belgien
Raf.Vanderstraeten@UGent.be

Soziale Systeme 16 (2010), Heft 2, S. 313-338

Hartmann Tyrell

Universalgeschichte, Weltverkehr, Weltgesellschaft. Begriffsgeschichtliche Anmerkungen[1]

I. Vorüberlegungen

Rudolf Stichweh hat in seine vielfältigen Studien zur Weltgesellschaftsthematik mit Bedacht immer wieder anspruchsvolle begriffsgeschichtliche Überlegungen einbezogen; gern sind sie an den jeweiligen Textbeginn gestellt (Stichweh 2000, 7ff.; 2008a, 329ff.). Und so ist es alles andere als ein Zufall, dass er auch der Verfasser des Artikels »Weltgesellschaft« im *Historischen Wörterbuch der Philosophie* (Stichweh 2004) ist. Das Konzept der *Weltgesellschaft*, wie er es versteht, ist also durchaus kein geschichtsloses; bei diesem geht es nicht um eine, wie gelegentlich suggeriert wird, begriffsbildnerische *creatio ex nihilo*, die in den 1970er Jahren von sehr unterschiedlich denkenden Autoren unabhängig voneinander, aber in eigentümlicher Gleichzeitigkeit zu Tage gefördert worden ist (Wobbe 2000). Auch Stichweh betont die sozialwissenschaftlichen Weichenstellungen in der Zeit nach dem zweiten Weltkrieg und den programmatischen Schritt hin zur Weltgesellschaftstheorie zu Anfang der 1970er Jahre, für den seitens der Systemtheorie Niklas Luhmanns bekannter Aufsatz »Die Weltgesellschaft« (1971) steht.[2] Zugleich aber sieht er die Genese und Entwicklung der Weltgesellschaft seit der frühen Neuzeit begleitet von semantischen Entwicklungen, die das Neue der neuen gesellschaftlichen Gegebenheiten registrieren, die darauf reagieren und dies teilweise mit Sprach- und Denkfiguren antiker Herkunft tun. Das Konzept der Weltgesellschaft greift, wie Stichweh (2008a, 329) sagt, mithin »auf vielfältige Traditionen der Selbstbeschreibung der Gesellschaft zurück, in denen sich

---

1 Dank an Klaus Gilgenmann, Raf Vanderstraeten und Klaus Dey!
2 An dieser Stelle sei nur der kurze Eintrag ›Weltgesellschaft‹ zitiert, den Luhmann für das *Lexikon zur Soziologie* (1973) verfasst hat: »der Begriff W. bringt zum Ausdruck, daß das umfassendste System menschlichen Zusammenlebens (Gesellschaft) nur welteinheitlich gebildet werden kann, nachdem alle Menschen füreinander kommunikativ erreichbar sind und durch Folgen ihrer Handlungen betroffen werden. Die Konsequenzen dieses Tatbestands für den Gesellschaftsbegriff (z. B. Verzicht auf die Merkmale politische Konstitution, ethische oder wertmäßige Gemeinschaftlichkeit, Handlungsfähigkeit des Gesellschaftssystems) sind noch nicht durchdacht. Oft wird angenommen, daß das globale System deshalb nicht die Merkmale einer Gesellschaft erfülle, oder umgekehrt, daß die W. kein System sei.« Einen knappen, aber sehr instruktiven Überblick zur Werkgeschichte der Luhmannschen Weltgesellschaftstheorie (seit den frühen 1970er Jahren) findet man bei Stichweh (2001, 31ff.). Detailliert nachgezeichnet ist der Weg zur Weltgesellschaftstheorie seit der Nachkriegszeit bei Greve / Heintz 2005.

früh das Bewusstsein einer globalen, schließlich sogar weltweiten Reichweite
sozialer Beziehungen artikuliert.«
Man muss aber hinzusetzen: diese Semantiken und ihre Entwicklung sind
nicht einfach nur die Begleitmusik (oder auch: die Präludien) jener ›realen‹,
von Europa ausgehenden globalen Vergesellschaftung, die mit den Entdeckungsreisen und kolonialen Expansionen seit dem späten 15. Jahrhundert
in Gang gekommen ist. Ihnen kommt, wie Stichweh (2008a, 334) festhält,
»eine diagnostische (d. h. eine, die sich abzeichnende Entwicklungen sichtbar macht) wie auch eine konstruktive Funktion zu.« Und gerade die ›Welt
herstellende‹ Funktion ist essentieller Bestandteil des Konzepts der *Weltgesellschaft*. Nimmt man die Stichworte ›diagnostisch‹ und ›konstruktiv‹ auf,
so legt das in historischer Hinsicht die Frage nach Epochen oder Zeiträumen
nahe, die sich in Sachen ›Weltgesellschaft‹ in besonderer Weise semantisch
produktiv gezeigt haben und verstärkten Anlass zur Reflexion des Globalen verspürten. Stichwehs Anliegen ist es aber weniger, bestimmte Epochen
weltgesellschaftssemantisch zu privilegieren. Ihm ist es darum zu tun, verschiedene semantische Traditionslinien zu identifizieren, die das europäische
Denken seit der Antike (tendenziell) weltgesellschaftsbezogen durchziehen;
nicht zuletzt hat er dabei die verschiedenen Universalismen im Blick, die die
okzidentale Tradition schon vor der Neuzeit artikulierbar bereithielt und wie
sie mit dem römischen Recht, der römischen Kirche und ihrer Theologie oder
mit der mittelalterlichen Universität verbunden sind. Sieht man nun von den
angedeuteten Nachkriegsentwicklungen ab, so sind es im Wesentlichen fünf
große Traditionslinien, die Stichweh herausgestellt und wiederholt zur Sprache gebracht hat, dabei nachdrücklich betonend, dass die Zusammenhänge
einstweilen nur wenig erforscht sind.[3]
Ich will die wesentlichen Ideenreihen, die Stichweh weltgesellschaftsbezogen
im Sinn hat, an dieser Stelle nur stichwortartig nennen und zusammenstellen.
Sie heißen: (in Befassung mit Fremden und Barbaren) ›ius gentium‹, sodann
›genus humanum‹ und ›Einheit des Menschengeschlechts‹[4], ferner Kosmo-
politismus und Weltbürgerrecht, weiterhin Universalgeschichte (zumal die
Aufklärungshistoriographie), schließlich (zumal infolge weltweiten Handels)

3   Es darf zumal im Blick auf das 18. Jahrhundert und die Spätaufklärung aber auch hingewie-
    sen werden auf die Arbeiten von Rohbeck 2000 sowie vor allem auf Koch 2002.
4   Vgl. speziell dazu für das 18. Jahrhundert Bödeker 1982, 1087 ff. Was die Vorgeschichte davon
    angeht, so sei hier auf die Position der Indianermission des 16. Jahrhunderts aufmerksam
    gemacht, speziell auf das missionstheoretische Standardwerk *De procuranda indorum salute*
    des Jesuiten P. José de Acosta von 1582. Die Barbarentheorie, die hier auf die nichtchrist-
    liche Weltbevölkerung projiziert wurde, war eine ›zivilisatorische‹ Dreiklassentheorie, die
    u. a. Staatsbildung, religiöse Praxis und religiöse Anschauungen, Schriftkultur und Sess-
    haftigkeit in Rechnung stellte. Die Indianer Amerikas außerhalb der Hochkulturen des
    Andenraums und Mittelamerikas repräsentieren dabei die niedrigste Stufe: der Menschheit
    nur begrenzt zuzurechnen, darin aber doch Adressat missionarischer Kommunika-
    tion und tauffähig; vgl. sehr lehrreich Hausberger 2000, 18, 72 ff. Ich verweise auf de Acosta
    auch, weil ihn etwa die viel zitierte Studie von Urs Bitterli (1976) nicht zu kennen scheint,
    obwohl sie der Missionsthematik durchaus Aufmerksamkeit widmet.

»weltweite Interdependenz und Interrelation« (Stichweh 2004; 2008a, 329 ff.). Wichtig ist, dass hier teilweise auch die Bezugsprobleme benannt sind, auf die diese Traditionsbildungen reagieren und die sie streckenweise auch ›weiterbearbeiten‹. Die genannten Traditionslinien sind bei Stichweh je für sich identifiziert und nebeneinander gestellt. Es ist aber u. a. wohl sinnvoll anzunehmen, dass sie einander wechselseitig substituieren oder auch verstärken können, etwa in dem Abfolgesinne, wie ihn Johannes Rohbeck (2000, 180) für das 18. Jahrhundert formuliert: »Das frühe aufklärerische Postulat der Einheit und Gleichheit aller Menschen, das nur auf dem Wege der Abstraktion gewonnen werden konnte, wird in der späteren Aufklärung durch den historischen Nachweis weltweiter Kooperation abgelöst.«

Die weiteren Überlegungen knüpfen hier an. Ihnen ist es darum zu tun, einige der Linien und Ideenreihen, die Rudolf Stichweh herausgearbeitet hat, punktuell zu kräftigen, sie hier und da stärker zu zeichnen und ihnen Ergänzungen anzufügen. Die sehr zitierfreudigen Darlegungen halten sich allerdings bevorzugt an eine bestimmte historische Epoche. Sie haben ihren Schwerpunkt im 18. Jahrhundert, zumal aber in der Zeit vor und um 1800, und führen dann teilweise auch weiter hinein ins 19. Jahrhundert. Sie beziehen sich damit vorzugsweise, wie Manfred Koch (2002, 17) formuliert, auf die »erste Globalisierungsdiskussion, die im Zeitalter der Spätaufklärung geführt wurde«.[5] Diese Schwerpunktsetzung ist mit Stichwehs begriffsgeschichtlicher Darstellung der Weltgesellschaftssemantik durchaus vereinbar. Auch diese setzt ja stark auf das 18. Jahrhundert; nicht zuletzt stellt sie – auf der Linie des kosmopolitischen Ideenguts – Immanuel Kant als den »Theoretiker der ›Weltbürgergesellschaft‹« heraus (Stichweh 2004, 487 f.). Vor allem aber wird die Prominenz und Produktivität der Spätaufklärung durch die weltgesellschaftssemantische ›Denkpause‹ unterstrichen, von der Stichwehs Darstellung für die Zeit *nach* der Mitte des 19. Jahrhunderts ausgeht. Es scheint, als sei fürs Erste diagnostisch wie ›weltkonstruktiv‹ das Wesentliche gesagt und auf den Begriff gebracht. Ausdrücklich verweist Stichweh auf Goethes Begrifflichkeit der ›Weltliteratur‹ (seit 1827; dazu überaus reichhaltig Koch 2000; 2002; 2005), und die *letzte* bedeutsame Äußerung, die Stichweh herausstellt, sind die berühmten ›globalisierungstheoretischen‹ Formulierungen des ›Kommunistischen Manifests‹, die vom Weltmarkt, aber auch vom ›allseitigen Verkehr‹ der Nationen untereinander bis hin zur ›Weltliteratur‹ handeln (Marx / Engels 1999, 48). Dies alles, einschließlich der vielfachen Marxschen Rede vom ›Weltverkehr‹, bewegt sich noch ganz auf der Linie der Spätaufklärung.[6] »Signifikante Neu-

---

5 Die ›Spätaufklärung‹ wird hier als Epochenbegriff ohne nähere Prüfung aus der Literatur übernommen; dass zur Prüfung aber sehr wohl Anlass ist, hat Stichweh (2008b, 31 ff.) im Blick auf ›Frühaufklärung‹ und ›Aufklärung‹ deutlich gemacht.

6 Beim frühen Marx bezeichnet der Begriff des ›Verkehrs‹ die Kehrseite der Arbeitsteilung und der ›Weltverkehr‹ die Kehrseite der internationalen Arbeitsteilung; vgl. nur (allenthalben) in der *Deutschen Ideologie* Marx / Engels (1969, 50 ff., etwa 54): »Erst wenn der Verkehr zum Weltverkehr geworden ist und die große Industrie zur Basis hat, alle Nationen in den

entwicklungen in der Semantik und Theorie der Weltgesellschaft« erkennt Stichwehs Artikel danach erst wieder »in der Folge des zweiten Weltkriegs« (2004, 488).[7] Die ›Denkpause‹ ist aber nicht zuletzt deshalb bemerkenswert, weil sie den größeren Teil des ›langen‹ und verkehrstechnisch so expansiven 19. Jahrhunderts umschließt und darüber hinaus auch: den Zeitraum um 1900, der (bis hin zum ersten Weltkrieg reichend) heute vor allem von Wirtschaftshistorikern als ›erste Globalisierungsphase‹ lebhaft in Anspruch genommen wird (vgl. nur Torp 2004; 2005).[8] Diesbezüglich sprach man in Deutschland seinerzeit von der ›Weltwirtschaft‹ (etwa Petersson 2004, 49 ff.), überdies vom »Weltverkehr«, auch vom »Zeitalter des Weltverkehrs«, und das weit über das Ökonomische hinaus.[9]

Vom 18. Jahrhundert darf man sagen: in ihm ist in Europa registriert und nachhaltig reflektiert worden, dass die Menschheit irreversibel in ein neues Stadium ihrer Geschichte eingetreten war, in eines, in dem *erstmals* alle Menschen, alle (so verschiedenen, einander ›fremden‹ und zuvor vielfach berührungslosen) Völker in *einen* kollektiven Verflechtungszusammenhang geraten waren: alle voneinander, mit Luhmann gesprochen, »durch Folgen ihrer Handlungen betroffen«. Und mehr noch: Vergangenheit *und Zukunft* der so verstandenen Weltgesellschaft waren in dieser Zeit Gegenstand eines vielfältigen und intensiven öffentlichen Nachdenkens, dies in dem Bewusstsein, nun sei ›*alle* Welt‹ miteinander in Handel, Verkehr und Interdependenz gebracht. Der Kontext dieses Nachdenkens war bevorzugt ein *universalgeschichtlicher* (vgl. nur Rohbeck 2000). Mit der Universalgeschichte ist angespielt auf ein von

Konkurrenzkampf hereingezogen sind, ist die Dauer der gewonnenen Produktivkräfte gesichert.« Man findet den Bogen von der Geschichtsphilosophie der Spätaufklärung hin zum historischen Materialismus überzeugend geschlagen bei Kittsteiner 1980.

7   Dazu passt teilweise die Brücke, die Rohbeck (2000, 13) zwischen der Spätaufklärung und den Globalisierungsdebatten der Gegenwart bauen möchte: »So steht uns die Philosophie des 18. Jahrhunderts mit ihrer Idee der Universalgeschichte und mit ihrer Konzeption des Weltbürgertums heute näher als der Historismus des 19. Jahrhunderts«.

8   Die Denkpause schließt im Übrigen auch die soziologische Klassik um 1900 ein, die ihrerseits aber durchaus nicht globalisierungsblind war. Einen lehrreichen und hier interessierenden Blick auf Max Webers kosmopolitisch-familiengeschichtlichen Hintergrund (seit 1800) bietet Guenther Roth (2001). Im Übrigen fehlt es natürlich auch bei Weber nicht an eindrucksvollen Formulierungen etwa in Sachen ›Weltmarkt‹ und globale Verflechtung; vgl. nur die Darlegungen zur Börse als »Einrichtung des *modernen Großhandelsverkehrs*« (Weber 1924, 256 ff.).

9   Vgl. nur Wirth 1906 (im Rahmen der von Martin Buber edierten Reihe »Die Gesellschaft«); zum »Zeitalter des Weltverkehrs« aus der Sicht der christlichen Weltmission des 19. Jahrhunderts näher Tyrell 2004, 21 ff., 94 ff. Ferner zum »Jahrhundert des Weltverkehrs« mit Blick auf die Verkehrsmittel (»Telegraphie und Post, Eisenbahnen und Schiffahrt«) Geistbeck 1887; hier findet sich dann auch bezogen auf das ›Telegraphenwesen‹ die Rede von einem »wohlgeordneten Netz«. Das aber passt zu der Beobachtung von Osterhammel (2009, 1011), dass »in Netzen zu denken (...) überhaupt erst eine Anschauungsform des 19. Jahrhunderts« war. Hier könnte dann doch eine semantische Innovation der besagten ›Zwischenzeit‹ liegen. Eine Netzwerkbeschreibung der ›Weltwirtschaft‹, in der die »Fäden (...) den einzelnen Wirtschaftsbetrieb (...) mit Millionen anderer Wirtschaftsbetriebe« verbinden, findet man dann etwa bei Paul Arndt 1913 (zit. nach Petersson 2004, 50).

Theologie und Heilsgeschichte gelöstes aufklärerisches Intellektuellenunternehmen, das seit der Mitte des 18. Jahrhunderts in Frankreich und dann auch in Schottland einsetzte; verzögerte Resonanz fand es in Deutschland nicht zuletzt bei den Göttinger Aufklärern (Koch 2002, 48 ff.). Fortschrittsbefasst ging es darum, den Entwicklungsgang der Menschheit insgesamt zu studieren. Die ethnisch-kulturelle Diversität innerhalb des ›Menschengeschlechts‹, deren die »europäischen Seefahrer in fernen Meeren und an entlegenen Küsten« ansichtig geworden waren, las man ›menschheits*geschichtlich*‹, begriff sie als Ungleichzeitigkeit und ›Entwicklungsungleichheit‹: das heterogene Nebeneinander also zugleich als ein Nacheinander.[10] Ziel des universalgeschichtlichen Unternehmens war mit einer Formulierung Turgots »die Betrachtung der aufeinander folgenden Fortschritte der menschlichen Gattung« und zugleich die Aufklärung »der Ursachen, die dazu geführt haben«. Hält man sich an Johannes Rohbeck (2000) und sein Bemühen um eine »Rehabilitierung der Geschichtsphilosophie« (der Aufklärung), so sind es nicht utopische Perfektionsideen oder ›selbsttragender‹ Optimismus gewesen, die geschichtsphilosophisch den Ton angegeben haben. Vielmehr hat man es – bei allen moralischen Implikationen – mit einer im Wesentlichen empirisch orientierten Perspektive zu tun, was schon an dem engen Zusammenhang deutlich wird, in dem hier *Ökonomie* und Geschichte standen (2000, 36 ff., 64 ff.). Man braucht dafür nur an die »stages of society« zu denken, an die von den ökonomischen Subsistenzweisen her entworfenen Stufentheorien, wie man sie besonders prominent bei Adam Smith findet: mit der *commercial society* als höchster und abschließender Stufe (vgl. nur Osterhammel 1992, 314 ff.), wovon noch die Rede sein soll.

Was hier im Blick auf diese Universalgeschichte entscheidend ist: gesellschaftsbezogen interessierte im Kontext solcher Theoriebildung naturgemäß – je nach gesellschaftlicher Entwicklungsstufe – die Frage der *Größe* und sozialen Reichweiten. Solche Aufmerksamkeit musste dann aber erst recht dem in der eigenen Gegenwart seit über zwei Jahrhunderten sich vollziehenden Prozess des (von reichhaltiger Reiseliteraturproduktion begleiteten) weltweiten Ausgreifens Europas gelten. Dem späten 18. Jahrhundert, das diese Welterschließung zur See zu Ende brachte, trat das als fortschreitende weltweite

---

10 Den Horizont einer Universalgeschichte, die die eigene Kultur selbstreflexiv mit ins Spiel brachte, findet man eindrucksvoll umrissen und resümiert in Schillers Jenaer Antrittsrede »Was heißt und zu welchem Ende studiert man Universalgeschichte?« (1789). Vgl. Schiller 1999, insbes.17 ff.; dort heißt es: die Entdeckungen »zeigen uns Völkerschaften, die auf den mannichfaltigsten Stufen der Bildung um uns herum gelagert sind, wie Kinder verschiednen Alters um einen Erwachsenen herumstehen, und durch ihr Beispiel ihm in Erinnerung bringen, wie er selbst vormals gewesen, und wovon er ausgegangen ist. Eine weise Hand scheint uns diese rohen Völkerstämme bis auf den Zeitpunkt aufgespart zu haben, wo wir in unsrer eignen Kultur weit genug würden fortgeschritten sein, um von dieser Entdeckung eine nützliche Anwendung auf uns selbst zu machen, und den verlornen Anfang unsres Geschlechts aus diesem Spiegel wieder herzustellen.« Vgl. im Übrigen nur Bitterli 1976, 269 ff.; Koch 2002, 23 ff.

Verflechtung der Menschheit »im Medium von Welthandel, globalem Verkehr und wissenschaftlicher Erforschung« vor Augen (Rohbeck 2000, 11). Man kann aber in weltgesellschaftstheoretischer Sprache auch sagen: die Autoren der Spätaufklärung sind beobachtende und reflektierende Zeitgenossen der Genese der Weltgesellschaft, womit jene epochale und einmalige Transformation gemeint ist, die der menschheitsgeschichtlich voran liegenden *Vielheit* von mehr oder minder berührungsarm koexistierenden Gesellschaften ein Ende bereitet und irreversibel die *Einheit* der menschlichen Gesellschaft heraufführt; es gibt diese von da an nur noch im Singular und kaum noch (›unberührte‹) Gesellschaften ›außerhalb‹ dieser Gesellschaft. Und eben das bringen Autoren der Zeit unmittelbar und zugleich erwartungsvoll zur Sprache. Eine Mainzer Dissertation von 1783 sagt es emphatisch so: »Das Menschengeschlecht ist auf einen Punkt gekommen, wo durch bekannte Revolutionen die Mauern, die sonst Weltteil von Weltteil, Volk von Volk trennten, niedergerissen wurden, und die einzelnen Menschenabteilungen in ein großes Ganze ausgeflossen sind, das durch einen Geist belebet wird – so auch die Geschichte – die Welt ist ein Volk, so auch eine allgemeine Weltgeschichte – so muß sie auch auf die Welt nützlich und einfließend behandelt werden« (zitiert nach Koselleck 1975, 689). Man muss kaum sagen, dass das, bei aller Metaphorik, nah an das Weltgesellschaftsvokabular heranführt, und zu solchen Aussagen gesellte sich dann, wie schon angedeutet, gern der (›arbeitsteilig‹ gemeinte) *Interdependenz*befund: weltweit befinden sich nun die Völker wie die Individuen – alle zu allen – in einem nicht mehr auflösbaren Verhältnis der Abhängigkeit voneinander.[11]

Mit der Begrifflichkeit von Welt- und Universalgeschichte verbanden sich im späten 18. Jahrhundert darüber hinaus geschichtsphilosophische und -teleologische Reflexionen, die über jenen Punkt, auf den ›das Menschengeschlecht gekommen ist‹, progressiv weiter hinaus dachten und die in ›skeptischer Zuversicht‹ der *futurischen* Möglichkeit einer ›Weltgemeinschaft‹ des pazifizierten Austauschs und versittlichten Verkehrs unter den Völkern eine gewisse (nicht nur humane) Notwendigkeit zuerkennen wollten. In diese Notwendigkeit mischten sich allerdings, wie ich meine, noch zusätzliche moralische Motive. Sie entstammten dem Blick zurück auf die ersten Jahrhunderte der von Europa aus in Gang gesetzten interkontinentalen Zusammenführung der Menschheit und dem daraus resultierenden Weltverkehr. Was daran aufdringlich ins Auge fiel, war das weltweit begangene Unrecht seitens der weltexpansiven Europäer; Kant hat es ihre ›Inhospitalität‹ genannt. Auf der Weltgesellschaft, wie

11 Marx und Engels (1969, 60) sagen es eindrucksvoll so: »Die große Industrie universalisierte (...) die Konkurrenz (...), stellte die Kommunikationsmittel und den modernen Weltmarkt her, unterwarf sich den Handel (...). Sie erzeugte insoweit erst die Weltgeschichte, als sie jede zivilisierte Nation und jedes Individuum darin in der Befriedigung seiner Bedürfnisse von der ganzen Welt abhängig machte und die bisherige naturwüchsige Ausschließlichkeit einzelner Nationen vernichtete.«

sie dem Europa der Spätaufklärung in ihrer ›Herstellung‹ und Gegenwart vor Augen war, lag eine schwere moralische Last. Diese Last dürfte ihren Teil an den teleologisch auf die Zukunft gerichteten kosmopolitischen Welt- und Völkergemeinschaftsideen der Zeit haben. Es ist aber gerade dieses geschichtsphilosophisch erwartungsvolle (aber durchaus nicht ›überspannt‹-utopische) Ideengut, das Begriffsbildungen freigesetzt hat, die semantisch wiederholt in die nächste Nähe von ›Weltgesellschaft‹ führten.

Der Weltgesellschaftsbegriff selbst lag also im Kontext dieser Diskurse gewissermaßen in der Luft, und gelegentlich stößt man, wie ich zeigen möchte, sogar direkt auf ihn. Ich lege mithin Wert darauf, dass solche Begriffsbildung, auch wenn sie fürs erste folgenlos blieb, nicht zufälliger Natur war. Im Teil III dieses Beitrags soll das detaillierter dargelegt werden. Es sei schon hier hinzugesetzt, dass ich mich dabei auf drei Autoren des späten 18. Jahrhunderts beschränke: auf Adam Smith, auf Guillaume Thomas Raynal und Immanuel Kant.

Es gibt, wie mir scheint, im 18. Jahrhundert noch eine weitere semantische Linie, die besonders nah heranführt an das Weltgesellschaftsvokabular, und ich habe bereits mehrfach darauf angespielt. Sie führt den Titel des *Verkehrs* (engl. / frz.: *commerce*), und auch davon soll im Folgenden näher die Rede sein. Der Verkehrsbegriff steht im 18. und 19. Jahrhundert weitgehend für das, was heute (und gerade für die Weltgesellschaftstheorie) *Kommunikation* heißt.[12] Man kann auch sagen: wir haben es hier, bis hinein in den Sprachgebrauch der Soziologen des späten 19. Jahrhunderts, mit einem Kommunikationsbegriff *vor* der ›Kommunikation‹ (als dem heutigen soziologischen ›Grundbegriff‹) zu tun.[13] Vor allem: mit dem Verkehrsbegriff kann man – wie mit dem der Kommunikation (vgl. nur Stichweh 2008a, 335f.) – die Frage nach der Reichweite und den Grenzen der Gesellschaft beantworten; die Grenzen der Gesellschaft sind die Grenzen des Verkehrs, und damit ist dann durchaus mehr gemeint als der Transport- und Beförderungssinn, der den heutigen Begriffsgebrauch dominiert. Es kommt weltgesellschaftsbezogen hinzu: der Verkehrsbegriff ist begriffsgeschichtlich mit den *beiden* Komponenten des

---

12 Man stößt gelegentlich (und nah am ›Verkehr‹) aber auch auf ›Kommunikation‹, etwa in der besagten ›globalisierungstheoretischen‹ Passage des Kommunistischen Manifests: »Die Bourgeoisie reißt durch die rasche Verbesserung aller Produktionsinstrumente, durch die unendlich erleichterten Kommunikationen alle, auch die barbarischsten Nationen in die Zivilisation« (Marx/Engels 1999, 48).

13 Vgl. nur für Schäffle Loenhoff 1993; ›Verkehr‹ und ›Wechselwirkung‹ (der Simmelsche Grundbegriff!) sind einander schon bei Kant austauschbar nah; vgl. Simmel betreffend jetzt auch Tyrell 2011, 31ff. Naturgemäß ist auch bei Max Weber vom ›Verkehr‹ vielfältig die Rede; aber nur im Ethnizitätskontext (»soziale Verkehrsgemeinschaft«), in Bezug auf ›ständische Distinktion‹ (»›gesellschaftlicher‹ Verkehr«) und hinsichtlich der (technischen) ›Verkehrsmittel‹ (incl. »Güterverkehr«) gewinnt der Begriff annähernd terminologischen Rang; vgl. nur Weber 2001, 171f., 228ff., 260ff.; die Webersche Wirtschaftssoziologie kennt zudem den Terminus der ›Verkehrswirtschaft‹. Im Übrigen war aber es dann, wie Gábor Kiss (1989, 147ff.) zu Recht betont, der von Weber durchgesetzte *Handlungs*begriff, der ›Kommunikation‹ (und dem ›Verkehr‹) grundbegrifflich den Wege versperrte.

Kompositums ›Weltgesellschaft‹ seinerseits eine jeweils eigene und tragfähige Liaison eingegangen. Dafür steht gesellschaftsbezogen die *commercial society*, eine gesellschaftsbezogene Begriffsbildung von beträchtlichem Erfolg, die sich nicht zuletzt mit dem Namen von Adam Smith verbindet. Und was die ›Welt‹-Komponente angeht, so steht dafür der Terminus *Weltverkehr*, den man, wie bereits angedeutet, guten Gewissens den Globalisierungsbegriff des 19. Jahrhunderts nennen darf.

Der Teil II dieses Beitrags wird in diesem Sinne mit Verkehrsfragen befasst sein. Da ich mit diesen Fragen aber in mancherlei Hinsicht noch ›nicht im Reinen‹ bin und vieles der weiteren (und gründlicheren) Recherche bedarf, muss ich mich auf das Wenige beschränken, bei dem ich meine, halbwegs sicheren Boden unter den Füßen zu haben.[14] Die verkehrsbezogenen Darlegungen sind also bewusst knapp gehalten. Diesen Darlegungen stelle ich im Teil II zwei Anmerkungen voran, die mir, was »die Semantiken globaler Vergesellschaftung« angeht, aus religionssoziologischer Sicht von Bedeutung scheinen. Sie beziehen sich einerseits auf den *Welt*begriff als solchen, dem in der Zeit um 1800 sein bis dahin zwingend zugehöriger Gegenbegriff, der *Gottes*, abhanden kommt. Und zu dieser Dissoziation des christlichen Duals von »Gott und Welt« gesellt sich die tendenzielle Verabschiedung der in christlichen Augen ehedem ›sündigen‹ und ›weltlichen‹ *Welt*. Andererseits möchte ich auf den in den 1790er Jahren neu einsetzenden Schub christlicher ›Weltmission‹ aufmerksam machen, der in der letzten Zeit zunehmend auch das Interesse von globalisierungsbefassten Historikern findet.

Schließlich ist hier festzuhalten: bei den weiteren Darlegungen handelt es sich, wie schon angedeutet, durchaus (noch) nicht um die Mitteilung von systematisch zusammengetragenen semantikhistorischen Forschungsresultaten. Eher hat das Gesagte den Status von Vorschlägen und Richtungsangaben für weiteres und vertiefendes Recherchieren. Jedenfalls ist vieles von dem, was vorgezeigt wird, mehr Zufallsfund als das Ergebnis methodisch betriebenen Forschens. Dass dergleichen gleichwohl schon jetzt zu offerieren gewagt wird, ist vor allem durch die Hoffnung gerechtfertigt, dass es dem großen und sehnlich erwarteten weltgesellschaftlichen Buchvorhaben Rudolf Stichwehs hier und da nützlich sein könnte.

---

14 Zu den großen Unsicherheiten gehört auch die Frage, ob sich die Verkehrsbegrifflichkeit von ihrer interaktionsnah-soziablen Seite her in Verbindung bringen lässt mit der *Konversations*theorie der Gesellschaft, die Stichweh (2008, 331 f.) in letzter Zeit weltgesellschaftsbezogen stärker herausstellt; Herkunftsort dieser Theorie ist es der italienische Renaissancehumanismus, und Stichweh zieht von hier eine Linie, die bis an die aktuelle soziologische Netzwerktheorie (»Small Worlds«) heranführt.

II. *Welt* und *Verkehr*

1. Die *erste* von meinen beiden religionssoziologisch motivierten Anmerkungen bezieht sich auf die überaus vielschichtige *Welt*begrifflichkeit, und man darf sie in Anspruch nehmen für die noch immer lebhaft umkämpfte Säkularisierungsthese (Pollack 2009). Mir ist es, mit Rudolf Stichweh (2004, 486) sprechend, um »Umstellungen im Weltbegriff« zu tun, »die diesen aus der traditionellen Gegenüberstellung zum Begriff Gottes lösen und die Welt auf die menschliche Lebenssphäre einengen und damit im 18. und 19. Jahrhundert Komposita wie ›Welthandel‹, ›Weltliteratur‹ und ›Weltbürger‹ selbstverständlich werden lassen«.[15] Auch am Begriff der Weltgesellschaft ist das vorausgesetzt. Man muss sich aber klar machen: der Begriff der *Welt* war seit der christlichen Spätantike (Wyrwa 2006, 703 ff.) ohne das Mitdenken Gottes (oder des ›Jenseits‹ zum ›Diesseits‹) nicht zu denken; ›diese Welt‹ (lat. *hic mundus*) hat in Gott, der ihr präexistent ist, ihren Schöpfer, aber ebenso ihr Ziel; sie *ist* um seinetwillen (und: solange er will). Dem Deutschen ist im 18. Jahrhundert Gott, wie von Braun (1992, 487 f.) mit Wortwitz darlegt, in diesem Sinne noch als »Weltmeister« (Herr und Schöpfer) vertraut. Das Mitmeinen Gottes am Weltbegriff aber verblasst mit dem Ende des Jahrhunderts offenkundig mehr und mehr, und es tut dies erst recht an der wachsenden Zahl der aufs Globale gemünzten Welt-Wörter, die nun in den Sprachgebrauch drängen (Koch 2002, 44 ff.). Solches, wenn man so formulieren darf, ›Gelöschtwerden‹ der Assoziation des Jenseits am Diesseits deutet hin auf einen christlich-kirchlichen Kontrollverlust über die Hochsprache. Das zeigt sich nicht minder am semantischen Schicksal jener christlich-traditionsreichen Bedeutungsschicht des *Welt*begriffs, wie sie am Oppositionspaar ›*kirchlich* / weltlich‹ impliziert ist, und erst recht an jener ›Welt‹, die der Christ (und zumal der Mönch) im Sinne des *contemptus mundi* zu verachten oder zu fliehen gehalten ist (vgl. nur Hühn 2004). Solche Rede von ›der Welt‹ (und ›dieser Welt‹) zieht sich im 19. Jahrhundert in den innerkirchlichen Sprachgebrauch zurück, zumal in den der Frommen und ›Mucker‹. Und wie sehr sich die ›globale Welt‹, von Gott und Kirche (gegenbegrifflich) unbelastet, semantisch durchgesetzt hat, zeigt sich im 19. Jahrhundert noch in der kirchlich-theologischen Sprache selbst. Denn in dieser werden nun – wohlgemerkt bezogen auf Kirche und Christentum und ohne dass dabei die negierte ›sündige Welt‹ stört – Komposita wie ›Weltreligion‹ oder ›Weltkirche‹ möglich und mehr und mehr auch gebräuchlich.[16]

---

15 Zu den Welt-Komposita vgl. Braun 1992, 488 ff.; auch Koch 2002, 43 ff.
16 Die Kenntnis der Begriffsgeschichte der ›Weltreligion(en)‹ ist verbesserungsbedürftig; vgl. nur Lanczkowski 2004; dort aber u.a. der Hinweis auf *Die Fortbildung des Christenthums zur Weltreligion* von F. Ch. von Ammon (1833 ff.). Zuvor aber im katholisch-theologischen Kontext: von Drey 1827 (etwa 261: das Christentum als »eine Menschen- oder Weltreligion, keine Volks- oder Landesreligion«); auf Drey weist auch die reichhaltige Studie von Masuzawa 2005, 115 ff., hin. Für das 19. Jahrhundert (incl. der Missionsterminologie) vgl. weiterhin Tyrell 2004, 21 ff. Für die missionierende katholische »Weltkirche« und ihr Wachstum

Die *zweite* Anmerkung, die die Religion ins Spiel bringen will, bezieht sich einerseits auf das, wofür erinnerungsträchtig der Captain Cook steht[17] und was Hermann Lübbe (2005, 11 ff.) »die räumliche Schließung der Erde« nennt. Gerade hier stoßen wir auf etwas, das im späten 18. Jahrhundert ›weltkonstruktiv‹ weitgehend zum Abschluss kommt. ›Die Welt‹ ist nun als Erdball vor Augen, dessen bewohnbare Kontinente auf maritimem Wege zugänglich (gemacht) sind. Zudem die Kugelgestalt der für alle Erdbewohner *einen*, aber begrenzten Welt ist (dem Europäer) geographisch-kartographisch anschaulich (gemacht), und sie ist als solche darüber hinaus Gegenstand erheblicher Reflexion.[18] Der Anmerkung ist es andererseits um die *Träger* des im 18. Jahrhundert weltweit ausgreifenden *Commerzium* (vgl. Bödeker 1982, 1088 f.) zu tun. Was diese angeht, so sind die »Kandidaten«, auf die Stichweh (2004, 488) verweist, vor allem »Handel und Gewerbe, Bildung und Wissenschaft«. Es geht um die Zirkulation der Waren- und Geldströme ebenso wie um den ›geistigen Handelsverkehr‹ oder ›Ideenkommerz‹.[19]

Hier gilt es nun aber, auf noch einen dritten Kandidaten aufmerksam zu machen; es ist, mit der Säkularisierungsthese nicht gut zusammenpassend, ein *religiöser* Akteur, der sich seit den 1790er Jahren nachdrücklich mit in den ›aktiven Weltverkehr‹ einschaltete; die ›normale‹ Geschichtswissenschaft ist wenigstens in Deutschland erst in letzter Zeit und unter Globalisierungsvorzeichen auf ihn aufmerksam geworden.[20] Gemeint ist die christliche *Missionsbewegung*, aktiviert zunächst unmittelbar in London und auf der protestantischen Seite. In England trat diese dem ›Welthandel‹ – entsprechend einer Parole der Mitte des 19. Jahrhunderts – unter dem Titel von *Commerce and Christianity* an die Seite (vgl. Stanley 1983). Propagiert wurde damit, mit durchaus antikolonialem Akzent, eine britisch-zivilisatorische Sendung, die auf Freihandel und weltweite Mission zugleich setzte.

Die protestantische Missionsbewegung, die in 1790er Jahren in Gang gekommen war und der es die katholische Seite, deren Missionsaktivitäten temporär zum Erliegen gekommen waren, dann nachtat, verbreitete sich im protestantischen Europa sowie in den Vereinigten Staaten relativ zügig; innerhalb weniger Jahrzehnte führte das zur Gründung einer Vielzahl von (als Vereinen) privat organisierten Missionsgesellschaften. Ich bin darauf an anderer Stel-

auf allen Kontinenten etwa Huonder 1914, 142 ff.; für die katholische Problematik von »Kirche und Welt« in ihrer Vielschichtigkeit Rahner 1968; 1969.

17 Zu seiner »Reise um die Welt« (als ›ganze‹ Welt), angetreten »zu Erweiterung der Naturkenntnis«, in der Berichterstattung durch Johann Reinhold und Georg Forster, Vater und Sohn, vgl. nur Japp 1976.

18 Von Herder, bezogen auf dessen *Ideen zur Philosophie der Geschichte der Menschheit*, sagt Kant (1965, 28) in seiner Rezension: »In der Kugelgestalt der Erde findet er einen Gegenstand des Erstaunens über die Einheit, die sie bei allen erdenklichen Mannigfaltigkeit veranlasst.«

19 Näher Koch 2002, 56 ff., 59; er spricht von einer ›ersten Reflexion des Sachverhalts‹, »daß die aufsteigende commercial society eine kommerzielle *Wissensgesellschaft* sein wird.«

20 Vgl. nur Habermas 2008; ferner das Heft 2 »Mission und kulturelle Globalisierung« von Geschichte und Gesellschaft 36 (2010), 161 ff..

le breiter eingegangen (Tyrell 2004, insbes. 94 ff.) und möchte mich hier nur auf zwei Dinge beschränken. Hingewiesen sei einerseits auf William Carey, den Mann, den die Missionsgeschichtsschreibung einhellig an den Anfang der protestantischen Missionsbewegung des ›langen 19. Jahrhunderts‹ stellt. Für diesen Anfang steht vor allem seine Schrift *An Enqiry into the Obligation of Christians to use means for the Conversion of the Heathens* (1792), eine Schrift, die sich u. a. an einer aufwendigen, tabellarisch angelegten statistischen Beschreibung und Bestandsaufnahme der Weltbevölkerung in Hinsicht auf Religion und ›Zivilisation‹ versucht.[21] Carey, geographisch stark interessiert und informiert, muss unbedingt ein Kind des Zeitalters des ›ersten Globalisierungsdiskurses‹ und des (kommunikativen) Ins-Bewusstseins-Tretens der ›räumlichen Schließung der Erde‹ genannt werden. Denn die Entdeckungsreisen des Captain Cook und die ›kommunikative Erreichbarkeit‹, die diese im Hinblick auf die Heiden in den (von Europa her) neuen Weltregionen herstellten, waren das Ereignis, das Carey missionsbezogen inspiriert und ›bewegt‹ hat. Die gewaltige Vermehrung der Heiden und das von ihm, dem Frommen, tief und mitleidsvoll gefühlte ›Heidenelend‹ waren daran ebenso ausschlaggebend wie der Weg, den der Captain Cook in ihre Richtung gebahnt hatte. Es mag hier bei diesen Andeutungen bleiben.

Angesprochen sei andererseits die *providentialistische* Deutung, die sich mit der Erschließung und Schließung der Welt verbindet und mit der die (eine bestimmte) Religion sich *ihren* Reim auf die entstehende / entstandene Weltgesellschaft macht (Tyrell 2004, 99 ff.). Das gilt für William Carey, verstärkt sich aber noch erheblich bis in die Mitte des 19. Jahrhunderts hinein und tut es dann auch im Blick auf die durch die neuen technischen Verkehrsmittel forcierte Intensivierung des Weltverkehrs. Bei Rufus Anderson (1967, 61, 64), einem der Großen der protestantischen Missionsbewegung auf der nordamerikanischen Seite, hört sich das nach 1850 so an: »It was not until the present century that the way was actually opened, by God's providence, for Christians to reach and evangelize all nations.« Und weiter: »For the first time since the opening of the Christian dispensation, for the first time since the dispersion at Babel, God has made a large portion of the world to cease from the strange isolation of its several parts, and to become known and accessible to his people. With our railroads, our steamships, our telegraphic wires, our power presses, our commerce and commercial exchanges, our sciences and arts, our

---

21 Das dritte Kapitel enthält (der Überschrift gemäß) »a Survey of the Present State of the World«. Näher heißt es dort (Carey 1792, 64): »In this survey I shall consider the world as divided, according to its usual division into four parts, EUROPE, ASIA, AFRICA, and AMERICA, and take notice of the extent of several countries, their population, civilization, and religion. The article of religion I shall divide into Christian, Jewish, Mahometan, and Pagan; and shall now and then hint at the particular sect of them that prevails in the places which I shall describe.« Für solche religionsbezogenen Weltbeschreibungen (entsprechend den vier genannten religiösen Gruppen) gab es allerdings, wie bei Masuzawa (2005, 46 ff.) breit aufgewiesen ist, eine beträchtliche Vorgeschichte, die bis ins in frühe 17. Jahrhundert zurückreicht.

geographic and personal security; (...) – who can doubt, that the ›fullness of the time;‹ for blessing the earth with the gospel has come, and that this great work forms the grand mission and business of the churches and Christians of our day?« Die Antwort auf diesen Ruf und Auftrag war es nicht zuletzt, die Bekehrung aller Welt *organisatorisch* anzugehen.

2. Es muss nicht verwundern, dass für die ›Menschenwelt‹, die an sich selbst Gott nicht mehr mitdenkt, sich auch die Begrifflichkeit wandelt, die sie für die zwischenmenschlichen Verhältnisse zur Verfügung hat. Auch die *Sozial-semantik* verändert sich im Zuge des 18. Jahrhunderts, und dazu gehörte im Deutschen m. E. wesentlich das Vordringen und die Durchsetzung des *Verkehrs*begriffs (vgl. Köhnke 2001). Der Begriff tritt ein für das lateinische *commercium*, das seinerseits ursprünglich ein Begriff des römischen Rechts ist und sich auf das Recht zum Abschluss privater Rechtsgeschäfte bezog, wie es dem römischen Bürger zustand, aber verbündeten Städten verliehen werden konnte; in der Soziologie Max Webers (2001, 232 f.) ist auf diesen römischen Begriff Bezug genommen. Dem christlichen Alteuropa dann war der Begriff dreideutig, und er bezeichnete »den gläubigen Herzensaustausch mit Gott, die gesellige Verbindung unter Menschen und ihre Handelsbeziehungen« (Koch 2002, 61, Anm. 70). Der umgangsnah-kommunikative Austauschsinn gekoppelt mit dem Merkantilen tritt dann im 18. Jahrhundert am englisch-französischen *commerce* ganz in den Vordergrund. Diese spezifische Doppeldeutigkeit, die dem gesellig-interaktiven Austausch ebenso den Sinnzuschlag geben kann wie dem vom Eigennutz gesteuerten Tausch / Handel, hatte nun aber zur semantischen Folge, dass die eine Bedeutung auf die andere abfärbte. So avanciert der Handel in Frankreich zum (unten noch näher anzusprechenden) »doux commerce«, und die Kaufleute, die ja, menschenfreundlich, fremden Bedürfnissen zu ihrer Befriedigung verhelfen, werden zu Repräsentanten der Friedfertigkeit und Tugend, und solche Tugend steht im expliziten Wertgegensatz zu dem, was bei Herbert Spencer hundert Jahre später *militancy* heißen wird.[22] Auch im Englischen reicherte sich das Vokabular für Handelsgeschäfte an mit der Bedeutung und dem Anspruch des höflich-zivilisierten und verfeinerten (»polished«) menschlichen Umgangs.[23] »Le commerce«, so heißt es um 1770 (nach Marx / Engels 1969, 59), »fait la marotte du siècle.«

In Deutschland, wo seit der frühen Neuzeit die *Kommerzien* die Leitbegrifflichkeit des Ökonomischen darstellten und für ›Handel und Wandel‹ und das kaufmännische Geschäftsleben standen (Burkhardt 1992, 561 ff.), hat sich das Wort ›Verkehr‹ erst im 18. Jahrhundert durchgesetzt. Es tat es nah am ›Commercium‹ und in zweierlei »Hauptbedeutung (...), entweder i. S. von Handels-, Waren- und kaufmännischem Verkehr oder in der übertragenen Bedeutung

---

22 Spencer bewegt sich dabei deutlich im Gefolge der »liberal-commercial society« des späten 18. Jahrhunderts; vgl. nur Peel 1971, 192 ff. Bei ihm steht dann aber – (auch) als Wertkomplex – nicht mehr ›commercial‹, sondern *industrial* gegen ›militant‹.

23 Vgl. vor allem Ferguson 1976; freundschaftsbezogen Silver 1990; 1997.

als Umgang, Austausch und geselliger Verkehr« (Köhnke 2001, 703).[24] ›Der Verkehr‹ avancierte dann seit dem späten 18. Jahrhundert schlechthin zum Kommunikationsbegriff; er steht für alles, was Menschen mit Menschen in Berührung oder ›Wechselwirkung‹ bringt, so dass es beim jungen Marx gelegentlich etwa heißen kann: »Die Sprache entsteht aus den Notwendigkeiten des Verkehrs.« Man darf hier sogar von einer gewissen Abschwächung des ›kommerziellen‹ Sinns reden; will man explizit auf diesen hinaus, dann spricht man vom ›Handelsverkehr‹. Wesentlich ist ferner, dass der Begriff, was seinen *kommunikativen* Gehalt anging, nicht auf die gesellig-interaktive Bedeutung beschränkt geblieben ist, sondern von seiner ›kommerziellen‹ Seite her den Weg in Richtung ›Ideenkommerz‹, ›geistiger Handelsverkehr‹ usw. einschlagen konnte (vgl. nur Koch 2005, 56 ff.). Die ›zirkulierende‹ Kommunikation als gedruckte, publizierte und weitläufig verbreitete Mitteilung – über Neuigkeiten etwa oder Innovationen andernorts – wurde so zum selbstverständlichen Gehalt des Verkehrsvokabulars. Auf die Nationen Europas bezogen kann es in Christian Garves 1792 erschienener Schrift *Über die Moden* heißen: »wenn diese Nationen miteinander in beständigem Verkehr sind, und die eine in kurzem alles zu sehen und zu hören bekommt, was in der andern Aufmerksamkeit erweckendes produziert oder getan worden ist: dann ist mit dem schnellern Umlauf der Erfindungen auch die Türe zu Neuerungen bei allen geöffnet« (1987, 24 f.). Nicht minder bemerkenswert ist Kants Parallelisierung von Geld und Buch mittels der Verkehrsterminologie: das erstere ist ihm der »Begriff des größten und brauchbarsten aller Mittel des *Verkehrs* der Menschen mit Sachen, *Kauf* und *Verkauf* (Handel) genannt«; das zweite steht für den Begriff »des größten Verkehrs der Gedanken«. Auch hier ist der Verkehrsbegriff so generalisiert angesetzt, dass die Handelsbedeutung ihrerseits ebenso eine inhaltliche Spezifikation darstellt, wie es für ›den Verkehr‹ mittels einer ›Rede‹ gilt, »die jemand durch sichtbare Sprachzeichen an ein Publicum hält«.[25] Es versteht sich, dass bei alledem dem ›geselligen Verkehr‹ (oder ›Umgang‹: Riedel 1975b, 819 f.) kein Abbruch getan ist. Ferner beeindruckt die moralische Neutralisierung des Begriffs, derer der Begriff fähig ist; selbst der

24 Noch bei Werner Sombart (1902, 198) stößt man auf die unmittelbare Nähe von ›Commercium‹ und ›Verkehr‹; als Gegenbegriff wählt er ›Einsamkeit‹. In solcher müsste der Unternehmer (anders als etwa der Künstler) verkümmern, »weil er vom Commercium lebt. In diesem Angewiesensein auf die *unausgesetzte Verknüpfung von Menschen untereinander* liegt die spezifisch gesellschaftsbildende Kraft der kapitalistischen Unternehmung. Man kann sie daher auch als Verkehrsunternehmung, die von ihr beherrschte Wirtschaftsweise füglich als Verkehrswirtschaft bezeichnen« (Herv. H.T.).
25 Vgl. den § 31 der Rechtslehre in Kants *Metaphysik der Sitten*. Interessant ist, dass in Hegels *Rechtsphilosophie*, § 247, wo mit der ›bürgerlichen Gesellschaft‹ die ›Industrie‹ zum Zuge kommt, der Verkehrsbegriff mit dem des ›Handels‹ fast wieder zur Deckung kommt: »Wie für das Prinzip des Familienlebens die Erde, fester *Grund* und *Boden*, Bedingung ist, so ist für die Industrie das nach außen sie belebende Element das *Meer*. (...) So bringt sie ferner durch dies größte Medium der Verbindung entfernte Länder in die Beziehung des Verkehrs, eines den Vertrag einführenden rechtlichen Verhältnisses, in welchem Verkehr sich zugleich das größte Bildungsmittel, und der Handel seine welthistorische Bedeutung findet.«

Krieg ist ein Fall von ›politischem Verkehr‹. Der berühmte Satz von Clausewitz, korrekt wiedergegeben, lautet:»Der Krieg ist nichts als eine Fortsetzung
des politischen Verkehrs mit Einmischung anderer Mittel«. Es gilt,»dass der
Krieg nur ein Teil des politischen Verkehrs sei, also durchaus nichts Selbstän-
diges« (Clausewitz 1966, 888 f.).[26]
Anzufügen bleibt schließlich: ›der Verkehr‹ geht vielfältige Paarungen ein; es
kommt, wie ja bereits angedeutet, zur Bildung einer Reihe von Komposita. Ein
Teil dieser Verbindungen bezieht sich auf die Inhalte oder Sachbereiche des
im Verkehr Ausgetauschten oder Mitgeteilten. Das hier vor allem interessie-
rende Kompositum, der *Weltverkehr,* dagegen hat die möglichen Reichweiten
des Verkehrs im Sinn. Ich bin mir einstweilen nicht im Klaren darüber, wann
und wo diese Wortbildung erstmals auftaucht oder wer sie ins Gespräch gebracht hat. In jedem Fall aber stößt man bei Goethe darauf: im unmittelbaren
Zusammenhang mit den Äußerungen zur ›Weltliteratur‹ und mit gesuchter
Anlehnung ans Kommerzielle. Ein Beispiel hierfür mag genügen. Bezogen auf
die ›transnationalen‹ sprachlichen Vermittlungsleistungen des Übersetzers
heißt es 1827:»Und so ist jeder Übersetzer anzusehen, daß er sich als Vermitt-
ler dieses allgemein-geistigen Handels bemüht und den Wechseltausch zu
befördern sich zum Geschäft macht. Denn was man auch von der Unzuläng-
lichkeit des Übersetzens sagen mag, so ist und bleibt es doch eines der wichtigsten und würdigsten Geschäfte in dem allgemeinen Weltverkehr« (Goethe
1973, 353). Reichlichen Gebrauch vom ›Weltverkehr‹ findet man wenig später
beim jungen Marx gemacht, und im Weiteren ist das 19. Jahrhundert dann
des Weltverkehrs voll, popularisiert etwa in Gustav Freytags Roman *Soll und
Haben* (Werber 2005, 117 ff.). Der Blick richtet sich dabei seit der Jahrhundert-
mitte naturgemäß stark, als Erfindungen der Zeit, auf die neuen Verkehrs-
und Kommunikationsmittel[27], und damit bahnt sich dann wohl auch, was den
›Verkehr‹ angeht, die heutige Begriffsverengung auf das Verkehrstechnische
und den Transport (jenseits der Kommunikationsnetze) an. Friedrich Ratzel
zufolge zielt der »Verkehr« auf die »Überwindung des Raums« (nach Werber
2005, 120). Der kommunikative Sinn verliert sich damit zunehmend.

Damit zum *Gesellschafts*begriff! Der zweiten Hälfte des 18. Jahrhunderts hat es
auch an einem Begriff nicht gefehlt, der der als universalgeschichtlich neu be-
griffenen sozialen Situation des weltweiten Verkehrs Rechnung tragen konnte
und in der Tendenz global disponiert war. Blickt man auf die schottische Moral-

---

26 Die Bestimmungen des Eingangskapitels »Was ist der Krieg?« sind dagegen vorrangig in
   den Kategorien von ›Wechselwirkung‹, ›Handlung‹, ›physischer Gewalt‹, ›Zweck und Mittel‹ dargelegt (Clausewitz 1966, 89 ff.; immerhin politikbezogen: 108 ff.). Der Soziologe kann
   hier schwerlich umhin, an die Webersche Begriffsbildung zu denken.
27 Das gilt auch für die Weltverkehrsbeschreibungen auf Seiten der Missionsbewegung und
   die Begründung dafür, dass »unser Jahrhundert (...) zum Zeitalter eines *Weltverkehrs* geworden« ist; vgl. Warneck 1880, 22 f. Auch hier kommt dann, was (als Konsequenz davon) die
   Missionsaufgabe angeht, die »Leitung der göttlichen Vorsehung« ins Spiel.

philosophie, so stößt man hier nicht nur auf die ausgiebige Nutzung der Gesell-
schaftsbegrifflichkeit, sondern vor allem (mit Luhmann gesprochen) auf eine
Gesellschaft mit ›bestimmendem Prädikat‹. Diese Gesellschaft ist nun nicht
mehr die ›bürgerliche‹ als *politische* Gesellschaft in aristotelischer Tradition; vielmehr tritt an ihr das *Ökonomische* in den Vordergrund (Riedel 1975a, 748 ff.), und
sie heißt nun *commercial society* (oder mit Adam Ferguson: *civil society*).[28] Es mag
hier genügen, zur Illustration einen bekannten – auf gesteigerte Arbeitsteiligkeit
und Geldgebrauch gemünzten – Satz von Adam Smith (1976, I, 38) neuerlich
zuzuziehen: »Every man thus lives by exchanging, or becomes in some measure
a merchant, and the society itself grows to be what is properly a commercial
society.« Christian Garve, einer der ersten Übersetzer von *The Wealth of Nations*,
übersetzt dies mit »handelnde Gesellschaft« (Hilger 1982, 408, Anm. 38). Nun
ist das Wort ›commercial‹ aber, wie gesagt, (zumindest) doppeldeutig. Die Doppeldeutigkeit lässt sich mit David Hume, der ganz explizit »two different sorts
of commerce« auseinanderhält, auf den Gegensatz von »interested« und »des-
interested« bringen (vgl. Silver 1997, 49); gemeint ist damit: geschäftlicher vs.
freundschaftlicher Verkehr. Ich lasse dies hier aber ebenso beiseite wie die *Um-
gangs-* und Höflichkeitsseite des ›Kommerziellen‹; man kann auch sagen: die
Thematik der ›Zivilisierung‹ der Interaktion. Klar ist aber, wie insbesondere von
Adam Ferguson herausgestellt: die Entfaltung der *commercial society* korreliert
eng mit der Zivilisierung der Bräuche und Umgangsformen.[29]
Was an dieser Stelle nun aber zählt: die *commercial society*, wie sie Smith und
Ferguson verstehen, ist nicht vorrangig von ihrer Größe oder (mit Durkheim
gesprochen) von ihrem ›Volumen‹ her konzipiert. Zwar hat sie durchaus Grö-
ßenvoraussetzungen, aber die Frage nach den Außengrenzen und den kommerziellen Reichweiten ist dabei – anders als im Fall der ›Weltgesellschaft‹ –
nicht die bestimmende. Hält man sich an Smith' *Lectures on Jurisprudence*, so
ist die *commercial society* (bzw. das *age of commerce*) zunächst Teil einer Ge-
sellschaftstypologie und Stadientheorie, die darauf setzt, dass die Menschheit
insgesamt in ihrer Entwicklung »four distinct states« durchläuft.[30] Fragt man
dann danach, was das vierte Stadium vom vorangehenden *unterscheidet*, so
zählt zunächst gesellschafts*intern* Sozialstrukturelles: hohe Arbeitsteilung,
Dichte des Handelsaustauschs, Geldgebrauch, Marktpreise usw. Andererseits
aber ist der Gesichtspunkt des gesellschaftlichen Größenwachstums (»when
a society becomes more numerous«) doch einer, den Smith für seine Stadientheorie durchweg stark im Blick hat. Damit aber kommt die Reichweitenfra-
ge auch explizit ins Spiel, für das vierte Stadium etwa so: »This exchange of

---

28 Zu Pufendorf im Hintergrund der *commercial society* vgl. Hont 1983; vgl., was Adam Ferguson angeht, Ferguson 1986, 337 ff. sowie Medick 1986, 76 ff.
29 Vgl. auch Fergusons (1976, 369 f.) Darlegungen zur Etymologie des Ausdrucks *polished* (ver-
feinert); ferner für *politeness* bei Hume Osterhammel 1992, 309 ff.
30 Vgl. Smith 1978, 14: »the Age of Hunters«, »the Age of Shepherds«, »The Age of Agricul-
ture«, »the Age of Commerce«.

commodities extends in time not only betwixt the individualls of the same society but betwixt those of different nations« (Smith 1978, 17 f.). An diesem Satz ist nicht nur interessant, dass ›Gesellschaft‹ hier nicht im Sinne von ›Gesellschaftsformation‹ verwendet ist, sondern austauschbar mit ›Nation‹ und eine Mehrzahl davon voraussetzend. Der Satz legt es darüber hinaus nahe, weiter zu fragen: Passt unter das Dach der *commercial society* auch eine *Mehrzahl* wirtschaftlich eng miteinander verflochtener Nationen oder Gesellschaften? Kann man den Begriff dann gegebenenfalls ins Weltgesellschaftliche strecken? Ganz explizit, wenngleich im Sinne eines Schwellenproblems, sind Reichweitenfragen in dem bekannten Kapitel III des ersten Buches von *The Wealth of Nations* gestellt: »That the Division of Labour is limited by the Extent of the Market« (Smith 1976, I, 31 ff.). Hier zeigt sich: der *Markt*begriff jedenfalls hat keinerlei Problem, über das Innen / Außen verschiedener Nationen / Gesellschaften hinauszugreifen. Für die deutsche Neigung und Freude, ›Welt-Wörter‹ zu bilden, aber war im Weiteren der *Welt*markt (gerade von Adam Smith her) ein gefundenes Fressen.

Das 19. Jahrhundert kennt dann seit David Ricardo die ›internationale Arbeitsteilung‹. Diese war, im Buch über die Arbeitsteilung (1893), auch Émile Durkheim vor Augen, desgleichen der ihr zugehörige Weltmarkt. Allerdings verband sich die internationale Arbeitsteilung bei Durkheim, was ihre Folgen und ihre Funktion angeht, gerade nicht mit ›Solidarität‹ und ›Gesellschaft‹. Im Gegenteil: sie steht für einen ›nicht normalen‹, nämlich den *anomischen* Fall von Arbeitsteilung; ihr fehlt es an ›dynamischer Dichte‹, an der nötigen Kontaktintensität zwischen den spezialisierten Organen, und so bleibt sie moralisch-solidarisch folgenlos.[31]

III. »Die bedeutendsten Ereignisse in der Geschichte der Menschheit«

Rudolf Stichweh (2008a, 333 f.) schlägt in seinen weltgesellschaftstheoretischen Überlegungen vor, im Blick auf die Menschheitsgeschichte einen Unterschied zu machen zwischen einer Mehrzahl von ›Globalisierungen‹, wie

---

31 Vgl. Durkheim 1988, 438 f.: »In dem Maß aber, in dem sich der organisierte Typus entwickelt, zieht die Verschmelzung der verschiedenen Segmente untereinander auch die Verschmelzung der Märkte zu einem einzigen Markt nach sich, der fast die ganze Gesellschaft umfasst. Er dehnt sich sogar über diese hinaus und tendiert dazu universell zu werden; denn die Grenzen, die die Völker trennen, zerbrechen zugleich mit den Grenzen, die ihre jeweiligen Segmente voneinander getrennt hatten. Daraus folgt, dass jede Industrie für Verbraucher produziert, die über das ganze Land oder sogar über die ganze Welt verstreut sind. Zwischen ihnen besteht demnach kein genügender Kontakt mehr.« »Der Erzeuger kann den Markt nicht mehr überschauen, nicht einmal gedanklich umfassen. Er kann sich nicht einmal mehr dessen Grenzen vorstellen, da er sozusagen unbegrenzt ist.« Ich danke Herrn Krassimir Abdelhalig dafür, dass er mich auf diesen Passus aufmerksam gemacht hat.

ihn etwa die historischen und sich wiederholenden Fälle von Großreichbildungen darstellen, und jenem einen Sonderfall, »der dann auf die Weltgesellschaft der Gegenwart hingeführt hat«. Diesen Sonderfall bezeichnet er näher als »jene Ausweitung des europäisch-atlantischen Gesellschaftssystems, das spätestens seit dem Beginn der kolonialen Expansion im 15. Jahrhundert schrittweise die gesamte Welt in seinen Einflussbereich hineingezogen hat.« Eben diese Expansion ist Gegenstand der nun folgenden Überlegungen; sie ist es im Blick auf die darauf bezogene zurückblickende Geschichtsschreibung und Gedächtnisbildung im späten 18. Jahrhundert. Und sie ist es ebenso im Hinblick auf den seinerzeitigen weltgesellschaftlichen Erwartungshorizont. Im siebenten, den Kolonien gewidmeten Kapitel des vierten Buchs von Adam Smith' *The Wealth of Nations* findet sich die folgende menschheitsgeschichtliche Überlegung, die den Jahrhunderte übergreifenden Blick gleichermaßen zurück- wie vorauswirft (1976, II, 626 f.)[32]:

The discovery of America, and that of a passage to the East Indies by the Cape of Good Hope, are the two greatest and most important events recorded in the history of mankind. Their consequences have already been very great: but, in the short period of between two or three centuries which have elapsed since these discoveries were made, it is impossible that the whole extent of their consequences can have been seen. What benefits, or what misfortunes to mankind may hereafter result from those great events no human wisdom can foresee. By uniting, in some measure, the most distant parts of the world, by enabling them to relieve one another's wants, to increase one another's enjoyments, and to encourage one another's industry, their general tendency would seem to be beneficial. To the natives, however, both of the East and West Indies, all the commercial benefits which can have resulted from those events have been sunk and lost in the dreadful misfortunes which they have occasioned. These misfortunes, however, seem to have arisen rather from accident than from anything in the nature of those events themselves. At the particular time when these discoveries were made, the superiority of force happened to be so great on the side of the Europeans, that they were enabled to commit with impunity every sort of injustice in those remote countries. Hereafter, perhaps, the natives of those countries may grow stronger, or those of Europe may grow weaker, and the inhabitants of all the different quarters of the world may arrive equality of courage and force which, by inspiring mutual fear, can alone overawe the injustice of independent nations into some sort of respect of the rights of one another. But nothing seems more likely to establish this equality of force than that mutual communication of knowledge and of all sorts of improvements which an extensive commerce from all countries to all countries naturally, or rather necessary, carries along with it.

---

32 In der von W. B. Todd (als *textual editor*) betreuten Ausgabe findet man den hier in Gänze zitierten Abschnitt auch unter der Rubrik IV.vii.c.80.

Smiths menschheitsgeschichtliches Nach- und Vordenken ist in mehrfacher Hinsicht bemerkenswert. Ich weise nur auf drei Dinge hin. Zunächst darauf, dass der Möglichkeits- und Erwartungshorizont, den der dem späten 18. Jahrhundert angehörende Gedankengang eröffnet, den Bewohner der postkolonialen Zeit des frühen 21. Jahrhunderts ›nicht unberührt lässt‹ und ihm im Blick auf die globalen Machtverhältnisse seiner Gegenwart zu denken gibt. Sodann: unverkennbar ist dabei ein *geschichtsphilosophisches* Moment im Spiel, man kann auch sagen: ein Theodizeeproblem. Menschheitsweiter Fortschritt ist das Seinsollende (und Mögliche), nachdem die Menschheit im Gefolge der beiden ›Entdeckungen‹ (von Europa her) in das sie ›vereinende‹ Stadium des weltweiten Austauschs und der globalen Interdependenz irreversibel eingetreten ist. Dieser Anfang aber ist nach Art einer Ursünde durch die ›straflos begangenen‹ Verbrechen und Ungerechtigkeiten verdüstert, deren die machtüberlegenen Europäer sich in beiden Indien folgenschwer schuldig gemacht haben. Schließlich aber fällt die Unterscheidung auf, die Smith zwischen ›natürlichen‹ Prozessen und ›zufälligen‹ Umständen macht: zwischen der selbstläufigen Steigerung von Produktion und Prosperität, wie sie »rather necessary« der intensivierte Handel (»commerce«) nach sich zieht, hier und den störenden Ungleichgewichten die Machtverhältnisse und Abschreckungspotentiale betreffend dort. Der Markt kann die sozialen Voraussetzungen eben nicht selbst herbeiführen und garantieren, derer es bedarf, damit er seine transintentional-›progressiven‹ Wirkungen und kollektiven »benefits« zur Entfaltung bringen kann. Und trotzdem sind es der Markt und die Austauschverhältnisse (gerade auch die des Wissens und technischen Könnens), die letzten Endes darauf auch hoffen lassen, dass sich – auf die Jahrhunderte hin und menschheitsweit – jene pazifizierende »equality of force« einstellt, die im Verkehr der Völker untereinander ›menschengerecht‹ ist.[33]

Auf dieser Linie hat sich gedanklich auch Immanuel Kant bewegt (Kittsteiner 1997, 249), allerdings geschichtsphilosophisch definitiver und in der Negation stärker auf den Krieg (als solchen) fokussiert, den er »das größte Hindernis des Moralischen« nennt (Kant 1965, 165). Hier ist nicht zuletzt seine Friedensschrift zu nennen. Manfred Koch (2002, 63 ff., 74 ff.; auch Kittsteiner 1997) hat es eindringlich dargelegt. Was kann ›im Fortschreiten der Menschheitsgeschichte‹ wegführen vom Militarismus? Es ist (am ehesten) der »Handelsgeist«, der die Völker in wechselseitigem Eigennutz zusammenführt, der aber »mit dem Kriege nicht zusammen bestehen kann«. Der ›Völker verbindende‹ Handelsverkehr – konkurrenzdurchsetzt und Inbegriff von ›ungeselliger Geselligkeit‹ – ist es, von dem sich (auch) in Kants Augen jene »abgedrungene Weltgemeinschaft« weltgeschichtlich-umweghaft künftig »endlich doch« erwarten lässt, welche vom Krieg und der Vergewaltigung anderer Völker Ab-

---

33 Zur Problematik von Teleologie und transintentional-›natürlichen‹ Prozessen mit Blick auf Smith und Kant vgl. Kittsteiner 1980, 160 ff.; 1997, 246 ff.; auch Koch 2002, 68 ff.

stand genommen haben wird. Hier geht es um das, was ich »hoffen darf«. In diesem Kontext und auf ›formal-friedliche‹ Verhältnisse gebaut kommt bei Kant wiederholt ein *Gemeinschafts*begriff von weltweiter Reichweite zum Tragen.[34] Diesem prospektiv gemeinten Begriff kommt aber, wenn ich es richtig sehe, kein terminologischer Status zu und schon gar nicht einer auf der Linie der späteren Entgegensetzung von ›Gemeinschaft‹ und ›Gesellschaft‹.[35]

Es ist nun an dieser Stelle ganz unvermeidlich, auf Guillaume Thomas Raynal zu sprechen zu kommen, auf seine gemeinsam mit Diderot verfasste *Histoire philosophique et politique des établissement et du commerce des Européens dans les deux Indes*. Das mehrbändige, zuerst 1770 erschienene und 1781 (nach erheblich erweiterter Neuauflage) in Frankreich verbotene Werk war ein ganz ungewöhnlicher und europaweiter Bucherfolg, überdies bis in die 1780er Jahre hinein in alle großen europäischen Sprachen übersetzt. Zunächst soll es hier im Blick auf Adam Smith zur Sprache gebracht werden. Dieser nimmt in *The Wealth of Nations* wiederholt auf den Abbé Raynal Bezug und spricht von ihm etwa als »the eloquent and, sometimes, well-informed Author the Philosophical and Political History of the establishment of the Europeans in the two Indies« (Smith 1976, I, 226). Und was den zuvor zitierten Passus über die europäischen Entdeckungen und ihre universalgeschichtliche Bedeutung angeht, so macht der Herausgeber von Smith darauf aufmerksam, dass der erste Satz nahezu eine Direktübernahme aus der Einleitung von Raynals ›Geschichte beider Indien‹ ist (Smith 1976, II, 626, Anm. 73). In der seit 1782 erschienenen deutschen Übersetzung von Johann Martin Abele lautet er so: »Für das menschliche Geschlecht überhaupt und für die Völker von Europa insbesondre ist keine Begebenheit so wichtig gewesen als die Entdeckung der neuen Welt und der Fahrt nach Ostindien um das Vorgebirg der guten Hoffnung.«[36] Auch hier die Akzentuierung jenes menschheitsgeschichtlich folgenschweren *Ereig-*

---

34 Rechtsbezogen ist etwa von der »Vernunftidee einer *friedlichen*, wenngleich noch nicht freundschaftlichen, durchgängigen Gemeinschaft aller Völker auf Erden«, die Rede, »die untereinander in wirksame Verhältnisse kommen können« (Kant 1965, 216).

35 Folgt man Riedel (1975b, 824f.), dann gilt für Kant ein weitgehend synonymer Gebrauch der beiden Begriffe. Den Gemeinschaftsbegriff selbst aber nennt Kant in der *Kritik der reinen Vernunft* »in unserer Sprache zweideutig« und unterscheidet nach *communio* hier und *commercium* dort; dazu näher Tietz 2002, 64ff.

36 Ich beziehe mich auf die von Hans-Jürgen Lüsebrink besorgte (und ausgewählte) Ausgabe, die sich an die Übersetzung von Abele hält (vgl. Raynal/Diderot 1988, 9). Wie bei Smith verweisen auch beim Abbé Raynal die nachfolgenden Sätze auf ›weltweite Interdependenz und Interrelation‹: »Damals begann eine gänzliche Veränderung in dem Handel, in der Nationalmacht, in den Sitten, dem Gewerb und der Regierung aller Völker. Von diesem Augenblick an haben sich die Menschen aus den entferntesten Gegenden durch neue Verhältnisse und neue Bedürfnisse einander genähert; die Erzeugnisse der Himmelsgegenden unter dem Äquator werden unfern des Pols verbraucht; der Fleiß des Nordens wird nach Süden geschafft; die Zeuge des Orients sind die Pracht der Abendländer geworden, und überall haben die Menschen ihre wechselseitigen Meinungen, ihre Gesetze, ihre Gebräuche, ihre Arzneien, ihre Krankheiten, ihre Tugenden und Laster vertauscht.«

nisses (»événement«), selbst in Unternehmungen der Seefahrt und in ›Entdeckungen‹ bestehend.[37]
Vor allem aber: das Erfolgsbuch von Raynal und (anonym bleibend) Diderot war es, das den Europäern die Geschichte(n) jenes von Adam Smith angesprochenen »schrecklichen Unglücks« darlegte, das den Einwohnern der ›beiden Indien‹ infolge der Ankunft der Europäer widerfahren war; zugleich war es eine vehemente (vielbändige) Anklageschrift, die den kolonisierten ›Eingeborenen‹ selbst zuweilen (fiktional) das Wort gegen ihre europäischen Bedrücker erteilt. Man hat das Werk doppelt charakterisiert (Gollwitzer 1972, 269, 272): Einerseits stelle es den Fall einer »Universalgeschichte als Handelsgeschichte« dar. Nacheinander geht es für alle Kontinente (Asien, Südamerika, die Karibik, Afrika und Nordamerika) die Eroberungen, die »voyages, établissemens, guerres et commerce« durch und tut es, was die einzelnen europäischen Nationen angeht, jeweils für Portugiesen, Spanier, Holländer, Engländer, Franzosen u. a. Andererseits aber sei Raynals Werk »Kolonialgeschichte, geschrieben als Sündengeschichte der Europäer und Leidensgeschichte der Nichteuropäer«. Und vor allem das letztere zählte und verschaffte ihm seine außerordentliche Resonanz. Raynal und Diderot, so darf man sagen, machten die Rechtsverletzungen öffentlich und ›fühlbar‹, deren sich die Europäer in allen Teilen der Welt schuldig gemacht hatten, und taten es zumindest europaweit. Dass Kant zu den Lesern des Abbé Raynal gehörte, wird man unterstellen dürfen, und man kann schwerlich umhin, jenen berühmten Satz aus dem *Ewigen Frieden*, der auf dem Realitätsgehalt der »Idee des Weltbürgerrechts« insistiert, mit dieser Lektüre in Verbindung bringen. Diese Idee sei eben »keine phantastische und überspannte Vorstellungsart des Rechts«, und sie sei es deshalb nicht, weil »es nun mit der unter den Völkern der Erde einmal durchgängig überhand genommenen (engeren und weiteren) Gemeinschaft so weit gekommen ist, daß die Rechtsverletzung an *einem* Platz der Erde an *allen* anderen gefühlt wird« (Kant 1965, 122).
Nun liegt hier – angesichts solcher ›Gemeinschaft‹ (als moralisch empfindlicher ›Weltöffentlichkeit‹) oder auch angesichts der zuvor angesprochenen »commercial society« – der Begriff auch der Welt*gesellschaft* gewissermaßen in der Luft. Auch vom »uniting (...) the most distant parts of the world« war ja bei Smith (auf kommunikative und kommerzielle Erreichbarkeit hin) die Rede. Und in der Tat: in der ›Geschichte beider Indien‹ stößt man auf den Begriff und findet ihn in zweierlei Gestalt, nämlich als »la société universelle« *und* »société unique«.[38] Gerade die letztere Kennzeichnung ist, von Niklas

---

37 Zur Problematik der Begrifflichkeit von ›Entdeckung‹ und ›Entdeckungsreise‹ Bitterli 1976, 72 ff.
38 Ich bin zunächst in der Sekundärliteratur auf diese Begriffsbildungen gestoßen, nämlich bei Gollwitzer (1972, 274 f.), der sie selbstverständlich als »Weltgesellschaft« verdeutscht. Meine Recherchen in dieser Sache sind einstweilen leider nicht weit gediehen. So wäre etwa der entsprechende Wortgebrauch zu prüfen, der in den drei verschiedenen zeitgenössischen Übersetzung des Raynalschen Werkes ins Deutsche zum Zuge kommt.

Luhmann her gedacht, bemerkenswert. Sie charakterisiert die Weltgesellschaft nämlich unmittelbar und bis in den Titel hinein durch jene Aussage, die sich seit Luhmann mit der Weltgesellschaft der Moderne zuerst und besonders eng verbindet: nur noch *eine* Gesellschaft.[39]
Allerdings: diese *eine* Gesellschaft hat beim Abbé Raynal den Status eines optimistischen Erwartungsbegriffs, der sich von den Sünden der Europäer im Verkehr mit dem Rest der Welt nicht irritieren lässt. Es ist (auch hier) der zivilisierte, rein tauschorientierte (und von drohender physischer Gewalt und Beherrschungsinteressen freie) Handel, der eine solche Gesellschaft prospektiv möglich macht bzw. optimistisch denken lässt. Dabei handelt es sich einmal um eine Gesellschaft ›aller Menschen‹, ein anderes mal um die ›aller Nationen‹. Was aber qualifiziert den Handel (»le commerce«) für diese weltgesellschaftlich-geschichtliche Rolle? Es ist dies einerseits die wechselseitige Bedürfnisbefriedigung und Lebenserleichterung, die Handel und Austausch mit sich führen; hier kommen für den Abbé Raynal das Gemeininteresse und die reziproken Individualinteressen überein.[40] Auch impliziert der Tausch die wechselseitige Anerkennung der Tauschenden untereinander als freier und gleicher Eigentümer, und geht es um weltweiten Handel, so soll auch dies weltweit gelten. Andererseits aber ist der Handel, der hier gemeint ist, jener moralisch gut beleumundete im Sinne des »doux commerce«, an dem seine ›Ungeselligkeit‹ verborgen bleibt; es ist – anders als bei Smith und Kant – der kommunikationsbegleitete und friedfertige Austausch, den man im 18. Jahrhundert eine Zeit lang als den maßgeblichen Motor für die Zivilisierung der Sitten und die Verfeinerung von Umgang und Verkehr ansah.[41] So kann der Abbé Raynal (1843, 159) sagen: »Dans sa destination, le commerce veut que toutes les nations se regardent comme une société unique, dont tout les membres ont également droit de participer aux biens de tous les autres. Dans son objet & ses moyens, le commerce suppose le désir & la liberté concertée entre tout les peuples, de faire tous les échanges qui peuvent convenir à leur satisfactions mutuelle.«

---

39 »In der heutigen Zeit ist die Gesellschaft Weltgesellschaft. Es gibt nur noch ein einziges Gesellschaftssystem« (Luhmann 1975, 11).
40 Ich benutze Raynals Werk mit seinen zwanzig Büchern in der (um einen aktualisierenden Band erweiterten) elfbändigen Ausgabe, die 1843 in Paris erschien. Die einschlägigen ›weltgesellschaftlichen‹ Äußerungen finden sich u. a. in einem Abschnitt am Ende des fünften Buchs (und Asienteils), der die Frage der Weiterführung des europäischen Handels »avec les Indes« zum Thema hat (Raynal 1843, 154ff.). Dort heißt es etwa: »La société universelle existe pour l'intérêt commun & par l'intérêt réciproque de tous les hommes qui la composent.«
41 Vgl. dazu für den Abbé Raynal Gollwitzer 1972, 274f. (mit Verweis auf Groethuysen); für den »doux commerce« aber vor allem Hirschman 1980, 65ff. Der Reim, den sich Hirschman auf den »doux commerce« ist ›verkehrsbezogen‹ von großem Interesse: »Der Ursprung des Attributs *doux* liegt wahrscheinlich in der ›nichtkommerziellen‹ Bedeutung von *commerce*: außer dem Handel bezeichnete das Wort lange Zeit eine lebhafte, regelmäßige Konversation und andere Formen des höflichen gesellschaftlichen Verkehrs zwischen Personen« (70).

Vor diesem Hintergrund gilt es, noch einmal zurückzukommen auf Immanuel Kant, nämlich auf den »dritten Definitivartikel zum ewigen Frieden«. Dieser lautet bekanntlich: »Das *Weltbürgerrecht* soll auf Bedingungen der allgemeinen *Hospitalität* eingeschränkt sein.«[42] Das Schlüsselwort ist hier das der ›Hospitalität‹ (vgl. auch Bien 1974, 1212 ff.). Mit ihm verbindet sich bei Kant vor allem eine fremdenrechtliche Festlegung. Gemeint ist: was die Rechtsaustattung des ›Weltreisenden‹ in der Fremde angeht, so kommt diesem nicht der Anspruch auf ein Gastrecht zu, sondern nur der auf ein »*Besuchrecht*, welches allen Menschen zusteht, sich zur Gesellschaft« oder »zum *Verkehr* untereinander *anzubieten*«. Kant geht es hier um die gefahr- und gewaltlose Ermöglichung solchen Verkehrs, so sehr dieser auch rechtens verweigert werden kann. Die Hospitalität verweist damit auf »das Recht eines Fremdlings, seiner Ankunft auf dem Boden eines andern wegen, von diesem nicht feindselig behandelt zu werden« (Kant 1965, 120, 260). Geht es nun weltweit im Verkehr untereinander so zu und verdichtet sich dieser, dann darf prospektiv und langfristig auf weltbürgerliche Verhältnisse gehofft werden: Denn »auf diese Weise können entfernte Weltteile mit einander friedlich in Verhältnisse kommen, die zuletzt öffentlich gesetzlich werden, und so das menschliche Geschlecht endlich einer weltbürgerlichen Verfassung immer näher bringen können« (120).

An eben dieser Stelle aber wendet Kant, der Kenner der Geschichte beider Indien, den Blick zurück auf die Weltgeschichte der voranliegenden Jahrhunderte und wird des Gegenteils ansichtig, nämlich der schieren ›Ungeselligkeit‹ und ›Inhospitalität‹ auf der Seite der europäischen Ankömmlinge und Besucher. Im Blick auf das Hospitalitätsgebot sagt er: »Vergleicht man hiermit das *inhospitale* Betragen der gesitteten, vornehmlich Handel treibenden Staaten unseres Weltteils, so geht die Ungerechtigkeit, die sie in dem *Besuche* fremder Länder und Völker (welches ihnen mit dem *Erobern* derselben für einerlei gilt) beweisen, bis zum Erschrecken weit« (1965, 120 f.). Es folgt über zwei Seiten die Andeutung jener Rechtsverletzungen, die »Amerika, die Negerländer, die Gewürzinseln, das Kap etc.« seitens der eindringenden Europäer zu erleiden hatten. Kants Sache war es, diese ›unvergesslich‹ fühlbaren Rechtsverletzungen (neuerlich) beim Namen zu nennen und dagegen – kontrafaktisch und als Rechtsprinzip – die Idee einer friedlichen Weltgemeinschaft der Völker aufzurichten und der »kontinuierlichen Annäherung« an diese weltgeschichtlich das Wort zu reden (122).

Was die europäische Reflexion des Verhältnisses der Europäer zur übrigen Welt angeht, so dürfte es so sein, dass solche Reflexion sich schon fünfzig Jahre nach Kants *Zum ewigen Frieden* (1795/96) sowohl von den geschichtsphilosophisch-›weltgesellschaftlichen‹ Aspirationen wie auch von dem rückblickend-historischen Schuldbewusstsein weitgehend zurückgezo-

---

42 Vgl. Kant 1965, 120 ff.; dem Passus entspricht in Kants *Metaphysik der Sitten* der §62 zum »Weltbürgerrecht« (216 f.).

gen hat. Jedenfalls zeigt der ›Europa-Artikel‹, den Wilhelm Schulz (1846) zum *Staats-Lexikon* von Rotteck und Welcker beigesteuert hat, kaum noch Spuren davon. Herausgestellt wird stattdessen nicht ohne Selbststolz die weltweit aktive Sonderstellung der Europäer und verwiesen wird dafür auf Wissenschaft und technische Naturbeherrschung, auf die Industrie und den »regeren Unternehmungsgeist«. »Und wie diese höhere Industrie, so findet sich zumeist in den Händen der Europäer der eigentlich active Weltverkehr, der nicht blos, wie in Asien und Afrika, auf Karavanenhandel innerhalb zusammenhängender *Länder*strecken sich beschränkt, sondern für die fernsten Unternehmungen sich des Weltmeeres als Fahrstraße bedient, alle Erzeugnisse der Länder an ihrer Quelle aufsucht, auf die Bedürfnisse aller Nationen seine Berechnungen gründet und überall neue Bedürfnisse zu erwecken sucht, um sie befriedigen zu können« (Schulz 1946, 532). Das prospektiv ›welt*gemeinschaftliche*‹ Ideengut ist hier verklungen; in einem auch institutionellen Sinne ist es wohl erst nach dem zweiten Weltkrieg wieder zu stärkerer Geltung gekommen.

Literatur

Anderson, Rufus (1967): To Advance the Gospel: Selections from the Writings of Rufus Anderson, hrsgg. v. R. P. Beaver. Grand Rapids: Eerdmans.
Bien, B. (1974): Hospitalität. Sp. 1212-1216 in: Historisches Wörterbuch der Philosophie, Band 3. Darmstadt: Wissenschaftliche Buchgesellschaft.
Bitterli, Urs (1976): Die ›Wilden‹ und die ›Zivilisierten‹: Grundzüge einer Geistes- und Kulturgeschichte der europäisch-überseeischen Begegnung. München: C.H. Beck.
Bödeker, Hans Erich (1982): Menschheit, Humanität, Humanismus. S. 1063-1128 in: Geschichtliche Grundbegriffe, Band 3. Stuttgart: Klett-Cotta.
Braun, Hermann (1992): Welt. S. 433-510 in: Geschichtliche Grundbegriffe, Band 7. Stuttgart: Klett-Cotta.
Clausewitz, Carl von (1966): Vom Kriege. Hinterlassenes Werk. 17. Aufl., Bonn: Ferd. Dümmlers Verlag.
Drey, Johann Sebastian von (1827): Von der Landesreligion und der Weltreligion. Theologische Quartalschrift 9, 234-274, 391-435.
Durkheim, Émile (1988): Über soziale Arbeitsteilung. Studie über die Organisation höherer Gesellschaften. Frankfurt a. M.: Suhrkamp.
Ferguson, Adam (1986): Versuch über die Geschichte der bürgerlichen Gesellschaft. Frankfurt a. M.: Suhrkamp.
Garve, Christian (1987): Über die Moden (1792). Frankfurt a. M. Insel.
Goethe, Johann Wolfgang von (1973): Werke. Hamburger Ausgabe, Band XII. 7. Aufl., München: C. H. Beck.
Gollwitzer, Heinz (1972): Geschichte des weltpolitischen Denkens. Band I: Vom Zeitalter der Entdeckungen bis zum Beginn des Imperialismus. Göttingen: Vandenhoeck & Ruprecht.
Greve, Jens / Heintz, Bettina: Die »Entdeckung« der Weltgesellschaft: Entstehung und Grenzen der Weltgesellschaftstheorie. S. 89-119 in: Bettina Heintz / Richard Münch / Hartmann Tyrell (Hrsg.), Weltgesellschaft: Theoretische Zugänge und empirische Problemlagen. Sonderheft der *Zeitschrift für Soziologie*. Stuttgart: Lucius & Lucius.
Habermas, Rebekka (2008): Mission im 19. Jahrhundert. Globale Netzwerke des Religiösen. Historische Zeitschrift 287, 629-679.

Hausberger, Bernd, 2000: Für Gott und König: Die Mission der Jesuiten im kolonialen Mexiko. Wien/München: Verlag für Geschichte und Politik.

Hilger, Marie-Elisabeth (1982): Kapital, Kapitalist, Kapitalismus. S. 399-454 in: Geschichtliche Grundbegriffe, Band 3. Stuttgart: Klett-Cotta.

Hirschman, Albert O. (1980): Leidenschaften und Interessen: Politische Begründungen des Kapitalismus vor seinem Sieg. Frankfurt a. M.: Suhrkamp.

Hont, Istvan (1987): The Language of Sociability and Commerce: Samuel Pufendorf and the Theoretical Foundations of the ›Four-Stages Theory‹. S. 253-276 in: Anthony Pagden (Hrsg.), The Languages of Political Theory in Early Modern Europe. Cambridge: Cambridge University Press.

Hühn, H. (2004): Weltverachtung, Weltflucht. Sp. 521-527 in: Historisches Wörterbuch der Philosophie, Band 12. Darmstadt: Wissenschaftliche Buchgesellschaft.

Huonder, Anton, S. J. (1914): Die Mission auf der Kanzel und im Verein. Sammlung von Predigten, Vorträgen und Skizzen über die katholischen Missionen. Freiburg i. B.: Herdersche Verlagshandlung.

Japp, Uwe (1976): Aufgeklärtes Europa und natürliche Südsee. Georg Forsters ›Reise um die Welt‹. S. 10-56 in: Hans Joachim Piechotta (Hrsg.), Reise und Utopie. Zur Literatur der Spätaufklärung. Frankfurt a. M.: Suhrkamp.

Kant, Immanuel (1965): Politische Schriften, hrsgg. v. O. H. von der Gablentz. Köln/Opladen: Westdeutscher Verlag.

Kiss, Gábor (1989): Evolution soziologischer Grundbegriffe: Zum Wandel ihrer Semantik. Stuttgart: Enke.

Kittsteiner, Heinz-Dieter (1980): Naturabsicht und unsichtbare Hand: Zur Kritik des geschichtsphilosophischen Denkens. Frankfurt a. M.: Ullstein.

Kittsteiner, Heinz-Dieter (1997): Kants Schrift Zum ewigen Frieden in geschichtsphilosophischer Sicht. Internationale Zeitschrift für Philosophie 6, 234-257.

Koch, Manfred (2000): Deutsche Welterleuchtung oder globaler Ideenhandel: Der Topos von der Übersetzernation Deutschland in Goethes Konzept der ›Weltliteratur‹. Athenäum 10, 29-53.

Koch, Manfred (2002): Weimaraner Weltbewohner: Zur Genese von Goethes Begriff ›Weltliteratur‹. Tübingen: Max Niemeyer Verlag.

Koch, Manfred (2005): Goethes »Weltliteratur« – Ein ambivalenter Erwartungsbegriff. S. 51-67 in: Bettina Heintz/Richard Münch/Hartmann Tyrell (Hrsg.), Weltgesellschaft: Theoretische Zugänge und empirische Problemlagen. Sonderheft der Zeitschrift für Soziologie. Stuttgart: Lucius & Lucius.

Koselleck, Reinhart (1975): Geschichte, Historie. S. 593-717 in: Geschichtliche Grundbegriffe, Band 2. Stuttgart: Ernst Klett Verlag.

Lanczkowski, Günter (2004): Weltreligion(en). Sp. 510-512 in: Historisches Wörterbuch der Philosophie, Band 12. Darmstadt: Wissenschaftliche Buchgesellschaft.

Loenhoff, Jens (1993): Albert Schäffle über Symbol, Verkehr und Wechselwirkung: Ein vergessenes Kapitel Soziologie. Sociologia Internationalis 31, 197-219.

Lübbe, Hermann (2005): Die Zivilisationsökumene: Globalisierung kulturell, technisch und politisch. München: Wilhelm Fink Verlag.

Luhmann, Niklas (1971): Die Weltgesellschaft. Archiv für Rechts- und Sozialphilosophie 57, 1-35.

Luhmann, Niklas (1975): Interaktion, Organisation, Gesellschaft: Anwendungen der Systemtheorie. S. 9-20 in: Ders., Soziologische Aufklärung 2: Aufsätze zur Theorie der Gesellschaft. Opladen: Westdeutscher Verlag.

Marx Karl/Engels, Friedrich (1969): Werke, Band 3. Berlin: Dietz Verlag.

Marx, Karl/Engels, Friedrich (1999): Das Kommunistische Manifest. Eine moderne Edition. Hamburg/Berlin: Argument Verlag.

Masuzawa, Tomoko (2005): The Invention of World Religions: Or, How European Universalism was Preserved in the Language of Pluralism. Chicago/London: The University of Chicago Press.

Medick, Hans (1976): Einleitung. S. 7-91 in: Adam Ferguson, Versuch über die Geschichte der bürgerlichen Gesellschaft. Frankfurt a. M.: Suhrkamp.

Osterhammel, Jürgen (1992): Nation und Zivilisation in der britischen Historiographie von Hume bis Macaulay. Historische Zeitschrift 254, 281-340.

Osterhammel, Jürgen (2009): Die Verwandlung der Welt: Eine Geschichte des 19. Jahrhunderts. München: C.H. Beck.

Peel, J. D. Y. (1971): Herbert Spencer: The Evolution of a Sociologist. London: Heinemann.

Petersson, Niels P. (2004): Das Kaiserreich in Prozessen ökonomischer Globalisierung. S. 49-67 in: Sebastian Conrad/Jürgen Osterhammel (Hrsg.), Das Kaiserreich transnational: Deutschland in der Welt 1871-1914. Göttingen: Vandenhoeck & Ruprecht.

Pollack, Detlef (2009): Rückkehr des Religiösen? Studien zum religiösen Wandel in Deutschland und Europa II. Tübingen: Mohr Siebeck.

Rahner, Karl (1968): Kirche und Welt. Sp. 1336-1357 in: Sacramentum Mundi, Theologisches Lexikon für die Praxis, zweiter Band. Freiburg i. B. u.a.: Herder.

Rahner, Karl (1969): Weltkirche. Sp. 1338-1342 in: Sacramentum Mundi: Theologisches Lexikon für die Praxis, dritter Band. Freiburg i. B. u.a.: Herder.

Raynal, Guillaume (1843): Histoire Philosophique et Politique des établissements et du commerce des Européens dans les deux Indes. Nouvelle édition, Band 3. Paris: Librairie de J.P. Aillaud.

Raynal, Guillaume/Diderot, Denis (1988): Die Geschichte beider Indien. Nördlingen: Franz Greno.

Riedel, Manfred (1975a): Gesellschaft, bürgerliche. S. 719-800 in: Geschichtliche Grundbegriffe, Band 2. Stuttgart: Ernst Klett Verlag.

Riedel, Manfred (1975b): Gesellschaft, Gemeinschaft. S. 801-862 in: Geschichtliche Grundbegriffe, Band 2. Stuttgart: Ernst Klett Verlag.

Rohbeck, Johannes (2000): Technik – Kultur – Geschichte. Eine Rehabilitierung der Geschichtsphilosophie. Frankfurt a. M.: Suhrkamp.

Roth, Guenther (2001): Max Webers deutsch-englische Familiengeschichte 1800 – 1950: mit Briefen und Dokumenten. Tübingen 2001.

Schiller, Friedrich (1999): Universalhistorische Schriften, hrsgg. v. O. Dann. Frankfurt a. M./Leipzig: Insel.

Schulz, Wilhelm (1846): Europa. S. 527-542 in: Carl von Rotteck/Carl Welcker (Hrsg.), Das Staats-Lexikon. Enzyklopädie der sämmtlichen Staatswissenschaften für alle Stände, Vierter Band. Altona: Verlag von Johann Friedrich Hammerich.

Silver, Allan (1990): Friendship in Commercial Society: Eighteenth-Century Social Theory and Modern Sociology. American Sociological Review 95, 1474-1504;

Silver, Allan (1997): »Two Different Sorts of Commerce« – Friendship and Strangership in Civil Society. S. 43-74 in: Jeff Weintraub/Krishan Kumar (Hrsg.), Public and Private in Thought and Practice. Perspectives on a Grand Dichotomy. Chicago u. London: The University of Chicago Press.

Smith, Adam (1976): An Inquiry into the Nature and Causes of the Wealth of Nations. Zwei Bände. Oxford: Clarendon Press.

Sombart, Werner (1902): Der moderne Kapitalismus. Erster Band: Die Genesis des Kapitalismus. Leipzig: Duncker & Humblot.

Stanley, Brian (1983): ›Commerce and Christianity‹: Providence Theory, The Missionary Movement, and the Imperialism of Free Trade, 1842 – 1860. The Historical Journal 26, 71-94.

Stichweh, Rudolf (2000): Die Weltgesellschaft. Soziologische Analysen. Frankfurt a. M.: Suhrkamp.

Stichweh, Rudolf (2001): Die Gesellschaft der Gesellschaft – Strukturentscheidungen und Entwicklungsperspektiven. S. 24-35 in: Jenö Bango/András Karácsony (Hrsg.), Luhmanns Funktionssysteme in der Diskussion. Heidelberg: Carl-Auer-Systeme Verlag.

Stichweh, Rudolf (2004): Weltgesellschaft. Sp. 486-490 in: Historisches Wörterbuch der Philosophie, Band 12. Darmstadt: Wissenschaftliche Buchgesellschaft.

Stichweh, Rudolf (2008a): Das Konzept der Weltgesellschaft: Genese und Strukturbildung eines globalen Gesellschaftssystems. Rechtstheorie 39, 329-355.

Stichweh, Rudolf (2008b): Die Funktion der Universität für die deutsche Frühaufklärung, S. 31-43 in: Hans Erich Bödeker (Hrsg.), Strukturen der deutschen Frühaufklärung 1680 – 1720. Göttingen: Vandenhoeck & Ruprecht.

Tietz, Udo (2002): Die Grenzen des Wir: Eine Theorie der Gemeinschaft. Frankfurt a. M.: Suhrkamp.

Torp, Cornelius (2004): Weltwirtschaft vor dem Weltkrieg. Die erste Welle ökonomischer Globalisierung vor 1914. Historische Zeitschrift 279, 561-609.

Torp, Cornelius (2005): Die Herausforderung der Globalisierung: Wirtschaft und Politik in Deutschland 1860 – 1914. Göttingen: Vandenhoeck & Ruprecht.

Tyrell, Hartmann (2004): Weltgesellschaft, Weltmission und religiöse Organisationen – Einleitung. S. 13-134 in: Artur Bogner/Bernd Holtwick/Hartmann Tyrell (Hrsg.), Weltmission und religiöse Organisationen: Protestantische Missionsgesellschaften im 19. und 20. Jahrhundert. Würzburg: Ergon.

Tyrell, Hartmann (2011): Georg Simmels ›große‹ Soziologie (1908). Einleitende Bemerkungen. S. 9-69 in: Hartmann Tyrell/Otthein Rammstedt/Ingo Meyer (Hrsg.), Georg Simmels große ›Soziologie‹: Eine kritische Sichtung nach hundert Jahren. Bielefeld: transcript.

Warneck, Gustav (1880): Warum ist das 19. Jahrhundert ein Missionsjahrhundert? Halle: Julius Fricke.

Werber, Niels (2005): Medien des Krieges: Zur Semantik des Weltverkehrs. S. 105-126 in: Heinz-Peter Preußer (Hrsg.), Krieg in den Medien. Amsterdam/New York: Rodopi.

Weber, Max (1924): Gesammelte Aufsätze zur Soziologie und Sozialpolitk. Tübingen: Mohr.

Weber, Max (2001): Wirtschaft und Gesellschaft: Die Wirtschaft und die gesellschaftlichen Ordnungen und Mächte. Nachlaß. Teilband 1: Gemeinschaften, hrsgg. v. W. J. Mommsen. Max Weber Gesamtausgabe, Band I/22-1. Tübingen: Mohr.

Wobbe, Theresia (2000): Weltgesellschaft. Bielefeld: transcript.

Wyrwa, Dietmar (2006): Kosmos. Sp. 614-761 in: Reallexikon für Antike und Christentum, Band XXI. Stuttgart: Anton Hiersemann.

Prof. i. R. Dr. Hartmann Tyrell
Fakultät für Soziologie, Universität Bielefeld
Postfach 10 01 31, D-33501 Bielefeld
hartmann.tyrell@uni-bielefeld.de

Universität, Idee, Reform

Soziale Systeme 16 (2010), Heft 2, S. 341-355

Heinz-Elmar Tenorth

Lebensform und Lehrform – oder: die Reformbedürftigkeit der »Humboldtschen« Universität

I.

In seinen Analysen zur »Form der Universität« (1993) beantwortet Rudolf Stichweh die offene Frage nach den »Medien der Universitätserziehung« gegen den
üblichen Verweis auf die »*Interaktionsabhängigkeit des Erziehungsgeschehens*« mit
Nachdruck anders, nämlich über das »*Prüfungsgeschehen*'«, das er als »einen
›natürlichen‹ Kandidaten für ein Medium der Universitätserziehung« ansieht
(1993, 267; Herv. i. O.). Anders als das Interaktionsgeschehen, das allenfalls die
Professionalisierung der Hochschullehre[1] erkläre, sei die Prüfungsstruktur als
Medium interpretierbar, weil sie – wie er die Erwartung an Medien formuliert – die »Beziehungen zwischen Formalstruktur und Aktivitätsstruktur der
Universität« darstelle, die »Entscheidungen in einem Interaktionssystem mit
anderen Entscheidungen in anderen Interaktionssystemen verknüpft«, sichtbar
u. a. daran, dass mit einer Prüfung traditionell »das Ende eines Studiums oder
eines Studienabschnitts oder eines Studienjahres signalisiert« werde, und weil
sie »zugleich ein wesentliches Moment der Außendarstellung der Universität
war.« (267) Schließlich noch: »In einer dritten Hinsicht hatte dasselbe Prüfungsgeschehen zusätzlich auch noch den Sinn, den Prozessen universitärer
Erziehung in ihren durch Prüfungen dokumentierten Resultaten in der außer-
universitären Welt dauerhaft Geltung zu verschaffen.«
In einer Zeit, in der das Humboldtsche Modell der Universität als Gegenbild
gegen das scheinbar nur prüfungsfixierte »Bologna-System« intensiv als Kri-
tikinstanz beansprucht wird, klingt Stichwehs These zunächst erstaunlich;
hebt er doch als Medium der alten Universität hervor, was vermeintlich der
zentrale Makel der neuen Strukturen ist. Man mag geneigt sein, diese Analyse
den spezifischen Theorieoptionen zuzuschreiben, die sich mit der Form- / Me-
dium-Debatte innerhalb der Systemtheorie verbinden, der sich ja auch die
notorische, für die auf »Bildung« fixierten Humboldt-Freunde kränkende
Beschreibung der Universität als »Erziehungssystem« verdankt, während sie
doch nur signalisiert, dass Stichweh Fragen der »Hochschulerziehung« von
denen der Forschung strikt unterscheidet. Auch dann bleibt die Konzentration

---

1 Dazu schon früh Stichweh 1987.

auf Prüfungen – und sogar die Ausweitung auf »Scheine«[2] – natürlich eine
analytische Herausforderung. Das gilt vor allem dann, wenn im Kontext seiner
Überlegungen zum klassischen Dual und zentralen Topos aktueller Selbstbeschreibung der Universität, der »Einheit von Lehre und Forschung« (Stichweh 1994), nicht nur der »Erziehungs«-begriff wiederkehrt, sondern auch die
Schwierigkeit, die Praxis universitärer Lehre angemessen zu beschreiben,
jedenfalls jenseits von Prüfungen und Normierungen; denn die Vorlesung,
wie Stichweh in strikter Übereinstimmung mit Schleiermacher sagt, gehört
in den Kontext der Forschung, sei nicht Lehre, sondern »Selbstbildung«, nur
bildungs-, aber nicht erziehungstheoretisch interpretierbar.
Wie immer theorieimmanent zutreffend die von Stichweh gewählten Formen
der Beschreibung der universitären Lehre auch sein mögen, im Kontext der
scheinbar von Humboldt inspirierten Bologna-Kritik sind sie frappierend.
Aber sie verweisen, jenseits der Theoriereferenz und Klassiker-Exegese, auf
ein Problem, das die Humboldt-Rezeption wie die Konstruktion des »Mythos-
Humboldt«[3] systematisch ausgespart haben, nämlich eine Klärung dessen,
was hier, im Modell der »Forschungs«-Universität, als deren Prototyp man
die Berliner Universität interpretiert,[4] jenseits der programmatischen Texte,
die immer wieder zitiert werden, denn »Lehre« bedeutet, wie die »Veranstaltungsform der Universität« (Stichweh 1994, 236) zu bestimmen ist. Das
Humboldtsche Modell der Universität, das ist die These der folgenden Überlegungen, hat jenseits der Abgrenzung zur Schule in der für sie zentralen Deutung der inneruniversitären Form der Sozialisation als »Bildung durch Wissenschaft« zwar eine Lebensform, aber keine eigene Lehrverfassung definiert
und praktisch gefunden. Es ist deshalb kein Zufall, dass bei den Gründern der
Universität und in den zentralen Programmtexten der Begriff des »Studiums«
gewählt wird, um die eigene Praxis der Studierenden von der schulischen
Praxis des gymnasialen Lernens abzuheben; es ist auch kein Zufall, dass die
zentrale Lehrform – die Vorlesung – mit Erwartungen überlastet wird, die
zwar der bildungstheoretischen Programmatik der Gründer, aber nicht den
Alltagserfordernissen universitärer Ausbildung entsprachen und entsprechen
– die deshalb auch jenseits von Berufs- und Statusmerkmalen[5], anders als die
Forschungspraxis, nicht einfach zu professionalisieren war. Es ist nur der kon-
sequente Ausdruck dieser Situation, dass bald nach der Gründung der Berliner
Universität eine Debatte über die notwendigen Studienreformen einsetzt. Es

---

2 Er schlägt vor, »Scheine als Medium der Universitätserziehung zu analysieren«, also den – in
   der Perspektive der Kritiker – Kernindikator des Bildungsverfalls, wie er sich im ›Schein-
   studium‹ manifestiert, als zentrales Strukturbildungsmoment zu sehen, weil sie sachlich in
   Curricula und zeitlich und sozial im Aufbau von Studien-»Karrieren« funktionieren (vgl.
   Stichweh 1993, 268 f.).
3 Dafür schon früh Ash (1997) sowie jetzt die von Sylvia Paltschek angestoßene Debatte, vgl.
   u. a. Paletschek (2001, 103; 2002).
4 Exemplarisch bereits Turner 1980.
5 Auf diese Dimensionen der Professionalität, also jenseits aufgabenspezifischer Kompetenzen, reduziert m. E. Stichweh 1987 das Problem.

bezeichnet schließlich den Funktionsprimat der Forschung in der Humboldtschen Neugründung, dass sich diese Intentionen einer umfassenden Studienreform nahezu nie durchsetzen konnten, sondern entweder vollständig scheitern oder unter Forschungserwartungen diszipliniert und reduziert werden.
Diese Schwierigkeiten im historischen Prozess etwas näher zu zeigen, ist
die Absicht der folgenden Überlegungen, verbunden mit der systematischen
Frage, ob die Differenz von Form und Medium nicht auch auf der Ebene der
Interaktion, z. B. in der Differenz von Veranstaltungsform und den Studierenden als Medium wiederkehren müsste.

II.

Denkt man zunächst nur historiographisch, dann zeigt natürlich auch die Programmatik der Gründer der im ausgehenden 18. Jahrhundert neu konstitu-
ierten Universitäten von Jena über Göttingen nach Berlin, dass auch in For-
schungsuniversitäten mit Studierenden gerechnet wird, aber der Leitbegriff für
die Reflexion dieser Situation ist nicht Lehre, sondern »Studium«. Damit wird,
schon in der stilbildenden, ja klassischen Argumentation, wie sie Schelling in
seiner Jenenser Antrittsvorlesung »über die Methode des akademischen Studiums« (1802) erstmals vorträgt, eine Praxis ganz eigener Art vorgestellt. Es
hat sich eingebürgert, von hier aus das Programm der »Bildung durch Wissenschaft« zu erläutern, aber man sollte sehen, dass dieses Programm nicht nur in
einer, dann vielleicht sogar eindeutigen und unbestrittenen Form existiert.[6]
Bei Schelling bedeutet dieses Programm ein Plädoyer für den zeitlichen und
sachlichen Primat der Philosophie vor dem Studium der Einzelwissenschaften:
»Der besonderen Bildung zu einem einzelnen Fach muß also die Erkenntnis des
organischen Ganzen der Wissenschaft vorangehen«; denn nur so könne der
Grund einer »allseitigen und unendlichen Bildung« gelegt werden (1802, 21 f.).
Die Berliner Gründungstexte nehmen solche Überlegungen zwar auch auf, ja in
der Würdigung der Rolle der Philosophischen Fakultät scheinen sie bruchlos an
Schelling anzuschließen, wenn sie die Philosophische Fakultät, wie bei Schleiermacher, als die »eigentliche Universität« und »die Herrin der übrigen« bezeichnen (1808, 110, 113). Aber in der konkreten Diskussion der Funktion von Lehre
und der Ausbildungsaufgabe der Universität findet sich eine durchaus selbst-
ständige Fassung des Berliner Programms der »Bildung durch Wissenschaft«.
Es ist vor allem Schleiermacher, der die Ausbildungsfunktion der Universität als eigenständige Aufgabe sieht, und zwar in Referenz auf die Studierenden, und zwar generell, nach ihren Kompetenzen, und weil er nicht nur den
künftigen Gelehrten, sondern auch die akademischen Berufe im Blick hat. Im

---

6 In den folgenden Überlegungen nehme ich Argumente aus früheren Abhandlungen auf
   und führe sie weiter, vgl. Tenorth 2010; für den Kontext von systematischer Bedeutung sind
   auch die Analysen bei Langewiesche 2011.

Unterschied zur Akademie erwartet aber auch Humboldt (1809/1810, 263)
von der Universität nicht nur Forschung, sondern dass sie »immer in engere
Beziehung auf das praktische Leben und die Bedürfnisse des Staates (steht)«
und dass auch die Studierenden und die Lehrpraxis nicht nur von der »Wissenschaft an sich« (Humboldt) bestimmt seien. Für die große Mehrheit der
Studierenden gälte, so wieder Schleiermacher, die verständliche Erwartung
der Qualifizierung für Beruf, Stand und Amt. Schleiermacher rechnete auch
ganz realistisch damit, dass »viele zur Universität kommen, die eigentlich un-
tauglich sind für die Wissenschaft im höchsten Sinne« (1808, 100-103), ja sie
bilden wohl »den größeren Haufen«, primär und legitimer Weise an der »bürgerlichen Tätigkeit« interessiert; denn es gäbe ja auch unzweifelhaft einen Bedarf an »diesen Köpfen der zweiten Klasse« genauso wie an den wenigen, die
sich »der bloßen Wissenschaft« widmen, und das habe man keineswegs als
»Missbrauch oder als eine Verunreinigung rein wissenschaftlicher Anstalten
anzusehen«, wie Schleiermacher klarstellt.[7]
In der Bestimmung der Lehrfunktion der Universität wird diese zweiseitige
Aufgabe dann auch eindeutig anerkennt, z. B. in den Beratungen der Satzung
der Berliner Universität von 1816: Sie habe »die allgemeine und besondere
wissenschaftliche Bildung ... zu vollenden und sie [die Studierenden] zum
Eintritt in die verschiedenen Zweige des höheren Staats- und Kirchendienstes
tüchtig zu machen«, wie Lenz (1910, 436)[8] aus den einschlägigen Beratungen
der Satzung zitiert. Die Studierenden können deshalb einerseits als Ergebnis
der Studien von der Universität gegen pure Nützlichkeitserwartungen »das
Bewußtsein von der notwendigen Einheit alles Wissens, von den Gesetzen
und Bedingungen seines Entstehens, von der Form und dem Gepräge, wodurch eigentlich jede Wahrnehmung, jeder Gedanke als eigentliches Wissen
ist«, fordern und eine Einführung in die »Idee der Wissenschaft« (Schleiermacher 1808, 89) erwarten, andererseits Vorbereitung auf eine Tätigkeit in den
klassischen akademischen Berufen.
Bildung durch Wissenschaft hat für die Berliner Gründung deshalb auch einerseits – und nahe bei Schelling – die Aufgabe, dass »der wissenschaftliche
Geist als das höchste Prinzip« (1808, 95) zu gelten hat. Im Unterschied zu
Schelling und anderen, etwa Fichtes Überlegungen, könne dafür aber – wie
Schleiermacher für die Lehrpraxis gegen den Anspruch der Philosophie sagt –,
»die unmittelbare Einheit aller Erkenntnis ... nicht etwa für sich allein hin-
gestellt und aufgezeigt werden ... in bloßer Transzendentalphilosophie, ge-
spensterartig, wie leider manche versucht und Spuk und unheimliches Wesen
damit getrieben haben« (97). Er votiert damit gleichzeitig systematisch gegen
ein spekulatives Verständnis von Philosophie, »Fichtes Luftgestalten«, nennt
Lenz (1910, 129) das, und sieht deren Leistung nicht für sich, sondern in-

---

7 Für die darin antizipierte Möglichkeit der Verbindung von Eliten- und Massenbildung in
   der Universität Markschies 2009.
8 Lenz schreibt allerdings fälschlich »Kriegsdienst«.

nerhalb des Studien- und Forschungsprozesses selbst, also in einem kantianischen Sinne : »in ihrem lebendigen Einfluß auf alles Wissen, lässt sich die Philosophie, nur mit seinem Leibe, dem realen Wissen, zugleich lässt dieser Geist sich darstellen und auffassen« (Schleiermacher 1808, 97).[9] Die Konsequenz für die universitären Studien ist deshalb auch ein eindeutiges Plädoyer für Bildung durch die Teilhabe an der Arbeit der einzelnen Disziplinen: Es gelte, die »Idee der Wissenschaft (...) zu erwecken, ihr zur Herrschaft (...) zu verhelfen *auf demjenigen Gebiet der Erkenntnis, dem jeder sich besonders widmen will*, so dass es ihnen zur Natur werde, alles aus dem Gesichtspunkt der Wissenschaft zu betrachten, (...) und eben dadurch das Vermögen selbst zu forschen, zu erfinden und darzustellen, allmählich in sich heraus zu arbeiten, das ist das Geschäft der Universität.« (1808, 95; Herv. H.-E. T.)

Das Medium dieses »Geschäfts«, das der Bildung durch Wissenschaft also, so bringt Humboldt die Erwartungen zugespitzt auf den Punkt, ist nicht eine Lehrform, sondern eine Lebensform. Im Königsberger Schulplan sagt er bekanntlich lapidar: »Das Collegienhören selbst ist eigentlich nur zufällig«; was die Universität wirklich darstellen soll sei etwas anderes als der universitäre Vortrag: » ... das wesentlich Nothwendige ist, dass der junge Mann zwischen der Schule und dem Eintritt ins Leben eine Anzahl von Jahren ausschliessend dem wissenschaftlichen Nachdenken an einem Ort widme, der Viele, Lehrer und Lernende in sich vereinigt. Darum ist auch der Universitätslehrer nicht mehr Lehrer, der Studirende nicht mehr Lernender, sondern dieser forscht selbst, und der Professor leitet seine Forschung und unterstützt ihn darin.« (Humboldt 1809, 170)

Die Funktionsfähigkeit und Möglichkeit dieser Lebensform im Blick auf die »Forschung« und das »Studium« gerät dabei natürlich nicht aus dem Blick. Für Humboldt ist die Möglichkeit einer solchen universitären Praxis nicht nur programmatisch gefordert, sondern empirisch gesichert, nämlich in Annahmen über die Kompetenzen der Studierenden, die sie in die Universität mitbringen. Sie haben in der Schule die »Reife« erworben, an Forschungsprozessen teilzunehmen: »Der Schüler ist reif, wenn er so viel bei anderen gelernt hat, das er nun für sich selbst zu lernen im Stande ist.« Dabei hat Humboldt auch ganz eindeutige curriculare Erwartungen an die Schule. Von ihrem Unterricht, der »in linguistischen, historischen und mathematischen« geteilt sei, wird erwartet, dass der Lernende in »diesen dreien ... mit vorzüglicher Aufmerksamkeit verweilt« und dass die Schule »auch streng darauf sehen« muss, »dass der Kopf für alle drei zugleich gebildet werde.« Ob der Student daneben noch der »mündlichen Anleitung«, also schulförmiger Lehre, bedarf, »hängt allein vom Subject ab«, sei also ein individuelles Problem, nicht der Struktur der Universität und ihrer Lehrverfassung zurechenbar (Humboldt 1809, 171).

---

9 Und an späterer Stelle bekräftigt Schleiermacher angesichts der Aufgabe, den »wissenschaftlichen Geist« zu wecken, »dass hiezu die formelle Spekulation allein nicht hinreiche, sondern diese gleich verkörpert werden müsse in dem realen Wissen.« (1808, 101)

Aber spätestens hier, in den Erwartungen an die Schule, wird die Differenz
zu Schleiermacher unverkennbar. Das »Lernen des Lernens« nämlich, in
dem sich neben den materialen curricularen Erwartungen für Humboldt die
»Reife« formal darstellt, und die er bereits von der Schule erbracht sieht, ist für
Schleiermacher (1808) erst noch eine Aufgabe der Universität,[10] und insofern
hat sie auch Funktionen, die sie legitim als »höhere Schule« (103) erkennbar
werden lassen. Schleiermacher konstruiert den universitären Lehrgang deshalb auch deutlich in Stufen, die von den Leistungen der Schule ausgehen,
zwar für alle philosophische Arbeiten einschließen,[11] aber in der Beschäftigung mit der je eigenen Disziplin Zweck und Ziel haben. Die Lehrformen der
Universität sind entsprechend bei Schleiermacher kompetenzbezogen gestuft,
also im Blick auf den Studenten geordnet: Die Vorlesung, in sich zweigeteilt
und pädagogisch wie bildungstheoretisch zugleich konzipiert (s. u.), führt in
die Wissenschaft ein, die anderen »Arten und Stufen des Zusammenlebens«
von Lehrenden und Studierenden – »Konversatorien, Wiederholungs- und
[Stichweh würde sich bestätigt sehen, H.-E. T.] Prüfungsstunden ... bis zum
privaten Umgang des Lehrers mit seinen Zuhörern« (108) – kommen hinzu.
Die »Seminarien« endlich, »sind dasjenige Zusammensein der Lehrer und
Schüler, worin die letzteren schon als produzierend auftreten und die Lehrer nicht sowohl unmittelbar mitteilen als nur diese Produktion leiten, un-
terstützen und beurteilen.« (117) In diesem – gegenüber Humboldt – sehr
realistischen Bild von den Lehraufgaben und -formen der Universität fehlt
schließlich auch nicht der Blick auf den wahren Engpass der Lehre, nämlich
die Lehrenden: »Alles das setzt freilich voraus, dass die Lehrer der Universität
sind wie sie sein sollen.« (118) Eine Universität zu planen, »wenn auch die
Lehrer kaum mittelmäßig wären und nicht vom besten Willen« beseelt, das
wäre für Schleiermacher »ein töricht Ding« – und man muss zusätzlich noch
berücksichtigen, dass »die Gabe der Mitteilung, wie sie ein Universitätslehrer
haben muß,« nicht nur »ein zartes Talent« (119) ist, sondern auch nur alterab-
hängig verfügbar: »wer das fünfzigste Jahre zurückgelegt hat, (kann) einer
schnellen Abnahme desselben entgegen sehen« (122).

III.

Diesen Programmsätzen, denen man ja durchaus kritische Zitate gegen manche Bologna-Praxis entnehmen könnte, entspricht die Realität der Universität
seit 1810 auch nicht annähernd. Weder die Lebensform – also die »Gemeinschaft der Lehrenden und Lernenden« – entspricht dem Bild der Gründer,

---

10 »das daraus die Fähigkeit entsteht, sich in jedes Gebiet des Wissens hineinzuarbeiten«
   Schleiermacher (1808, 95)
11 Als Einführung »in die beiden großen Gebiete der Natur und der Geschichte« Schleiermacher (1808, 105).

noch hält die Lehrform in der Differenz der Veranstaltungstypen, was sich Schleiermacher erwartete, und auch die Prüfungen haben ihre eigene Wirklichkeit. Vielmehr kann man nicht übersehen, dass bereits die Lebensform, die im Blick der Beobachter »akademisch« heißt, nicht von den Wissenschaften bestimmt ist, sondern im Wesentlichen außeruniversitär und lange Zeit dominant von den studentischen Korporationen,[12] inneruniversitär aber nicht durch einen eigenen Stil geprägt wird. In der Universität regiert zugleich eine Form der Kommunikation, die primär nicht von Forschung und dann symmetrisch, sondern von Statusdifferenz geprägt ist; die Lehrformen erreichen auch nicht die Qualität, die die Gründer für alle Studierenden erwartet hatten, sondern machen sehr früh die Differenz von Ausbildung für Berufe und der Teilhabe an Forschung sichtbar, wenn sie nicht gänzlich als insuffizient gelten müssen, wie die Alltagspraxis der meisten Vorlesungen, jedenfalls gemessen an Schleiermachers Standards. Die Realität der Prüfungen wird auch nicht inneruniversitär definiert, sondern staatlich, und die inneruniversitären Prüfungen, zumal die Promotion, haben einen Status, der die Kritik ihrer wissenschaftlichen Qualität zum kontinuierlichen Thema ihrer Analyse macht.[13] Bis weit in das 20. Jahrhundert gibt es intern nur wenig Strukturbildung.

Betrachtet man, im Einzelnen, zunächst die Lebensform, dann wird man die Gründer dafür loben, dass sie trotz eines bekannten Feindbildes[14] für die Studierenden den Kontrollerwartungen nicht folgen, die z. B. bei Fichte regierten. Dabei kannten Humboldt wie Schleiermacher durchaus die Lebensform, wie sie als Ausgangslage für das alte Studentenleben als Thema und Problem aus dem 18. Jahrhundert präsent war. Hier wurden die statustypischen Lebensformen als die »Staatskranckheiten der Studenten« beschrieben und sie umfassen die Vorurteile und Erfahrungen gleichermaßen, die sich auch mit der studentischen Existenz nach 1800 verbinden: »Aber die meisten, weil sie aus dem Schul-Zwange in die Academische Freyheit jählings geraten, bedienen sich derselben, ihren Affecten nachzuhängen, und wenden wenigste Zeit aufs Studiren. Sie thun insgemein nichts, als dass sie spatzieren gehen, fahren, reuten, schmausen, Coffee- und Weinhäuser, Dorffschencken, und dergleichen, besuchen; bei welcher Lebensart es nicht anders seyn kann, als dass die Vernunft verdunckelt, und die Geilheit erreget werde; so vergessen sie denn alle Ehrbarkeit und ziehen sich durch Unkeuschheit solche Kranckheiten zu, von welchen sie nicht leicht völlig wiederum können curiret werden. … Manche studiren gar fleißig; aber verkehrt. Sie wollen Theologi, Juristen oder Medici

---

12 Auf die Geschichte des studentischen Verbindungswesens kann ich an dieser Stelle nicht eingehen, vgl. jetzt den Forschungsüberblick bei Stickler 2010.
13 Die Prüfungsthematik ist ausführlich erörtert in Schwinges 2007.
14 Fichte sah bekanntlich in seiner Berliner Antrittsvorlesung von 1810 in den Studierenden und ihrer eigenen Lebensform, d. h. auch bereits – und vor allen Ausschreitungen, die sonst kritisiert wurden – schon in deren Erwartung, für einen Beruf ausgebildet zu werden, »die einzig mögliche Störung der akademischen Freiheit« (Fichte 1812).

werden, und legen sich doch fast eintzig und allein auf das Fechten, Tantzen, Ballspielen ...« (Zedler 1744, Sp. 659)

Gegenüber solchen Bildern auf die Freiheit der Studierenden geachtet zu haben und allen Erziehungsambitionen zu widerstehen, das war eine durchaus mutige Tat. Aber dieser Mut betraf, das gehört dazu, das außeruniversitäre Leben der Studenten. Jenseits der Kontrollrechte der Universität gegenüber dem Lebenswandel der Studierenden, die natürlich fortbestehen,[15] war darin noch keine positive Konstruktion der universitären Lebensform enthalten.

Das gelingt auch nicht in der Konstruktion universitärer Lehrformen und der von ihnen intendierten Praxis. Seminar und Labor, die genuinen Arbeitsformen in den Geistes- oder Naturwissenschaften, verdanken z.B. an der Universität Berlin ihren Ursprung nicht den Lehrerwartungen an alle Studierenden-, sondern nur den Forschungserwartungen für wenige. Für die naturwissenschaftlichen Disziplinen ist das offenkundig, aber auch das Seminar ist erst vor dem Hintergrund des Forschungsimperativs richtig verstanden, nicht als Übertragung einer pädagogischen Form in die Universität;[16] denn erst dann versteht man die Zugangsregeln und die Struktur der Teilnehmer. Zum Philologischen Seminar zum Beispiel, seit 1812 von Boeckh in Berlin betrieben, war nur die Elite der Studierenden zugelassen, die sich der Forschung widmete, nicht etwa der alltägliche Brotstudent;[17] allenfalls mit der Gnade des Dozenten durften die Lehramtsstudierenden teilnehmen. Auch in der Satzung des Theologischen Seminars, ebenfalls seit 1812 in Berlin präsent, ist solche Erwartung – an den Primat der Forschung – und die Differenz der Teilnehmer ausdrücklich geregelt (und nebenbei auch die Leistungsfähigkeit der »gewöhnlichen Vorlesung« zur Sozialisation für Forschung sehr kritisch beurteilt): »1. Es soll in Verbindung mit der theologischen Facultät hiesiger Universität ein theologisches Seminarium bestehen, welches den Zweck hat, *ausgezeich-*

---

15 Im Allgemeinen Landrecht für die Preußischen Staaten von 1794 sind in den Artikeln über »Schulen und Universitäten« (2. Teil, XII. Titel) die einschlägigen Paragraphen über die Kontrolle der Studierenden sehr aufschlussreich, zeigen sie doch, dass man immer noch mit den alten »Staatskranckheiten« rechnet, vgl. den Abschnitt »Aufsicht über ihre Studien, und Lebensart.«, z.B. »§. 82. Bemerkt der Decanus an einem zu seiner Facultät gehörenden Studenten Unfleiß oder unordentliche Lebensart: so muß er davon dem academischen Senate Anzeige machen. §. 83. Dieser muß den Studirenden durch nachdrückliche Ermahnungen zu bessern suchen, und wenn dieselben fruchtlos sind, seinen Aeltern oder Vormündern, so wie denjenigen, von welchen sie Stipendia genießen, davon Nachricht geben. §. 84. Alle Studirende müssen den allgemeinen Polizeygesetzen des Landes und Orts sowohl, als den besondern die academische Zucht betreffenden Vorschriften und Anordnungen, die genaueste Folge leisten. §. 85. Besonders müssen Schlägereyen, Schwelgereyen, und andre zum öffentlichen Aergerniß, oder zur Stöhrung der gemeinen Ruhe und Sicherheit gereichende Excesse der Studenten, nachdrücklich geahndet werden.«

16 Das legt ein Hinweis bei Stichweh nahe, der zwar zu Recht die Herkunft aus der Lehrerbildung sieht, aber die adressatenbezogene Umstellung auf Forschungserwartungen gering achtet (vgl. Stichweh 1994, 238).

17 In der Satzung des Philologischen Seminars sagt »§. 2. Zur Aufnahme in dieses Institut sind daher in der Regel nur diejenigen qualificirt, die sich vorzugsweise der Philologie widmen, nicht solche, die künftig von der Ausübung einer andern Facultätswissenschaft ihr Fortkommen erwarten.«

nete Theologie Studierende zu eigenen gelehrten Arbeiten und Forschungen im Gebiet des theologischen Studiums anzuleiten, und darin zu üben, um sie dadurch *mehr als es durch die gewöhnlichen Vorlesungen* allein geschehen kann, in den Stand zu setzen, ihre wissenschaftliche Bildung in dem gewählten Fache weiter zu fördern.« Und weiter: »2. Da dies Institut vorzüglich auf Fortpflanzung theologischer Gelehrsamkeit berechnet ist: so gehen die Beschäftigungen desselben in der Regel nicht auf die eigentliche christliche Glaubens- und Sittenlehre ... mehr auf speculatives Talent«.[18] Es dient also der Forschung, sichtbar vor allem auch daran, dass die Bekenntnisbindung der Ausbildung – »die eigentliche Christen – und Sittenlehre« – wegen der Orientierung an der Methodenkompetenz keine Rolle spielen sollte.

Auch die programmatisch intendierte Praxis der Vorlesungen entsprach nicht den Erwartungen, die Schleiermacher formuliert hatte. Für ihn hatten die Vorlesungen eine zweifache Aufgabe, pädagogisch und insofern »lehrend« sowie für den Forschungsaspekt, und insofern »bildend«, und schon deswegen eine herausgehobene Stellung: »Wie nun die ganze Universität ein solches wissenschaftliches Zusammenleben ist, so sind die Vorlesungen insbesondere das Heiligtum derselben.« (Schleiermacher 1808, 106) Im Detail bedeutet das für Schleiermacher: »Zwei Elemente sind ... unentbehrlich ... Das eine möchte ich das populäre nennen: die Darlegung des mutmaßlichen Zustandes, in dem sich die Zuhörer befinden, die Kunst sie auf das Dürftige in demselben hinzuweisen und auf den letzten Grund alles Nichtigen im Nichtwissen. Dies ist die wahre dialektische Kunst« – hier erkennt man den Pädagogen Schleiermacher, daneben steht der Bildungstheoretiker, der weiß, dass Bildung allenfalls die »Anregung zur Selbsttätigkeit«[19] als Interventionsform erlaubt: »... Das andere möchte ich das produktive nennen: Der Lehrer muß alles, was er sagt, vor den Zuhörern entstehen lasen; er muß nicht erzählen, was er weiß, sondern sein eignes Erkennen, die Tat selbst, reproduzieren, damit sie ... die Tätigkeit der Vernunft im Hervorbringen der Erkenntnis unmittelbar anschauen und anschauend nachbilden.« (Schleiermacher 1808, 106 f.) Das ist offenbar eine Praxis, die ihre Wirkungskraft in der Kausalität der unmittelbaren Anschauung sucht und zu finden glaubt, ästhetisch also;[20] und es ist im Übrigen eine den Lehrenden selbst bildende Praxis, denn er »wird lehrend immer lernen ... um das Bewußtsein seines Zusammenseins mit den Neulingen immer lebendig zu erhalten, daß er nicht etwa nur für sich, sondern wirklich für sie rede

---

18 Ein neuer Abdruck der Satzungen jetzt in Virmond 2011, 791-795 (Herv. H.-E. T.).
19 Diese klassische Bestimmung wird bewusst paradoxierend als »Aufforderung zur Selbsttätigkeit« aktuell neu belebt bei Benner 1987, 63 ff.; Benner zeigt damit – über die Praxis der Bildung – zugleich, wie Stichwehs Problem zu lösen ist, wie »wissenschaftliches Wissen kommuniziert« werden kann, beziehe es sich doch auf die »Interaktion zweier kognitiver [d. h. freier, H.-E. T.] Systeme« (Stichweh 1994, 232).
20 Auch das ist eine These, die in der zeitgenössischen, bildungstheoretisch argumentierenden Pädagogik um 1800 vorgebildet war, vgl. Johann Friedrich Herbart (1802), u. a. mit der These, dass die »ästhetische Notwendigkeit« bereits und nur »beim vollendeten Vorstellen ihres Gegenstandes (entsteht)«.

und seine Ideen und Kombinationen ihnen wirklich zum Verständnis bringe
... damit nicht etwa nur dunkle Ahndungen von der Herrlichkeit des Wissens
in ihnen entstehen statt des Wissens selbst« (1808, 194)

IV.

Es ist dann allerdings die Realität dieser Lehrform, die Studienreform zum
Standardthema der Universitätsgeschichte seit dem frühen 19. Jahrhundert
macht. Denn anders als Schleiermacher, der offenbar fähig war seinen eigenen Erwartungen zu entsprechen,[21] verkörperte die Vorlesung ansonsten das
Elend der Universität und ihrer dominierenden Veranstaltungsform. Die skeptischen Bemerkungen über Hegels Lehrkunst sind bekannt,[22] auch die Effekte
seiner Lehre, die offenbar nicht der Bildung und Emanzipation des Studierenden dienten, sondern seiner kritiklosen Bindung an den Lehrenden.[23] Die
Kritik der Vorlesung trifft aber nicht Hegel allein, sondern die Lehrform insgesamt: »Ablesen, Dictiren, lahmer, matter, geistloser Vortrag von der einen –
Nachschreiben, Krumm- und Lahmsitzen auf der anderen Seite, tödtliche
Langeweile – gelehrter Kram, deutsche, d. h. unpraktische Gründlichkeit,
historischer Wust – was Wunder, daß der Jüngling bei dem ewigen Einerlei
ermüdet, stumpf und dumm wird, dann faulenzt, anfängt zu schwänzen, sein
heißes Blut an anderen Orten abkühlt und seine Kraft in andern Richtungen
übt.« (Diesterweg 1836)
In Preußen kritisiert der Kultusminister Eichhorn die Hochschullehre und
fordert eine Erweiterung der Vorlesung um »repetitorisch-konversatorische
Uebungen«. Eichhorn will so im April 1844 die »doppelte Bestimmung« der
Universität sichern: also »die / Wissenschaften selbst zu fördern, und junge
Männer ... besonders zum Staats- und Kirchendienste vorzubereiten.« Eichhorn sieht auch, wie Schleiermacher, die Probleme der Lehrform in der Igno-
ranz gegenüber der Differenz der Adressaten. Vorlesungen seien »nützlich«
für »die talentvolleren und wissenschaftlich begeisterten unter den Studirenden (und ihre) freie, wissenschaftl. Selbstthätigkeit«; »die größere Zahl
versinkt unter bloßem Hören und Nachschreiben des Gehörten nur leicht in

---

21 Das belegen begeisterte Zeugnisse seiner Studierenden.
22 »Abgespannt und grämlich sitzt er auf seinem Lehrstuhl, mit niedergebücktem Kopf; in
   sich zusammengefallen. Immerfort sprechend blättert und sucht er in den langen Folioheft-
   ten vorwärts und rückwärts, unten und oben; das stete Räuspern und Husten stört allen
   Fluß der Rede; jeder Satz steht vereinzelt da und kömmt mit Anstrengung zerstückt und
   durcheinandergeworfen heraus.« (so Hegels Schüler Hotho); »er war einer der schlechtesten
   Lehrer, die es je gegeben hat.« (so Diesterweg, ein Verehrer der Schleiermacherschen Vor-
   lesungskunst).
23 Dafür stehen die Urteile seiner prominenten lehrenden Zeitgenossen,: einen »Kopfverder-
   ber« nannte ihn Schopenhauer, kritisch gegenüber den Wirkungen seiner Lehrmethode
   war Schleiermacher: »Wer sich einmal in sein System verstrickt hatte, konnte sich kaum von
   seinen Fesseln lösen« (Schleiermacher)

eine Passivität, die, indem sie es zu keiner förderlichen wissenschaftl. Thätigkeit kommen läßt, zugleich als eine Quelle sittlicher Verirrungen betrachtet werden muß.«[24] Die fehlende Lehrform wird für ihn also auch zur Ursache für die Verderbnis der Lebensform. Eichhorn überlässt aber die Umsetzung der erwarteten Reform der Lehre den Universitäten, die seine Vorgaben wenig freundlich aufnehmen, sondern nur den Versuch sehen, die Universitäten um ihre Autonomie zu bringen.

Erst gegen Ende des 19. Jahrhunderts setzt die hochschuldidaktische Diskussion erneut ein und auch die Lebensform der Studierenden wird Thema, wenn z. B. die Freistudenten sich neu an Bildung orientieren oder katholische Studenten »wissenschaftliche« Studentenverbindungen wollen anstelle von Saufgelagen und der Mensur. Die Lehre der Universität wird als Problem gesehen, geeignet vielleicht für die wenigen, die zu Forschungsehren kamen, erwarb der Rest Berufskompetenzen im Wesentlichen nach dem ersten Staatsexamen (vgl. Lundgreen 2010). Diese Universität suchte nicht eine Unterrichtsform zur Qualifizierung der Mehrheit, für die waren Prüfungen hinreichend. Primär in ihrer Festtagsrhetorik wird eine Lebensform beschworen, die Wissenschaft und Studium, Forschung und Lehre vereinen sollte. Es sind dann historisch einerseits Erziehungspraktiken, die im Kontext von studium generale u. a. andere Reformstrategien national wie international seit 1900 diskutiert werden,[25] Annäherungen an Fichte also; andererseits regiert Ratlosigkeit, weil es keine Erfindung einer neuen Einheit von Lehr- und Lebensformen gibt, die auch vor Humboldt und Schleiermachers Ideen hätten bestehen können. Auch wenn Hochschullehrer-Sein als Beruf etabliert ist, wird die Lehre keine Dimension der Professionalität, weil auf der Ebene hochschulischer Interaktion das Problem von Form und Medium, in dem sich die Einheit von Forschung und Lehre manifestieren würde, ungeklärt bleibt.

Zwar gibt es eine Erweiterung der Lehrformen gegen Ende des Jahrhunderts: Übungen nehmen im Verhältnis zu Vorlesungen zu, z. B. an der Universität Berlin, wie die nachstehende Tabelle für die theologischen, philosophischen und juristischen Fakultät für die Zeit von 1860-1909 belegt:

---

24 Circular Rescript des preußischen Kultusministers Eichhorn vom 17. April 1844: Veranstaltung repetitorisch-konversatorischer Uebungen mit den Studirenden.
25 Eine materialreiche Übersicht zu diesen Diskursen und Reformversuchen seit 1900 verdanke ich der jetzt vorgelegten Dissertation von Konstantin Freiherr von Freytag-Loringhoven (2011): Liberal education und Kollegienhaus – Die Reformbestrebungen des außerwissenschaftlichen Erziehungsanspruchs an den deutschen Universitäten der amerikanischen Besatzungszone 1945-1960, der auch ausführlich die Zeit vor 1945 rekapituliert.

Tab. 1: Zahl der Übungen im Verhältnis zu Vorlesungen in den Fakultäten der Universität Berlin, 1860/61 – 1909[26]

Jahr	absolut	Relativ
1860/61	91:429	1:4,7
1870/71	67:464	1:6,9
1880/81	100:595	1:6
1890/91	168:785	1:4,7
1900/01	245:955	1:3,9
1909	336:1051	1:3,1

Auch die Reflexion der Lehrverfassung etabliert sich, zum Beispiel in der neu entstehenden »Hochschulpädagogik«. Sie wird aber im Wesentlichen von universitären Außenseitern, Privatdozenten u. a. betrieben und bleibt schon wegen der Beteiligung von statusambitionierten Pädagogen ohne Reputation und Breitenwirkung. 1897 legt zum Beispiel der Privatdozent Hans Schmid-kunz den *Entwurf eines universitätspädagogischen Seminars* vor, der Greifswalder Historiker Ernst Bernheim analysiert z. B. 1898 den *Universitätsunterricht und die Erfordernisse der Gegenwart*. 1898 finden diese Diskurse auch eine organisatorische Form, mit der Gründung der Gesellschaft für Hochschulpädagogik, die dann 1934 aufgelöst wird und in der universitären Hochschulpädagogik der DDR und in den Aktivitäten um den Arbeitskreis für Hochschuldidaktik nach der Mitte der 1960er Jahre im der Bundesrepublik Nachfolger findet, beide ebenfalls ohne die intendierte Breitenwirkung.

Das Elend der Lehre lebt fort. Biographische Zeugnisse selbstkritischer Hochschullehrer oder von Studierenden belegen das mit hoher anekdotischer Evidenz (ohne dass man die statistisch messbare gestiegene Zufriedenheit der Studierenden, die jenseits der Bologna-Klage erhoben wird,[27] ignorieren sollte): »An sich besteht die Tätigkeit des Privatdozenten darin, sich zu Lasten seiner Zuhörer in der von ihm vertretenen Disziplin auszubilden. Dieses üble Geschäft habe selbstverständlich auch ich ... betrieben.« (König 1980, 137) Oder, und aus dem Kontext der DDR-Universität: »Natürlich habe ich auch manchmal Unsinn geredet, aber mit schönem Selbstbewußtsein«,[28] sowie, aus dem gleichen Kontext, jetzt aber mit erstaunlich paradoxen, weil Bildung als Selbstkonstruktion der Studierenden indizierenden, aber unerwarteten Effekten über die Lehrpraxis eines Mathematikers der Berliner Universität, der auch Rektor der Universität war: »Zu seinen Vorlesungen ... erschien er

---

26 Nach Tab. 2 in Dowe (2007, 64), dort auch analoge Zahlen für Leipzig und Tübingen.
27 Die Studien von T. Bargel u. a. zeigen das für die lange Dauer der Erhebungen seit der alten Bundesrepublik bis heute.
28 Inge Diersen, Philologin, in einem Interview zur Vorbereitung einer Ausstellung zur 200-jährigen Jubiläum der Humboldt-Universität.

... häufig unvorbereitet und musste sich selbst erst das Vorzutragende klar machen. Das gab allerdings seiner Vorlesung eine Lebendigkeit, da der Hörer sich selbst bemühen musste, den jeweiligen Sachverhalt zu klären.«[29] Erst die Bundesassistentenkonferenz findet 1969 eine Problemdefinition, in der auch die Einheit von »Lernen und Forschung«[30] und nicht nur die von »Forschung und Lehre« zum Thema wird: »Forschendes Lernen – Wissenschaftliches Prüfen«.[31] Die Zielsetzung wird, »das Studium von Anfang an ganz oder mindestens teilweise in Forschungsprozessen oder mit Beteiligung an solchen durchzuführen«, und die Leitbegriffe waren »Forschendes Lernen«, »Genetisches Lernen«, »Kritisches Lernen«. Nicht zufällig werden einige dieser Formeln für die Qualität und Eigenart hochschulischer Lehre noch jüngst in den Analysen des Wissenschaftsrates aufgenommen; seine Empfehlungen dokumentieren zugleich, dass die fachspezifisch eigenen Veranstaltungsformen aber erst noch zu finden sind, die solche Erwartungen einlösen.[32] »Betreuung« ist dafür notwendig, die Struktur der Lehre bleibt noch zu klären, so wie sie die Klassiker erwartet hatten, »im eigenen Fach«, nicht fachübergreifend und dann primär vereinheitlichend und pädagogisierend. Kann man die vom Bologna-Prozess angestoßenen Veränderungen als Weg zu diesem Ziel interpretieren oder bedeuten sie das Ende der »universitären« Lehre? Eine angemessene Lösung kann man für die konkreten Formen der Umsetzung schwerlich behaupten; denn weder organisatorisch noch in der Personalausstattung und finanziell gibt es angesichts der Vielfalt der Realisierungsformen eine einheitliche Bologna-Form des Studiums. Aber die Zielvorgabe für die »Aktivitätsstruktur« der Universität, um Stichwehs Medienbegriff noch einmal zur Geltung kommen zu lassen, liefert eine andere Perspektive: kompetenzorientiert zu studieren, d.h. also domänenspezifisch im je eigenen Fachgebiet, curricular so geordnet, dass sich eine Sequenzierung im Aufbau der Studien ergibt, in Lehrformen, die den Studierenden Selbsttätigkeit im Fach abverlangen und die Teilhabe an Forschung ermöglichen, sowie in Formen der Prüfung, die kompetenzorientiert aufgebaut sind, da könnte man die alte Bildung durch Wissenschaft entdecken. Dann würde ja die Interaktion im Fach zugleich der Teilhabe an Forschung als auch den Lernerwartungen der Studierenden entsprechen, also fachspezifisch Form und Medium zur Einheit bilden, nicht philosophisch oder allgemein oder nur alles auf die didaktisch-methodischen Kompetenzen der Lehrenden verlagert. Aber das ist Programm, von der Fiskalkrise der Universität ebenso reduziert wie es vom Forschungsprimat organisatorisch in den Hintergrund gedrängt wird. Die Lehrverfassung der Universität muss noch gefunden werden.

---

29 Es handelt sich um den Mathematiker Kurt Schröder, Rektor von 1959 bis 1965, zit. nach Koch / Kramer 2010, 688.
30 Diese Unterscheidung hält Stichweh (1994, 237f.) zu recht in der Diskussion für vernachlässigt.
31 Bundesassistentenkonferenz: Forschendes Lernen – wissenschaftliches Prüfen. Bonn 1969.
32 Empfehlungen des Wissenschaftsrat: Empfehlungen zur Qualität der Lehre. Köln 2010.

Literatur:

Ash, Mitchell G. (1997) (Hrsg.): Mythos Humboldt. Vergangenheit und Zukunft der deutschen Universitäten. Wien / Köln / Weimar.

Benner, Dietrich (1987): Allgemeine Pädagogik. Weinheim / München.

Diesterweg, F.A.W. (1836): Über das Verderben auf den deutschen Universitäten. Essen.

Dowe, Christopher (2007): Ein Zeitalter der Lehre – Deutsche Universitäten im Kaiserreich. Jahrbuch für historische Bildungsforschung 13, 57-88.

Fichte, Johann G. (1812): Über die einzig mögliche Störung der akademischen Freiheit. Eine Rede beim Antritte seines Rektorats an den Universität Berlin den 19ten Oktober 1811 gehalten von J. G. Fichte, der Philosophie Doktor und ordentlicher Professor. Berlin.

Freytag-Loringhoven, Konstantin Freiherr von (2011): Liberal education und Kollegienhaus – Die Reformbestrebungen des außerwissenschaftlichen Erziehungsanspruchs an den deutschen Universitäten der amerikanischen Besatzungszone 1945-1960. Ms. Berlin.

Herbart, Johann Friedrich (1802): Über die ästhetische Darstellung der Welt als das Hauptgeschäft der Erziehung (gedruckt 1804). Weinheim, 1962.

Humboldt, Wilhelm von (1809): Königsberger Schulplan. S. 168-187 in: Humboldt, Werke, Bd. 4, hrsg. Von A. Flitner / K. Giel. Darmstadt, 1966.

Humboldt, Wilhelm von (1809/1810): Ueber die innere und äussere Organisation der höheren wissenschaftlichen Anstalten in Berlin. S. 255-266 in: Humboldt, Werke, Bd. 4, hrsg. v. A. Flitner / K. Giel. Stuttgart, ⁴1993.

Koch, Helmut / Kramer, Jürg (2010): Die Mathematik nach 1945. S. 683-697 in: H.-E. Tenorth (Hrsg.), Geschichte der Universität Unter den Linden, 1810 bis 2010, Bd. 6: Selbstbehauptung einer Vision. Berlin.

König, René (1980): Leben im Widerspruch. Versuch einer intellektuellen Autobiographie. Frankfurt a. M. / Berlin / Wien, 1984.

Langewiesche, Dieter (2011): Bildung in der Universität als Einüben einer Lebensform. Konzepte und Wirkungshoffnungen im 19. und 20. Jahrhundert. S. 181-190 in: E. Keiner et al. (Hrsg.), Metamorphosen der Bildung. Bad Heilbrunn.

Lenz, Max (1910): Geschichte der Königlichen Friedrich-Wilhelms-Universität zu Berlin, Bd. I. Halle a.d.S.

Lundgreen, Peter (2010): Studium zwischen Forschungsorientierung und Berufskonstruktion. S. 111-127 in: R. v. Bruch (Hrsg.), Die Berliner Universität im Kontext der deutschen Universitätslandschaft nach 1800, um 1860 und um 1910. München.

Markschies, Christoph (2009): Die Elite und der Durchschnitt. S. 66-74 in: A. Schlüter / P. Strohschneider (Hrsg.), Bildung? Bildung! 26 Thesen zur Bildung als Herausforderung im 21. Jahrhundert. Berlin.

Paletschek, Sylvia (2001): Verbreitete sich ein ›Humboldt'sche Modell‹ an den deutschen Universitäten im 19. Jahrhundert? S. 75-104 in: B. Schwinges (Hrsg.), Humboldt International. Der Export des deutschen Universitätsmodells im 19. und 20. Jahrhundert, Basel.

Paletschek, Sylvia (2002): Die Erfindung der Humboldtschen Universität. Die Konstruktion der deutschen Universitätsidee in der ersten Hälfte des 20. Jahrhunderts. Historische Anthropologie 10, 183-205.

Schelling, Friedrich Wilhelm Joseph (1802): Über die Methode des akademischen Studiums (1802), unter dem Titel »Studium Generale«. Stuttgart, 1954.

Schleiermacher, Friedrich Daniel Ernst (1808): Gelegentliche Gedanken über Universitäten im deutschen Sinn. 1808. S. 81-139 in: F. D. E. Schleiermacher, Pädagogische Schriften, Bd. 2, hrsg. v. Erich Weniger / Theodor Schulze. Düsseldorf / München, 1957.

Schwinges, Rainer Christoph (Hrsg.) (2007): Examen, Titel, Promotionen. Akademisches und staatliches Qualifikationswesen vom 13. bis zum 21. Jahrhundert. Basel.

Stichweh, Rudolf (1987): Akademische Freiheit, Professionalisierung der Hochschullehre und Politik. S. 125-145 in: J. Oelkers/H.-E. Tenorth (Hrsg.), Pädagogik, Erziehungswissenschaft und Systemtheorie. Weinheim/Basel.

Stichweh, Rudolf (1993): Die Form der Universität. S. 246-277 in: Rudolf Stichweh, Wissenschaft, Universität, Professionen. Soziologische Analysen. Frankfurt a.M., 1994.

Stichweh, Rudolf (1994): Die Einheit von Lehre und Forschung. S. 228-245 in: Rudolf Stichweh, Wissenschaft, Universität, Professionen. Soziologische Analysen. Frankfurt a.M.

Stickler, Matthias (2010): Universität als Lebensform? Überlegungen zur Selbststeuerung studentischer Sozialisation im langen 19. Jahrhundert. S. 149-186 in: R. v. Bruch (Hrsg.), Die Berliner Universität im Kontext der deutschen Universitätslandschaft nach 1800, um 1860 und um 1910. München.

Tenorth, Heinz-Elmar (2010): Wilhelm von Humboldts (1776-1835) Universitätskonzept und die Reform in Berlin – eine Tradition jenseits des Mythos. Zeitschrift für Germanistik N. F. 20, 15-28.

Turner, Steven R. (1980): The Prussian Universities and the Concept of Research. Internationales Archiv für die Sozialgeschichte der deutschen Literatur 5, 68-93.

Virmond, Wolfgang (Hrsg.) (2011): Die Vorlesungen der Berliner Universität 1810-1834 nach dem deutschen und lateinischen Lektionskatalog sowie den Ministerialakten. Berlin.

Zedler, Johann Heinrich (Hrsg.) (1744): Grosses Universal-Lexikon aller Wissenschaften und Künste, Bd. 39. Leipzig.

Prof. Dr. Heinz-Elmar Tenorth
Institut für Erziehungswissenschaften, Humboldt Universität Berlin
Unter den Linden 6, D-10099 Berlin
tenorth@rz.hu-berlin.de

Soziale Systeme 16 (2010), Heft 2, S. 356-367

Dirk Baecker

A Systems Primer on Universities

I.

Even social systems theory seems somewhat reluctant to call the university a system and treat it as such. Talcott Parsons and Gerald M. Platt called it a bank of intelligence and influence (Parsons/Platt 1973), Niklas Luhmann organized institution, if not milieu (Luhmann 1992), and Rudolf Stichweh a form (Stichweh 1993), as if it defied any unit closure, let alone double closure concomitant with calling it a system. Even aspects of social system concerning communication within universities or individual and collective action are usually dealt with rather timidly. The main reference for the analysis of universities in social systems theory is the wider society, which defines what functions and structures a university may rely on when producing and reproducing itself (Stichweh 2006; 2009; 2010; Baecker 2007).

If this is a perfect example of systems theory as a theory of the production and reproduction of a system within an environment, focusing as much on the environment as on the system, there is nevertheless a certain lack when we look at the operation, regulation, autopoiesis, and possible complexity of the university in the terms for which systems theory is famous. How exactly are we to conceive of the self-reference and the other-reference of universities? What are we looking at if we consider the university an example of double closure like any other social system? Would we be able to spell out the complexity of the university depending on an appropriate notion of complexity?

To be sure, we do not want to make the mistake to which systems theory is nevertheless prone of applying its theoretical apparatus to just about any subject merely to show that it is possible. Instead, we understand analysis of the university as a social system as an empirical experiment. Our aim in approaching this complex system is to constitute it as an object in the truest sense of the word, as an autonomous object in its own right lending itself to certain interactions with an observer and refusing others. This is all the more so because the observations presented in this text are put forward by an observer who spends most of his professional life in a university and is thus heavily biased toward taking note of certain realities and overlooking others. Like any other professor at a university I am bound to oscillate between cynicism when I contemplate how the university's bureaucracies deal not only with administrative matters but also with research and teaching forcing both into ever more rigid time schedules and peers' audits, on one hand, and romanticism when I consider the university's emphasis on deep reflection and even meditation in both research and teaching, thus entertaining an impressively robust belief in the possibility of knowledge, on the other.

II.

Systems theory is another kind of mathematics if mathematics is a way to design not only calculation but also and more so proof. Trying to prove that the university is a social system requires us to take it seriously as a complex object whose behavior is non-trivial and non-linear and which, paradoxically, is both unpredictable and readily recognizable at any instant as just that, a university. We may be surprised about what universities actually do, but we seem never to doubt that we are dealing with universities and not with something else. A complex object changes with every shift in perspective; no two actors agree about what they are dealing with; and no two events are effectively identical; the object nevertheless turns out to be a university, rich in diversity, always elusive in its most distinguished qualities, and nonetheless robust as few other things in social history.

The mathematics of systems theory is an attempt to prove that an object is both a unit and complex. If this seems to lead to paradox then it is already part of the solution. If there is some paradox in the constitution of a university and if a university is possible only as a certain enfoldment of that paradox, both paradox and enfoldment define the unity of the entity while the enfoldment may differ widely. While any university is organized as a form of loose coupling, if not anarchy (Weick 1976), it is nevertheless bound to be effective – whatever effectiveness means exactly in this context (Cameron 1981).

Mathematics also means that there is some choice in analysis. Mathematics is as much a craft as an attempt to argue consistently. In reading systems theory as a kind of mathematics, we may choose which notions cherished by the theory are to be employed when dealing with universities. We cannot use them all; and we certainly employ a specific version of each, which, moreover, changes together with the object to which it is applied. When doing mathematics we engage our object in some kind of interaction, not in any kind of subsumption. We count on its complexity as much as on our, the observers' complexity, if the latter is seen in the wider perspective of a theoretical apparatus. All we need is interaction, a kind of sensorimotor variance, which enables us to call up expectations and to deal with their disappointment in terms of substituting them by further expectations (Ashby 1958). We thus build a memory of our interaction with the system, oblivious of some aspects and mindful of some others, which, moreover, at some point in time we begin to confuse with the system itself, never quite sure whether the system is not in fact the memory of our interaction with it.

Our selection of certain basics of a systems mathematics for analyzing the university combines a general sociological notion, five notions of general systems theory, and just one notion of social systems theory. The latter helps us to integrate the sociological notion with those from general systems theory. We are talking about the ›social‹, ›unit closure‹, ›double closure‹, ›form‹, ›autopoiesis‹, ›complexity‹, and ›event‹. To talk about the components of social systems in terms of ›events‹ so as to show how these systems temporalize their complexity has been Niklas Luhmann's perhaps most important contribution to the field of general and social systems theory alike (Luhmann 1995).

But let us start with the notion of the ›social‹, inherent to social systems. It leads us straight to the two most important and best known ingredients of the university, the *universitas magistrorum et scholarium*, the community or corporation of masters and students, and the *universitas litterarum*, the place to study all texts, and not just a holy or otherwise canonized selection of them. The social here means bringing masters, students, and texts together without denying their differences. On the contrary, the differences are enhanced in order to school people to draw, refine, and be clear about distinctions even while crossing, subverting, and cancelling them.

If ›social‹ means to engage independent elements within relations of dependency, rebuilding dynamics into statics (Comte 1979), regaining heterogeneity from imitation (Tarde 1962), fine-tuning any socialization to the non-socializable (Simmel 1950), and establishing mutuality within the range of self-affection (Mead 1962), the university is indeed among the many places where the social is possible. Its asymmetrical ordering of masters and students is at the same time considered a symmetrical ordering of scholars only to be distinguished by their being more or less seasoned. And its dogmatic and canonical ordering of text and argument, of matter and fact, is considered an invitation to review, and to discover truth in former untruth, and untruth in former truth. The university is a social institution because it increases independency by means of dependency, and dependency by means of independency.

III.

If this is paradox, it needs enfoldment. And enfoldment is possible, we assume, by system. Our first notion of general systems theory, unit closure, means that for a system to differentiate itself within some environment it needs closure of operations, that is a mode of production and reproduction which at any time assures that for any ending there is another beginning (von Foerster 2003). Unit closure means that operations connect to operations in such a way that a certain unit is produced and reproduced while all kinds of perturbations from within or from the environment are dealt with to the effect that non-linearity in production and reproduction prevails: if $S = S \ (S, E)$, then $S \neq S$ (Baecker 2002).

Niklas Luhmann's rephrasing of this has always been that systems, which produce and reproduce non-linearly, are assumed to be self-referential systems, the self of their self-reference being as elusive to an observer as to themselves (Luhmann 1995). There is thus intransparency at the very core of any system constitution (Luhmann 1997a). Yet, if the two notions of ›system‹ and of ›self-reference‹ are of course premises of the theory not to be empirically proven – they do not ›explain‹ anything, they initiate ›descriptions‹ which bring more ambitious expectations to interaction with the object –, ›operations‹ have naturally to be shown to exist empirically. For both the system and its observer they are tokens of the system able to refer to itself in ›self‹-producing and ›self‹-reproducing and to refer to some other in operating within the world.

There has always been distinct hesitation about what operations may produce and reproduce a university. Some preconditions developed by self-referential systems theory may help since at least we do not have to look for input and output or for elements and relations but only for operations, and we are allowed to look for operations of communication and not of any other sort – actions for instance or, worse, roles, norms, or rules – when looking for those that produce and reproduce a self-referential social system. But what type of communication produces and reproduces a university? Three candidates come to mind: the communication of knowledge, called ›teaching‹; the communication of problems and questions of ignorance, called ›research‹; and the communication of decisions on teaching and research, called ›the organization of a university‹. The first two operations refer to functional subsystems of modern society, the social system of education and the social system of the sciences, the third to an organized social system. The last is the most interesting since we are not going to mistake the university for either a subsystem of education or a subsystem of the sciences. The subsystem language is barred to us since it is incompatible with the notion of self-reference and all the more so with the notion of autopoiesis, both of which we want to employ in our mathematical game. A self or *autos* of a subsystem would be difficult to distinguish from the self or *autos* of the supersystem for both the subsystem and the supersystem, so that operations would never be able to gain distinctness in connectivity. To the extent that they describe the actual state of affairs correctly, the notions of systems theory should be able to model the confusion of reality and not add to it themselves.

There is thus communication of decisions as for any organization (Luhmann 2000) and the communication of decisions on teaching and research for the organization of a university. Since we want to remain able to distinguish a university from other schools and from laboratories and research & development institutes, we moreover assume that decisions on teaching conditioned by research and decisions on research conditioned by teaching are the operations distinguishing a university from and within its environment and thus producing and reproducing the organized social system of the university. Teaching conditioned by research is academic teaching, that is teaching how to deal with the sciences, teaching how to deal with a kind of knowledge that is critical, doubtful, and reflexive because it pertains to open questions, further problems, issues of uncertain method and theory. Research conditioned by teaching is bound to be dogmatic research, even if the dogmas are those of humanistic education, of rationalistic thinking, of hermeneutic doubt, of critical questioning, of deconstructive otherness, or of unbiased gender. Decisions that are able to define the curricula and the seminars of the university, and those that define schools and dogmas of thinking are apt to produce the university considered as an organized system of higher teaching and academic research.

It should be evident that university decisions are as selective with respect to what becomes possible in the university as they are dismissive of any decisions that might apply to a teaching not leaning toward scientific knowledge and to a research not leaning toward the possibility to also teach it. Any teaching incorporating less reflexive but more craftsmanlike elements of physical and intellectual training is suspected of betraying the cognitive aspirations of the university. And any research that tries to solve a problem without either ›applying‹ a method or ›testing‹ a theory is equally suspected of adopting a rather dubious if not outright mystical procedure in relation to its subject. Classifications, tables, ›systems‹, discourses, texts, and models, all of them adding to ›knowledge,‹ are what best suits both decisions on teaching and research since they allow answers to be combined with questions in such a way that any further knowledge may become the questioning of a decision or at least a next step, which always lends itself to further reconsideration.

Teaching that leans on research and research that leans on teaching, however, do not only add up to knowledge; they also add up to truths. Truth is a notion that legitimates a knowledge anchored not in practical use but in its own dogmas, and which therefore has to be protected against dismissal as both unpractical and doubtful. Instead, truthful knowledge becomes the mark of a school and hence the mark of a network. One buys the truths of the network one wishes to belong to. On the other hand, truthful knowledge is amplified if not outright overdone knowledge, which becomes dangerous if taken literally in any use for any practice. Truth therefore has to be reframed as a kind of knowledge that can bind the experience of the people employing it but cannot bind their action (Luhmann 1990). Scientific truth is something to be seen, if dimly, not something to act upon, however firmly. This is an interesting move in itself since it provides for some structural coupling of the university to its societal environment, which is now called upon to test via a distinction between experience and action which knowledge might be practically applied and which not. Such an almost natural barrier between the truthful knowledge of the university and the useful knowledge of society may then prove the precondition for a possible transfer from research to technology. Such a transfer including all kinds of test, translation, and transformation would be impossible if the truths of the university were to be mistaken for the truths of the world.

IV.

If decisions on teaching and research referring to individual experience of the world define the unit closure of the university, attempts to program these decisions define its double or regulative closure (von Foerster 2003). A system needs both unit closure providing for operations connecting to operations and double closure providing for the possibility to program or regulate the connectivity of operations.

A more traditional and sociological term for double closure is collective action. Collective action is initiated by powerful communication, which produces binding effects by binding itself as well. A collectivity emerges, which seeks and cultivates the acceptance of a power that produces anticipation and accountability. Power in universities comes from paying professors their salaries and from leading students to their examinations. This power is then used to produce effects of action at both the output boundary of the system and its input boundary – if we may use the notions of input and output in this context as belonging to a semantics concerned with simplifying communication with respect to action punctuating it (Luhmann 1995, 197-201). If social systems present, first of all, a micro-diversity of independent individuals (Luhmann 1997b; Lehmann 2011), they then produce their type of dependency by obliging communication to follow a certain code that ensures redundancy and by inventing programs that bring variety back in.

If mutually referential decisions on research and teaching produce the operational closure of the organized system of universities, programs on collective action introduce a rich diversity of both educational and academic programs. These programs are concerned above all with curricula and research clusters. Like everything else in universities they are loosely coupled to operations, which means that both seminars and research done by professors may deviate from programs.

However, the peculiarity of programs in universities stems not just from the exercise of power, which is as difficult in universities as in any professional bureaucracy (see, for the example of deans, Cleveland 1960; Darkenwald 1971; Wolverton/Gmelch 2002; Bray 2010), but even more from the switch in the attribution of communication from experience to action. As universities are institutions that focus on the experience of individuals both in education and in scholarship such as to play down the purpose of action both in shaping the studying individual and in carrying out an experiment, developing a model, or describing a phenomenon, they have difficulty emphasizing a communication that insists on action instead of on experience. Collective action on the input boundary of the organized social system of a university means to admit students in accordance with certain selective criteria and to apply for grants in accordance with the preselection of research issues. Both programs contradict the institutional idea of *universitas,* which means admitting all who qualify (depending on matriculation standards) and investigating everything that might be of interest. Purpose of any kind is institutionally precluded. Yet in order to be able to program, it is indispensable.

The situation is no better at the output boundary. Here programs apply to the qualification of students for practicing a profession and to the production of knowledge able to address if not solve the problems that beset society. Again, switching from experience of the world to the necessary criticalstance of acting on it in a necessarily selective, let alone collective fashion (i. e., professionalizing this experience) requires purpose; and purpose restricts heedfulness.

This seems to be the reason why universities have at all times been cherished as institutions and never, or only incidentally, been regarded as organizations (Luhmann 1992). Even if they need programs to know what they are doing and to fit into the bureaucratic apparatus of the ministry of education, of boards of governors, or of accreditation agencies, they are somehow expected, even if reluctantly, to treat the restrictions these programs impose as constraints that are not to be taken all too seriously. It is as if these programs were just another example of the empirical reality of nature and culture that universities are to study rather than obey.

V.

This institutional obstinacy does not render double closure ineffective. It only makes certain administrative programs less effective than they aspire to be. At both the output and the input boundary of the system, action is somehow specified only to count as unspecified communication within the system. Specifications of any kind are accepted only if they apply to individuals, both students and professors, and enhance their independence. Even if the administration is now accepted in its functions of deadlines for the duration of studies and providing the university with research funding, which help deal with the university's various paradoxes like forcing students into programs purporting to lead to their personal and professional liberty or forcing professors applying for grants to state what findings the research to be funded will produce (Baecker 2010), it is nevertheless not alone in providing the university with double closure. This would be too risky.

Whoever looks for it will find double closure in teaching and research, as well. Indeed, offices able to program the connectivity of operations abound.

There is no teacher who does not set up his own ideas about the aims of his lectures and seminars or about the sequence leading from basic to advanced knowledge. And there is no researcher who does not look at the work he does in terms of investment in theory and method with their expected payoff, or in terms of ideas linked back to biography and historical context. Indeed all ›structures‹ (Maturana 1981) defining the empirical reality of the university come in play to define what to expect from both teaching and research apart from mere reproduction.

There are thus offices of teachers, offices of researchers, and offices of administrators. The university is a professional bureaucracy, more or less pegged into the civil service of a country. In Germany and elsewhere, teaching is done by civil servants, research is done by civil servants, and administration is done by – clerks. This is slowly changing both in Germany and other countries: most civil servants are coming clerks, and some clerks civil servants. We will not be going into this focus of conflict in the contemporary university. We are interested only in how the double closure of the university takes shape, or develops its structures, by interlinking these competing offices. As always, competition peaks at the input and output boundaries of the system where money or political power is collected and spent, but this does not mean that it is absent elsewhere.

We introduce the notion of ›form‹ to describe this interlinking competition, positing that any one of those offices takes on the form of a ›form‹, indicating on its inside the respective teaching, research, and administration programs in the knowledge that on the outside all other programs assert their scope, as well. We can then use Spencer-Brown's interpretation of his notion of form as a combination of negation and implication (Spencer-Brown 2008, 91) to model all of the university's double closure by just one Spencer-Brown expression:

$$\text{university} = \overline{\overline{\text{teachers' offices} \mid \text{researchers' offices} \mid \text{administrators' offices}}} \qquad Eq.\ 1$$

Any one of these offices defines its scope, negates the scope defined by all others, and has to imply, as the necessary outside of their distinctions' inside, both the existence and the scope of these other offices.

The outcome of the expression is the reality of the university as an ongoing argument about the freedom and sequence of teaching, the openness and purpose of research, and the support and restrictions of administration. All other members of the university, such as students, stakeholders, and further audiences, should beware because they will be more or less elegantly included either among some of the offices' programs or among some of the offices' foes, never quite knowing what kind of conflict shift they have fallen victim to.

Note that no social system will ever place itself completely in the hands of its programs. There is always the first or unit closure, which takes the lead and enables the system to circumvent any programmatic knot it ties itself into. There are thus two boundary conditions with which the system has to comply. The first is that it has to produce and reproduce at all, i.e. events have to be found to be counted among those that make up the system. There is no way for the system to turn itself into a non-happening entity, however much it might prefer to do so from time to time. And the second is that the system is equally bound to remain social, that is, to provide operational closure and double closure despite the independency of both the communications producing it and the individuals letting them selves be recruited as the actors in these communications. Both boundary conditions require the system to look beyond its boundaries, that is, at its form, in order to check for possible events and examine how individuals fare in the business of socializing the non-socializable.

VI.

We conclude our little systems mathematics of the university with an overview of the three remaining calculi, the notions of autopoiesis, complexity, and event.

›Autopoiesis‹ means that any one component or element of the system is bound to produce and to be produced by a network of components that constitutes the system at the same time as this network constitutes the boundary of the system (Maturana 1981). With reference to sociological theory we are tempted to distinguish between the two notions of system and network and to say that systems have boundaries while networks do not (White 1992; Luhmann 1995; Baecker 2009). This means that autopoiesis is indeed the production (*poiesis*) of a self (*autos*) by the self (*autos* once more, i.e. in different shape), which includes the production of components or elements whose attribution to the system or the environment is inherently unclear. They may, or may not reproduce the system. On entering the network calculus, any component to which a link is established may offer further, quite unanticipated links. But they may belong to the system. A network is as much about potential as about actual, including the potential to find no further element to link to.

›Complexity‹ is a difficult notion, which comprises at least the unity of variety, or variety of unity describing a system as an entity self-reproducing from just one type of operation relating to a rich variety of possible objects, structures, and narratives, and which may at best be defined mathematically as a pair of numbers, functions, or spaces that together define the imaginary and can neither be reduced to each other nor separated from each other (Stillwell 2002, 383-4). They work like Lotman's tropes, constituting the creative core of a rhetoric that defies its own pragmatics (Lotman 2010, 54). We propose treating a complex or a trope as a Spencer-Brownian form. A form is indeed complex, as it combines inclusion with exclusion, or negation with implication, and thus the asymmetry of an indication with the symmetry of inside and outside of the distinction defining that indication.

If we bring in ›event,‹ as well, we see at once what is at stake (Luhmann 1995, 285-290). An event is to be defined as something appearing and disappearing a moment later. It brings up a reality that is stable because it cannot be changed after the fact, but which is nevertheless to be defined only by a subsequent event connecting to it and bringing with it, for this precise moment, this definition. Of course, the next event has nothing to go by but its own evidence on what this reality is about, so that the necessity of defining and the freedom of choice in doing so go hand in hand. The definition to be given is so impossible that structures emerge to help in the task. The more difficult the definition is, the greater is the onus these structures take on themselves, which is one of the reasons for any bureaucracy's obstinacy.

Any social system is created and maintained by complex events autopoietically producing and reproducing the network, which produces and reproduces the components or elements that produce and reproduce the network. The system is, as it were, the parasite of this network, or its ›culture form‹, that is the reduction of the overflow of its meaning to something to be handled by – the network. This at least is a conjecture put forward by Harrison C. White, who calls systems a ›rhetoric for culture‹ (1992, 289), pointing to the fact that analysts cannot independently establish any reality for such systems. The reality of these systems does indeed consist in the network they produce and by which they are produced. But if we look for the operations that bring about this production and reproduction, the best hypothesis to date is that they are systemic operations bound by unit closure, programmed by double closure and gaining creative indeterminacy through the form of a complex they produce.

We thus combine the three ideas of the social, of a certain type of autopoietic operation, and of events as temporalized elements, i.e. operations, to call the Spencer-Brownian expression (Eq. 1) the *eigen*-value or, better *eigen*-function of the non-trivial and non-linear recursive function (von Foerster 2003) that produces and reproduces the university. This function has scope for chaos and turbulence, as well as for strategy and planning, since it only assures that all kinds of possible events are attracted by the competing offices, which themselves are nothing but corollaries of an attractor state that defines their scope. There is no reason to think that there is more evidence for this in universities, considered as social systems, than elsewhere. Yet universities are so amazingly able to recreate themselves from the most improbable conditions, from ruins or even a complete lack of conditions (Readings 1996; Derrida 2001), that a single gesture, a small set of structures, and just one overall condition seem to suffice to let them to produce themselves. The single gesture is a teaching addressing critical truths or, alternatively, an open question addressing an ongoing argument. The small set of structures is nothing more than a teaching that recursively distinguishes between beginners and advanced students, and a research that knows certain theories and certain methods to be at stake. And the one condition holding it all in balance is a very simple administration that merely ensures that no teaching is done without research to back it and no research without teaching informed by it.

This condition is the autopoietic element of the university as we know it. It may pass by any of the offices we find in a university: teachers', researchers', or administrators' offices. This is why they compete among themselves and will always do so. This condition ensures the most basic complexity from which all further complexity may ensue in that it refuses to reduce teaching to teaching or research to research. And it brings in the unpredictability of events that may have their reason either in students making demands on their world or in research projects forcing some textbook knowledge to be rewritten.

Acknowledgement: English language editing by Rhodes Barrett.

Bibliography:

Ashby, W. Ross (1958): Requisite Variety and Its Implications for the Control of Complex Systems. Cybernetica 1, 83-99.
Baecker, Dirk (2002): The Joker in the Box. Cybernetics & Human Knowing 9, 39-62.
Baecker, Dirk (2007): Die nächste Universität. Pp. 98-115 in: D. Baecker, Studien zur nächsten Gesellschaft. Frankfurt a. M.
Baecker, Dirk (2009): Systems, Network, and Culture. Soziale Systeme 15, 271-287.
Baecker, Dirk (2010): Forschung, Lehre und Verwaltung. Pp. 311-332 in: Unbedingte Universitäten (ed.), Was passiert? Stellungnahmen zur Lage der Universität. Berlin.
Bray, Nathaniel J. (2010): The Deanship and Its Faculty Interpreters: Do Mertonian Norms of Science Translate into Norms for Administration? The Journal of Higher Education 81, 284-316.
Cleveland, Harley (1960): The Dean's Dilemma: Leadership of Equals. Public Administration Review 20, 22-27.
Comte, Auguste (1979): Social Statics & Social Dynamics: The Theory of Order and the Theory of Progress. Albuquerque, NM.
Cameron, Kim S. (1981): Domains of Organizational Effectiveness in Colleges and Universities. Academy of Management Journal 24, 25-47.
Darkenwald, Gordon G., jr. (1971): Organizational Conflict in Colleges and Universities. Adminstrative Science Quarterly 16, 407-412.
Derrida, Jacques (2001): L'Université sans condition. Paris.
Lehmann, Maren (2011): Mit Individualität rechnen: Karriere als Organisationsproblem. Weilerswist.
Lotman, Jurij M. (2010): Die Innenwelt des Denkens: Eine semiotische Theorie der Kultur. Frankfurt a. M.
Luhmann, Niklas (1990): Die Wissenschaft der Gesellschaft. Frankfurt a. M.
Luhmann, Niklas (1992): Universität als Milieu, ed. André Kieserling. Bielefeld.
Luhmann, Niklas (1995): Social System, transl. John Bednarz. Stanford, Cal.

Luhmann, Niklas (1997a): The Control of Intransparency. System Research and Behavioral Science 14, 359-371.
Luhmann, Niklas (1997b): Selbstorganisation und Mikrodiversität: Zur Wissenssoziologie des neuzeitlichen Individualismus. Soziale Systeme 3, 23-32.
Luhmann, Niklas (2000): Organisation und Entscheidung. Opladen.
Maturana, Humberto R. (1981): Autopoiesis. Pp. 21-32 in: Milan Zeleny (ed.), Autopoiesis: A Theory of Living Organizations. New York.
Mead, George Herbert (1962): Mind, Self, and Society from the Standpoint of a Social Behaviorist, Reprint. Chicago, IL.
Parsons, Talcott / Platt, Gerald M. (1973): The American University. Cambridge.
Readings, Bill (1996): The University in Ruins. Cambridge, MA.
Simmel, Georg (1950): The Sociology of Georg Simmel, transl., ed., introd. Kurt H. Wolff. Glencoe, IL.
Spencer-Brown, George (2008): Laws of Form, international ed. Lübeck.
Stichweh, Rudolf (1993): Wissenschaft, Universität, Professionen. Frankfurt a. M.
Stichweh, Rudolf (2006): Die Universität in der Wissensgesellschaft: Wissensbegriffe und Umweltbeziehungen der modernen Universität. Soziale Systeme 12, 33-53.
Stichweh, Rudolf (2009): Autonomie der Universitäten in Europa und Nordamerika: Historische und systematische Überlegungen. Pp. 38-49 and 91-2 in: Jürgen Kaube (ed.), Die Illusion der Exzellenz: Lebenslügen der Wissenschaftspolitik. Berlin.
Stichweh, Rudolf (2010): Universität nach Bologna: Zur sozialen Form der Massenuniversität / Universität in der Weltgesellschaft. Luzerner Universitätsreden No. 19. Lucerne, Switzerland.
Stillwell, John (2002): Mathematics and its History, 2nd ed. New York.
Tarde, Gabriel (1962): Laws of Imitation, transl. Elsie Clews Parsons, introd. Franklin H. Giddings. Gloucester, MA.
Von Foerster, Heinz (2003): Understanding Understanding: Essays on Cybernetics and Cognition. New York.
Weick, Karl E. (1976): Educational Organizations as Loosely Coupled Systems. Administrative Science Quarterly 21, 1-19.
White, Harrison C. (1992): Identity and Control: Toward a Structural Theory of Action. Princeton, NJ.
Wolverton, Mimi / Gmelch, Walter H. (2002): College Deans: Leading from Within. Westport, CT.

Prof. Dr. rer. soc. Dirk Baecker
Lehrstuhl für Kulturtheorie und -analyse, Zeppelin University
Am Seemoser Horn 20, D-88045 Friedrichshafen
dirk.baecker@zeppelin-university.de
http://www.zeppelin-university.de/kulturtheorie/

Soziale Systeme 16 (2010), Heft 2, S. 368-379

Cornelia Bohn

Die Universität als Ort der Lektüre.
Printkultur trifft Screenkultur.

I. Urteils- und Artikulationsfähigkeit im Umgang mit
    neuem Wissen

Lange hat man geglaubt, die Universität sei der beste aller möglichen Orte für
die gedeihliche Entwicklung der Wissenschaften. Im Moment ist der Glaube
daran, dass es die Wissenschaft immer geben werde, aber vermutlich nicht
mehr als vorrangige Veranstaltung der Universität, eher plausibel. Die Universität hat politische Angriffe und weltweite Kopiervorgänge überstanden,
die Wissenschaft wird politisch verordnete Bürokratisierung und Verbetrieb-
lichung[1] der Universität vermutlich auch – aber nicht unbedingt innerhalb der
Universität – überstehen. Forschung wird mehr und mehr zu einer institutionell ausgelagerten oder angegliederten Sonderveranstaltung, denn zum
integrativen Bestandteil des universitären Alltags. Wie die Anfänge der modernen Wissenschaften nicht in den europäischen Universitäten beheimatet
waren, sondern in Akademien und von Privatgelehrten auf den Weg gebracht
wurden, so könnte die gegenwärtige Universität sehr bald – intendiert oder
als Nebeneffekt – nur noch Teilen der ihr seit dem 19. Jahrhundert zugewach-
senen Aufgaben gewachsen sein. Zu den ihr verbleibenden Funktionen und
Aufgaben wird die Verleihung von Titeln, Berechtigungen, Anerkennungen
und Graden sowie die Einübung in sich verändernde wissenschaftliche Kommunikationsformen gehören. Es gehört – so ist die Annahme der folgenden
bewusst essayistisch formulierten Überlegungen – zu ihren vordringlichen
Aufgaben professionell geschulte Urteils- und Artikulationsfähigkeit im Umgang mit neuem Wissen zu vermitteln.
Bei genauerem Hinsehen werden im Moment neben politisch initiierten auch
andere Irritationen bewährter wissenschaftlicher Praktiken sichtbar. Segensreiche Folgen des Internetgebrauchs für eine zeit- und raumindifferente Kommunikation der *Epistemic Communities* durch synchrone Erreichbarkeit und
simultanen Zugriff auf Daten und Textbestände scheinen in ihrem Windschat-
ten als paradoxe Kehrseite triviale und dilettantische Umgangsweisen mit
vorhandenem und neuem Wissen mit zu produzieren und zwar dort, wo Professionalität gefragt ist. Die wichtige Frage, ob sich unsere Wissensordnung

---

1 Vgl. den Beitrag Weingarts (2010) zur unternehmerischen Universität.

und Wissensvermittlung durch Internet und Digitalisierung so entscheidend verändern wird, wie dies in der Folge des Buchdrucks und der Literalisierung der Gesellschaft geschehen ist, wird hier latent bleiben. Die Chancen bergen Risiken, Problemlösungen erzeugen neue Probleme. So fordert der ubiquitäre Gebrauch webbasierter Kommunikationsformen in der Wissenschaft neue institutionelle Anstrengungen zur Taktung und Rhythmisierung von Systemzeit und zur Etablierung von Autorisierungs- und Glaubwürdigkeitsgaranten, die durch Kommunikationstechnologien herausgefordert, aber nur unzureichend von diesen bereits mit erledigt werden können. Institutionell-strukturelle, semantische und mediale Umbauten – das lässt sich historisch beobachten – sind häufig nicht von technologischen und medialen Innovationen verursacht, sondern durch die Koinzidenz mit Erwartungen, die jene Innovationen vor dem Hintergrund bereits etablierter Praktiken wecken. Die folgenden skizzenhaften Überlegungen fokussieren auf Veränderungen professioneller Lektürepraktiken und sehen sich mit einer bemerkenswerten Kontinuität in der Beschreibung der Probleme konfrontiert, deren episodische Lösungen sich jedoch signifikant unterscheiden.

Der längst unverzichtbare Einsatz des Web in der wissenschaftlichen Kommunikation erweckt die Erwartung vieler Forscher und vor allem der Majorität der Studierenden, dass alles, was immer sie an Wissen, Daten und Informationen benötigen könnten, im Web zu finden sei, und dass sich die innere Organisation des verfügbaren Wissens durch gesetzte *Links* erschließen lasse. »Kann man das irgendwo herunterladen?« lautet eine häufig gestellte Frage der Studierenden. Das dazu gehörige Leseverhalten wird in der Literatur als *squirrel behaviour* bezeichnet. An die Stelle der Lektüre tritt das Laden und Einlagern der Scans und Downloads ohne Rücksicht auf Text / Kontext oder Text / Paratextrelationen. Das dem entsprechende Rechercheverhalten hat Andrew Abbott einmal als *On-time-research*, als ein *snatch-and-grap* bezeichnet: Man greift nach allem, was gerade Online verfügbar ist oder was man zufällig einmal heruntergeladen hat, der Zufall ersetzt den eigenen Forschungsplan. Der Befund, dass das Internet selbstarchivierend ist, es vergisst nicht, ist nur die halbe Wahrheit. Es agiert auch selbstüberschreibend und verwandelt Daten in Spuren: Die dynamische Natur elektronischer Datenbanken ist oft in Systeme eingebettet, die automatisch alte Daten durch neue ersetzen, und erfordert daher eine präzise zeitliche Indexierung eines jeden für wissenschaftliche Evidenzbehauptung herangezogenen Datums und Faktums, ganz abgesehen davon, dass die je aktuelle vom Benutzer vorgenommene hypertextuelle Verlinkung der Dokumente dessen jeweiligen Sinn modifiziert. Die Analyse der neuen kommunikativen Lage oszilliert zwischen Apologie der Verheißungen des Internets einerseits und der Entwarnung, dass das dem Medium zugeschriebene Veränderungspotential überschätzt würde, andererseits.

Screenmedien, so meine Annahme, lösen Printmedien nicht ab. Vielmehr scheint auch hier die Maxime zuzutreffen, dass Medien verändern, indem sie zu ersetzen scheinen. Ob es ein digitales Buch geben wird, ist, so meine ich, eine falsch gestellte Frage. Ein Scan *ist* kein Buch, sondern ein Scan *von* einem Buch. Die gegenwärtig praktizierte digitale Herstellungsweise von Büchern hält sich womöglich auf nostalgisch-retrospektive Weise an die Schemata überlieferter Publikationsformate wie Buchseiten oder die Linearität, obwohl die Screenkultur zu ganz anderem imstande wäre. Es wird sich zeigen, in welchen Wissensfeldern Onlinelektüren, -recherchen und -publikationen neue, die dem digitalen Medium eigenen Fähigkeit, Graphen, Zahlen, Bilder und Texte in komplexe, dynamische und interaktive Kompositformaten darzustellen, nobilitieren und normalisieren, wie Printmedien selbst auf jenen Dynamisierungs- und Kooperationsdruck reagieren und welche präzise Rolle sie künftig in der Matrix der verfügbaren Medien spielen werden. Offenbar unterscheiden sich Printmedien und Screenmedien ganz wesentlich in ihren sozialen Gebrauchsweisen, dennoch kann ihr Verhältnis zueinander gegenwärtig als wechselseitig füreinander unverzichtbar beschrieben werden. Dies soll im Folgenden für den Fall der Inklusion in wissenschaftliche Kommunikation anhand der beiden systematischen Gesichtspunkte Publikation als Elementarereignis des Wissenschaftssystems und Datenflut und Lesepraktiken diskutiert werden.

II. Publikation als Elementarereignis des Wissenschaftssystems

Wenn wir davon ausgehen, dass wissenschaftliches Publizieren Elementarereignis moderner Wissenschaft ist (Stichweh 1994), so können wir in Kenntnis der systemtheoretischen Kommunikationstheorie ergänzen, dass der Akt des Publizierens zunächst eine Offerte ist. Gegen jede intentionalistische Theorieannahme wird hier argumentiert, erst das Missverstehen einschließende Verstehen bringt das basale Ereignis des Sozialsystems zu einem vorläufigen Abschluss, der wiederum neue Anschlussmöglichkeiten in sich birgt. Erst die gelesene Publikation vollzieht Kommunikation, sie aktualisiert und selegiert in Publikationen verfügbare Potenzialitäten möglicher Anschlüsse und Verweisungen, indem sie gleichzeitig einen Beitrag zur strukturierten Komplexität des Sinnsystems Wissenschaft darstellt. Verschriftlichung und der Umbau von skripturaler zur Printkultur hatten zur systematischen Steigerung jener Potenzialität möglicher Anschlüsse durch massenhaftes Schrifttum und dessen systematische Aufbewahrung in Universitäts- und Forschungsbibliotheken oder Archiven geführt und damit zur Dramatisierung des Problems der Selektion (Bohn 1999, 35 ff. und passim). Den komplexen Verweisungsstrukturen in der Sachdimension des Wissens nach der Verbreitung des Buchdrucks entsprechen neue kommunikative Herausforderungen durch die Literalisierung der Gesellschaft in der Sozialdimension. Der Text und die Rede können und müssen jetzt antizipieren, dass auch andere gelesen haben (Luhmann 1997, 297 f. und passim). Wie aber wird gelesen?

III. Datenflut und Lesepraktiken

Über Strategien mit der Überfülle von Schriften und Büchern umzugehen, haben bereits Renaissancegelehrte publiziert, das Thema lässt sich bis in die Antike zurück verfolgen: Die Empfehlungen und Reflektionen waren häufig von der Sorge für die nächsten Generationen getragen, der doch nur die brauchbaren und nützlichen Bücher hinterlassen werden sollten. Obwohl immer die Knappheit der eigenen Zeit und die Begrenztheit des Gedächtnisses eine Rolle spielte, hatten Lesestrategien keineswegs rein mnemotechnische Motive. Die Techniken der selektiven Lektüre dienten der Vorbereitung eigener Textproduktion. Propagiert wurden Exzerpiertechniken, die Anfertigung von Kurzfassungen, *cut and paste*-Methoden sowie die Zusammenstellung von Kompendien für den eigenen Gebrauch. Der Autor war Kompilator.

> Since the multitude of books, the shortness of time and the slipperiness of memory do not allow all things which are written to be equally retained in the mind, I decided to reduce in one volume in a compendium and in summary order some flowers selected according to my talents from all the authors I was able to read. (Vincent de Beauvais, Bibliotheca mindi (1624), I: Speculum naturale, Prologue. Douai)[2]

Im 18. Jahrhundert folgt die an elementarer Wissensvermittlung orientierte Universität dem Modell der Kompendien und Lehrbücher als Selektionshilfen nicht für den eigenen Gebrauch, sondern als verbindliche Bezugstexte für die jetzt an Texten orientierte universitäre Lehre. Man musste die Vorlesung nicht mehr selbst mitschreiben. Die Erwartung allerdings, dass die durch jene Druckerzeugnisse ermöglichte Autodidaxie die professionell angeleitete Inklusion in die Wissenschaft durch Universitätslehre ablösen könnte, wurde enttäuscht, obgleich diese Möglichkeit und unter anderem wiederum mit zeitökonomischen Argumenten im ausgehenden 18. Jahrhundert intensiv diskutiert wird. Der Autodidakt benötigt keinen akademischen Lehrer, da er sich fern jedes Interaktionsgeschehens und jeder sozialen Organisation ausschließlich im Medium der Schrift und der Lektüre bewegt (Stanitzek 1999; Zedler 1731-1754). Es fehlt ihm daher eine durch Universitätslehre vermittelte, akademisch disziplinäre Zugehörigkeit. Obwohl er sich beständig selbst bildet, entbehrt er der Bildung. Es fehlen ihm somit Selektionshilfen, um Wichtiges von Unwichtigem zu unterscheiden und Zusammenhänge dort zu erkennen, wo sie sich

---

2 Zitiert nach Blair 2003, 12.

tatsächlich entwickelt haben, oder dort herzustellen, wo es sachlich geboten ist. Alles ist gleich relevant. Ende des 18. Jahrhunderts formuliert Herder (1991 [1793-1797), 529):

> Mit der Buchdruckerei nämlich kam Alles an den Tag; die Gedanken aller Nationen, alter und neuer flossen in einander. Wer die Stimmen zu sondern und Jede zu rechter Zeit zu hören wußte, für den war dies große Odeum sehr lehrreich, andre ergriff die Bücherwut, sie wurden verwirrte Buchstabenmänner und zuletzt selbst in Person gedruckte Buchstaben.

Bildung wird nun zum Ziel und zur Voraussetzung des gesteigerten Selektionsbedarfes der Wissenskommunikation angesichts des Massenschrifttums und zu einer der wichtigen semantischen Konsequenz der Printkultur; trotz und auch wegen – so ist zu vermuten – einer skeptisch abwehrenden Debatte über Lesesucht als Kommentar zu der neuen Lektürepraxis. Die jetzt entscheidende Frage ist nicht mehr, wie angesichts der eigenen limitierten Zeit und Gedächtnisleistung gelesen wird, sondern was angesichts der längst legitim gewordenen massenhaften Publikation von neuem Wissen gelesen wird. Auf dieses Problem reagiert seit dem ausgehenden 18. Jahrhundert die Institutionalisierung von Kritik, durch Legitimierung von Neuinterpretationen und abweichenden Meinungen und in Gestalt des Rezensionswesens als eine der wichtigen strukturellen und kommunikativen Besonderheiten der Printkultur. Der Rezensent als *Vorschmecker* wie Jean Paul als Kommentar zum unaufhaltsamen Publikationswesen formuliert. *Peer Review*-Verfahren in Fachzeitschriften, die zunächst informell praktiziert und in den 1970ger Jahren zur Norm wurden, setzen diese Tradition des Kritikprinzips zur Prüfung neuen Wissens in fachdisziplinären Kontext als eine backstage-Operation fort. Die Screenkultur übernimmt das Rezensionswesen als Kritikprinzip in eigener Regie: nicht nur der Experte, sondern jedermann kann jetzt öffentlich rezensieren und kommentieren.

Mit dem begonnenen 21. Jahrhundert, das ist unübersehbar, wenden sich Leser, auf der Suche nach neuem Wissen und dessen kritischer Bewertung eher einem Bildschirm als einem Buch zu. Datenbanken, Wissensspeicher und Publikationsplattformen liegen in digitalisierter Form vor. Schätzungen gehen davon aus, dass gegenwärtig weltweit 4,5 Milliarden digitale Screens unser Leben illuminieren, dass bis zum Jahr 2008 mehr als eine Trillion Seiten ins Internet gestellt wurden und dass diese Zahl täglich um mehrere Milliarden wächst. Statistiken gehen weiter davon aus, dass sich die Zeitmenge, die Menschen mit Lesen verbringen seit 1980 verdreifacht hat.[3] Die Vermehrung der Bildschirme – so der Befund – steigert das absolute Lese- und Schreibvolumen der Gesellschaft. Aber was bedeutet hier lesen? Es handelt sich nicht um Buch- oder Zeitschriftenlektüre, sondern um Bildschirmlektüre. Digi-

---

3 Diese Zahlen finden sich bei Grafton 2008 und Kelly 2010. Eine genauere Untersuchung der quantitativen Relationen müsste diese Zahlen prüfen.

tale Screens sind bildräumliche Konstellationen, visuelle Plattformen, die Texte, Bilder, Stills und Bewegtbilder, Visualisierung von Daten und Zahlen und deren dynamische Annotation simultan und in Echtzeit ins Bild setzen. Ständiges Neu-Arrangieren der Elemente auf der Fläche des Bildschirms gehört zur dessen typischer Gebrauchsweise. Während die Buchlektüre durch ausdauernde einsame vergleichende Lektüre die systematisch- analytische Fähigkeiten als kritisch-reflektierte Wissenspraktik mit sich brachte,[4] ist die Screenlektüre auf ein rasches Herstellen von Mustern, Assoziationen und Verknüpfungen von Ideen, Daten und Bildern in Echtzeit aus. Durch digitale Fenstersysteme ist simultanes Aktivieren mehrerer Anwendungen, der schnelle Wechsel zwischen Programmen und der Transfer von Daten zwischen ihnen Normalität geworden (Pratschke 2007). Der Bildschirm ist prädestiniert für Multitasking, weniger aber für die konzentrierte imaginative oder reflexive Lektüre. Spezifika der Screenverwendung sind *Links*, Verweise also, die sofort auf eine andere Seite* führen und *Tags*, nutzergenerierte öffentliche Annotationen und Kommentare, die in der Regel umgekehrt zum Zeitlauf gespeichert werden. Die Verwendung des Bildschirms, das Aufrufen einer Seite*, hinterlässt Spuren, die seit dem Web 2.0 Voten gleichkommen und damit Aufmerksamkeiten durch Relevanzunterstellung generieren, denn in den geläufigen Suchmaschinen entscheidet die Häufigkeit des Gebrauchs selbst über die Positionierung der Daten in einer Relevanzhierarchie.

Wie nun verhält sich diese digitale Lese- und Schreibfreudigkeit zu einer akademisch-universitären Einübung in professionellen Wissensgebrauch? Eine von der British Library in Auftrag gegebene Studie (2008) hat herausgefunden, dass Studierende der angesehensten britischen Universitäten durchschnittlich maximal vier Minuten für die Konsultation eins E-books und durchschnittlich maximal acht Minuten für die Konsultation eines E-Journals verwenden, ohne je wieder zu den Texten zurückzukehren. Das Suchverhalten ist strikt horizontal organisiert, es wird nicht durch zwischengeschaltete Lektüre vertieft. Navigation und Suchbewegung nehmen mehr Zeit in Anspruch als das Studium des Gefundenen. Die Leseaktivität selbst gleiche eher einer *Skimming activity*, die an der Textoberfläche rasch sichtbares *abschöpft*, denn einer gründlichen Auseinandersetzung mit Gehalt, Struktur und Kontext wissenschaftlicher Mitteilungen. Die seit den fünfziger Jahren des zwanzigsten Jahrhunderts entwickelten Abstract-Journals, gefolgt von Bildschirmlektüre und elektronischen Datenbanken, scheinen eher als Lesevermeidungs- denn als Selektionsinstrument zu dienen. *Power skimming* und *cross-checking* geraten

---

4 Ikonographische Darstellungen von Gelehrten zeigen diese erst ab 1400 mit mehreren auf dem Schreibtisch aufgeschlagnen Büchern: »... there are no depictions of scholars with multiple texts open simultaneously until 1200 and these are not common until 1400. Early modern paintings of scholars on the other hand usually depict many open and closed books and manuscripts spread out on desk, shelves, and floor, even to the point of messiness.« (Blair 2003, 16). Man könnte das als Vorwegnahme der Screeneigenschaften deuten, allerdings noch begrenzt durch die räumliche Realpräsenz der Schriftstücke und Daten.

zur paradigmatischen Lesepraxis der Screenkultur. So lückenhaft und vorläufig diese Ergebnisse auch sein mögen,[5] stellen sie doch zusammen mit dem
Befund, dass Studierende bereits mit Erfindung und massenhaftem Gebrauch
der XeroxKopie das Leseverhalten verändert haben, eine Tendenz dar.

Lesen ist ein Selektionsgeschehen. Das kann als Resultat einer sinntheo-
retischen Analyse wie als Resultat semantischer Analysen der Reflexions-
themen historischer Lesepraktiken festgehalten werden. In je spezifischen
strukturell-semantisch-medialen Konstellationen wurden andere Lösungen
und Strategien für das Problem erprobt, die wiederum die Veränderung der
Konstellation selbst zur Folge hatten: Kompendien für den eigenen Gebrauch,
Lehrbücher als Vorselektion für den universitären Gebrauch, Bildung als
Voraussetzung und Ziel der Lektüre, Institutionalisierung von Kritik und
Rezensionswesen zur Aufmerksamkeitsgenerierung, schließlich Lektürepraxis als Lektürevermeidung. Auch das Etablieren von Klassikern in Literatur
und Wissenschaft enthält eine Lektüreanweisung, nämlich die der Mehrfach-
lektüre. Die mit einem historischen Zeitkern versehenen Muster und Praktiken der Lektüreselektion lösen sich keineswegs strikt ab. So ist Kritik bereits
in der Renaissance ein Thema, wenn auch nicht strukturell erwartbar. Auch
hatten Autoren des 17. Jahrhundert bereits eine genaue Vorstellung davon,
dass nicht jeder Text die gleiche Aufmerksamkeit verdient. »... some books
are to be read only in parts; others to be read, but not curiously; and some few
to be read wholly, and with diligence and attention« formuliert Bacon 1625
(1996, 439). Fachliche Bildung wird auch gegenwärtig als Abhilfe gegen Dil-
letantismen aufgerufen und Lehrbücher hatten und haben – darin greifen sie
den Abstracts, bibliographischen Journals und Datenbanken auch gegen ihre
Intention vor – stets den Effekt der Lektürevermeidung.

Screenmedien sind ausgezeichnete und den Printmedien deutlich überle-
gene Such- und Konfigurationsinstrumente. Wenn die relevante Frage also
nicht lautet, ob und wie auf dem Screen gelesen wird, da sich der konfigura-
tive Charakter der Benutzeroberfläche ohnehin nicht für die von Neugierde
getriebene *vollständige* Lektüre im Sinne Bacons eignet, bleibt die Frage, ob
sich die Parameter jener Selektionen in der sich etablierenden Screenkultur
von denen der Printkultur systematisch und signifikant unterscheiden. Eine
Frage die gegenwärtig nur hypothetische Antworten zulässt. Die Kontinuität ist sichtbar: Klassische, durch Innovationsdichte und innere Komplexität
ausgezeichnete Texte haben den Anspruch auf vollständige oder Mehrfach-
lektüre nicht verloren, für wenig komplexe Mitteilungen hingegen gilt weiter die Praxis und Empfehlung der flüchtigen und summarischen Lektüre als
legitime Gebrauchsweise. Nicht jeder Text, nicht jede wissenschaftliche Publikation verdient für jeden Verwendungskontext eine vollständige Lektüre.

---

5   Ein gravierendes Problem der angeführten Studie ist, dass sie keine Auskunft darüber gibt,
    ob und welche Texte für den weiteren Gebrauch ausgedruckt werden.

Entscheidend ist, dass der Anschluss die Relevanz attribuiert. Ob Texte und schriftliche Kompaktmitteilungen aber überhaupt konsultiert oder vergessen, diskutiert oder übersehen, rekontextuiert oder archiviert werden, wird nicht aus technischen, sondern aus Gründen der Gebrauchskonvention zur Frage ihrer digitalen Verfügbarkeit. Die vor allem von Historikern mit Leidenschaft geführte Debatte über die Probleme der Digitalisierung von archivierten Wissensbeständen (Darton 2009; Grafton 2008; Rosenzweig 2003) hat sich in der Wissenspraxis bei der Herstellung neuen Wissens längst umgekehrt. Da neues Wissen gegenwärtig immer zuerst in digitalisierter Form vorliegt, wird Relevanzattribution für den Anschluss in je spezifischen Kontexten zum Selektionskriterium. Die dazugehörige Lektürepraxis des optionalen Oszillierens zwischen digital verfügbarer Datei, Screenlektüre und gedruckter Lektüreversion wird selbst zu einer Relevanzattribution.[6]

IV. Lektüre und Recherche in den Sozialwissenschaften und das Problem der Autorschaft

Wenn es um die Einübung in professionellen Umgang mit neuem Wissen geht, empfiehlt sich ein Blick auf Lektürepraktiken in der Profession selbst. Ich konzentriere mich bei diesen Bemerkungen auf die Sozialwissenschaften, da sich die Struktur mathematisch-naturwissenschaftlichen Wissens vollkommen anders darstellt.[7] Digitale Wissensdarstellung, Tempo und Reichweite der webbasierten Rekursionen von Lektüre und Publikation haben hier für die wissenschaftliche Kommunikation der Experten längst die Bedeu-

---

6 *Book on demand* ist die kommerzielle Lösung des Problems. Fachzeitschriften praktizieren meist eine zweizügige Publikationsform. Die Screenversion – selbst der *Zeitschrift für Soziologie* – arbeitet dann mit *Links*, um Bildformate einzuspielen, die in der Printversion aus pragmatischen Gründen fehlen. Es bedürfte einer Mikrobeobachtung wissenschaftlicher Praxis unter diesem Gesichtspunkt: welches Wissen wird für welche Adressaten als Datei auf dem Screen oder als ausgedruckte Mitteilung prozessiert. Zu erwarten ist, dass sich hier in verschiedenen Disziplinen verschiedene Muster herauskristallisieren, die mit deren Einsatz von dynamischen Modellen, Texten, Bildern, Zahlen, Grafen bei der Wissensgenese variieren und dass davon wiederum abhängen wie sich das Verhältnis zwischen grafischer und syntaktisch-linguistischer Darstellung neuen Wissens konventionalisiert.

7 Evidenzen in den Naturwissenschaften sind entschieden wahrnehmungsorientiert, nichtlinear, graphematisch, daher bildschirmaffiner als ein textförmiges Wissen. Visualisierungen neuen Wissens in Formeln, Listen, Tabellen oder Grafen transformierten Zahlen sind hier essenziell. Bildschirme werden offenbar für Heuristiken und argumentatives Prozessieren nicht als problematisch sondern als Gewinn wahrgenommen. Zum Problem der grafisch-bildlichen Darstellung gegenüber der syntaktisch-linguistischen Darstellung neuen Wissens in der Mathematik vgl. Heintz (1995, 70). Nach diesen Befunden ist man sich über die heuristische Bedeutung der Visualisierung im Erkenntnisprozess einig, gestritten wird über deren erkenntnisbegründendes Prinzip. »Es gibt zwar Zeitschriften, die auch hin und wieder Beweise publizieren, die auch visuelle Elemente enthalten, aber von der mathematischen Gemeinschaft werden sie in der Regel nicht akzeptiert.« Die Sozialwissenschaftler haben hier eine Zwischenstellung, da sie häufig grafisch-visuelle und argumentativ-textliche Evidenzen kombinieren.

tung der Printmedien relativiert. Naturwissenschaften lösen das Problem der Überfülle an Erkenntnissen durch die wissenschaftstheoretisch begründete Logik der Ablösung: die neue Erkenntnis ersetzt die alte, die außer in fachgeschichtlichen Kontexten nicht mehr rezipiert oder zitiert wird. Selektion durch Veralten heißt dort die Problemlösung, deren Äquivalent der von Kuhn beschriebenen Paradigmenwechsel in den Sozialwissenschaften ist.

In einer Studie der wissenschaftlichen Recherche- und Publikationspraktiken in den amerikanischen Sozialwissenschaften seit 1920 hat Andrew Abbott (2008) empirisch nachgezeichnet, dass die digitale Informationswelt des Internet nur eine letzte Version in einer langen Kette von Bibliotheks- und Rechercheinstrumenten sei. Abstract Journals, bibliografische Journals, eine riesige Menge von Review Essays und spezialisierte Zeitschriften reagieren seit den 1950er Jahren auf die in Schwung gekommene Publikations- und Datenflut in den Sozialwissenschaften. Aufsatz und Monographie bleiben konstant die wichtigsten Formate. Gegen den Augenschein kann Abbott zeigen, dass keineswegs die Zahl der Publikationen in einem Wissenschaftlerleben zugenommen hat. Vielmehr hat sich die Population der amerikanischen Sozialwissenschaften in dem untersuchten Zeitraum zwei Mal verdoppelt. Dieser quantitative Aufschwung, die darauf reagierenden spezialisierten Referenzsysteme, korrelieren allerdings umgekehrt mit der Rezeption der Wissenschaftler untereinander. Als neue Lektüreform etabliert sich die indirekte Lektüre, die Abstracts oder bibliographische Referenzsysteme statt Text oder Buch rezipiert. Diese verändert Zitationspraktiken. Immer häufiger werden zugleich mehrere Publikationen als eine Referenz ohne Angabe von konkreten Seitenzahlen zitiert. Und es verändert sich die Wahrnehmung des disziplinären Erkenntnisstandes:

> ... and we need to be frank about this – that there has been over the last fifty years a substantial decline in the seriousness with which scholars are reading each other's work. More broadly, there appeared in many fields in the 1960s and 1970s a new structure supplementing specialization as a strategy for dealing with the sheer mass of scholarship. I have elsewhere called this structure »generational paradigms,« by which I mean specialty-groupings, within disciplines and subdisciplines, that take a particular view of the substantive, methodological, and philosophical debates in their field, and then pursue that view to the exclusion of other approaches (Abbott 2008, 9).

Indirekte Lektüre, spezialisierte subdisziplinäre Zeitschriften und *Generationenparadigmen* als Adhoc-Arrangements, die den Kontakt zu dem Reflexionswissen des Faches unterbrechen, sind, so zeigt diese Studie, Äquivalente für die zeitgleich an den E-journals und E-books beobachtete Lektürepraxis als Lektürevermeidung. Diese wird in einer zirkulären Bewegung zugleich Anlass und als krisenhaft wahrgenommene Legitimation für eine immer kleinteiligere Disziplinen-Struktur.

Im Zuständigkeitsbereich des Wahrheitsmediums – man könnte von dessen Jurisdiktion sprechen – bedeutet erfolgreiche Lektüre nicht schon das Verstehen des mitgeteilten neuen Wissens. Erfolgreich ist die Kommunikation erst, wenn die Mitteilung zur Prämisse weiteren Handelns wird. Das können an der neuen Erkenntnis orientierte Forschungsprogramme sein, die diese in Frage stellen oder bestätigen, dies können auch daran anschließende Publikationen sein, die den sachlichen Anschluss durch Zitationen belegen, die sich auf Erkenntnisse und deren *Entdecker* beziehen. Zitation impliziert Autorschaft. Autorschaft ist eine der großen institutionellen Hinterlassenschaften der Printkultur, aber vielleicht auch nur eine Hinterlassenschaft.[8]

Erst mit der Printkultur wird Autorschaft als Resultat einer Selbstautorisierung aufgefasst, sie löst mittelalterliche göttliche Autorisierung und frühneuzeitliche Autorisierung durch Herrschaft ab. Damit verbunden ist, dass Wissen seit dem 18. Jahrhundert nicht mehr nur Gemeinbesitz ist, sondern seine Originalität durch individuelle Attributionen erhält. Der häufig beschriebenen *Prioritätsstreit* in der Wissenschaft artikuliert diese Paradoxie: das dem Gemeinbesitz zugeführte neue Wissen wird dem Systemgedächtnis als individuelle Entdeckung eingetragen (klassisch Merton 1998 [1962]). Die Screenkultur sucht nach neuen Formen der Kopplung von wissenschaftlicher Kommunikation mit ihrer personalen Systemumwelt, die als Adressen im System unverzichtbar sind. Nicht zufällig häuft sich multiple Autorschaft mit zunehmender Nähe zu Laborwissenschaften und Empirie. Die der Printkultur eigene Selbstautorisierung hatte ja die beschriebenen Instanzen des Rezensions- und des Reviewwesens hervorgebracht, deren vordringliche Aufgabe darin bestand, die Legitimität einer wissenschaftlichen Mitteilung einem Originalitätstest zu unterziehen. Das Vibrierende der dynamischen Netzkommunikation überfordert aber die etablierten Instanzen. Längst hat sich eine neue Form der Semipublikation[9] im Web entwickelt, die nicht nur traditionelle systeminterne Zetrum / Peripherie-Grenzen transzendiert (Hahn 2008), sondern die angesehenen Journals zu nachträglichen, nurmehr karriere- und zitationsrelevanten[10] Ratifikationsinstanzen für bereits vollzogene Kommunikationen der globalen *Epistemic Communities* diskreditiert. Die so-

---

8 Marlon Ross (1994) zeigt, wie sich der Druck gegen Konkurrenten wie den hohen Status des Autors oder dem »scribbel club«, der handschriftliche Manuskripte prämiert (Pope), als Autorisierungsinstanz für authentische Texte in England im 18. Jahrhundert durchsetzt (vgl. dazu Bohn 1999, 221 ff.). Foucault (1971 und passim) ist sicherlich derjenige, der die Geburt des Autors am entschiedensten als historische Episode charakterisiert hat.

9 Einige der in diesem Artikel zitierten Texte sind ebensolche Semipublikationen.

10 Eine Fallstudie von Abbott (2010) weist nach, wie wenig relevant Zitationen gerade auch in wissenschaftlich-professionellen Kontexten für den Anschluss an neue Erkenntnisse sind: Nur 12 % der Zitationen der untersuchten Stichprobe schließen an das zentrale Argument und »richtig« an den zitierten Text an; 13 % zitieren zwar sachlich richtig, aber ohne Bezug zu den zentralen Aussagen des Textes, während 15-20 % unnötiger- und trivialerweise auf den zitierten Text Bezug nehmen; 45 % der Zitationen sind unnötig, trivial oder sogar (10 %) unnötig, belanglos und unrichtig.

zialtheoretische Erkenntnis der Vorgängigkeit der sozialen Operationsketten vor allen involvierten Einheiten findet in der Screenkultur ihre paradigmatische Entsprechung darin, dass dort publizierte Artikel die der Schriftlichkeit eigene zeitversetzte Operationsweise mit der Gleichzeitigkeit und Responsivität der Interaktion kombiniert. Der Autor wird jetzt zur temporären bibliographischen (Web-)Adresse. Umso wichtiger aber wird die mit Kompetenzerwerb verbundene Inklusion in die wissenschaftliche Kommunikation, denn davon hängt die Intelligenz und professionell geschulte Selektion der Anschlusskommunikation ab.[11]

Literatur

Abbott, Andrew (2001): Chaos of disciplines. Chicago: University of Chicago Press.

Abbott, Andrew (2008): AA's Plenary Lecture to the Association of American University Presses on Publication and the Future of Knowledge. Montreal. http://home.uchicago.edu/aabbott/booksandpapers.html (aufgerufen 13.2.2011).

Abbott, Andrew (2009): The Future of Knowing. Chicago. http://home.uchicago.edu/aabbott/booksandpapers.html (aufgerufen 13.2.2011).

Abbott, Andrew (2010): Varieties of Ignorance. The American Sociologist 41, 2, 174-189 (dt. (2010): Varianten der Unwissenheit. S. 15-35 in: Nach Feierabend. Züricher Jahrbuch für Wissensgeschichte 6. Universität. Zürich: diaphanes).

Abbott, Andrew (im Erscheinen): Library Research Infrastructure for Humanistic and Social Scientific Scholarship in America in the Twentieth Century. In: M. Lamont/ C. Camic/N. Gross (Hrsg.), Making Using and Evaluating Knowledge. Chicago: University of Chicago Press.

Bacon, Francis (1996 [1625]): Of Studies. S. 439-440 in: Ders., Essays or Counsels, Civil and Moral, hrsgg. von Brian Vickers. Oxford: Oxford University Press.

Bazerman, Charles (1988): Shaping Written Knowledge. Madison: University of Wisconsin Press.

Blair, Ann (2003): Reading Strategies for Coping with information Overload ca. 1550-1700. Journal of the History of Ideas 64, 11-28.

Bohn, Cornelia (1999): Schriftlichkeit und Gesellschaft. Opladen: Westdeutscher Verlag.

British Library und JISC (Joint Information Systems Committee) (2008): Information behaviour of the research of the future. http://www.bl.uk/news/pdf/googlegen.pdf.

Darnton, Robert (2009): The Case for Books: Past, Present and Future. New York: Public Affairs.

Foucault, Michel (1971): L'ordre du discourse. Paris: Editions Gallimard.

Hahn, Alois (2008): Zentrum und Peripherie. S. 411-433 in: Kay Junge/Daniel Suber/ Gerold Gerber (Hrsg.), Erleben, Erleiden, Erfahren: Die Konstitution sozialen Sinns jenseits instrumenteller Vernunft. Bielefeld: transcript.

---

11 Intelligenz ist keinesfalls ausschließlich als Eigenschaft von Individuen zu verstehen. In der Studie zur amerikanischen Universität hatte Parsons (1990, 99 ff. und passim) Intelligenz als symbolisches Medium aufgefasst. Im Sinne einer generalisierten Fähigkeit, die von jeder einzelnen Handlungseinheit eingesetzt wird, um alle kognitiv relevanten Ressourcen zu mobilisieren, die für die Lösung kognitiver Probleme zur Verfügung steht. Ein Vorschlag, der als soziologische Erkenntnis einen verbindlichen Platz im Systemgedächtnis innehat. Eine zeitgemäße Theorie der Universität müsste an diese Erkenntnis anknüpfen, um sie im Lichte neuerer Theorielagen einer gründlichen Revision zu unterziehen.

Heintz, Bettina (1995): Zeichen, die Bilder schaffen. S. 47-83 in: Johanna Hofbauer / Gerald Prabitz / Josef Wallmannsberger (Hrsg.), Bilder – Symbole – Metaphern. Wien: Passagen Verlag.

Herder, Johann Gottfried (1991 [1793-1797]): Briefe zur Beförderung der Humanität, hrsgg. von Hans Dieter Irmscher. Frankfurt a. M: Bibliothek deutscher Klassiker.

Grafton, Anthony (2008): Codex in Crisis. New York: The Crumpled Press

Kelly, Kevin (2010): Reading in a whole new way. http://www.smithsonianmag.com/specialsections/40th-anniversary/Reading-in-a-Whole-New-Way.html (aufgerufen 19.10. 2010).

Luhmann, Niklas (1984): Soziale Systeme. Grundriß einer allgemeinen Theorie. Frankfurt a. M.: Suhrkamp.

Luhmann, Niklas (1997): Die Gesellschaft der Gesellschaft. Frankfurt a. M.: Suhrkamp.

Luhmann, Niklas (2008 [1981]): Die Ausdifferenzierung von Erkenntnisgewinn: Zur Genese von Wissenschaft. S. 132-186 in: Ders., Ideenevolution. Frankfurt a. M.: Suhrkamp.

Merton, Robert K. (1998 [1962]): Priorities in Scientific Discovery. S. 286-325 in: Ders., The sociology of science. Chicago: The University of Chicago Press.

Parsons, Talcott / Platt, Gerald M. (1990 [1972]): Die amerikanische Universität. Ein Beitrag zur Soziologie der Erkenntnis. Frankfurt a. M.: Suhrkamp.

Pratschke, Margarete (2007): Jockeying Windows – Die bildräumliche Struktur graphischer Benutzeroberflächen als visuelle Grundlage von Multitasking. S. 16-24 in: Neue Gesellschaft für bildende Kunst (Hrsg.), Multitasking. Synchronizität als kulturelle Praxis. Berlin: NGBK.

Rosenzweig, Roy (2003): Scarcity or Abundance? Preserving the Past in a Digital Era. The Amercan Historical Review 108, 3, 735-762.

Ross, Marlon B. (1994): Authority and Authenticity: Scribbling Authors and the Genius of Print in Eighteenth-Century England. S. 231-257 in: Martha Woodmansee / Peter Jaszi (Hrsg.), The Constuction of Authorship: Textual Appropriation in Law and Literature. Durham: Duke University Press Books.

Stanitzek, Georg (1999): Otto Luschnat: Autodidaktos. Eine Begriffsgeschichte. S. 325-343 in: Bernhard J. Dotzler (Hrsg.), Grundlagen der Literaturwissenschaft. Exemplarische Texte. Köln: Böhlau.

Stichweh, Rudolf (1991): Der frühmoderne Staat und die europäische Universität. Zur Interaktion von Politik und Erziehungssystem im Prozeß ihrer Ausdifferenzierung (16.-18. Jahrhundert). Frankfurt a. M.: Suhrkamp.

Stichweh, Rudolf (1994 [1987]): Die Autopoiesis der Wissenschaft. S. 52-83 in: Ders., Wissenschaft, Universität, Professionen: Soziologische Analysen. Frankfurt a. M.: Suhrkamp.

Weingart, Peter (2010): Die ›unternehmerische Universität‹. S. 55-73 in: Nach Feierabend. Züricher Jahrbuch für Wissensgeschichte 6: Universität. Zürich: diaphanes.

Zedler, Johann Heinrich (1731-1754): Avtodidactus. Sp. 2267-2268 in: Großes vollständiges Universal-Lexikon, Band 1.

Prof. Dr. Cornelia Bohn
Soziologisches Seminar, Kultur- und Sozialwissenschaftliche Fakultät
Universität Luzern
Postfach 4466, CH-6002 Luzern
cornelia.bohn@unilu.ch

Soziale Systeme 16 (2010), Heft 2, S. 380-389

Hans Ulrich Gumbrecht

Was ist »die amerikanische Universität« – und was sollen amerikanische Universitäten sein? Neun ethnographische Aufnahmen und zwei systemische Fragen

Man ist so sehr und seit so langem daran gewöhnt, dass es kaum je bemerkt wird, aber Diskussionen über die Lage der Universitäten in Deutschland kommen kaum je ohne einen Bezug auf »die amerikanische Universität« oder sogar auf »das amerikanische Universitätssystem« aus. In der Vergangenheit wurde »die amerikanische Universität« fast immer als Maß aller Dinge oder unerreichbares Vorbild ins Spiel gebracht, doch mittlerweile ist selbst dieses Thema in den Fluss einer allumfassenden Amerika-Ernüchterung geraten, und so hört man mittlerweile ab und an auch von »der Krise der amerikanischen Universität« oder von ihrer grau verhangenen Zukunft. Konstant geblieben ist nun schon über Jahrzehnte jedenfalls der Singular, anders – und etwas sprachanalytischer – gesagt, die ganz selbstverständlich gemachte Voraussetzung, dass es so etwas wie eine einheitliche institutionelle Struktur gebe oder zumindest ein konstantes Bündel von Merkmalen, welche für die Rede von »der amerikanischen Universität« einen Bezugspunkt oder einen »Referenten« (im linguistischen Sinn dieses Worts) abgeben könnten.

Ein »amerikanisches Universitätssystem,« das man mit den deutschen, dänischen, schweizerischen oder brasilianischen Universitätssystemen zum Beispiel vergleichen könnte, also ein vom Staat getragener Institutionen-Verbund, der auf ein grundlegendes Strukturmodell festgelegt ist, nur innerhalb einer gemeinsamen verbindlichen Funktionszuschreibung gewisse Differenzierungen zulässt und daneben ganz selbstverständlich beansprucht, den Spielraum für private Konkurrenz-Institutionen möglichst begrenzt halten zu dürfen, ein einheitliches Universitätssystem dieser Art existiert in den Vereinigten Staaten aber nicht. Selbst die Unterschiede zwischen einzelnen Universitäten, die in jeweiligen »Systemen« verschiedener Bundesstaaten zusammengefasst sind, wie die »University of California,« die »University of Illinois« oder »SUNY,« die »State University of New York,« sind größer, als es Universitätssysteme in anderen Ländern je zulassen würden: außer dem ersten Wort ihres Namens haben zum Beispiel »Cal,« die University of California / Berkeley, wo man noch immer von den »revolutionären« sechziger Jahren träumt, und »UCLA,« die University of California / Los Angeles, deren Finanzierungsstrategie sich offenbar jener der reichsten privaten Universitäten angeglichen hat, nur sehr wenig gemeinsam.

All das, vermute ich, weiß Rudolf Stichweh nur zu gut, denn er klang sehr kompetent, als ich ihn einmal – beim Jahrhundert-Jubiläum der Leipziger Universität – von den amerikanischen Universitäten (im Plural!) reden hörte. Um deshalb den peinlichen Eindruck zu vermeiden, ich wolle belehren, möchte ich mit einer Frage an Stichweh, mit einer wohl »systemisch« zu nennenden Frage, beginnen, die mich seit langem schon und immer wieder beschäftigt, ohne dass ich eine Antwort finden kann. In bewusst pointierter Formulierung werden an diese Frage dann neun ethnographische Beobachtungen anschließen, die aus verschiedenen Perspektiven Strukturen und Funktionen von variierenden Formen der Selbstreferenz an amerikanischen Universitäten in den Blick bringen sollen. Das führt zu der – am Ende noch einmal systemisch gewendeten – allgemeinen und methodologischen Frage nach den Bedingungen für die Erfassung des Unterschieds zwischen geschlossenen und offenen Strukturen.

I.

In der alltagssprachlichen Bedeutung des Wortes gibt es, wie gesagt, gewiss kein amerikanisches Universitäts-»System.« Meine nächste Frage ist deshalb, ob es Sinn macht, den weit abstrakteren systemtheoretischen Systembegriff auf die Universitäten in den Vereinigten Staaten anzuwenden. Nach dem systemtheoretischen Prinzip von der Priorität der Funktion über die Struktur, müsste es, um sie als Einheit erfassen zu können, möglich sein, alle amerikanischen »Universitäten« auf eine spezifische gemeinsame Funktion zuzuordnen und sie zugleich als eine relativ homogene Sphäre der Kommunikation zu beschreiben.

Weder die eine noch die andere Bedingung kann, denke ich, ohne Vorbehalt gelten. In Europa wird bis heute nicht wirklich realisiert, dass das *college* weder in seinem traditionellen Selbstverständnis noch in seiner aktuellen Wirklichkeit eine berufsvorbereitende Institution ist. Idealerweise, das lässt sich im Deutschen kompakter sagen als in der englischen Sprache, soll das *college* Bildung im weitesten und im traditionellsten Sinn des Begriffs vermitteln (deshalb können Konzerte, Auslandsaufenthalte und Diskussionsklubs, aber auch Tanzkurse und ohnehin Sportveranstaltungen zum *college*-Programm gehören). Zwar darf sich niemand ohne einen *college*-Abschluss um die Aufnahme an eine *professional school* (oder *graduate school*) bewerben, und insofern sind die beiden Stufen miteinander verbunden, aber es gibt akademische Institutionen mit höchstem Prestige, welche keinerlei *graduate school*-Elemente haben und keinerlei berufsbildende Lehrveranstaltungen anbieten (das sind vor allem die sogenannten »*liberal arts colleges*,« etwa Williams oder

Swathmore, aber bis spät ins zwanzigste Jahrhundert hatte auch Princeton in etwa diese Struktur). Des Weiteren gilt es als ein Zeichen nachlassender intellektueller Qualität oder zumindest doch finanzieller Schwäche, wenn eine Universität, die über Curricula auf beiden Ebenen verfügt, Studenten aus dem eigenen *college*-Programm in ihre *graduate schools* übernimmt. Zwischen *college* und *professional school* sollen die Studenten die Universität wechseln (in den allermeisten Fällen müssen sie das tun, weil *graduate school*-Bewerbungen von eigenen *college*-Studenten nicht berücksichtigt werden) – und innerhalb beginnender akademischer Karrieren kann niemand an der Universität seine erste Stelle als *assistant professor* antreten, an der er promoviert hat.

Eine übergreifende Funktion, die alle amerikanischen Universitäten und nur sie beträfe, gibt es also schon aufgrund ihrer grundsätzlichen Zweistufigkeit nicht – und die Evidenz für die wechselseitige Abschottung der beiden Stufen ließe sich empirisch noch viel weiter treiben. Gewiss könnte man, wenn es denn unbedingt sein müsste – im systemischen Sinn – von einem »amerikanischen Bildungs-System« reden, aber dann legte man eine sehr offene Perspektive zugrunde und müsste neben den *elementary schools, middle schools* und *high schools* auch die elitären *prep schools* (wie zum Beispiel Andover) einbeziehen, die zur Aufnahme in Spitzen*colleges* vorbereiten, und schließlich sogar die im amerikanischen Kontext geradezu sozialdemokratisch wirkenden zweijährigen *community colleges*, die unter weit inklusiveren Bedingungen solche Studenten zur *college*-Aufnahme führen, die nach Abschluss der *high school* noch nicht qualifiziert genug für das jeweils anvisierte *college*-Niveau waren.

Nicht einmal zwischen den verschiedenen *colleges* und zwischen den verschiedenen *graduate schools*, also sozusagen »horizontal« auf der jeweils selben institutionellen Ebene, gibt es garantierte Möglichkeiten des Übergangs. Nur im lebenspraktischen Notfall wird man von einem *college* zu einem anderen wechseln, bevor man nach vier (oder in wenigen Ausnahmefällen fünf) Jahren mit einem *Bachelor of Arts* abschlossen hat, und ein Wechsel der *graduate school* sieht eigentlich immer aus wie die Reaktion auf ein Scheitern in der ersten Phase der Berufsausbildung. Analoges gilt für *assistant professors*, die noch nicht auf einer entfristeten Stelle angelangt (»*tenure*«) sind – denn die Möglichkeit des freien Wechsels zwischen den Institutionen (die Möglichkeit, einen »Ruf« anzunehmen, wie man im Deutschen sagen würde) steht im Rahmen guten akademischen Stils nur Professoren mit entfristeten Stellen offen. Wer sich – ausnahmsweise – von einer zur Möglichkeit der *tenure* führenden Stelle wegbewirbt, der tut das im Normalfall, weil er pessimistisch im Hinblick auf seine *tenure*-Chancen an der jeweils gegenwärtigen Universität ist.

Selbstverständlich (und von sehr wenigen Ausnahmen abgesehen) findet Kommunikation zwischen den verschiedenen *colleges* und zwischen den verschiedenen *graduate schools* nur als Austausch von Forschungsergebnissen statt (die aber primär individuellen Forschern und eben nicht den Institutionen gehören) – und als Wettbewerb auf dem Bildungsmarkt (das heißt vor allem als ein Wettbewerb um die besten Studenten). Keine statistische Zahl ist zum Beispiel für das Selbstbewusstsein von Stanford so ausschlaggebend wie die Proportion von *college*-Bewerbern, die von Harvard und von Stanford ein Angebot zur Aufnahme haben und sich dann für die eine oder andere Universität entscheiden.

Aber selbst der Markt ist aufgrund informeller Hierarchien nicht homogen: Stanford möchte zumindest den Eindruck erwecken, nicht mit Notre Dame oder der University of Michigan zu konkurrieren (»*they don't play in the same league*«), und Harvard wäre nicht mehr Harvard, wenn es je offen mit irgendeiner anderen Universität konkurrierte (»*they want to play in a league of their own*«). Im letzten Jahrzehnt ist ein Harvard-Präsident daran gescheitert, dass er – aus wirtschaftlichen Gründen übrigens – dieses öffentliche Selbstbild verändern wollte.

Schließlich ist die Frage noch unbeantwortet geblieben, ob denn nicht zwischen der Bildungsfunktion der *colleges* und der Vermittlung berufsrelevanten Wissens in den *graduate schools* wenigstens die Forschung und die sie ermöglichenden Stile des Denkens eine institutionelle Klammer für die Universitäten abgeben. Aber gegen diesen Gedanken ist einzuwenden, dass – bei allem internationalen Ansehen der Forschungsleistungen verschiedener amerikanischer Universitäten – Forschung nur, etwas überspitzt gesagt, als ein Privatvergnügen der Professoren gilt, das meistens in ihren Verträgen unerwähnt bleibt und für das sie persönlich Mittel einwerben müssen, sobald das jeweilige Finanzvolumen erstaunlich niedrige Grenzen überschreitet. Wie immer man es also wendet, es scheint sich keine übergreifende Perspektive abzuzeichnen, die es erlauben würde, die amerikanischen Universitäten in ihrer Gesamtheit – und in einem systemtheoretischen Sinn überzeugend – wirklich als ein einheitliches »System« in den Blick zu bringen.

II.

Für alle Universitäten, die aus *college* und *professional school* bestehen, hängt das öffentliche Selbstbild – erstaunlicherweise – primär, ja fast ausschließlich vom Ruf des *college* ab. Die am meisten ernstzunehmenden und für das Prestige entscheidenden nationalen Rankings sind ausschließlich *college*-bezogen. Über die Qualität der *professional schools* informiert man sich je fachspezifisch. Die *law school* und die *business school* von Stanford zum Beispiel sind derzeit deutlich besser als die dortige *medical school* – und über eine gemeinsame Bewertung aller *professional schools* an einer und derselben Universität denkt niemand nach. Was die Dominanz der *college*-Komponente für das Ansehen der gesamten Universität angeht, kenne ich eigentlich nur eine Ausnahme, und das ist die University of Chicago. Sie ist schon dadurch exzentrisch, dass sie zu den wenigen akademischen Institutionen in den Vereinigten Staaten gehört, die mehr *graduate-* als *college*-Studenten haben, aber vor allem gehört allein die University of Chicago zu den angesehensten Universitäten des Landes, ohne je unter den ersten fünfundzwanzig der gerankten *colleges* aufzutauchen – so dass man die allgemeine Wertschätzung dieser Universität nur aufgrund der ausnahmsweise verallgemeinernden Bewertung ihrer *graduate schools* erklären kann.

Die Dominanz der *college*-Komponente in der Dimension der Identität gilt nicht allein auf der institutionellen, sondern auch auf der individuellen Seite der ehemaligen Studenten. »A *Yale girl*« ist eine Frau, die in Yale aufs *college* gegangen ist und von der man einen spezifischen (schwer beschreibbaren, aber als existierend angenommenen) Verhaltensstil erwartet, auch wenn die folgende Ausbildung an der *professional school* oft mehr Zeit als die typischen vier Jahre *college* beansprucht hat und darüber hinaus als Berufsausbildung eben für individuelle Lebensplanungen und Lebensmöglichkeiten viel langfristiger ausschlaggebend war. Aber keine andere Phase wirkt so nachhaltig prägend für Selbstbild und öffentliche Einschätzung in einem amerikanischen Leben wie das *college* – und auch dieser Sachverhalt zeigt, dass es mit dem europäischen Verständnis von » Universität« kaum zu verrechnen ist.

III.

Vor etwa einem Jahr hat die gegenwärtige Harvard-Präsidentin die Frage, ob die Bildung in den Vereinigten Staaten in eine Krise geraten sei, mit der Beobachtung assoziiert, dass eine von Jahr zu Jahr wachsende Prozentzahl der Absolventen von prominenten *colleges* Anstellungen als *investment banker* suchen – und finden. Ich denke, sie ist in Europa durchgängig missverstanden worden, wo man davon ausging, dass die Präsidentin enttäuscht war über die spezifische Richtung dieser dominanten Berufswahl. Doch darum ging es ihr wohl kaum. Sie war enttäuscht, dass so viele *college*-Absolventen heute sich um lukrative Stellen bemühen, statt – nach der üblichen ein- oder zweijährigen Unterbrechung – die Fortsetzung ihres Studiums an einer *professional school* aufzunehmen. Jede neue Generation von Studenten mit *college*-Abschluss scheint dafür kritisiert zu werden, dass sie angeblich zu profitorientiert denkt, und ein ums andere Mal schließen sich Eltern und Universitäten zu einer Koalition zusammen, welche die »reinen« Bildungswerte – von ihrem ökonomischen Wert auf dem Stellenmarkt gerade absehend – hochhält. Bei einem Treffen mit den *tuition*-zahlenden Eltern unser *college*-Studenten habe ich einmal nicht ohne Rührung gehört, wie sich ein Vater Sorgen machte um den zukünftigen *college*-Absolventen mit Schwerpunkt im »Ingenieurswesen,« der nach einer anstehenden Reform des Curriculum »nicht mehr dazu käme, die zentralen platonischen Dialoge zu lesen.« Dafür, für Bildung in einem ganz klassischen Sinn, zahlen die meisten amerikanischen Eltern sehr bereitwillig Studiengebühren – auch und gerade, wenn sie selbst nicht in den Genuss solcher Bildung gekommen sind. Was eine Universität eigentlich ausmacht, das zu erwähnen vergisst der Präsident von Stanford, ein Computer-Wissenschaftler, nur selten, soll jener *intellectual buzz* sein, den vor allem die Geisteswissenschaften beisteuern (die im Englischen ja nicht »Wissenschaften« sondern »*Humanities and Arts*« heißen). Wegen ihrer zentralen Rolle für das klassische Verständnis der *colleges* stehen die *Humanities and Arts* eigentlich nie in Frage oder gar in einer ernsthaften »Krise« an den amerikanischen Universitäten.

IV.

In einem Bilderbuch, das Absolventen der University of Pennsylvania ihren Vorschul-Kindern schenken sollen, gibt es ein Photo, auf das Eltern und zukünftige Studenten deuten können und unter dem »*professor*« steht. Der dort abgebildete Professor sieht so aus, als stehe er in der Mitte oder am Ende seines fünften Lebensjahrzehnts, ist großgewachsen wie ein ehemaligen Sportler, zeigt ein verhaltenes Lächeln und einen scharfen, herausfordernden Blick und ist in dezenter Weise exzentrisch gekleidet: er hat seine Anzughose in hohe Stiefel gesteckt, trägt unter dem Jackett ein Sporthemd mit weitausladendem Kragen, und außerdem hat er natürlich einen Bart. Selbst wenn mir das Photo in einem anderen – amerikanischen – Kontext begegnet wäre, hätte ich wohl richtig geraten, dass es sich um einen »*college professor*« handeln muss und hätte ihn als »charismatischen Intellektuellen« beschrieben. Charismatisch sollen *college*-Lehrer nach Möglichkeit sein; eine sich in regelmäßigen Evaluationen ihrer Lehrveranstaltungen niederschlagende Begeisterung der Studenten zählt weit mehr (auch für ihre Gehaltsentwicklung) als Publikationen – das gelobte Land des Prinzips »*publish or perish*« ist wohl eigentlich Deutschland. *Tweed* trägt der kanonische Typ des Professors für englische Literatur (deshalb vermute ich, dass der Professor aus dem University of Pennsylvania-Bilderbuch eher Mathematik unterrichtet), er versucht, wenn nicht mit britischem, so doch wenigstens mit einem Bostoner Akzent zu sprechen und führt mit seinen Kollegen in der *lounge* des Departments witzig-gebildete Gespräche anlässlich der letzten Ausgabe des *Times Literary Supplement* oder des einen und anderen Artikels aus dem *Oxford English Dictionary*. Wenn jemand seine Arbeit zuhause oder in der Bibliothek als *research* bezeichnete, dann würde er sich das freundlich aber bestimmt verbitten. Ein *gentleman scholar* will er sein und ein *devoted teacher*, und sehr viel zu publizieren, das würde zu »professionell« aussehen, so als hätte man nicht Besseres und Schöneres zu tun, als Fußnoten zu tippen.

V.

Bei dem Mittagessen mit den Vertretern der Universitätsleitung, zu dem wir alle zwei bis drei Jahre eingeladen werden, gratulierte der Präsident einmal all jenen Kollegen, die das Prestige, die strukturellen Möglichkeiten und die finanziellen Mittel der Hochschule genutzt hatten, um sich Einnahmequellen weit über ihr monatliches Gehalt hinaus zu erschließen. Ein Geisteswissenschaftler merkte in dem für seine Zunft so typisch verzagten Ton an, dass ihm eine solche Möglichkeit ja wohl nicht gegeben sei, worauf der Präsident gekonnt replizierte, indem er ihn daran erinnerte, dass er in den vergangenen Jahren zu einem *international public intellectual* geworden sei – und das doch wohl nicht ohne Hilfe der Universität und ohne externe Einkommenssteigerung. Es ist nie ein Problem, *unpaid leave* für solche profitorientierten Aktivitäten bewilligt zu bekommen – bei Bibliotheksreisen muss man sich mit der Begründung weit mehr anstrengen.

VI.

Seit ich mich im Wintersemester 1967/1968 an der Münchner Universität zum ersten Mal immatrikulierte, hat es nach meiner Erinnerung keine Zeit gegeben, in dem das deutsche Universitätssystem nicht in dem einen oder anderen Reformprozess stand. Darin haben sich immer Legitimationsabsichten der Wissenschaftsministerien und der Rektorate gegenüber Steuerzahlern und Studierenden artikuliert. Man schulde es ihnen, die Universität weiter zu öffnen, die durchschnittliche »Verweildauer« der Studenten zu verkürzen, neue Medien mit in den Unterricht einzubeziehen und so weiter. Angesehene amerikanische Universitäten tendieren eher dazu, die unvermeidlichen Reformbaustellen unsichtbar zu machen. Denn es gilt ja – zumindest in den eminenten Fallen – ein lange schon sehr erfolgreiches, zum »Klassiker« gewordenes und auch sehr teures Produkt warm zu halten als Objekt der Begierde. Außerdem weiß man, dass einschneidende Veränderungen – oft bloße Veränderungen der Bausubstanz und ohnehin curriculare Veränderungen – bei den spendenfreundlichen Ehemaligen (»*alumni*«) Verstimmung auslösen können. Dass auch und gerade die ältesten *colleges* »jung bleiben« wollen, versteht sich, und die neuesten *computer clusters* bedürfen als Anpassung an den jeweils letzten technologischen Standard der Erwähnung nicht. Aber dass man sozusagen »alt geblieben« ist, dass bestimmte Kurse zum hundertsten Mal gelehrt werden und in der ersten Vollmond-Nacht des Studienjahres eine für amerikanische Verhältnisse sehr ausgelassene Party zu feiern ist, das wird ohne Unterlass bestätigt und betont. Idealerweise sollten sich die Absolventen eines jeden *college* – vom Anfang bis zum Ende eines ganzen Jahrhunderts – über dieselben Rituale unterhalten können.

VII.

Machen Sie selbst die Probe aufs Exempel – für mich jedenfalls klingt der Satz »ich liebe meine Universität« im Deutschen wie ein Satz aus der Künstlichkeit des Sprachlabors. Es wäre mir peinlich, diese Worte in Deutschland zu gebrauchen, ich käme mir vor wie jemand, der sich dort einschmeicheln will, wo er Distanz wahren sollte – oder eben wie einer, der gerade von einer amerikanischen Gastprofessur zurückgekommen ist und zeigen will, was er gelernt hat (»*someone trying to go native*«). An den deutschen Universitäten ist der Ton der Selbstreferenz als bescheiden festgelegt, bestenfalls selbstbewusst in der allersachlichsten Weise, das konnte man sehr gut entlang der Exzellenz-Initiative beobachten. Wir Amerikaner hingegen sprechen von unseren Universitäten meist in Tönen einer Quasi-Liturgie, welche ab und an selbst für Gleichgesinnte etwa schwerverdaulich geraten. »I love my University« gehört allemal zum Standardrepertoire, und niemand hat den Verdacht, er könne es nicht wirklich ernst meinen, wenn er sich diese Worte sagen hört.

VIII.

Music departments schließen neben der Musikologie immer auch die Konservatoriums-Komponente der musikalischen Praxis ein, und das Analoge gilt für Kunst- und Theater-Abteilungen. Der Hauptgrund für diese strukturelle und funktionale Duplizität liegt natürlich darin, die musische Seite im Bildungsauftrag des *college* abzudecken, aber seit ihren Ursprüngen haben die Universitäten auch Aufgaben übernommen, die in anderen Nationen von der Kulturpolitik und Kunstförderung des Staates getragen werden. Es widerspräche unter amerikanische Bedingungen einem Grundkonsensus im Verständnis der Verfassung, wenn der Staat Kultur förderte – und deshalb sind die Universitäten nicht nur zentrale Orte, sondern die wichtigsten Agenten und Sponsoren im Land für das Leben der Künste. Auf dem Campus meiner Universität entsteht gerade eine Konzerthalle für etwa tausend Hörer, deren Gesamtbaukosten wohl die dreihundert Millionen Dollar-Grenze erreichen werden und deren akustische Qualität mit den besten Konzerthallen der Welt konkurrieren soll. Ein solches Projekt lässt sich mit dem Verweis auf Studentenorchester und College-Chor kaum rechtfertigen.

IX.

Wenn amerikanische Universitäten Jahr für Jahr die eingegangenen Bewerbungen zum *college* auswerten, dann wissen ihre Sachbearbeitern nicht, ob die Familien einzelner Bewerber finanziell imstande sein werden, die jähr-

lichen Studiengebühren von (in den teuersten Fällen) weit über 50.000 Dollar
zu bestreiten – das Zulassungsverfahren ist »*needblind*«. Konkret bedeutet dies
etwa an der Stanford University, dass für keinen Studenten, dem die Aufnahme angeboten ist und dessen Familie über Jahreseinkünfte von weniger als
100.000 Dollar verfügt, irgendwelche Studiengebühren erhoben werden; und
erst ab einem Familieneinkommen von etwa 250.000 Dollar pro Jahr kommen die vollen Studiengebühren in Anschlag. Daraus folgt für die spezifische
gesellschaftliche Effizienz der amerikanischen Universitäten, dass sie – weitaus intensiver als europäische Universitätssysteme – die besonders talentier-
ten jungen Leute aus den jeweiligen Unterschichten fördern: anderseits ist die
Gewissheit, dass Kinder aus der Bildungsmittelschicht wieder zu derselben
sozialen Ebene aufschließen, die ihre Eltern erreicht hatten, deutlich geringer
als in Europa. Vielleicht ist das *college* jene Dimension der Gegenwart, wo der
American dream noch mit sichtbarer Wirkung am Leben ist.

X.

Aufgrund einer juristischen Grundsatzentscheidung gibt es in den Vereinigten Staaten für keinen Beruf bindende Altersgrenzen oder Pensionierungs-
verpflichtungen mehr; Professorengehälter sollen mit viel einschneidenderen
Konsequenzen als in Europa leistungsabhängig sein; Investionen in die individuelle Kranken- und Alterversorgung bleiben der Initiative einzelner Ar-
beitnehmer überlassen. Aus diesen drei Rahmenbedingungen ergibt sich der
Sachverhalt, dass – pauschal gesehen – die in ihren Leistungen schwächsten
Professoren die stärkste Motivation haben, bis zum Ende ihrer Tage (manchmal unter peinlichen Umständen) zu unterrichten. Um dies und die potentiell deprimierenden pädagogischen Konsequenzen abzuwenden, haben sich
mittlerweile nicht wenige Universitäten entschlossen, all ihren Professoren
beträchtliche Einmal-Zahlungen (in Höhe mehrerer Jahresgehälter) anzubieten, wenn sie sich zur Emeritierung vor einer bestimmten Altersgrenze (üblicherweise um die siebzig Jahre) verpflichten. Nur wenige von ihnen können
es sich leisten, ein solches Angebot auszuschlagen, und viele, die es annehmen, werden gleich nach der Emeritierung eingeladen und verpflichtet, nun
als »Lehrbeauftragte« weiter Veranstaltungen anzubieten. Die Institution
scheint zunächst diejenigen auf Distanz bringen zu wollen, die sie getragen
haben, aber das scheint nur die altersmild-hartnäckige Sucht der meisten
Professoren zu steigern, bis zum letzten Tag ihres Lebens an der Universität
festzuhalten, die sie eben lieben.

XI.

Meine abschließende systemische Frage lautet, ob man einzelne amerikanische Universitäten – immer vorausgesetzt, dass sich von einem »amerikanischen Universitätssystem« wirklich nicht reden lässt – als bemerkenswert geschlossene oder als bemerkenswert offene Systeme beschreiben soll. Natürlich impliziert diese universitätsbezogene Frage die methodologische (so wird man sie wohl am ehesten nennen) Frage nach Kriterien für die Anwendung der Unterscheidung von »geschlossenen« und »offenen« Systemen. Nehmen wir eine akademische Institution, die – weitestgehend – ein *college* im klassischen Sinn geblieben ist wie Dartmouth. In seiner Abschottung gegenüber der Dimension der *professional schools* (was den institutionellen Stil angeht) und gegenüber allen Formen des Austausches mit anderen *colleges* ist Dartmouth enorm geschlossen, und dies gilt gewiss auch im Hinblick auf die Selbstreferenz, die dort von ebenso konservativen wie großzügigen *alumni* stabil gehalten wird. Man könnte hier also das so beliebte Paradox aktivieren, dass die geschlossensten Systeme zugleich die am intensivsten umweltsensiblen sind, um so die Innovationskraft und den nachhaltigen Erfolg von Dartmouth zu erklären. Aber spielt Dartmouth nicht zugleich in einer geographisch und wirtschaftlich marginalen Gegend der nordöstlichen Vereinigten Staaten eine zentrale kulturelle Rolle, die gar nichts mit der primären Erziehungsfunktion zu tun hat und mithin dieses *college* zu einem besonders offenen System macht? Wenn es nicht gelingen sollte, die eine oder die andere Beschreibung – die Beschreibung als besonders geschlossenes oder als besonders offenes System – als adäquater zu markieren, dann könnte ich den Eindruck nicht loswerden, dass die Attraktivität der Systemtheorie am Ende doch vor allem darin liegt, »intellektuell anregend« zu sein – obwohl ich ja das Versprechen von wirklich zwingenden Argumentationen und Beobachtungen noch nicht vergessen habe, das mir die ersten Luhmann-Lektüren vor gut vierzig Jahren gaben.

Hans Ulrich Gumbrecht
Albert Guérard Professor in Literature
Professor of French & Italian and of Comparative Literature
School of Humanities and Sciences, Stanford University
450 Serra Mall, Stanford, CA 94305-2070

Soziale Systeme 16 (2010), Heft 2, S. 390-403

Adrian Itschert

Harvard, Princeton, Yale und das Meritokratiemodell

I. Einleitung

Harvard, Yale und Princeton haben immer schon viel Aufmerksamkeit auf sich gezogen. Ohne Zweifel handelt es sich um drei der angesehensten Universitäten der Welt. Sie verdanken ihr Renommee ihrem historischen Alter, den brillanten Wissenschaftlern, die sie hervorgebracht haben, aber auch der Tatsache, dass sie sich den Ruf erworben haben, einen direkten Weg zu Amerikas Elitepositionen zu bieten (Hartmann 2004, 129): Sie haben einige Präsidenten, viele Kabinettmitglieder, aber auch bedeutende Wirtschaftsführer und Künstler hervorgebracht. Die Wall Street rekrutiert ihren Nachwuchs bevorzugt vom Campus dieser Universitäten und ist dort mit einer Vielzahl von Veranstaltungen vor Ort, weil man davon überzeugt ist, an diesen Universitäten die landesweit »smartesten« Individuen vorzufinden (Ho 2009, 42 ff.). Es gibt also viele legitime Gründe für das Prestige dieser Universitäten. Andererseits haben diese Universitäten aber seltsamerweise auch den Ruf, dass sie traditionell ein deutliches Misstrauen gegenüber Intellektualität aufweisen, dass in der Studentenkultur leistungsbereite interessierte Studenten mit dem Stigma des »greasy grinds« (schleimiger Streber) (Karabel 2005, 19) belegt werden, dass an diesen Universitäten die ausseruniversitären Aktivitäten wie Clubs oder Sportteams höher bewertet werden als akademische Leistungen. Wie konnten diese Universitäten ihre wissenschaftliche Reputation bewahren, wenn dort der angepasste, »runde« Charakter soviel höher bewertet wird als die Introvertiertheit und der Nonkonformismus des ehrgeizigen Akademikers?

Ein zweiter Widerspruch im öffentlichen Bild dieser Institutionen betrifft das Verhältnis zum Meritokratiemodell. Einige prominente Mitglieder dieser Universitäten wie Harvards Präsident James Bryant Conant sind glühende Vertreter des Meritokratiemodells gewesen und haben versucht, diese Universitäten zu nationalen Institutionen der Eliteausbildung zu machen, die das Versprechen einlösen sollen, dass in Amerika jedes Individuum unabhängig von seiner Herkunft alles erreichen kann (Karabel 2005, 139 ff.). Doch gerade diese Institutionen sind auch durch den Versuch aufgefallen, durch Quoten jüdische Studenten von ihrem Campus fernzuhalten (111), sie bevorzugen bei der Zulassung die Kinder von Alumni (»Legacies«) (550) und sie weisen traditionellerweise eine große Nähe zu teuren privaten Institutionen des Sekundarschulbereichs wie Groton, Hotchkiss oder Coate auf, die deshalb als auch

»Feeder Schools« bezeichnet werden (27). Hier scheinen gerade askriptive Kriterien wie ethnische Zugehörigkeit oder soziale Klasse die Zulassungsentscheidungen zu dominieren und nicht individuelle Leistungen. Ebenso eigenwillig wirkt es, dass heute bis zu 20 % eines Jahrgangs aus begabten Sportlern bestehen, die den Erfolg der Collegeteams garantieren sollen, obwohl sie in der Regel nach Schulzensuren und Eignungstests deutlich schlechter abschneiden als die anderen Studenten (525). Diese Seite von Harvard, Yale und Princeton hat deshalb schon immer die Phantasie von Vertretern von Machtelitentheorien beflügelt, die diesen Institutionen die Funktion zugesprochen haben, eine landesweite kohäsive Machtelite hervorzubringen, die die Geschicke des Landes diktiere.

Das Bild dieser Institutionen ist aber auch von einem dritten Widerspruch geprägt. So ist nicht zu übersehen, dass sich diese Universitäten in der Zusammensetzung ihrer Studentenpopulation seit den 1960er Jahren dramatisch gewandelt haben. Bis in diese Zeit hinein dominiert die Gruppe der männlichen weißen Protestanten aus der wohlhabenden Oberschicht. In den 1960er Jahren führen diese Institutionen einerseits die Koedukation ein, und in einer Reihe von öffentlich weithin sichtbaren Gerichtsprozessen setzen diese Universitäten durch, dass sie mithilfe von »Affirmative Action« Programmen die Quoten afroamerikanischer und später dann auch asiatischer Studenten erhöhen können. Sie führen aber auch ein ganzes Instrumentarium von Stipendien, »need blind admissions« und anderen Förderungsmitteln ein, um minderbemittelten, akademisch aussichtsreichen Schulabsolventen das Studium zu ermöglichen. Sie wenden sich immer mehr von den traditionellen »Feeder Schools« ab, und suchen aktiv an öffentlichen Schulen nach begabten Schulabgängern. Ohne Zweifel hat die Diversität der Studentenpopulation seit dieser Zeit erheblich zugenommen. Auf der anderen Seite finden sich bis heute kaum Studenten an diesen Universitäten, deren Eltern nicht entweder wohlhabend oder überdurchschnittlich gebildet sind. So konstatiert Karabel, dass es diesen Universitäten bis heute an »Class Diversity« fehle (2005, 553); vor allem die Söhne von Professoren hätten von den »need blind admissions« und den Stipendien profitiert. Diese Fördermittel hätten lediglich dazu geführt, dass das ökonomische Kapital ein wenig gegenüber dem kulturellen Kapital an Bedeutung verloren habe. Will man nun das Moment des Wandels hin zu einer höheren Repräsentativität der Studentenpopulationen dieser Universitäten in den Vordergrund stellen oder eher die konstante Überrepräsentation der Wohlhabenden und Gebildeten hervorheben?

Eine vierter Widerspruch, der sich erst bei näherer Betrachtung enthüllt, betrifft das Abhängigkeitsverhältnis dieser Universitäten von mächtigen *Stake Holder*-Gruppen wie den Alumni, den Coaches der Sportteams, den Vertretern der »Feeder Schools« und der Bürgerrechtbewegung. Einerseits verblüfft, dass Vertreter der Alumniorganisationen lange an den Zulassungsentscheidungen beteiligt waren. Dabei existiert bis heute eine feingradige Unterscheidung zwischen den Kindern von Alumni, die keine Beiträge zahlen mussten, den Kindern von Alumni, die Beiträge gezahlt haben und Individuen, deren Eltern sich in den Kommissionen zur Anwerbung von Spenden engagieren. Dass begabte Sportler heute die anteilsgrößte Fraktion unter den Studenten ausmachen, liegt auch daran, dass die Loyalität der Alumni unter anderem vom Erfolg der College-Mannschaften abzuhängen scheint (Karabel 2005, 454). Angesichts dieser Befunde erstaunt es aber wiederum, wie aggressiv diese Universitäten immer wieder Konflikte mit ihren Alumni eingegangen sind. Die Einführung der Koedukation in Princeton hat massive Konflikte mit den Alumniorganisationen ausgelöst. Yale hat in den 1960er Jahren unter Clarke vehement um begabte Studenten geworben, den Kontakt zu den Feeder Schools fast ganz abgebrochen und die Bevorzugung der »Legacies« so reduziert, dass die Rückgänge im Spendenaufkommen Yale fast ruiniert hätten. Diese Beispiele zeigen, dass die Autonomie dieser Universitäten doch weit größer ist, als häufig angenommen wird.

Ohne Zweifel bevorzugen diese Universitäten eine meritokratische Deutung. Sie verweisen darauf, dass einige ihrer Dozenten zu den reputiertesten Wissenschaftler weltweit zählen, dass der Anteil der »Legacies« abgenommen hat, dass sie ihre erheblichen finanziellen Mittel dazu nutzen, um landesweit um die besten Schulabgänger zu konkurrieren und dass ihre »Affirmative Action«-Programme der Einsicht geschuldet seien, dass die Schulnoten und die Testergebnisse häufig nicht in der Lage seien, das Talent von Individuen zu erkennen, die unter ungünstigen Bedingungen heranwachsen. Außerdem können sie darauf verweisen, dass sie nicht nur für die Wissenschaft, sondern für Elitepositionen in den verschiedensten Funktionsbereichen ausbilden, so dass eine einseitige Berücksichtigung intellektueller Fähigkeiten fehl am Platz sei. Gerade die Bedeutung des Sports wurde traditionell mit den dabei erlernbaren Kompetenzen der Teamfähigkeit und der Führungsstärke gerechtfertigt. Weil die Leistungsfähigkeit in diesen Leistungsrollen auch von anderen Persönlichkeitsmerkmalen als blosser Intelligenz abhänge, sei eine breite Beurteilung des Charakters der Studenten sinnvoll. Dass die Kinder aus bildungsfernen Milieus an diesen Universitäten unterrepräsentiert sind, wird dadurch erklärt, dass diese Gruppen einfach nicht den akademischen Standards genügten, die eine Eliteuniversität stellen müsse (Karabel 2005, 537). Die Kritiker dieser Universitäten wiederum weisen diese Deutung zurück. Deren Zulassungspraktiken spiegelten lediglich die Definitionen von Leistung der gesellschaftlich dominanten Gruppen wieder. So hätte die gut organisierte Bürgerrechtsbewegung für afroamerikanische und asiatische Schulabgänger die »Affirmative Action«-Programme durchgesetzt (549). Dass es für die bildungsferne Gruppe der Unterschicht keine entsprechenden Programme gäbe, sei dadurch zu erklären, dass diese Gruppen in Amerika nicht über schlagkräftige Organisationen verfügten. Letztlich spiegelten die Zulassungspraktiken dieser Universitäten nur die Machtverhältnisse in der amerikanischen Gesellschaft wieder. Betrachtet man diese Kontroverse mit etwas wissenschaftlicher Distanz, fällt auf, dass sich sowohl die Befürworter wie die Kritiker dieser Eliteorganisationen in ihrer Argumentation auf das Meritokratiemodell beziehen. Ich möchte im Folgenden zeigen, dass aber gerade die Bezugnahme auf das Meritokratiemodell ein ausgewogenes Urteil über diese Universitäten verhindert.

II. Das Meritokratiemodell

Phantomgleich geistert das Meritokratiemodell durch die Sozialwissenschaften. Unzählige Male endgültig widerlegt, feiert es doch ein Comeback nach dem anderen. Es hat Soziologen, Ökonomen und Philosophen beschäftigt und lässt sich kaum einem sozialwissenschaftlichen Paradigma exklusiv zuordnen, denn es scheint mit dem Rational Choice-Ansatz, dem Strukturfunktionalismus wie der Konflikttheorie kompatibel zu sein. Es existiert als Gegenwartsbeschreibung der modernen Gesellschaft, als Theorie sozialen Wandels und als normatives Ideal und wechselt häufig bei ein und demselben Autor die Erscheinungsform. Selbst die dezidierten Kritiker des Meritokratiemodells können sich oft nur teilweise von diesem Gesellschaftsmodell lösen. Das Meritokratiemodell ist eine moderne Soziodizee, die das Phänomen sozialer Schichtung nicht nur erklärt, sondern auch rechtfertigt. Es verspricht des Weiteren die rationale Rekrutierung der Träger der Leistungsrollen der Funktionssysteme und der Träger der Mitgliedschaftsrollen in den Arbeitsorganisationen, ebenso wie deren Leistungsmotivation und die Integration des Individuums in die moderne Gesellschaft. Es scheint dabei außerhalb der Wissenschaft fast noch wirkmächtiger zu sein als innerhalb, obwohl wir bereits von Kindesbeinen an immer wieder erfahren, wie wenig es die Realität unserer Schul- oder Berufskarrieren abbildet. Der vorliegende Text versucht, die Bedeutung des Meritokratiemodells für die Soziologie der Universität herauszuarbeiten. Die Universität verkörpert in gewisser Weise die Hoffnung auf Meritokratie mehr als viele andere Institutionen, verleiht sie doch die höchsten Bildungstitel, die das Erziehungssystem zu vergeben hat und die heute eine notwendige Bedingung für die Übernahme einer Eliteposition zu sein scheinen.

Zunächst werde ich aber mit einer idealtypischen Darstellung des Meritokratiemodells beginnen, die die wichtigsten Merkmale dieses Gesellschaftsmodells sichtbar werden lassen soll. Das Meritokratiemodell ist eine Beschreibung des Statuszuweisungsprozesses in der modernen Gesellschaft. Dieser Prozess wird dabei komplett von den Rekrutierungsanforderungen der Funktionssysteme und ihrer Arbeitsorganisationen her gedacht. Das Erziehungssystem muss danach sowohl in seinen Ausbildungsprogrammen wie in seiner zeitlichen Rhythmik perfekt auf die Personalbedürfnisse der Wirtschaftsunternehmen, der staatlichen Parteien, der Krankenhäuser wie der Gerichte zugeschnitten sein. »Industrialism requires an educational system functionally related to the skills and professions imperative to its technology.« (Kerr/Dunlop/Harbison/Myers 1962, 36) Ist diese Vorrausetzung gegeben, dann können die Arbeitsorganisationen sich in ihren Rekrutierungsentscheidungen ausschließlich an den Bildungszertifikaten orientieren. Die Familien hingegen müssen vom Statuszuweisungsprozess komplett abgehängt werden. Der Partikularismus der Eltern der Oberschichtsfamilien führe regelmäßig zu Fehlinvestitionen in das Humankapital unbegabter Kinder und die Bildungsferne der Eltern der Unterschichten verhindere eine Förderung an sich begabter Kinder (Luhmann/Schorr 1988, 268). Besonders das Erziehungssystem müsse gegen den Einfluss der Familien abgeschottet werden. Ein meritokratischer Statuszuweisungsprozess setzt allerdings ebenfalls voraus, dass die Karrieremechanismen in den Funktionssystemen und ihren Arbeitsorganisationen Beförderungen strikt als Belohnungen individueller Leistungen vergeben (Offe 1970, 23f.). Unter diesen Bedingungen befinden sich die Individuen in ihren Schul- und Berufskarrieren in einer beständigen Konkurrenz, die das Nachlassen der eigenen Leistungsmotivation sofort bestraft. Ein meritokratischer Statuszuweisungsprozess würde also auch die Leistungsmotivation der Rollenträger gewährleisten.

Das Meritokratiemodell enthält aber auch eine höchst umstrittene Schichtungstheorie. Die Schichtungstheorie unterscheidet zwischen Positionsungleichheiten und Mobilitätsstrukturen. Die Theorie der Positionsungleichheiten gewinnt aus den Verteilungsstrukturen der Gesellschaft eine mehrdimensionale Struktur unterschiedlich gut ausgestatteter Schichtpositionen, die Mobilitätsanalyse untersucht hingegen, wie die Individuen innerhalb ihrer Biographie oder von einer Generation zur nächsten diese verschiedenen Positionen durchlaufen. Das Meritokratiemodell enthält an sich nur eine Beschreibung der Mobilitätsstrukturen der modernen Gesellschaft. Ein meritokratischer Statuszuweisungsprozess soll nun dafür sorgen, dass die Schichtherkunft eines Individuums keinen Einfluss auf die erreichbare Schichtposition hat; stattdessen soll die erreichte Schichtposition eines Individuums nur das Ergebnis der eigenen Leistungen sein. Da das Individuum unter diesen Umständen weder mächtige Interessengruppen noch die Gesellschaft selbst für das eigene Klassenschicksal verantwortlich machen kann, werde jede Art von Protest entmutigt (Karabel 2005, 155). Das Meritokratiemodell behauptet nun, dass die Offenheit der Mobilitätsstrukturen sogar noch die Ungleichheit der Positionsstruktur mitlegitimiert, ganz unabhängig davon, wie groß die Differenz zwischen der privilegiertesten und der niedrigsten Schichtposition ausfällt: Wenn Chancengleichheit gewährleistet sei, könne eine Gesellschaft auch eklatante Verteilungsungleichheiten tolerieren.

Das Meritokratiemodell unterstellt dabei eine einheitliche Rationalität des Statuszuweisungsprozesses von den Familien über die Schulkarrieren bis hin zu den Berufskarrieren in den Funktionssystemen und Arbeitsorganisationen. Ein meritokratischer Statuszuweisungsprozess neutralisiere den dysfunktionalen Einfluss der Familien, richte das Erziehungssystem in seinen Berufsausbildungsprogrammen perfekt auf die Personalanforderungen der rekrutierenden Systeme ein und die aufgabenkontinuierliche Struktur zweckrationaler Organisationen sorge für meritokratische Beförderungsstrategien in den Arbeitsorganisationen. Der Statuszuweisungsprozess bildet hier ein perfektes Rationalitätskontinuum, in dem sich die Rationalität einer Karrieselektion daran bemisst, dass sie der Logik der nächsten Stufe im Statuszuweisungsprozess entspricht. Die einheitliche Rationalität des Statuszuweisungsprozesses sichert aber nicht nur die Rekrutierungsrationalität in den Funktionssystemen und Arbeitsorganisationen, sondern sie sorgt auch für die Lösung des Motivations- und des Legitimationsproblems. Die durch den meritokratischen Statuszuweisungsprozess sichergestellte Chancengleichheit gewährleistet, dass die Individuen die Fremdselektionen in ihren Schul- und Berufskarrieren (Zensuren und Übertrittsentscheidungen in der Schule, Rekrutierungs- und Beförderungsentscheidungen in den Arbeitsorganisationen) als »objektive« Evaluation ihrer eigenen Leistungen betrachten müssen. Dadurch sollen gleichzeitig das Problem der Leistungsmotivation in den Schüler- und Berufsrollen und das Problem der Legitimation der Schichtungsstruktur gelöst sein.

Das Meritokratiemodell ist ohne Zweifel eine moderne Eudämonie, in der alle Elemente in prästabilisierter Harmonie miteinander abgestimmt sind. Die am Statuszuweisungsprozess beteiligten Funktionssysteme sind in ihren wechselseitig zu erfüllenden Leistungen perfekt aufeinander eingespielt, die Schichtungsstruktur kennt weder Konflikte noch partikulare Interessen, die Organisationen fügen sich in ihren Personalentscheidungen nahtlos in den meritokratischen Statuszuweisungsprozess der Gesamtgesellschaft ein, und die Individuen können sich vertrauensvoll auf die Selektionen der beteiligten Funktionssysteme und Organisationen verlassen, die sie auf die für sie angemessenen und auch bereitstehenden Positionen dirigieren. In gewisser Weise scheint das Meritokratiemodell besser zur Teil / Ganzes-Semantik stratifizierter Gesellschaften als zu den Semantiken der modernen Gesellschaft zu passen. In der Teil / Ganzes-Semantik ist das Ganze mehr als die Summe seiner Teile, da jeder Teil von sich aus zum Ganzen strebt (Luhmann 1997, 913). So verknüpft die Semantik der drei Ordnungen die Anfänge funktionaler Differenzierung auf der Ebene der Rollen (Krieger, Priester und Bauer) mit der Schichtungstheorie und versöhnt beide Strukturmuster in der Formel der friedlichen Arbeitsteilung der über ihre gesellschaftliche Funktion definierten Klassen (Duby 1981, 27). Die Oberschicht repräsentiert als »pars valencior« die Gesellschaft als Ganzes, so dass zwischen dem Gemeinwohl der Gesellschaft

und dem Eigeninteresse des Adels gar nicht unterschieden werden kann
(Hoffmann 1974, 191). Ebenso harmonisch löst das Teil / Ganzes-Modell das
Problem der Differenz zwischen der Mikro-, der Meso- und der Makroebene.
In dieser Semantik ist die Mikroebene der Spiegel der Makroebene. So wie
das Individuum einen Kopf, Arme und Beine und einen Magen hat, so können
innerhalb der Gesellschaft die Bauern als Arme, der König als Kopf und der
Staat als Magen behandelt werden (Koschorke / Lüdemann / Frank / Matala de
Mazza 2007, 19). Das Meritokratiemodell ist eindeutig eine »alteuropäische«
Semantik. Umso mehr erstaunt es, dass sich diese Semantik so hartnäckig
hält, obwohl in der Differenzierungstheorie heute einheitlich die schwache
Integration der Gesamtgesellschaft betont wird, obwohl in der Ungleichheitssoziologie der Gesellschaftsbegriff meist durch das Modell einer losen Einheit
partikularistischer Gruppen ersetzt wurde und obwohl die Organisationssoziologie viele Belege dafür geliefert hat, dass es sich bei den formalen Organisationen um eine eigenständige Ebene sozialer Ordnungsbildung handelt.
Ich möchte im Folgenden zunächst anhand einer ausführlicheren Darstellung
der Beiträge von Rudolf Stichweh zur Ausdifferenzierung der Universität
(1991; 1994) zeigen, wie die differenzierungstheoretische Perspektive auf
die Universität mit zentralen Annahmen des Meritokratiemodells bricht und
damit einen neuen Zugang zur Beschreibung der amerikanischen Eliteuniversitäten eröffnet. Rudolf Stichweh hat den Ausdifferenzierungsprozess bis
ins sechzehnte Jahrhundert zurückverfolgt und die Entwicklung der Universitäten im allmählichen Übergang von der stratifizierten zur funktional differenzierten Gesellschaft kontextuiert. Das ermöglicht einen Vergleich, wie sich
die Abhängigkeit der Universitäten von den Funktionssystemen und Schichtungsstrukturen in ihrer Umwelt in diesem Zeitraum verändert hat.

III.   Die Universität und ihre gesellschaftliche Umwelt

Stichweh konzentriert sich auf die Umweltbeziehungen der Universität und
den dadurch ermöglichten Freiheitsgrad der Organisation. Er unterscheidet
dabei die drei Ebenen der Kontrolle der Organisation, des Erziehungs- und
Ausbildungsgeschehens und der Betreuung und Produktion von Wissen
(Stichweh 1994, 179). Er führt die Zunahme der Freiheitsgrade auf diesen drei
Ebenen – und damit die Ausdifferenzierung der Universität – auf einen Wechsel der dominanten gesellschaftlichen Anlehnungskontexte zurück. Nach
Stichweh wird die Kirche als ursprünglich dominanter Kontext zunächst vom
Staat und dann von der Wissenschaft abgelöst. Stichweh beobachtet diesen
Prozess unter anderem an den Funktionsfestschreibungen in den Universi-
tätsverfassungen, am Grad externer Rollenverflechtungen der Träger von Spit-
zenpositionen, an den Mitgliedschaftsbedingungen des Personals sowie an
den Finanzierungsmodi, dem Primat bestimmter Fächer, aber auch der Rekru-

tierung der studentischen Population und deren nachuniversitärer Berufe und Karrieren (180). Neben dieser Ebene der Argumentation verfolgt Stichweh das Verhältnis der Universität zu den gesellschaftlichen Schichtungsstrukturen und beobachtet hier einen schrittweisen Destratifikationsprozess (1991, 47-88). Ich habe diese Punkte ausgewählt, weil sie auch in der Beschreibung der amerikanischen Eliteuniversitäten eine zentrale Rolle spielen. Dabei werde ich zunächst den Wechsel der funktionssystemspezifischen Anlehnungskontexte und dann den Destratifikationsprozess darstellen.

Die Kirche hat nach Stichweh die Freiheitsgrade der Universität am deutlichsten eingeschränkt. So erfolgte die Finanzierung der Universität weitestgehend durch eine Einbindung universitärer Positionen in das Pfründensystem der Kirche. Damit verbunden war die Einschränkung in der Wahl der Mitgliedschaftsbedingungen des Personals. Lange Zeit war die Gelehrtenposition an der Universität zwingend mit dem Klerikerstatus verbunden. Dasselbe galt nach Stichweh für die Rekrutierung der studentischen Population: Auch hier habe es sich vorwiegend um Kleriker gehandelt, die an der Universität entweder für die Priesterrolle oder für die Kirchenverwaltung ausgebildet wurden. Dementsprechend dominierten die Fächer Theologie und Recht (1994, 184). Stichweh weist dabei daraufhin, dass die Autonomie der Universität bei einer hohen Homogenität des Herkunfts- und des Abgabekontexts der Universität am stärksten eingeschränkt wird. Die Konzilsbewegung, der Buchdruck und die Reformation hätten dann den Anlehnungskontext der Universität zum sich zunehmend ausdifferenzierenden Flächenstaat hin verschoben. Während der Staat die Funktion der Universität zunächst vorwiegend im Bereich der juristischen Beratung gesehen habe (1991, 154), sei zunehmend die wirtschaftliche Nützlichkeit universitärer Wissensbestände in den Blick gekommen. Damit habe aber auch der Abgabekontext der Studenten gegenüber ihrem Herkunftskontext an Bedeutung gewonnen (188). Gerade diese Veränderung habe aber die Autonomie der Universität vergrößert, da der Abgabekontext während des Studiums eine Abstraktion bleibt und damit die Definitionsmacht der Universität ansteige. Der letzte Wechsel im Anlehnungskontext sei zustande gekommen, als der Staat den dominanten Wissenschaftsbezug der europäischen Universität zu akzeptieren begonnen habe, sich zunehmend aus der Personalrekrutierung der Universität zurückgezogen und sich auf pauschale Forschungsförderung beschränkt habe. In diesem Zeitraum habe sich das heute noch gültige Muster der Rekrutierung von Lehrpersonen nach wissenschaftlicher Reputation eingespielt.

Der deutlichste Bruch mit dem Meritokratiemodell wird sichtbar, wenn man sich einige Konsequenzen des dominanten Wissenschaftsbezugs vor Augen führt. Nach Stichweh wurde die Funktion der universitären Wissensproduktion nie in der Ausbildung handlungspraktischer Kompetenzen, sondern immer im Bereich ausformulierten Wissens gesehen (1994, 182). Diese Tendenz nimmt aber mit der eigenwilligen Formel der Einheit von Lehre und

dieser Positionen einzunehmen. Auch Karabel sieht einen Zusammenhang zwischen den Umweltbeziehungen der Universität und ihren organisatorischen Freiheitsgraden. Anders als Stichweh jedoch sieht Karabel diese Universitäten in einem bleibenden Abhängigkeitsverhältnis von den wohlhabenden sozialen Klassen. Nach dieser Darstellung lässt sich die Ausdifferenzierung der Universität zumindest nicht als Destratifikationsprozess verstehen.

Karabel beginnt seine Darstellung um die Jahrhundertwende. Zu diesem Zeitpunkt wurden diese Universitäten völlig von der männlichen protestantischen Oberschicht dominiert. Wenn ein Mitglied einer prominenten Familie in einen prominenten Club wie den »Skull and Bones« aufgenommen wurden, dann bewertete die Presse dieses Ereignis als durchaus berichtenswert (2005, 15). In Yale existierte die Institution des »Bickering Days«, der einen einwöchigen Selektionsprozess abschloss, durch den die Dinerclubs ihre neuen Mitglieder bestimmten (127). Die Studenten, die diesen Selektionsprozess nicht bestanden hatten, waren auf die Gnade der Clubs angewiesen, sie nachträglich dennoch aufzunehmen, da es keine Versorgung unabhängig von den Dinerclubs gab. Die soziale Homogenität der Studentenpopulation ließ sich noch leicht durch das Kriterium von Latein- und Griechischkenntnissen gewährleisten, die an öffentlichen Schulen nicht unterrichtet wurden. Die erste Zäsur stellte die Zunahme jüdischer Studenten dar, die über die nötigen Sprachenkenntnisse verfügten und die anderen Studenten in ihren Studienleistungen schlecht aussehen ließen (78 f.). Als die traditionelle Klientel mit Abwanderung drohte, versuchten es diese Universitäten zunächst mit Quoten für jüdische Studenten. Als dadurch ein öffentlicher Skandal ausgelöst wurde, führten die drei Universitäten weiche Kriterien wie den Charakter als Zulassungskriterium ein und lösten das Problem auf diese Weise.

Die nächste Zäsur stellte der Sputnikschock der 1950er Jahre dar, durch den in Amerika erst ein Bewusstsein vom Wert der Grundlagenforschung entstand (2005, 214 ff.). Die »Großen Drei«, die um ihr akademisches Standing fürchteten, änderten wiederum ihre Zulassungsstrategien. Sie suchten nun auch an den öffentlichen Schulen nach begabten Schulabgängern, begannen die Kontakte zu den »Feeder Schools« zu vernachlässigen und führten Instrumente wie die »Need Blind Admissions« und Stipendien ein. Diese Tendenz verstärkt sich in den sechziger Jahren noch, als in Yale unter Clark die Zahl der »Legacies« dramatisch abnahm und auch die Zahl der zum Studium zugelassenen Sportler dramatisch sank (349 ff.). Als die Bürgerrechtsbewegung den Campus der »Großen Drei« erreichte, reagierten diese einerseits mit der Einführung der Koedukation und anschließend mit den »Affirmative Action«-Programmen für afroamerikanische und asiatische Studenten (378 ff.) Die durch diese Maßnahmen ausgelösten Konflikte mit den mächtigen Alumniorganisationen nahmen vor allem in Yale ein existenzbedrohliches Ausmaß an, da die Spendeneinnahmen dramatisch einbrachen (449). In der Folge spielt sich das heute noch gängige Arrangement ein. Die »Legacies« wurden wieder deutlich bevorzugt behandelt, die Sportteams wurden wieder mit begabten Athleten bestückt, aber die »Affirmative Action«-Programme wurden beibehalten.

Für Jerome Karabel stellt das Meritokratiemodell immer noch den Schlüssel zur Analyse dieser Universitäten dar. Beim Meritokratiemodell handele es sich um eine besonders in Amerika wirksame Ideologie, der sich auch die »Großen Drei« fügen müssen. Der Einfluss dieser Ideologie lasse sich auch am restlichen amerikanischen Erziehungssystem zeigen, dass nur eine gemeinsame Sekundarschule kennt und viele zweite Chancen einräumt. Doch das eigentliche Problem verberge sich in der jeweils spezifischen historischen Definition von Leistung:

> The modest number of poor and working-class students at the Big Three is not an intended consequence of the prevailing definition of merit any more than is the vast overrepresentation of the children of privilege. It is a product of a powerful, if hidden, social process common to all societies – that the qualities that come to define »merit« tend to be attributes most abundantly possessed by the dominant social groups. This is not to say that the privileged will always be able to transmit their privileges to their offspring under the existing system; on the contrary, one of the defining features of a school mediated system of class reproduction (as opposed to a system based primarily on the direct transfer of property) is that, as Pierre Bourdieu has noted, it can reproduce the privileges of the class system as a whole only by sacrificing certain members of the dominant class. (Karabel 2005, 549).

Karabel lehnt sich hier an Bourdieus Erziehungssoziologie an, nach der die eigentliche Funktion des Erziehungssystems in der Reproduktion der sozialen Klassen besteht. Während die Lehrer selbst davon überzeugt seien, streng nach meritokratischen Regeln zu seligieren, würden sie unterbewusst von ihrem schichtspezifischen Habitus gesteuert, der sie dazu bringe, die Leistungen der Schüler mit Oberschichtherkunft höher zu bewerten als die der Kinder aus einer niedrigeren Schicht (Bourdieu / Passeron 1972, 215). Da sich immer auch einige wenige Arbeiterkinder in diesem Selektionsprozess durchsetzen könnten und einige Kinder mit Oberschichtherkunft aussortiert würden, werde eine Illusion der Chancengleichheit erzeugt. Doch passen die Begriffe der Erziehungssoziologie Bourdieus zu den Befunden, die Jerome Karabel in »The Chosen« (2005) präsentiert hat?

Vergleicht man Karabels Studie mit der Erziehungssoziologie Bourdieus, dann zeigen sich deutliche Differenzen, die gegen diese Deutung sprechen: 1. In Bourdieus Modell sind die Lehrer völlig davon überzeugt, universalistischen Bewertungskriterien zu folgen, und der schichtspezifische Partikularismus ihrer effektiven Selektionspraktiken entzieht sich danach ihrem eigenen Bewusstsein. In Harvard, Princeton und Yale wurde aber, wie Karabel zeigt, in der internen Kommunikation nie ein Hehl daraus gemacht, dass die Bevorzugung der »Legacies« und der Athleten nur der Bewahrung der Spendeneinahmen dient (2005, 452). 2. Die »Affirmative Action«-Programme sind das Eingeständnis, dass das Meritokratiemodell seine Funktion der Legitimation der Schichtstruktur nicht erfüllt. Denn hier wird bewusst von einer leistungsspezifischen Selektion abgesehen, weil man einräumen muss, dass sich die »equalities of opportunity« nicht von den »equalities of condition« trennen lassen. Die Vorstellung, die für das Meritokratiemodell zentral ist, dass die Chancengleichheit im Statuszuweisungsprozess die Positionsungleichheiten mitlegitimieren kann, wurde damit aufgeben. 3. Bei Bourdieu ist das Erziehungssystem so eingerichtet, dass es möglichst geräuschlos seine eigentliche soziale Funktion erfüllt, wenn es seine offizielle Funktion verfolgt. Die amerikanischen Eliteuniversitäten sind hingegen durch eine ganze Serie öffentlicher Konflikte zu diesen Kurswechseln bestimmt worden. Es geht hier nicht um latente Funktionen, sondern um ständig neu ausgehandelte Kompromisse. Die amerikanischen Eliteuniversitäten sind nicht passive Instrumente einer mächtigen Ideologie, sondern autonome Organisationen, die sich mit den widersprüchlichen Anforderungen verschiedener Umweltsegmente arrangiert haben. Das Meritokratiemodell erschwert eine angemessene Beurteilung dieser Universitäten, da sie dem empirischen Kriterium der statistischen Repräsentativität der Studentenpopulation eine viel zu große Bedeutung einräumt und diese Organisationen deshalb vorschnell zu passiven Erfüllungsgehilfen dominanter Gruppen erklärt.

An dieser Stelle scheint es sinnvoll, zu Stichwehs Universitätssoziologie zurückzukehren. Die drei genannten Universitäten verdanken ihre Reputation nicht zuletzt der Reputation ihrer Wissenschaftler und Dozenten. Die Einheit von Forschung und Lehre sichert auch dort eine erhebliche Freiheit in der Themenwahl. Auch hier werden die Professuren nach wissenschaftlicher Reputation besetzt. Dennoch fallen zwei Abweichungen auf: Einerseits bleiben diese Universitäten zumindest in der Ausgestaltung ihrer Zulassungskriterien von ihrer zahlenden Kundschaft abhängig, andererseits fällt die soziale Homogenität in den Herkunfts- und Abgabekontexten auf. Die Eltern dieser Absolventen nehmen überdurchschnittlich oft eine Eliteposition ein. Dennoch scheinen beide Phänomene nicht dazu zu führen, dass Harvard, Princeton oder Yale die Kontrolle über den Kernbereich der universitären Lehre verlieren. Zwar werden die »Legacies« bevorzugt, doch bei der extrem scharfen Selektivität dieser Universitäten können auch sie sich nicht sicher sein, aufgenommen zu werden. Das hat beispielsweise zum Entstehen einer blühenden Industrie geführt, die die Eltern beim Bewerbungsprozess unterstützt. Dazu gehören nicht nur die traditionellen »Feeder Schools«, sondern auch Kindergärten, die wiederum auf die »Feeder Schools« vorbereiten. Es gibt Kindergarten-»Advisor«, die bei der Wahl des Kindergartens helfen und die Kinder auf die damit einhergehenden Bewerbungsgespräche vorbereiten. Man kann sich vorstellen, welch ein Druck auf den Studenten lastet, diese Anstrengungen durch gute Leistungen rechtfertigen zu müssen. Weder die ökonomische Abhängigkeit noch die Homogenität von Herkunfts- und Abgabekontext ver-hindern, dass sich die Studenten diesen Institutionen unterwerfen. Es mag zynisch klingen, aber es scheint die Autonomie dieser Universitäten zu sein, die es ihnen erlaubt, die sie umgebenden Schichtungsstrukturen ausbeuten zu können.

Literatur

Bourdieu, Pierre / Passeron, Jean Claude(1971): Die Illusion der Chancengleichheit. Unter-suchungen zur Soziologie des Bildungswesens am Beispiel Frankreichs. Stuttgart.

Duby, Georges (1981): Die drei Ordnungen. Das Weltbild des Feudalismus. Frankfurt a. M.

Hartmann, Michael (2004): Elitesoziologie. Eine Einführung. Frankfurt a. M.

Ho, Karen (2009): Liquidated. An Ethnography of Wall Street. Durham / London.

Hofmann, Hasso (1974): Repräsentation. Studien zur Wort- und Begriffsgeschichte von der Antike bis zum 19. Jahrhundert. Berlin.

Karabel, Jerome (2005). The Chosen. The Hidden History of Admission and Exclusion at Harvard, Yale, and Princeton. Boston / New York.

Kerr, Clark / Dunlop, John T. / Harbison, Frederick / Myers, Charles (1962): Industrialism and Industrial Man. London.

Koschorke, Albrecht / Lüdemann, Susanne / Frank, Thomas / Matala de Mazza, Ethel (2007): Der fiktive Staat. Konstruktionen des politischen Körpers in der Geschichte Europas. Frankfurt a. M.

Luhmann, Niklas / Schorr, Karl Eberhard (1988): Reflexionsprobleme im Erziehungssys-tem. Frankfurt a. M.

Luhmann, Niklas (1997): Die Gesellschaft der Gesellschaft. Frankfurt a. M.

Offe, Claus (1970): Leistungsprinzip und industrielle Arbeit. Mechanismen der Statusver-teilung in Arbeitsorganisationen der industriellen »Leistungsgesellschaft«. Mannheim.

Stichweh, Rudolf (1991): Der frühmoderne Staat und die europäische Universität. Zur Interaktion von Politik und Erziehungssystem im Prozeß ihrer Ausdifferenzierung (16.-18. Jahrhundert). Frankfurt a. M.

Stichweh, Rudolf (1994): Wissenschaft, Universität, Professionen. Wissenschaftliche Ana-lysen. Frankfurt a. M.

Dr. des Adrian Itschert
Soziologisches Seminar, Kultur- und Sozialwissenschaftliche Fakultät
Universität Luzern
Postfach 4466, CH-6002 Luzern
adrian.itschert@unilu.ch

Soziale Systeme 16 (2010), Heft 2, S. 404-418

Georg Stanitzek

Die Bohème als Bildungsmilieu: Zur Struktur eines Soziotopos[1]

I. Bohème vs. Klasse

Die Bohèmeforschung kann zur Frage nach dem Zusammenhang von sozialer Stratifikation, Bildung und Bildungswesen aufschlussreich beitragen. Dass soziale Klassen und Bildungsverhältnisse von der Bohème her eher indirekt in den Blick kommen, könnte nämlich gerade hilfreich sein. Eine bildungsgeschichtliche Perspektivierung des Blicks auf die Bohème liegt insofern nahe, als es insbesondere diese Perspektive ist, die Helmut Kreuzer mit seiner bis heute maßgeblichen Theoretisierung und literaturhistorischen Aufarbeitung der Bohème etabliert hat (Kreuzer [1968] / 2000). Eine solche Perspektive ist gerade für Literaturhistoriker schwer zu vermeiden. Der bürgerliche Bildungsbegriff und die insbesondere durch den Bildungsroman oder vielmehr seine Rezeption vermittelte Vorstellung einer Bildungsvita – das sind gewissermaßen die Normalmeter, mit deren Hilfe man in der germanistischen Literaturgeschichte die Produktionen und Biographien der Bohème zu beurteilen pflegt, als Abweichungen.

Literaturhistorisch ist die Bohème der Sache nach, *avant la lettre*, im zweiten bis fünften Buch von Goethes *Wilhelm Meisters Lehrjahre* in nuce beschrieben aus der Perspektive eben jenes Wilhelm, der den ihm vom Elternhaus vorgezeichneten Lebenspfad verlässt, um sich einer umherziehenden Theatertruppe anzuschließen (Goethe 1988, 75-359). Dass es sich dabei lebensgeschichtlich um einen Irr- oder Abweg handelt, mindert die Bedeutung dieser Passage keineswegs, sondern macht gerade ihren bildungsbiographischen Sinn aus. Was sich unter dem Begriff Bohème im Lauf des 19. Jahrhunderts in Paris und dann über Frankreich hinaus als »[g]egenbürgerliche Subkultur des künstlerisch-intellektuellen Lebens« (Kreuzer 1997, 241; vgl. auch Meyer 2001) formiert, lässt sich als treibhausmäßige Ermöglichung solcher Passagen,

---

1 *Captatio benevolentiae:* Beim Folgenden handelt es sich in zweifacher Hinsicht um einen Gelegenheitstext. Die Gelegenheit bestand zunächst in einer Anfrage seitens Eva Blome, die im Konstanzer Exzellenzcluster »Kulturelle Grundlagen von Integration« an einem dankenswert reflexiven Forschungsprojekt beteiligt ist: »Klasse und Bildung. Zur narrativen Formierung sozialer Dynamik« (vgl. Blome / Eiden-Offe / Weinberg 2010). Ihre Frage, ob die literaturwissenschaftliche Bohèmeforschung zu ihrer Problemstellung beitragen könne, habe ich mit einigen Thesen und literarischen Belegen zu bejahen versucht. – Für die weitere Gelegenheit, diese Thesen Rudolf Stichweh vorzulegen, danke ich den Herausgebern dieses Heftes.

solcher Abweichungen fassen. Wenn diese Abweichungen gern als heroische interpretiert werden, so folgt dies bohemischen Selbstdarstellungs- und Rechtfertigungsstrategien. Man wiederholt damit, wie die Bohème sich selber heroisch nach außen hin abgrenzt, ja konstituiert. Kann man doch geradezu sagen: Bohème, das ist alles, was sich von »Philistern« oder »Bürgern« absetzt (Bunia / Dembeck / Stanitzek 2011, 37-39). Insofern ist vieles, was in der Kreuzernachfolge zur Bohème geforscht wurde, durch monumentalisierende Tendenzen gekennzeichnet. Gängig ist eine gewisse Heiligen- und Schurkenforschung, die sich dann in eine Fülle antiquarischer biographischer Details zu versenken gestattet – zu Franziska zu Reventlow, Else Lasker-Schüler, Oskar Maria Graf, Franz Jung, um nur diese Heroinen und Heroen zu nennen. Was demgegenüber heute sinnvolle kritische Perspektiven der Bohèmeforschung sein könnten, dazu einige vorläufige Überlegungen.
Die Bohème ist keine Klasse, sie ist eher ein Milieu. Dieses ist gerade dadurch gekennzeichnet, dass sich in ihm Abkömmlinge und Angehörige sehr unterschiedlicher Klassen begegnen. Dieses Milieu primär als eine wie immer obskure Bildungswelt zu verstehen, wäre gewiss eine grobe Verkürzung. Ebenso gut lässt es sich der Welt des Tourismus oder der unterhaltsamen urbanen Attraktionen oder der Unterwelt zuschlagen. Neuere Arbeiten über die Bohème um 1900 bringen gute Gründe bei, dies so zu sehen (Schwartz 1999; Weisberg 2001). Ihre Vermischtheit und ihr schillernder Charakter sind jedenfalls zu betonen. Dies ist es vor allem, was die Bohème im Rahmen der Marx'schen und marxistischen Klassentheorie in striktem Gegensatz zur Klasse situiert. Die Bohème durchädert die Hierarchie der Klassenverhältnisse, verhält sich zu ihnen in bezeichnender Weise unrein. Das macht die Irritation, es macht den Skandal aus, den die Bohème im Denken der gesellschaftlichen Klassen darstellt. Der *Locus classicus* verdient ein ausführlicheres Zitat. Karl Marx hat in *Der achtzehnte Brumaire des Louis Bonaparte* ([1852] / 1975; vgl. Matala de Mazza 2006, 212) mit seiner Charakteristik der sogenannten *Gesellschaft des 10. Dezember* – jener 1849 gegründeten Organisation, mit deren Hilfe Bonaparte seinen Staatsstreich vorbereitet – das Vorzeichen gesetzt. In der Marx'schen, in der Folge sehr wirkungsmächtigen Formulierung ist der Begriff der Bohème eng mit dem des Lumpenproletariats verschwistert:

> Unter dem Vorwande, eine Wohltätigkeitsorganisation zu stiften, war das Pariser Lumpenproletariat in geheime Sektionen organisiert worden, jede Sektion von bonapartistischen Agenten geleitet, an der Spitze des Ganzen ein bonapartistischer General. Neben zerrütteten Roués mit zweideutigen Subsistenzmitteln und von zweideutiger Herkunft, neben verkommenen und abenteuernden Ablegern der Bourgeoisie Vagabunden, entlassene Soldaten, entlassene Zuchthaussträflinge, entlaufene Galeerensklaven, Gauner, Gaukler, Lazzaroni, Taschendiebe, Taschenspieler, Spieler, Maquereaus, Bordellhalter, Lastträger, Literaten, Orgeldreher, Lumpensammler, Scherenschleifer, Kesselflicker, Bettler, kurz, die ganze unbestimmte,

aufgelöste, hin- und hergeworfene Masse, die die Franzosen la bohème nennen; mit diesem ihm verwandten Elemente bildete Bonaparte den Stock der Gesellschaft vom 10. Dezember. [...] ›Wohltätigkeitsgesellschaft‹ – insofern alle Mitglieder gleich Bonaparte das Bedürfnis fühlten, sich auf Kosten der arbeitenden Nation wohlzutun. Dieser Bonaparte, der sich als *Chef des Lumpenproletariats* konstituiert, der hier allein in massenhafter Form die Interessen wieder findet, die er persönlich verfolgt, der in diesem Auswurf, Abfall, Abhub aller Klassen die einzige Klasse erkennt, auf die er sich unbedingt stützen kann, er ist der wirkliche Bonaparte, der Bonaparte sans phrase. (Marx [1852] / 1975, 160 f.)

Parallele Formulierungen aus Marx' und Engels' Artikel über *Les Conspirateurs* in der *Neuen Rheinischen Zeitung* vom April 1850 komplettieren dieses Bild des hier metaphorisch als »Klasse«, eigentlich aber als »Lebenskreis« bezeichneten Milieus um einige interessante Nuancen über Arbeitslose, Bummler und Kneipenbevölkerung (Marx / Engels [1850] / 1976, 272).
Einerseits ist die Marx'sche Liste der Beteiligten von bemerkenswerter Heterogenität. Andererseits aber wird diese Heterogenität sogleich eingeebnet, nämlich zum Verschwinden gebracht in der wertenden Gleichung: Bohème = »die ganze unbestimmte, aufgelöste, hin- und hergeworfene Masse«, »Auswurf, Abfall, Abhub aller Klassen«, Parasiten, die es sich »auf Kosten der arbeitenden Nation« gut sein lassen. Es handelt sich um ein ebenso ökonomisches wie moralisches wie politisches Verdikt. Ökonomie und Moral und Politik an diesem Statement irgendwie bündig zu unterscheiden, dürfte schwerfallen. Allerdings dürfte es weder ausreichen noch übrigens auch ganz einfach sein, sich von dieser Wertung schlüssig zu distanzieren. Man sollte versuchen, sie zu verstehen, um des mit ihr verbundenen Problems willen. Heiner Müller hat es folgendermaßen als eines der Exklusion bezeichnet:

Daß Marx und Engels das Lumpenproletariat aus der revolutionären Bewegung ausgegrenzt haben, war die Grundlage der stalinistischen Perversion. Jetzt geht es um die Wiedergewinnung des Lumpenproletariats, um alle, die aus den herrschenden Strukturen herausfallen. Alle Energie der kapitalistischen Staaten zielt auf die Ausgrenzung und auf das Vergessenmachen der Ausgegrenzten. Und gegen dieses Vergessen muß man arbeiten. Zu den Ausgegrenzten gehören alle, die sich nicht mit der hier als Realität gehandelten Wirklichkeit zufriedengeben oder identifizieren. (Müller 1991, 27; vgl. Gröschner 1999, 264)

Heiner Müller formuliert hier mit dem ihm eigenen lapidaren Pathos ein ›Menschheitsproblem‹, und wer wäre so vermessen, hierfür Lösungen anzubieten? Aber damit ist doch im weiteren Sinn ein notwendiger hermeneutischer Horizont von Bohèmeforschung heute bezeichnet.
Um es weniger pathetisch zu sagen: wenn man sich für die historische Semantik der Klasse und Klassen interessiert, tut man gut daran, insbesondere über das von dieser Semantik Ausgeschlossene und Abgewertete nachzudenken – das

heißt nicht zuletzt über die Bohème. Aus der Perspektive der Klassentheorie liegt das Skandalöse an der Bohème darin, dass sie sich der vertikalen, der Stratifikations-Ordnung nicht fügt. Dass sie vielmehr Angehörige sehr unterschiedlicher Klassen – auch ganz oben und ganz unten – in die Horizontale eines ebenso vermischten wie problematischen Milieus bringt. Vieles, was wir an Literatur über die Bohème haben, ist Teufelsaustreiberliteratur in der Marx-Nachfolge. Und gerade auch eine Relektüre dieser Literatur, eine informierte Analyse und Kritik dieser Bohème-Kritik werden wichtig sein, wenn man Bohèmeforschung betreibt.

Dabei gilt es aber zunächst einmal anzuerkennen, dass die Bohème nicht zuletzt tatsächlich ein moralisches Phänomen und Problem darstellt – und dass sich mit ihm sowohl ökonomische als auch politische Probleme verbinden. Dies einfach zu leugnen, verbietet sich um der Sache willen. Wenn es irgend eine Art soziale Trägerformation gibt, durch die und in der Nietzsche oder vielmehr diverse Nietzscheanismen seit dem 19. Jahrhundert einen mehr oder weniger kontinuierlichen Resonanzraum erhalten haben, dann ist es die Bohème (vgl. nur Kiss 1987; Stanitzek 2007; Diederichsen 2010). Das entspricht dem Umstand, dass die Bohème sich als Sondermilieu konstituiert – und dies in verschiedenen Diskursen sowohl rechtfertigt oder feiert als auch reflektiert. Sie bildet ein Milieu mit einer Sondermoral, mit Sonder-Werten und -Praktiken, mit eigenen Zeithorizonten. Diese milieuspezifische Moral oder auch Ethik der Bohème bedarf besonderer Aufmerksamkeit. Als Vorzeichen der Untersuchung wäre dafür zu plädieren, dass Bohèmeforschung heute eher Abstand von der Marx-Lukács-Linie gewinnen sollte – um in den Aufbau einer Balzac-Murger-Heiner-Müller-Linie zu investieren.

II. Bohème als Milieu

Um mit Balzac zu beginnen: in dessen *Un Prince de la Boheme* von 1844 findet sich eine merkwürdige Beschreibung, die die Mittel einer Rhetorik des Paradoxalen inszeniert:

> Die Bohème [...] setzt sich aus jungen Menschen zusammen, die sämtlich älter als zwanzig sind, aber noch nicht dreißig, sämtlich in ihrer Art Genies, vorerst noch wenig bekannt, aber sie werden schon bekannt werden und dann ganz hervorragende Leute sein; schon jetzt fallen sie in den Karnevalstagen auf; dann machen sie nämlich der Überfülle ihres Geistes Luft, der während des übrigen Jahres eingeengt ist, indem sie sich in mehr oder weniger derb-komischen Einfällen ergehen. In was für einer Zeit leben wir? Welche absurde Macht läßt so gewaltige Kräfte verlorengehen? Es finden sich in der Bohème Diplomaten, die befähigt wären, die Pläne Rußlands zum Scheitern zu bringen, wenn sie spürten, Frankreich stehe hinter ihnen. Man begegnet darin Schriftstellern, Verwaltungsfach-

leuten, Offizieren, Journalisten, Künstlern! Die Bohème ist ein Mikrokosmos. Wenn der Kaiser von Rußland sie mittels etwa zwanzig Millionen aufkaufte, immer vorausgesetzt, daß sie bereit sei, sich vom Asphalt der Boulevards zu trennen, und sie nach Odessa verfrachtete, würde innerhalb eines Jahres Odessa Paris sein. (Balzac o.J., 28 f.)

An diesem Mikrokosmos fällt zunächst seine Vielgestaltigkeit auf. Die Bohème hat viele Dimensionen, und entsprechend viele Perspektiven ihrer Erforschung sind nicht nur möglich, sondern notwendig. Keineswegs nur literatur- und kunstwissenschaftliche (wie sie etwa im Zusammenhang von Forschungen zu den historischen Avantgarden vorliegen), auch Stadt- und Architekturgeschichte und -theorie, Mediengeschichte, Ethnologie, Ökonomie usw. haben hierzu beizutragen. Insofern handelt es sich eigentlich um ein ideales Thema für *Cultural Studies*, wenn sie hierzu auch hierzulande noch wenig Gescheites zu bieten haben (siehe aber Diederichsen 1985). Die besondere Verfassung, die Produktivität und Produktionsweise dieses Mikrokosmos müssten in den Blick genommen werden. Wobei die Jugendlichkeit der Bohème, wie sie Balzac an dieser Stelle akzentuiert, allerdings nur als *ein* Moment aufgefasst werden sollte. Sicher ein wichtiges Moment, aber seine Akzentuierung führt den Blick zu unmittelbar weg vom Milieu hin zu einigen einzelnen, die dieses Milieu durchlaufen. Doch dieses Milieu selber verdient als solches in seiner Zusammensetzung und Verfassung Analyse. Und die kühne ›wirtschaftsentwicklungsplanerische‹ Spekulation Balzacs über die ökonomische Rolle der Boheme bietet in dieser Hinsicht eine interessante Perspektive. Insbesondere neuere amerikanische Forschungen nehmen sie ernst, etwa Seigel (1986) oder auch die stadtsoziologischen Arbeiten von Florida (2005; 2008).

Balzacs paradoxaler Rhetorik entspricht eine sachliche Paradoxie: Die Gemeinde der unverlässlichen Tunichtgute und Tagediebe – auch ganz einfach der Schnorrer und Diebe –, sie soll einen ökonomischen und einen Bildungsfaktor erster Güte darstellen, gesellschaftlich letztlich von staatstragender Bedeutung sein. Dem Mikrokosmos Bohème sind im gesellschaftlichen Makrokosmos die Funktionseliten der Oberschicht zugeordnet. Sie bildet als Ausbildungs- und Rekrutierungsbereich gleichsam einen Vorhof zu dieser. Und als Mikrokosmos ist die Bohème auch insofern verfasst, als in ihr die gesellschaftlichen Funktionssysteme in segmentär verfasstem miniaturisiertem Rahmen, aber in mehr oder weniger karnevalesker Form noch einmal vorkommen. Dies trifft Balzac zufolge keineswegs nur für Literatur und Kunst zu, in der, einer Regel »*Wer verliert, gewinnt*« (Bourdieu 1999, 345) folgend, Produktionen ohne Rücksicht aufs Publikum möglich werden –, es gilt in gleicher Weise für Liebe ohne Ehe, Diplomatie ohne Auftrag, Verwaltungsleute ohne Laufbahngeländer, Ausbildung ohne Abschluss, militärische Planung in der Kneipe und so fort. Das ist Balzacs These. Was konstituiert aber dieses Milieu, was ist seine wie immer lockere und vielleicht notwendig fragile innere Struktur?

Hier wäre der Vermutung nachzugehen, dass für das innere Funktionieren der Bohème und ihrer Projekte tatsächlich eine andere Ethik und Ökonomie konstitutiv sind. Um einen wichtigen Grundzug zu verdeutlichen, wäre vom *Prinzen der Bohème* zu *der* Balzac'schen Bohemien-Lebenslauferzählung, den *Verlorenen Illusionen* von 1837-1843, zu springen. Der Held, Lucien de Rubempré, hat in Paris glücklich Aufnahme in eine Gruppe von Freunden gefunden. Deren Kreis um Luciens Freund d'Arthez wird als Konversations- und Austauschzusammenhang charakterisiert:

> Das wahre Talent ist immer gutmütig und treuherzig, offen, ohne Pedanterie [...]. [D]er trauliche Verkehr schloß nie das Bewußtsein aus, das jeder von seinem Wert hatte, jeder empfand die tiefste Achtung vor seinem Nachbar, kurz, da jeder sich imstande fühlte seinerseits bald der Gebende, bald der Nehmende zu sein, nahmen sie ohne alle Umstände voneinander an. Die Unterhaltungen waren immer reizvoll (Balzac 1996, 261).

Nun muss aber Lucien im Kreis dieser bohemischen Pariser Freunde eine sehr eigentümliche Erfahrung machen, die nur zu unvermutete Erfahrung eines Fehltritts. Hat er sich doch von ihnen Geld geben lassen, um eine existenzielle Notlage überbrücken zu können, und will er, aufgrund einer glücklichen Entwicklung in seiner Familie wieder flüssig, dem von ihm überaus geschätzten Zirkel tugendhafter Freunde dankbar zurückzahlen. Die Antwort, die er erfährt, ist so lapidar wie vernichtend, sie besteht in einer moralischen Standpauke: »Hier wird nicht geliehen, hier wird gegeben« (Balzac 1996, 270). Sein Wunsch nach Egalisierung der Schuld wird ihm ausführlich und mit großer Härte als Charaktermangel vorgerechnet. Er hat die ›Geschäftsbedingungen‹, die innere Ökonomie und Ethik der Bohème nicht verstanden. Sie stellt nämlich »l'exemple singulier d'une association où les mots tien et mien ne représentaient absolument aucun sens« dar (Delvau 1866, 33). Sie ist stattdessen als Kultur der Verschwendung verfasst, des Zusetzens, der Kraft und übrigens auch der Brutalität, der Gewalt.
Kennzeichnet dieser Zug die Binnenstruktur der Bohème im Allgemeinen, so gilt für die Außenbeziehungen, dass hier durchaus Raub, Zechprellerei und Betrug an der Tagesordnung sind. Seinen *Prinzen der Bohème* hat Balzac wohl nicht umsonst dem Freund Heinrich Heine gewidmet. Man lese dessen Schreiben an Christian Sethe:

> Du mußt mir sechs Louisd'or leihen. Ich bin in der größten Verlegenheit. Es wird Dich nicht wundern, daß ich just Dich anpumpe. Du bist mir noch zu frisch im Gedächtnisse, und wenn Du auch – was ich nicht hoffe – mein bester Freund nicht mehr bist, so bist Du doch unter meinen besten Freunden derjenige, den ich am leichtesten anpumpen kann, der auch als kompleter Philister am leichtesten ein paar Louis auf ein paar Monate entbehren kann (Heine [Ende August 1925] / 1970, 212). – Sey überzeugt, daß ich Dir bei dieser Gelegenheit den größten Beweis mei-

ner Freundschaft gebe, indem ich trotz mancher innern Regungen des
Unmuths gegen Dich, mich dennoch in der Noth mit unbedingtem Vertrauen an Dich wende. Vergiß dieses nie, besonders wenn ich je in den
Fall käme Dir einen Dienst leisten zu können, woran ich zweifle. Du ver-
stehst mich. (Heine [1.9.1825] / 1970, 213)

Das ist an kokett-überraschender Offenheit kaum zu übertreffen; aber gerade
darin agiert es zugleich eine bohemische Konvention aus.

III.   Bohème als literarisches Milieu

Der Mikrokosmos Bohème ist zu vielschichtig und reich an Varianten, als
dass er von einem einzigen Gesichtspunkt her aufschlüsselbar wäre. Was
wäre eine fruchtbare literatur- und medienwissenschaftliche Forschungs-
perspektive? Der beste Hinweis findet sich in einem weiteren Klassiker der
Bohème-Literatur, Henri Murgers *Scènes de la vie de bohème* aus der Zeit der
1848er Revolution. Auch hier ist das entscheidende Charakteristikum eins der
Vermischung:

> Die Boheme spricht unter sich eine eigene Sprache, entliehen den Ate-
> lierplaudereien, dem Kulissenjargon und den Diskussionen der Redak-
> tionsbüros. Proben aus allen Stilarten geben sich in diesem unerhörten
> Idiom ein Stelldichein: dort stehn apokalyptische Wendungen neben dem
> Unsinn; dort geht die Derbheit der volkstümlichen Rede mit den aus-
> schweifendsten Perioden [...]; dort hat die Ironie die Gewalt der schärfsten
> Säuren [...]; es ist, obwohl es allen, die keinen Schlüssel zu ihm besitzen,
> unverständlich bleibt, ein intelligentes Argot – ein Argot, dessen Kühn-
> heit die der freiesten Sprachen übertrifft. Dieser Wortschatz der Boheme
> ist die Hölle der Rhetorik und das Paradies der Worterfindung. (Murger
> 1971, 21)

Auch hier wird ein gemischtes Milieu bezeichnet: nun aber spezifiziert als
eine Arena der Amalgamierung und Kollision heterogener, Systemgrenzen
überschreitender Sprachen, ein ebenso intelligentes wie unverständliches
»unerhörtes Idiom«, ›Paradies der Katachresen‹, zugleich »Hölle der Rhetorik«. Gehört es zum eigentümlichen Charakter der Bohème, eine ›Plattform‹
für die in ihrem Lexikon zusammengeführten Sprachen zu bilden, kann man
analog hierzu die These erproben, dass sie zugleich eine Plattform der unterschiedlichen zeitgenössischen Medien – einer, wenn man so will: ›operativen
Intermedialität‹ – darstellt. Denn die Bohème ist ein privilegierter Schau-
platz der Verhandlung über und des Härtetests für traditionelle Sprachen und
Werte – und dies insbesondere in Fragen des Stils, wie sie in der Medien-,
nämlich Journalismuskritik verhandelt werden. Wahrscheinlich wäre es un-
tunlich und ungeschickt, die Bohème ohne weiteres als eine etwas aus der

Art geschlagene Abteilung des sogenannten Bildungsbürgertums – als dessen Avantgarde gewissermaßen – zu begreifen. Und doch pflegen wenigstens Teile der Bohème diesen Rückbezug (Seigel 1987).

IV. Bohème & Boulevard

Versucht man den gesellschaftlichen Ort der Bohème in Termini der gegenwärtigen soziologischen Theorie genauer zu bestimmen, ergibt sich ein eigenartiger Befund. Es bietet sich zwar einerseits an, in ihr einen Exklusionsbereich zu sehen, sofern die Beteiligten durchaus mit Insignien von Exklusion hantieren und die Nähe von Deklassierten und Devianten suchen. Dabei lässt sich jedoch nicht durchweg von jenem Phänomen aussichtsloser »*Inklusionsindividualität*« ausgehen, das Personen komplett mit »ihre[r] Individualität in den Exklusionsbereich inkludiert« sein lässt (Stichweh 2005, 139). Vielmehr führen für sie durchaus Verbindungen in die etablierten Sozialsysteme, wie locker und fragil diese Verbindungen auch sein mögen. Auch kann man andererseits zwar die Bohème nach dem Schema von Zentrum und Peripherie als marginale Größe identifizieren; die Vagabunden- und Zigeuner-Assoziationen, die sich mit ihrem Namen verbinden, entsprechen dem perfekt. Doch indem sie ihre moderne Karriere gerade in der urbanen Metropole startet – was an vormoderne moralisch und religiös motivierte Traditionen einer »fortdauernden Sichtbarkeit von Armut im Zentrum der Stadt« (Stichweh 1998, 350) erinnert –, inszeniert sie die Peripherie im Zentrum selber.

Ist die Bohème im einzelnen an sehr verschiedenen Orten aufzusuchen, so gehört allerdings historisch ihre territoriale Gebundenheit, Lokalisiertheit zu ihren wichtigsten Eigenschaften (Hamrick 1997; Seigel 2010), mögen auch die Beteiligten selber hochmobil sein und diese Orte passager durchqueren. *Ein* spezifischer Ort, der in literaturhistorischer Perspektive von besonderem Interesse ist, ist der Boulevard (Benjamin 1974, 530 f.). Die Kategorie spricht Bände, ist mit dem Boulevard doch ein wichtiges Schnittfeld bezeichnet, in dem sich Aufenthalt, Erwerbsarbeit, Publizität – auch im Sinne von Reklame – und kritisches Interesse von Bohème-Existenzen treffen. Nicht umsonst stehen in Bohèmedarstellungen – bei Balzac, Karl Kraus, Walter Benjamin und so fort – das Massenmedium Zeitung und seine Sprache im Zentrum von Diskussionen der Möglichkeiten und Gefahren bohemischer Existenz.

Wenn zu vermuten ist, dass die Innenbeziehungen der Bohème durch eine Kultur der Gabe geprägt sind, so kann man für die ›Außenbeziehungen‹ sagen: es geht hier um die Verhandlung notwendiger und möglicher Warenförmigkeit, um eine durchaus komplizierte Reflexion und Diskussion über Notwendigkeiten und Möglichkeiten des Verkaufens und der Marktgängigkeit. Eine teilweise maniert-kultische Wertschätzung der wirklichen Prostitution und Prostituierten geht dabei Hand in Hand mit der Problematisierung

intellektuellen oder stilistischen Sichverkaufens sowie der in der Regel stren-
gen Ahndung intellektueller Prostitution. Dabei handelt es sich um eine insofern diffizile Frage, als es zugleich durchaus eine Wertschätzung auch – ›rich-
tiger‹ – intellektueller Prostitution gibt. Liest man Elias Canettis Bericht über
seine Auseinandersetzung mit Bertolt Brecht, die 1928 gleichsam unter den
Augen von Karl Kraus genau diese Frage zum Gegenstand hat, macht man
sich einen Begriff von ihren Implikationen (Stanitzek 2011). Jedenfalls dürfte
es dieser Zusammenhang sein, der schon zu Beginn des 20. Jahrhunderts
Kraus das Bohèmemanifest des Anarchisten Erich Mühsam in *Die Fackel* aufzunehmen bewog, ein Manifest, dessen letzte Sätze lauten:»Verbrecher,
Landstreicher, Huren und Künstler – das ist die Bohème, die einer neuen Kultur die Wege weist.« (Mühsam 1906, 10)

V.   Digitale Bohème, analoge Bohème

Ist hier auch von der sogenannten (nämlich im Anschluss an Friebe/Lobo 2006)
›digitalen Bohème‹ kaum angemessen zu handeln, lässt sich doch festhalten,
dass selten eine Gegenwartsdiagnose so falsch gelegen hat wie diejenige des
Bohème-Artikels im Handbuch *Ästhetische Grundbegriffe*, der die Bohème zu
einem Phänomen von bloß noch historischem Interesse glaubte herabstufen
zu können (Joachimides 2000, 729 u. 748 f.). Allerdings sollte man in dieser
Hinsicht nachsichtig sein. Denn es gibt hier ein prinzipielles Problem der Erkennbarkeit, das Diedrich Diederichsen (1999, 233) auf den Punkt gebracht
hat:»Kapitalismus ermöglicht Boheme immer wieder da aufs Neue, wo er den
Reichtum und die Armut, die er produziert, nicht auseinanderhalten kann.«
Wenn man ergänzt, dass auch der realsozialistisch-staatswirtschaftliche Ost-
block seine Bohèmekulturen hervorgebracht und seine Probleme mit ihnen
gehabt hat (Kaiser/Petzold 1997; Wegmann 2010), so wird man allerdings
von einem Problem der Erkennbarkeit für die Bohème überhaupt sprechen
müssen.
Die ›digitale Bohème‹ jenseits ihrer öffentlichkeitswirksamen Selbstbezeich-
nung als solche anzuerkennen, wäre mit der Zumutung verbunden, das oben
genannte wichtige Charakteristikum von Bohèmekulturen wenigstens zu re-
lativieren: dass sie nämlich bis dato durch eine Bindung an spezifische geogra-
fische Orte gekennzeichnet waren. Ob sie ins digital Ubiquitäre zu übersetzen sind, ob sich hier überhaupt die Umwelt für eine hinreichende segmentäre
Ausdifferenzierung der Bohème finden lässt, kann man mit William Gibson
bezweifeln (vgl. Brecht 2008). Ebenso offen muss vorläufig bleiben, ob auch
die digitale Bohème sich wie ihre ›analogen‹ Vorläufer als Agent einerseits der
innovativ abweichenden Produktion, andererseits jener moralischen, ästhetischen und stilistischen Spannungen erweist, wie sie in der Vergangenheit
typisch waren. Die einfachen Schemata der Kritik an den Werbeaktivitäten

von Sascha Lobo, eines Protagonisten der digitalen Bohème, für eine Telefonfirma (vgl. Staun 2009) sprechen hier nicht für einen besonders differenzierten Diskurs; man vergleiche dagegen Bertolt Brecht: »›Ich schreibe nur für Geld‹, sagte er trocken und gehässig. ›Ich habe ein Gedicht über Steyr-Autos geschrieben und dafür ein Steyr-Auto bekommen.‹« (Canetti 2000, 259)

VI. Bohème & Universität

Erstaunlicherweise hat man gesagt, vielmehr: hat man darauf bestanden, dass es eine gelehrte Bohème, insbesondere von Literaturwissenschaftlern, weder gebe noch geben könne:

> Es gibt eine Künstlerbohème, die die Abweichung des Kunstwerks von der gewöhnlichen Welt auch im Lebensstil darzustellen versucht, aber keine Gelehrtenbohème. Kunst- und Literaturwissenschaftler verzichten darauf, ihr Interesse für ästhetische Gegenstände in ihrer Kleidung, in Habitus oder Sprechweise erscheinen zu lassen. Dies hat einen inneren Grund: Ihre Wissenschaft steht der Kunst erkennend gegenüber, sogar entgegen. Dem entspricht ein äußerer Grund: Qualifikationsansprüche, Arbeitsweisen und institutioneller Rahmen dieser Wissenschaft sind so angelegt, daß sie dem einzelnen ein hohes Maß an Askese, Anpassung und Pflichtbewusstsein auferlegen. Sie werden immer wieder überprüft: beim Studium, im Examen, bei der Promotion, Habilitation und Berufung. Besonders an den deutschen Universitäten des 19. Jahrhunderts wurde der Charaktertyp eines Philologen geprägt, der die Aufgaben seiner Disziplin mit dem Ethos eines preußischen Beamten erfüllte. (Schlaffer 1990, 221)[2]

Dass man die Entfernung vom vorderhand moralisch fragwürdigen Milieu sucht, lässt sich zwar verstehen – und wäre dann nur mit dem Hinweis zu beantworten, dass das Unbewusste keine Negation kennt. Doch die zitierte These unterschätzt wohl systematisch Disziplin und Ethos – »buveurs d'eau«: ›Wassertrinker‹ (Seigel 1987, 54-58; 2010, 50 f.) –, wie sie im Zusammenhang von Bohèmemilieus gedeihen können. Insofern sollte man dieser These richtig widersprechen: Traditionell gibt es einen Zusammenhang, eine Art Schnittfeld von Universität und Bohème – und dies betrifft insbesondere die Studentenschaft, den akademischen Nachwuchs überhaupt bis hin zur Privatdozentenexistenz. Nicht nur dass es sie gibt oder vielmehr gab, diese Bohème; sie ist darüber hinaus weit entfernt, ein nur beklagenswertes oder defizientes Phänomen darzustellen. Im Gegenteil stammen einige der wichtigsten Innovationen in den angesprochenen literaturwissenschaftlichen Fächern selbstverständlich aus Bohèmezusammenhängen. Man denke nur an den gescheiterten Habili-

---

2 Zur traditionell allerdings gegebenen Philologen-Abneigung gegen die Bohème siehe auch Klemperer 1996, 373 f.

tanden Walter Benjamin, in der deutschen Literaturgeschichte wohl *der* Fürst der Bohème-Intellektualität (vgl. Traverso 2002, 144 f.);[3] man denke an Merve Löwien, Peter Gente und Heidi Paris – was wären die Geisteswissenschaften der letzten Jahrzehnte ohne den *Merve*-Verlag? Und so weiter?

VII.   ›Exzellenz‹- und ›Bologna‹-Hochschulreform: ein Großangriff auf die Bohème

Das ist die Frage: was wird aus diesem klassischen Akademie-Bohème-Zusammenhang eigentlich gegenwärtig? Und damit ist nicht so sehr die Gegenwart als Ära des Digitalen gemeint, sondern als Raum eines Experiments, dem die universitären Akademiker gegenwärtig allesamt unterworfen sind, will sagen: was wird aus der Bohème im Zusammenhang der gegenwärtigen Hochschulreform? Das ist *auch* unter dem ›Exzellenz‹-Aspekt dieser Reform von Interesse; so bringen etwa die Lebenslaufschemata, wie sie in der Graduiertenförderung in Anschlag gebracht werden, bohèmetypischen Abweichungen wenig Toleranz entgegen. Insbesondere aber für den ›Bologna‹-Aspekt wird man sagen müssen, dass es sich bei der gegenwärtigen Studienreform um einen Großangriff auf die Bohème klassischen Typs handelt.

Sex, Drogen, Rock'n'Roll, Schmutz – unter diesen Vorzeichen kann man sich eine komplette Transposition der Bohème ins Digitale gewiss nur schwer vorstellen. Und es ist umstandslos einzuräumen: traditionell zumindest ist die Bohème – nicht nur, aber insbesondere für Frauen – kein ungefährlicher und vor allem ein ziemlich ungesunder Ort, in einem ganz einfachen Sinn: Man braucht eine ziemlich robuste Konstitution, um die Bohèmeexistenz zu führen, weil nämlich die Kultur der Gabe und Verschwendung zugleich eine der Armut und Krankheit ist. Wie sich die gegenwärtige Studienreform dazu verhält, erkennt man leicht. Handelt es sich hierbei doch an erster Stelle um eine Kampagne gegen Studienabbrechertum, gegen Bummelanten und ihre Eskapaden. Die Bologna-Reform legt es darauf an, entsprechende Um- und Abwege grundlegend zu verstellen; durch in Stundenplänen straff durchorganisierte Arbeitsbelastungen, durch rigides Aufaddieren einzelner Leistungsergebnisse vom ersten bis zum letzten Semester, in einer selbstverständlich »rauchfreien Hochschule«. Beschleunigtes ›zielführendes‹ Lernen schränkt die Spielräume jeder studentisch-akademischen Bohèmeexistenz ein, es zerstört sie möglicherweise. Eine ganze Generation wird stattdessen umsponnen von Kontroll- und Selbstkontrollmechanismen, einem Gespinst von kaum phantasieförderlichen Sorgen und Besorgungen. Braucht Phantasie nicht ein

---

3   So bewusst er sich ihrer problematischen Seite gewesen ist: »Für die Beziehungen, die der Müßiggänger zur Halbwelt zu unterhalten liebt, ist das ›Studium‹ ein Alibi. Insbesondere läßt sich von der bohème behaupten, daß sie zeitlebens ihr eignes Milieu studiert.« (Benjamin 1982, 966 f.)

bisschen Leichtlebigkeit, um sich zu entwickeln? Und verband sich mit der
Bohème nicht die schöne belebende Fiktion einer möglichen Angstfreiheit?
Insbesondere eine Dimension dieser Hochschulreform ist hier bemerkenswert: Man versucht durch die Integration von Praktika und Projekten und
Soft-Skills-Lehrgängen bis hin in Graduiertenschulen, traditionelle Funktionen der Bohème unter gewissermaßen klinischen Bedingungen zu institutio-
nalisieren. Offenbar soll das überkommene ›Neben‹ der Akademie in diese
wieder eingeführt, in sie ›zurückgeführt‹ werden. Dass es sich dabei um ein
wirkliches funktionales Äquivalent handeln kann, ist zu bezweifeln. Denn
die Bohème ist nicht zuletzt ein Zusammenhang eigensinnig abweichender
Motivlagen, die der Bildungsplanung kaum ohne weiteres zugänglich sind.
Nicht umsonst hat Niklas Luhmann evolutionstheoretisch von erforderlichen
»*medienunabhängige[n] Motivationsressourcen [...] als Variationsmechanismus me-
diengesteuerter Kommunikation*« gesprochen (Luhmann 1976, 88) und Alexander Kluge ganz analog dekretiert: »Es muß *Aussteiger* geben«, ein System muss
»›durch den Zustandsraum seiner Mutanten driften‹; es muß neue, mit sub-
jektiver Berührung verbundene *Varianten* ausprobieren (Irrflugspiel).« (Kluge
1983, 128) In der Universität solche externen – eben deshalb ›intrinsischen‹ –
Motivationen umstandslos in interne – das heißt ›extrinsische‹ – Noten und
Leistungspunkte übersetzen zu wollen, erscheint nicht nur vermessen, sondern auch leichtfertig.

Wahrscheinlich handelt es sich bei diesem Großangriff auf die Bohème um
eine Strategie ohne Strategen. Denn die Bologna-Propagatoren selbst haben ja
ihre eigene Ausbildung noch in 1968er- und Alternativbewegungen erfahren
– mit ihren Nischen aus Alternativzeitungen, -läden, -werkstätten –, in gewissermaßen selbstorganisierten prekären Praktikantenkulturen (Neumann
2008). Eine Kosten-/Nutzen-Abwägung der riskanten Bohème-Existenz,
nämlich verglichen mit den Kosten ihrer studienreformerischen Trockenle-
gung, steht aber aus – obwohl doch heute jedes Forschungsprojekt-Formular
dem Antragsteller eine Abschätzung auch möglicher schädlicher Folgen ab-
verlangt. Vermutlich sind aber die Bologna-Reform-Initiatoren bis heute gar
nicht auf den Gedanken gekommen, dass ihr Unterfangen seinerseits mit
hohen Risiken behaftet ist. Jedenfalls hat der russische Zar die Pariser Bohème
nicht kaufen und nach Odessa verfrachten können. In Odessa hat sich dann
ironischerweise später ganz autonom eine Bohèmeszene entwickelt. Die Entwicklungen und Wege der Bohème sind unerfindlich, überraschend; und
wären sie es nicht, handelte es sich auch nicht um Bohème.

Wie gesagt, die Beobachtung der Bohème ist nicht einfach, und sie wird umso
unwahrscheinlicher, je mehr sie Gegenwartsforschung zu sein beabsichtigt.
Vielleicht ist die interessanteste Frage gegenwärtig, welche digitalen Bohé-
miens eigentlich an den digitalen Zwangsjacken mitstricken und mitverdie-
nen, die den Studierenden eine normale bohemische Existenz verwehren.
Und noch interessanter: wie sie das tun.

Literatur

Balzac, Honoré de (o.J.): Ein Fürst der Bohème. S. 27-64 in: H. de Balzac, Die menschliche Komödie. Gesamtausgabe m. Anmerkungen u. biographischen Notizen über die Romangestalten, hrsg. u. eingel. v. Ernst Sander: Szenen aus dem Pariser Leben. München: Goldmann.

Balzac, Honoré de (1996): Verlorene Illusionen. Roman, übers. v. Hedwig Lachmann (= H. de Balzac, Die Menschliche Komödie. Die großen Romane und Erzählungen in zwanzig Bänden, Bd. 6). Frankfurt a.M.: Insel.

Benjamin, Walter (1974): Charles Baudelaire. Ein Lyriker im Zeitalter des Hochkapitalismus. S. 509-690 in: W. Benjamin, Gesammelte Schriften, hrsg. v. Rolf Tiedemann u. Hermann Schweppenhäuser. Bd. I, 2. Frankfurt a.M.: Suhrkamp.

Benjamin, Walter (1982): Das Passagen-Werk, hrsg. v. Rolf Tiedemann. W. Benjamin, Gesammelte Schriften, hrsg. v. R.T. u. Hermann Schweppenhäuser. Bd. V, 1/2. Frankfurt a.M.: Suhrkamp.

Blome, Eva/Eiden-Offe, Patrick/Weinberg, Manfred (2010): Klassen-Bildung. Ein Problemaufriss. Internationales Archiv für Sozialgeschichte der deutschen Literatur 35, 2, 158-194.

Bourdieu, Pierre (1999): Die Regeln der Kunst. Genese und Struktur des literarischen Feldes, übers. v. Bernd Schwibs u. Achim Russer. Frankfurt a.M.: Suhrkamp.

Brecht, Stefan (7.4.2008): Er ist nicht weniger einsam als zuvor. Der Science-Fiction-Autor William Gibson, Erfinder des »Cyberspace«, ist in »Spook Country« angekommen [Interview]. Süddeutsche Zeitung, Nr. 81, 13.

Bunia, Remigius/Dembeck, Till/Stanitzek, Georg (2011): Elemente einer Literatur- und Kulturgeschichte des Philisters. Einleitung. S. 13-51 in: R. Bunia/T. Dembeck/G. Stanitzek (Hrsg.), Philister. Problemgeschichte einer Sozialfigur der neueren deutschen Literatur. Berlin: Akademie (im Druck).

Canetti, Elias (2000): Die Fackel im Ohr. Lebensgeschichte 1921-1931, 21. Aufl. Frankfurt a.M.: Fischer.

Delvau, Alfred (1866): Henry Murger et la Bohème. Paris: Bachelin-Deflorenne.

Diederichsen, Diedrich (1985): Sexbeat. 1972 bis heute. Köln: Kiepenheuer & Witsch.

Diederichsen, Diedrich (1999): Der lange Weg nach Mitte. Der Sound und die Stadt. Köln: Kiepenheuer & Witsch.

Diederichsen, Diedrich (2010): Menschen der Steigerung, Menschen der Macht: Die Nietzsche-Ökonomie. S. 33-47 in: Sighard Neckel (Hrsg.), Kapitalistischer Realismus. Von der Kunstaktion zur Gesellschaftskritik. Frankfurt a.M./New York: Campus.

Florida, Richard (2005): Cities and the Creative Class. New York/London: Routledge.

Florida, Richard (2008): Who's Your City? How the Creative Economy Is Making Where to Live the Most Important Decision of Your Life. New York: Basic Books.

Friebe, Holm/Lobo, Sascha (2006): Wir nennen es Arbeit. Die digitale Bohème oder: Intelligentes Leben jenseits der Festanstellung. München: Heyne.

Gluck, Mary (2005): Popular Bohemia: Modernism and Urban Culture in Nineteenth-Century Paris. Cambridge, Mass./London: Harvard UP.

Goethe, Johann Wolfgang (1988): Wilhelm Meisters Lehrjahre. Ein Roman, hrsg. v. Hans-Jürgen Schings. J.W. Goethe, Sämtliche Werke nach Epochen seines Schaffens. Münchner Ausgabe, hrsg. v. Karl Richter, Bd. 5. München/Wien: Hanser.

Gröschner, Annett (1999): »Diese Reinig hat ja nicht alle Tassen im Schrank.« Die frühen Texte Christa Reinigs und ihre Rezeption in der DDR. S. 240-265 in: A. Gröschner, Ybbotaprag. heute. Geschenke. Schupo. schimpfen. Hetze. Sprüche. demonstrativ. Sex. DDRbürg. gthierkatt: ausgewählte Essays, Fließ- & Endnotentexte 1989-98. Berlin/Zepernick: Kontext.

Hamrick, Lois Cassandra (1997): Artists, Poets and Urban Space in Nineteenth-Century Paris (Mercier, Béranger, Murger, Gautier, Baudelaire). French Literature Series 14, 53-82.

Heine, Heinrich (1970): Säkularausgabe. Werke – Briefwechsel – Lebenszeugnisse, Bd. 20: Briefe 1815-1831, bearb. v. Fritz H. Eisner. Berlin: Akademie/Paris: CNRS.

Joachimides, Alexis (2000): Art. »Boheme«. S. 728-750 in: Karlheinz Barck u.a. (Hrsg.), Ästhetische Grundbegriffe, Bd. 1. Stuttgart/Weimar: Metzler.

Kaiser, Paul/Petzold, Claudia (1997): Boheme und Diktatur in der DDR. Gruppen Konflikte Quartiere 1970-1989. Berlin: Fannei & Walz.

Kiss, Endre (1987): Der Philosoph des gelebten Seins. Friedrich Nietzsche und Carl Dallago. Brenner-Archiv 6, 4-10.

Klemperer, Victor (1996): Curriculum vitae. Erinnerungen 1881-1918. Bd. 1, hg. v. Walter Nowojski. Berlin: Aufbau.

Kluge, Alexander (Hrsg.) (1983): Bestandsaufnahme: Utopie Film. Zwanzig Jahre neuer deutscher Film / Mitte 1983. Frankfurt a. M.: Zweitausendeins.

Kreuzer, Helmut (1997): Art. »Boheme«. S. 241-245 in: Klaus Weimar et al. (Hrsg.), Reallexikon der deutschen Literaturwissenschaft. Neubearbeitung des Reallexikons der deutschen Literaturgeschichte, Bd. 1. Berlin/New York: de Gruyter.

Kreuzer, Helmut (2000): Die Boheme. Analyse und Dokumentation der intellektuellen Subkultur vom 19. Jahrhundert bis zur Gegenwart. Stuttgart: Metzler.

Luhmann, Niklas (1976): Ist Kunst codierbar? S. 60-95 in: Siegfried J. Schmidt (Hrsg.), »schön«. Zur Diskussion eines umstrittenen Begriffs (= Grundfragen der Literaturwissenschaft – N. F. Bd. 1). München: Fink.

Marx, Karl (1975): Der achtzehnte Brumaire des Louis Bonaparte [1852]. S. 111-207 in: K. Marx/Friedrich Engels, Werke, Bd. 8. Berlin: Dietz.

Marx, Karl/Engels, Friedrich (1976): [Rez.:] Chenu, Jacques Étienne Adolphe: Les conspirateurs, Paris: Garnier 1850; La Hodde, Lucien de: La naissance de la République en février 1848, Paris: chez l'éditeur 1850, S. 266-280 in: K. Marx/F. Engels, Werke, Bd. 7. Berlin: Dietz.

Matala de Mazza, Ethel (2006): Poetik des Kleinen. Verhandlungen der Moderne zwischen Operette und Feuilleton. Habil.-Schr. LMU München.

Meyer, Anne-Rose (2001): Jenseits der Norm. Aspekte der Bohèmedarstellung in der französischen und deutschen Literatur 1830-1910. Bielefeld: Aisthesis.

Mühsam, Erich (30.4.1906): Bohème. Die Fackel, Bd. 12, 8. Jahr, Nr. 202, 4-10.

Müller, Heiner (1991): »Jenseits der Nation«. Heiner Müller im Interview mit Frank M. Raddatz. Berlin: Rotbuch.

Murger, Henry (1971): Die Boheme. Szenen aus dem Pariser Künstlerleben, übers. v. Felix Paul Greve. Leipzig: Insel.

Neumann, Arndt (2008): Kleine geile Firmen. Alternativprojekte zwischen Revolte und Management. Hamburg: Nautilus.

Schlaffer, Heinz (1990): Poesie und Wissen. Die Entstehung des ästhetischen Bewußtseins und der philologischen Erkenntnis. Frankfurt a. M.: Suhrkamp.

Seigel, Jerrold (1987): Bohemian Paris: Culture, Politics, and the Boundaries of Bourgeois Life, 1830-1930. New York: Penguin.

Seigel, Jerrold (2010): Putting Bohemia on the Map. S. 39-53 in: Pascal Brisette/Anthony Glinoer (Hrsg.), Bohème sans frontière. Rennes: Presses Universitaires de Rennes.

Stanitzek, Georg (2007): Regenschirmforschung. Robert Walsers Bildungskritik im Zusammenhang der moralistischen Tradition. Zeitschrift für deutsche Philologie 126, 4, 574-600.

Stanitzek, Georg (2011): Bohème – Boulevard – Stil. Kommentar zu einem *flickr*-Bild von Rainald Goetz. In: Walburga Hülk/Gregor Schuhen (Hrsg.), Haussmann und die Folgen. Vom Boulevard zur Boulevardisierung (= edition lendemains, Bd. 25). Tübingen: Narr (im Druck).

Staun, Harald (12.7.2009): Als das Internet seinen Klassensprecher an den Kommerz verlor. Aufregung in der Gemeinschaft der Blogger: Ihr Repräsentant Sascha Lobo lässt sich von Vodafone bezahlen. Was ist daran überraschend? Frankfurter Allgemeine Sonntagszeitung, Nr. 28, 27.

Stichweh, Rudolf (1998): Raum, Region und Stadt in der Systemtheorie. Soziale Systeme 4, 2, 341-358.

Stichweh, Rudolf (2005): Inklusion und Exklusion. Studien zur Gesellschaftstheorie. Bielefeld: transcript.

Traverso, Enzo (2002): Bohemia, Exile and Revolution: Notes on Marx, Benjamin and Trotsky. Historical Materialism 10, 1, 123-153.

Wegmann, Nikolaus (2010): An Ort und Stelle. Zur Geschichte der konkreten Poesie in der DDR. Deutsche Vierteljahrsschrift für Literaturwissenschaft und Geistesgeschichte 84, 2, 235-259.

Weisberg, Gabriel P. (Hrsg.) (2001): Montmartre and the Making of Mass Culture. Brunswick, N. J. / London: Rutgers UP.

Prof. Dr. Georg Stanitzek
Philosophische Fakultät
Germanistik / Allgemeine Literaturwissenschaft
Universität Siegen
Adolf-Reichwein-Str. 2, D-57076 Siegen
stanitzek@germanistik.uni-siegen.de

Soziale Systeme 16 (2010), Heft 2, S. 419-429

Boris Holzer

Was man an der Uni lernt

I. Einleitung

Angesichts einer Ausbildung, die sich an wissenschaftlichen Disziplinen und deren Wissensbeständen orientiert, scheint ziemlich klar zu sein, was man an Universitäten lernt. Wem das als Auskunft nicht genügt, der kann sich spätestens seit der Bologna-Reform in ausgefeilten Modulhandbüchern umfassend über die Lerninhalte und die zu erwerbenden Kompetenzen informieren. Allerdings war bereits vor der durch Bologna forcierten Entkopplung einer gefälligen Darstellung von der Praxis klar: Allzu präzise Erwartungen und Versprechen dienen der Werbung oder der Außendarstellung, zum Beispiel anlässlich von Akkreditierungen. Sie können allenfalls grob darüber informieren, was der Inhalt oder gar die Effekte eines Studiums sein könnten. Studierende lernen etwas über ihr Fach, vor allem natürlich: was sie wissen müssen, um Prüfungen erfolgreich zu bestehen. Mit annähernd ebenso großer Sicherheit wird dieses Wissen, sofern es nicht einen unmittelbaren und dementsprechend selteneren Bezug zur beruflichen Praxis hat, auch schnell wieder vergessen werden. Allenfalls für Karrieren in der Wissenschaft wird man damit rechnen können, dass die akademische Ausbildung nicht lediglich als »Signal« (Spence 1973) für Lernfähigkeit als solche fungiert. Warum ein Universitätsstudium (häufig jedoch kein bestimmtes) für immer mehr berufliche Positionen vorausgesetzt wird, ist jedenfalls mit dem Hinweis auf das erworbene Wissen kaum zu erklären. Dafür spricht auch, dass häufig der akademische Abschluss als solcher wichtiger ist als der konkrete Studiengang. Liegt dies vielleicht daran, dass es um allgemeinere Lerneffekte des Universitätsbesuchs geht?

Solche diffuseren und mitunter nicht beabsichtigen Effekte des Besuchs von Bildungsanstalten thematisiert die Diskussion um das *hidden curriculum*. Die Rede vom »heimlichen Lehrplan« soll darauf hinweisen, dass sich das in der Schule Gelernte nicht auf den in den offiziellen Lehrplänen festgelegten Stoff beschränkt. Während der Lehrplan vor allem intellektuelle Leistungen vorsieht und prämiert, geht es im Bereich des heimlichen Lehrplans um spezifische Strukturen des Schulalltags und deren Folgen. Jackson (1968) zum Beispiel hebt an der Schulsituation drei Merkmale hervor: das Leben und Arbeiten in der Masse, die ständige Evaluation von Leistungen und die Machtasymmetrie zwischen Schülern und Lehrern. In der strukturfunktionalistischen, an Parsons' Überlegungen zur »Sozialisationsfunktion« der Schulklasse (Parsons 1959) orientierten Interpretation werden diese und weitere Merkmale als Beleg dafür angeführt, dass die Schule für eine moderne, differenzierte Gesellschaft sozialisiert (Dreeben 1968). Der Eintritt in die Schule ist der erste Schritt des Kindes heraus aus der Familie, der es erstmals systematisch mit universalistischen Erwartungen und unpersönlichen Rollenbeziehungen sowie mit Leistungsdifferenzierung konfrontiert. Ähnlich wie an der Schule kann man von einem *hidden curriculum* der Universität sprechen (Bergenhenegouwen 1987; Margolis 2001). Die Frage ist dann: gibt es ähnlich allgemeine Effekte der Mitgliedschaft in der Organisation Universität und des Teilnehmens am Unterricht, die für die Universität spezifisch sind?

II. Universität und Schule

Die wesentlichen Merkmale moderner Organisationen, die bereits die Schule auszeichnen, prägen selbstverständlich auch die Universität. In mancherlei Hinsicht scheinen diese schlicht fortgeschrieben oder nochmals potenziert zu werden. Das gilt vor allem für jene Aspekte, die mit der Größe der Organisation zu tun haben. Nicht alle, aber viele Universitäten haben sehr viel mehr Mitglieder als die durchschnittliche Schule. Wer nicht schon früh regelmäßig größere Popkonzerte besucht oder in einer Großstadt den öffentlichen Nahverkehr zur *rush hour* benutzt, wird erst in der Einführungsvorlesung einer größeren Universität nachvollziehen können, dass zur modernen Gesellschaft die »Masse« gehört. Die Anonymität und Unübersichtlichkeit des Publikums wird ergänzt durch eine wesentlich umfangreichere Verwaltungsebene, die – noch sehr viel deutlicher als jene der Schule – die Undurchschaubarkeit von Kafkas *Schloss* imitiert.
Es lassen sich leicht weitere Gesichtspunkte identifizieren, unter denen das Vertrautwerden mit dem Leben in formalen Organisationen, das als wichtiger Teil der schulischen Sozialisation gilt, in der Universität nicht nur fortgeschrieben, sondern noch einmal gesteigert wird. Bei genauerem Hinsehen gilt dies bereits für die Mitgliederzahl: Universitäten sind nicht nur größer, ihre studentischen Mitglieder sind auch anders differenziert als in der Schule. Während dort Jahrgangsstufen und Parallelklassen sowie allenfalls noch unterschiedliche Ausbildungszweige zu unterscheiden sind, tritt in der Universität die sachliche Differenzierung in unterschiedliche Fächer hinzu. Diese können in ganz ähnlicher Weise als *tribes* fungieren, die zunächst einmal Zugehörigkeit nach innen und Abgrenzung nach außen organisieren. Während die hierarchische Differenzierung nach Jahrgängen an der Universität in den Hintergrund tritt (und allenfalls im Rahmen der besonderen Markierung und Behandlung der *freshmen* eine Rolle spielt), nimmt die segmentäre Differenzierung eine andere Form an: Die Unterscheidung von *in-group* und

out-group wird durch sachliche Gesichtspunkte ergänzt. Man kann nicht nur besondere ästhetische Vorlieben, Verhaltensmuster und Rangverhältnisse in anderen Teilen der Population beobachten, sondern zunehmend auch eine Differenzierung der Wissensbestände und kommunikativen Anschlussmöglichkeiten. Über Klassengrenzen hinweg gibt es in der Schule genug Themen, sowohl aus dem Reservoir der Massenmedien als auch aus geteilten Erfahrungen mit den Lehrern, um Gemeinsamkeiten zu entdecken. Die Fachsprachen unterschiedlicher wissenschaftlicher Disziplinen hingegen wecken Aufmerksamkeit dafür, dass man nicht mehr mit allen über alles reden kann: Die sachliche Differenzierung der Disziplinen und Ausbildungsgänge ergänzt und überlagert segmentäre oder stratifizierte Ordnungen, indem sie Unterscheidungs- und Rangkriterien bietet, die nicht mehr ausschließlich dem Prinzip folgen, die eigene Gruppe zu hypostasieren. Auch wenn man die eigene Disziplin und die dadurch definierte Gruppe für die beste hält, muss man abweichende Auffassungen über die interne Rangordnung zur Kenntnis nehmen. Die »Masse« der Anderen ist somit nicht nur anders und vielfältiger differenziert als in der Schule, sondern sie zwingt auch zu einem höheren Grad an sozialer Reflexivität, um die Inkommensurabilität der Perspektiven nicht einseitig zurechnen zu müssen.[1]

Eine zweite offensichtliche Kontinuität zwischen Schule und Universität betrifft die an universalistischen Leistungskriterien orientierten Erwartungsmuster, die sich von den partikularistischen Orientierungen der Familie unterscheiden (Parsons 1959; Dreeben 1968, Kap. 5). Die Vorgabe, dass nicht Herkunft, sondern Leistung zählt und dass diese nach für alle gleichen Regeln bewertet wird, ist dem Erziehungssystem zuzurechnen, dem beide zugehören. Daraus ergibt sich gewissermaßen auch die typische Form der entsprechenden sozialen Beziehungen, die von relativ kurzer Dauer, unpersönlich und rollenorientiert sind. Die Vervielfältigung und Differenzierung von Rollenbeziehungen, die Dreeben (1968, 9f.) im Laufe der Schulkarriere konstatiert, setzt sich an der Universität fort. Man lernt zum Beispiel, dass die Dozenten sich untereinander gar nicht mehr kennen. Aber auch die Studenten kennen ihre Professoren in gewisser Hinsicht noch weniger als die Schüler ihre Lehrer. Für die Studenten stellen die Dozenten nicht nur in ihren privaten Rollen *black boxes* dar, sondern vor allem auch in ihren anderen, durchaus mit der Organisation verbundenen Rollen: Was Wissenschaftler eigentlich machen, wenn sie nicht unterrichten, erschließt sich Studierenden allenfalls in Ausschnitten und bei entsprechenden Sonderengagements, zum Beispiel, wenn sie als Hilfskraft

---

1 In diese Richtung zielt auch das Argument von Parsons/Platt (1973, 211), die nichtstudentische Population verbleibe »in a less differentiated value matrix and more readily committed to values grounded at the social system level«. Die Studierenden hingegen seien eingebettet in eine »multiplicity of collective affiliations within a differentiated network«. In der Folge, so die optimistische Einschätzung aus strukturfunktionalistischer Perspektive, komme es zu einer »acceptance of complexes of solidarities for oneself and acceptance of the legitimacy of still other complexes beyond one's own interests« (213).

an Forschung (oder zumindest am diese vorbereitenden Kopieren) teilnehmen oder in den Gremien der Gruppenuniversität Einblick in die Verwaltungsarbeit bekommen. Für die meisten Studierenden bleiben die nicht auf die Lehre bezogenen Aktivitäten und Rollen der Dozenten opak.[2] Als eine weitere durchgängige Gemeinsamkeit, die sich aus dem Bezugsrahmen der auf Erziehung spezialisierten Organisationsform ergibt, ist drittens die Konfrontation mit der Unterscheidung von formalen und informalen Erwartungen zu nennen. In ihren jeweiligen Organisationen sind Studenten genauso wie Schüler mit den Erwartungen der formalen Mitgliedschaftsrolle und mit informalen Erwartungen konfrontiert. Informale Erwartungen beziehen sich beispielsweise auf kollegiales Handeln gegenüber den Kommilitonen, das gegenüber den formalen Regeln indifferent sein, diese aber auch in Frage stellen kann. Parsons (1959) notiert eine solche Abweichung mit Bezug auf Geschlechterunterschiede in der Schule, die offiziell neutralisiert werden, aber für die Sortierung von *peer groups* eine wichtige Rolle spielen. Ähnliches gilt für Formen des Partikularismus, die offiziell illegitim, aber nichtsdestotrotz in jeder Organisation üblich sind. Sie betreffen insbesondere auch das als universalistisch stilisierte Verhältnis des Lehrpersonals zu seinem Publikum, das hinter der Darstellung eines streng regelorientierten Umgangs sehr wohl Formen der partikularistischen Begünstigung kennt.

Man könnte den genannten Punkten noch weitere hinzufügen, die sich alle daraus ergeben, dass wir es mit Organisationen und insbesondere mit Organisationen im Erziehungssystem zu tun haben. Das grundsätzliche Sozialisationsmuster lässt sich offenbar fortschreiben, wenn man davon ausgeht, dass der »heimliche« Lehrplan derselbe ist, nämlich mit »Organisationen dieser Art zurechtzukommen, also: sich auf Leistungsanforderungen, auf Vergleich mit anderen unter angeblich sachlichen, jedenfalls universalistischen und spezifischen Kriterien und auf karriereförmige Selektion einzustellen« (Luhmann 2002, 80). Der erfolgreiche Schulbesuch müsste demnach als Anzeichen dafür gewertet werden, dass man »auch auf andere Formen organisierter Arbeit vorbereitet ist« (80). Dass dies auch – und wahrscheinlich in stärkerem Maße – für das Absolvieren der Universität gilt, sollte bereits deutlich geworden sein. Zu dieser Einschätzung tragen aber keineswegs nur die Gemeinsamkeiten von Schule und Universität bei, sondern gerade gewisse *Unterschiede*. Diese betreffen einerseits Merkmale der Universität, die sie noch prototypischer für die moderne formale Organisation machen, andererseits die Besonderheiten des »erziehenden« Unterrichts an Universitäten.

---

2 So berichtet Moffatt (1989, 25) in seiner Ethnographie des amerikanischen Studentenlebens: »the students had no idea of most of what the professors spent their time doing and thinking about: research, publication, and departments politics«; umgekehrt galt aber auch »Rutgers professors, on the other hand, would not have known how to do what the students had to accomplish successfully every semester«. Die Unterschiedlichkeit der Perspektiven und Präferenzen bestätigt auch Nathan (2005).

III. Die Universitätsorganisation

Im Unterschied zur Schule ist in der Universität nur noch in seltenen Fällen die Familie die primäre soziale Umwelt der Organisation. Auch wenn gelegentlich von einer zunehmenden Einflussnahme der Eltern auf die Wahl von Studiengang und -platz berichtet wird, fällt der Universitätsbesuch in aller Regel nach wie vor zusammen mit einer loseren Einbindung in die Herkunftsfamilie. Das liegt schon deshalb nahe, weil das Studium häufig mit einem Wohnortwechsel verbunden ist. Besonders deutlich ist dieser Wechsel des sozialen Umfelds an amerikanischen Universitäten, wo das College eine »totale« Umwelt in dem Sinne vorgibt, dass beinahe alle sozialen Kontakte mit Mitgliedern der Universität stattfinden (Parsons / Platt 1973, 211). Doch auch für die Studenten anderer Länder gilt natürlich, dass die eigene Familie gegenüber den Gleichaltrigen in sehr viel deutlicherer Weise als in der Schule als primäre Bezugsgruppe an Bedeutung verliert. Während von amerikanischen Universitäten folglich von einem starken Kontrast zwischen den offiziellen akademischen Normen und der *peer culture* berichtet wird, dürfte sich eine analoge Differenzierung in anderen Ländern daraus ergeben, dass viele Studierende auch andere Rollen außerhalb der Familie und der Universität innehaben, vor allem berufliche. In beiden Fällen büßt die Familie ihre Rolle als maßgebliche Umwelt und Quelle von Rollenkonflikten ein und tritt diese an andere, vielfältigere gesellschaftliche Kontexte ab.

Obwohl sich zentrale Merkmale der jeweiligen Sozialisationsprozesse aus der Tatsache herleiten, dass sowohl Schüler als auch Studenten Organisationsmitglieder sind, unterscheidet sich die Art der Mitgliedschaft: Für einen relativ großen Teil der Schulzeit gilt schließlich, dass die Mitgliedschaft nicht freiwillig ist. Und selbst ab dem Punkt, an dem die Schulpflicht endet, wird nur in den seltensten Fällen effektiv unterstellt, dass der Schulbesuch freiwillig sei. Das Schulkind ist in dieser Hinsicht am ehesten mit den Insassen von Gefängnissen oder geschlossenen Anstalten vergleichbar (Jackson 1968, 9). Demgegenüber wird der Studentin vor und während des Studiums wiederholt die Freiwilligkeit der Entscheidung zur Mitgliedschaft vor Augen geführt. Dies beginnt mit der Entscheidung für einen Studiengang und eine Universität und setzt sich fort in den recht geringen Anstrengungen der Universitätsorganisation, das Mitmachen und die Anwesenheit ihrer studentischen Mitglieder zu kontrollieren oder gar sicherzustellen.[3] Im Gegensatz zur Schule stellt sich für die Universität daher die – für Organisationen wiederum typische – Frage, wie Mitgliedschaft überhaupt motiviert werden kann (vgl. Luhmann 1964, Kap. 7). Zahlungen kann sie den Studierenden nicht bieten, sondern muss diese in vielen Fällen sogar fordern. Wenn aber Mitgliedschaft nicht auf diese Weise

---

3 Besonders deutlich seit einiger Zeit an der Universität Bielefeld, wo Anwesenheit überhaupt nicht mehr zur Grundlage von Leistungsbewertungen herangezogen werden darf. Wir kommen unter 4. darauf zurück.

generalisiert motiviert werden kann, kommt ersatzweise der Organisationszweck selbst als Motiv in Frage. Sofern man einen solchen für Universitäten unterstellen kann, würde er wohl im Bereich der wissenschaftlichen Erkenntnis liegen und ein dementsprechend schwaches bzw. nur für ein relativ überschaubares Publikum attraktives Mitgliedschaftsmotiv darstellen. Für den größeren Teil der Studierenden werden folgerichtig andere Motive angenommen, die unter den Begriff des »*vocationalism*« (Clark/Trow 1966, 31 ff.; Moffatt 1989, Kap. 7) oder des »Aufstiegsstudiums« (Wagner 2007) fallen. Im Vergleich zu akademischen oder »inhaltlichen« Motiven wird damit die Erwartung bezeichnet, dass das Studium entweder für das Berufsleben brauchbare Fertigkeiten oder zumindest einen auch unabhängig davon verwertbaren Abschluss vermitteln könnte.

Die Kombination von freiwilliger Mitgliedschaft und einem in der Organisation nur bedingt darstellbaren, im Hinblick auf den erhofften Nutzen von externen Faktoren abhängigen Motiv hat Auswirkungen auf das, was man an der Universität lernt. Zwar können die üblichen Vorteile einer als freiwillig zugerechneten Mitgliedschaft genutzt werden, um die Studierenden an ihrer Selbstdarstellung zu packen und dadurch zur Kooperation zu motivieren. Die generalisierte Motivation, dies zu akzeptieren, ist in der Universität aber kaum kommunizierbar, insofern sie sich auf ganz andere Ziele bezieht als auf den Erkenntnisgewinn. Die Studierenden lernen folglich, zwischen ihren Studienmotiven und deren Darstellbarkeit zu unterscheiden. Mit anderen Worten: Sie stellen sich in der Universität darauf ein, dass in Organisationen die Vorderbühne des fraglos Anerkannten und Mitgeteilten von der Hinterbühne der eigenen Motive und Tätigkeiten getrennt werden muss. Nach Meinung vieler Organisationssoziologen ist dies sicherlich eine adäquate Vorbereitung auf in formalen Organisationen übliche Strategien der gefälligen Außendarstellung (vgl. nur Meyer/Rowan 1977). Das gilt natürlich nicht nur mit Blick darauf, wie in dieser Weise den Erwartungen des akademischen Personals Rechnung getragen wird, sondern auch für die Darstellung gegenüber Dritten: Gerade den Studierenden muss daran gelegen sein, dass der »Uni-Bluff« (Wagner 2007) nicht nur nach innen, sondern auch nach außen Wirkung entfaltet.

Es ist vor diesem Hintergrund vielleicht noch besser nachvollziehbar, warum beispielsweise Parsons/Platt zu der Einschätzung gelangen, dass die Universität (bzw. das College) einen in der Schule eingeleiteten Sozialisationsprozess fortsetzt, der letztlich auf eine Passung von Persönlichkeit und differenzierter Gesellschaft hinausläuft: »The college experience extends the socialization process, developing the individual so that his personality can articulate with a differentiating, rationalizing, and changing society« (Parsons/Platt 1973, 215). Dahinter steckt natürlich die Annahme, dass die oben erwähnte Vorbereitung auf organisierte Arbeit ein zentraler Bestandteil dieser »Artikulation« von Personalität ist.

Im Anschluss an diese Überlegungen kann man fragen, wie sich Unterschiede zwischen Schule und Universität nicht nur in den strukturellen Merkmalen von Mitgliedschaft, sondern – darüber vermittelt – auch im Bereich derjenigen Interaktionsform äußern, die üblicherweise für Sozialisationsprozesse im Erziehungssystem verantwortlich gemacht wird: im »erziehenden« Unterricht. Die These des »heimlichen« Lehrplans ist ja nicht zuletzt deshalb interessant, weil sie die Sozialisation in der und durch die Erziehung zum Thema macht. Wenn man unter Erziehung die absichtsvolle Änderung von Personen versteht, ist Sozialisation gleichsam »absichtslose Erziehung« (Luhmann 2002, 54). Sie geschieht nebenbei, auch und gerade in Situationen, die durch Erziehungsabsichten strukturiert sind. Bezogen auf Interaktion heißt das: »Die Interaktionssysteme, die auf Erziehung ausgerichtet sind, wirken selbst sozialisierend.« (79). Das »Leben in den Klassenräumen« ist nicht zufällig bereits bei Jackson (1968) der Ausgangspunkt für seine Überlegungen zur Sozialisationsfunktion der Schule.

IV. Leben in Seminarräumen

Unbestreitbar hat der Universitätsunterricht Besonderheiten, die ihn vom Schulunterricht unterscheiden. Für die Frage, welche Sozialisationseffekte sich auf die spezifische Form des Unterrichts an Universitäten zurechnen lassen, setzen wir zunächst voraus, dass dieser im weiteren Sinne als »erziehender Unterricht« aufgefasst werden kann. Das ist insofern nicht selbstverständlich, als man mit gutem Recht argumentieren könnte, dass Universitäten sehr viel weniger auf *people changing* als auf *people processing* ausgerichtet sind (vgl. Hasenfeld 1972), eine Erziehungsabsicht also häufig gar nicht vorhanden ist. Da aber »Lernen« ohne eine Änderung von Erwartungen nicht denkbar ist, kommt auch der Unterricht an Universitäten nicht ohne Erziehung aus. Das leugnet nicht, dass die heutige Universität sich *nicht* mehr als Fortsetzung der Schule beschreibt. Während die frühmoderne Universität des 17. und 18. Jahrhunderts noch in einem Kontinuum mit der Schulausbildung verortet war, überwiegt heute die Wahrnehmung einer qualitativen Differenz, die sich vor allem an der Wissenschaftlichkeit der Hochschulausbildung festmacht (Stichweh 1994a). Hieraus ergeben sich auch die spezifischen Formen des Unterrichts, namentlich der Vorlesung und des Seminars.[4]
Sowohl die Vorlesung als auch das Seminar stehen wie die Schulstunde unter dem Vorzeichen der »Unfreiwilligkeit des Zusammenseins« (Luhmann 2002, 108). Sie sind »ungesellige« Situationen, die es nicht erlauben, jeden nach Maßgabe der eigenen Selbstdarstellungsinteressen zu berücksichtigen (Kieserling

---

4 Das Tutorialsystem als Alternative zum Vorlesungssystem lassen wir hier außer Acht. Siehe hierzu ausführlich Stichweh (1991, 314 ff.).

2002). Die Bedeutung des Wartens und des Zurückstellens eigener Wünsche, die Jackson (1968, 14 f.) als ein zentrales Merkmal des Schulunterrichts hervorhebt, gilt in ähnlicher Weise im Universitätsbetrieb. Während gerade das Seminar auf den ersten Blick einer Schulklasse sehr ähnlich zu sein scheint, markiert die Vorlesung einen markanten Unterschied. Sie ist sehr viel direkter dem zweiten Standbein der Universität, der Forschung, verbunden und wird mitunter gar als Vollzug von Forschung beschrieben (Stichweh 1994b, 236 ff.). Die für jeglichen Unterricht typische Asymmetrie zwischen Lehrer und Schüler wird dazu auf die Spitze getrieben. Im Hintergrund steht (oder stand) die Vorstellung, dass die dadurch atomisierte Lernsituation zur Individualisierung zwingt: Das Vorlesungssystem schafft »strukturelle Chancen der *Provokation von Individualität*« (Stichweh 1991, 335). Man mag durchaus bezweifeln, ob Vorlesungen heute noch in dieser Weise sozialisieren. Hinter den Notebook-Bildschirmen sind die meisten Studierenden alles andere als auf die eigene Individualität zurückgeworfen. Die Vorlesung erscheint weniger als eine ungekannte Zumutung im Lernprozess denn als zusätzlicher *stream*, den man abhängig davon, was sonst in der Welt des Internets passiert, mit kurzfristiger Aufmerksamkeit bedenkt – oder eben nicht. Es ist daher sicherlich kein Zufall, dass die Vorlesung – trotz ihrer durchaus alteuropäischen Wurzeln – besonders geeignet erscheint, zur Virtualisierung der Universität beizutragen, etwa indem man anstelle persönlicher Anwesenheit zu einem beliebigen Zeitpunkt das entsprechende Video herunterlädt. Aus dieser Perspektive betrachtet stellt die Vorlesung die Studierenden vor keine besonderen sozialisatorischen Anforderungen (mehr). Einzig die Länge des Vortrags könnte man noch als Anlass dafür sehen, dass zumindest eine gewisse Ausdauer vorausgesetzt wird.

Vorlesungen erreichen häufig bereits die Grenzen dessen, was man noch sinnvoll als *face-to-face*-Interaktion beschreiben kann. Anders das Seminar (bzw. die Übung): Es eignet sich offensichtlich besser dazu, Vergleiche zum »erziehenden Unterricht als Interaktionssystem« (Luhmann 2004) anzustellen. Im Unterschied zur Vorlesung gilt hier: »Wenn jemand fehlt, fällt das auf und kann registriert werden.« (Luhmann 2002, 106). Allerdings geschieht dies nicht in der Form eines *roll call*, den Jackson (1968, 85) als rituelles Element des Schulunterrichts herausstreicht. Dass man in einem leeren Raum nicht mit dem Unterricht beginnen wird, dürfte für die Schule wie für die Universität gelten. Im Universitätsseminar fluktuiert die Anwesenheit jedoch wesentlich stärker. An manchen Universitäten, an denen jegliche Anwesenheitspflicht suspendiert wurde, geht dies so weit, dass die Belegschaft eines Seminars im Laufe des Semesters nie dieselbe ist. Derartige Verhältnisse lassen zwar Zweifel aufkommen, ob im Sinne des Prinzips, dass Abwesenheit registriert wird, das Seminar überhaupt den Charakter einer »Gruppe« hat;[5] ein episodisches Interaktionssystem unter Anwesenden ist es jedoch allemal.

---

5   Siehe zum Gruppenbegriff Tyrell (1983).

Im Vergleich zur Schulklasse fällt am Universitätsseminar auf, dass die Leistungsevaluation vom Unterrichtsgeschehen mehr oder weniger entkoppelt ist. Insofern vor allem schriftliche Arbeiten für die Bewertung herangezogen werden, werden Selektion und Sozialisation stärker getrennt. Dementsprechend liegen die Schwierigkeiten des Seminars häufig auf der Ebene elementarer Interaktion, vor allem: des Sicherstellens einer regen Konversation. Da nicht mehr der (auch) zu Selektionszwecken dienende Unterricht, sondern der wissenschaftliche Diskurs das Modell ist, stehen Seminare in der Regel unter der Maßgabe, den Studierenden entsprechende Kommunikationschancen einzuräumen. Angesichts der damit verbundenen strukturellen Überforderung der Studierenden ist das Resultat jedoch häufig »Bluff« (Wagner 2007) oder, wie Bourdieu et al. (1994, 15) es ausdrücken, »Komplizenschaft im Missverstehen«: indem die Studierenden sich bemühen, die Sprache der Wissenschaft zu reproduzieren, können die Lehrenden fälschlicherweise davon ausgehen, verstanden zu werden. Was aber verstanden wird, so könnte man hinzufügen, sind die Erwartungen des Dozenten, sich auf bestimmte Weise zu äußern – nicht unbedingt das, worüber geredet wird.

Man kann den hier nur sehr kurz skizzierten besonderen Sozialisationskontext des Universitätsunterrichts folglich dadurch charakterisieren, dass im Vergleich zur Schule die sachliche Logik des Stoffes allein nicht ausreicht, die Lernsituation zu bewältigen. Studierende lernen, dass es wichtig sein kann, sich zusätzlich – manchmal auch überwiegend – daran zu orientieren, was »die Wissenschaft« – oder sogar: der einzelne Dozent – erwartet. Sich auf diese Erwartungen einzustellen und, auch wenn man sich für Konformität entscheidet, noch originell zu erscheinen, ist ein wesentlicher Teil der universitären Sozialisation. Der Universitätsunterricht setzt folglich nicht nur die Fähigkeit voraus, sich wie eine »Trivialmaschine« zu verhalten, ohne sich mit dieser Möglichkeit zu identifizieren (vgl. Luhmann 2002, 80), sondern auch, sich im gleichen Zuge als Nichttrivialmaschine darzustellen, auch wenn man sich als Trivialmaschine verhält.[6]

V. Schluss

Es liegt in der Natur der Sache, dass zwei Organisationen, die den Kontext eines Funktionssystems teilen, viele Gemeinsamkeiten aufweisen. Vor dem Hintergrund, dass es in Schule und Universität (auch) um Erziehung geht, ist deren Schattenseite, die Sozialisation, ein unvermeidbarer Begleiter. Zentrale Merkmale der Sozialisation durch den »heimlichen« Lehrplan der Schule, wie zum Beispiel Einstellung auf universalistische Normen, Leistungsorien-

---

6 Das Plagiat könnte man als extreme Ausprägung auffassen, insofern es etwas höchst Triviales – die Kopie – als originelle Idee ausgibt.

tierung und die Differenzierung von formalen und informalen Erwartungen, werden an der Universität fortgeschrieben oder sogar gesteigert. Das gilt auch in Bereichen, in denen sich die Universität von der Schule unterscheidet, wie zum Beispiel in der Frage der Freiwilligkeit der Mitgliedschaft, die der akademischen Ausbildung eine größere Nähe zu normalen, formalen Organisationen verschafft. Der akademische Unterricht stellt demgegenüber besondere Anforderungen an die Sozialisation, da er nicht allein die Reproduktion und Anwendung von Wissen verlangt, sondern den Ausweis – oder zumindest die plausible Darstellung – der eigenständigen Aneignung. Da jedoch nur Kommunikations- und nicht etwa Bewusstseinsleistungen geprüft werden können, besteht akademische Sozialisation letztlich darin, dass man die Wissenschaftssprache als eine Sonderwelt kennenlernt – und vielleicht gerade dadurch in die Lage versetzt wird, ihr außerhalb der Universität mit Verständnis, aber auch mit der gebotenen Distanz zu begegnen.

Literatur

Bergenhenegouwen, G. (1987): Hidden curriculum in the university. Higher Education 16, 5, 535-543-543. Online: http://dx.doi.org/10.1007/BF00128420.

Bourdieu, Pierre / Passeron, Jean-Claude / de Saint Martin, Monique (1994): Academic Discourse. Linguistic Misunderstanding and Professorial Power. Cambridge: Polity.

Clark, Burton R. / Trow, Martin (1966): The organizational context. S. 17-70 in: Theodore M. Newcomb / Everett K. Wilson (Hrsg.), College Peer Groups. Chicago: Aldine.

Dreeben, Robert (1968): On What Is Learned in School. Reading, MA: Addison-Wesley. (dt. Übers.: Was wir an der Schule lernen. Frankfurt a. M.:Suhrkamp 1998)

Hasenfeld, Yeheskel (1972): People processing organizations: an exchange approach. American Sociological Review 37, 3, 256-263.

Jackson, Philip W. (1968): Life in Classrooms. New York: Holt, Rinehart and Winston.

Kieserling, André (2002): Die Theorie des gelangweilten Schülers. Frankfurter Allgemeine Sonntagszeitung, 29. September, S. 66.

Luhmann, Niklas (1964): Funktionen und Folgen formaler Organisation. Berlin: Duncker & Humblot.

Luhmann, Niklas (2002): Das Erziehungssystem der Gesellschaft. Frankfurt a. M.: Suhrkamp.

Luhmann, Niklas (2004): Erziehender Unterricht als Interaktionssystem (1985). S. 11-22 in: N. Luhmann, Schriften zur Pädagogik. Frankfurt a. M.: Suhrkamp.

Margolis, Eric (Hrsg.) (2001): The Hidden Curriculum in Higher Education. New York / London: Routledge.

Meyer, John W. / Rowan, Brian (1977): Institutionalized organizations: formal structure as myth and ceremony. American Journal of Sociology 83, 2, 340-363.

Moffatt, Michael (1989): Coming of Age in New Jersey: College and American Culture. New Brunswick / London: Rutgers University Press.

Nathan, Rebekah (2005): My Freshman Year: What a Professor Learned by Becoming a Student. Ithaka, NY: Cornell University Press.

Parsons, Talcott (1959): The school class as a social system: some of its functions in American society. Harvard Educational Review 29, 4, 297-318.

Parsons, Talcott / Platt, Gerald M. (1973): The American University. Cambridge, MA: Harvard University Press.

Spence, Michael (1973): Job market signaling. Quarterly Journal of Economics 87, 3, 355-374.

Stichweh, Rudolf (1991): Der frühmoderne Staat und die europäische Universität. Frankfurt a. M.: Suhrkamp.

Stichweh, Rudolf (1994a): Differenzierung von Schule und Universität im 17. und 18. Jahrhundert. S. 193-206 in: R. Stichweh, Wissenschaft, Universität, Professionen. Soziologische Analysen. Frankfurt a. M.: Suhrkamp.

Stichweh, Rudolf (1994b): Die Einheit von Lehre und Forschung. S. 228-245 in: R. Stichweh, Wissenschaft, Universität, Professionen. Soziologische Analysen. Frankfurt a. M.: Suhrkamp.

Tyrell, Hartmann (1983): Zwischen Interaktion und Organisation I: Gruppe als Systemtyp. S. 75-87 in: Friedhelm Neidhardt (Hrsg.), Gruppensoziologie (Sonderband 25 der Kölner Zeitschrift für Soziologie und Sozialpsychologie). Opladen: Westdeutscher Verlag.

Wagner, Wolf (2007): Uni-Angst und Uni-Bluff heute. Aktualisierte und vollständig überarbeitete Neuausgabe. Berlin: Rotbuch.

Prof. Boris Holzer, Ph. D.
Fakultät für Soziologie, Universität Bielefeld
Postfach 10 01 31, D-33501 Bielefeld
boris.holzer @uni-bielefeld.de

Soziale Systeme 16 (2010), Heft 2, S. 430-436

Maren Lehmann

Pendeln
Oder: Variable Absenz als Form der Universität

> *Come on then.*
> Shaftesbury

Weniges diskutiert die Universität heute so heftig und zugleich so folgenlos wie die Frage der Erwartbarkeit (und der Sanktionierbarkeit) der Anwesenheit von Lehrenden und Studierenden am Ort der Universität. Diese sei unverzichtbar für deren Kommunikationsform: eine durch Rollenkomplementarität (Lehre) oder Kollegialität (Forschung) oder Dienstleistung (Verwaltung) definierte, allfällig durch Sub- und Superordinationszumutungen unterspülte und dennoch der Idee nach durch nichts als reflexive Wahrnehmung verstellte Interaktion unter Anwesenden. Deshalb ist vordergründig immer allzu klar, was dieser Ort ist: ein unter dem Namen der Universität gebündeltes Arrangement bestuhlter Tische in Seminarräumen und Hörsälen, in Büros, Sitzungs- und Besprechungszimmern, in Caféterien und Mensen, in Bibliotheken, Labors und Copyshops, eine Binnenraumarchitektur aus Winkeln und Nischen. Diese Binnenraumarchitektur kann in einem (mehr oder minder) städtisch verfassten Kontext oder auch in einem (ebenfalls mehr oder minder) wüsten Kontext platziert sein (Saint-Exupéry 2009)[1]; ihr Muster ist überall die Differenz von geschlossener Stadt und offenem Feld einerseits und die Differenz von städtischer und höfischer Hierarchie andererseits.[2] Man kann vielleicht zumindest für die europäischen (vgl. Stichweh 1991), mit einigem Recht aber ebenso für die amerikanischen Universitäten (vgl. Parsons/Platt 1973), wie sie seit der frühen Neuzeit entstehen und wie sie sich im 17. und dann nochmals im 19. Jahrhundert reorganisieren, sagen, dass sie das Feldlager (den je aktuell unterbrochenen Feldzug, die *campagne*) zum komplementären Gegenüber des Hofes machen und dieses Feldlager nicht nur im Kontext des Herrschaftsraumes dieses Hofes selbst platzieren, sondern sich innerhalb dieses Kontexts auf eine Stadt kaprizieren, die sich ebenfalls als traditionelles Gegenüber des Hofes versteht. Dieses hö-

---

1 Luhmann (1995, 396) zufolge das »wesentlichste[] Werk des modernen Staatsdenkens und der öffentlichen Ethik«.
2 Wir weichen also für den Moment ab von den Unterscheidungsvarianten, die Stichweh (1994, 246 ff.) vorschlägt.

fische (vielleicht gerade deshalb un-höfliche[3]) Feldlager im Kontext der Stadt ist die Universität, eine wilde oder zur Verwilderung neigende (vgl. unerreicht Goethe 2002) und Fluchten motivierende (vgl., ebenfalls unerreicht, Jean Paul 1963)[4] Zweitfassung sowohl der höfischen Aristokratie als auch der städtischen Bürgerlichkeit.

Wir könnten schon hier eine erste Variante des Pendelns anschließen, die vielleicht auch – neben der okkulten Praxis, die sich ebenfalls als Tischordnung geriert und die daher hier unter Umständen als »Ökologie des Nichtwissens« (Luhmann 1992a, 149 ff.) Beachtung verdient gehabt hätte (vgl. sehr klar Knoblauch 1991)[5] – die geläufigste ist, nämlich die unter den Namen *Newton's cradle* oder *Newton's balls* bekannte ›elastische Kollision‹, wie sie nach Newtons Entwurf vom Abbé Mariotte konstruiert wurde und heute auf den Schreibtischen der Erfolgreichen logiert (»today«, merkt die Harvard Faculty of Arts and Sciences an, »available commercially [usually as executive's toys]«)[6]:

Denn einiges spricht dafür, die Universität selbst als Verknüpfung von ›bouncing objects‹ zu verstehen (ebd.), an deren Grenzen stets starke Impulse wirksam sind und die sich doch gerade deswegen zwischen diesen Impulsen in Ruhe wiegt. Unter die an den Grenzen angreifenden resp. angegriffenen und sich dort unvermeidlich erschöpfenden ›balls‹ wären auch die individuellen Universitätsangehörigen zu rechnen, die an der *campagne* teilnehmen und damit dem Stress an den Grenzen zur Welt der Höfe und Städte ausgesetzt sind. Das macht womöglich verständlich, woher deren Bedürfnis zu

---

3 »Im 17. Jahrhundert wird zunehmend deutlich, dass Wissenschaftler für gesellige Interaktion, insbesondere am Hofe, nicht taugen«; es fehle ihnen dafür einerseits »die nötige Aufmerksamkeit und Sensibilität«, andererseits sei ihre »Konfliktbereitschaft« zu hoch (Luhmann 1994, 242). Sie neigen nicht dazu, »bloß... hinter der Linie [zu] fechten« (Jean Paul 1963, 10; vgl. für die Universität Stichweh 2008 mit der Notiz, »jede der beiden Seiten«, »Lehrende und Lernende«, müssten »bedingungslos für ihre Erwartungen fechten« dürfen), und sie neigen also dazu, gesellige Interaktionen zu meiden, in denen die Leute zu schnell »verletzt« sind und es dennoch nicht recht zeigen (Luhmann 1994, mit impliziter Anspielung auf Schleiermacher).

4 Kompensatorisch, wie in Priesterseminaren und anderen Kasernen, der Sport (nicht nur) an amerikanischen Universitäten, vgl. Gumbrecht 2005.

5 Ich gebe dem hier nicht nach, würde aber ggf. auch das aus Umberto Ecos Roman vertraute *Foucaultsche Pendel* als eine solche Ökologie diskutieren.

6 http://www.fas.harvard.edu/~scdiroff/lds/NewtonianMechanics/NewtonsCradle/Newtons Cradle.html

verschwinden kommt und wie es sich äußert: im Versuch, es nach innen zu schaffen, weg von den Grenzen und doch ins Zentrum des Geschehens, und in der Tendenz, dieses Innen als Zweitfassung des Stress' zu gestalten und es also unter Spannung und in Unruhe zu halten. Wo kein Entkommen nach Außen gelingt, bleibt Entkommen nach Innen möglich, so dass auch jede Festlegung im Inneren als Chance verstanden wird, im Inneren dem Inneren zu entkommen. Dem Problem des Überlebens im Kontext der militärischen *campagne* entspricht dieses Verhalten immerhin exakt. Das Militär kennt dafür den Fachausdruck des ›Abduckens‹, und auch aus Bürokratien ist es vertraut. An der Universität produziert der Versuch, dem Stress der Grenzen zu entkommen, ein Verhaltensmuster, das sich nicht nur erleiden, sondern auch erlernen lässt. Es wird sich als Versuch darstellen, der Interaktion unter Anwesenden überall da aus dem Weg zu gehen, wo sie auf Rollenkomplementarität kapriziert ist (denn diese professionalisierte Interaktion ist eine, vielleicht *die* klassische »Grenzstelle«; vgl. Luhmann 1995, 220 ff.): als Versuch aller Beteiligten, die auf Disziplin ausgehende Lehre (oder gar die Lehre schlechthin) zu meiden oder sie, wo dies sanktioniert ist, von blockadeartigem Monologisieren über intellektuelles Wegtreten erlaubendes Parlando oder Schwejksche Stutzigkeit bis zum Untertauchen in unverbindlicher bevölkerten Räumen wie den elektronischen Medien (und den Nächten[7]) variantenreich als Absenz zu inszenieren. Dasselbe lässt sich auf Konferenzen ebenso beobachten wie in Verwaltungsbesprechungen.

Das architektonische und kommunikative Arrangement der Universität – wir hatten von bestuhlten Tischen in Winkeln und Nischen gesprochen – steht in einem seltsamen Kontrast zu dieser eher schlecht als recht gebändigten Neigung zum Verschwinden. Denn offensichtlich ist die Universität bei aller Komplexität eine sich selbst ähnlich bleibende Sitzordnung. Die These der als Komplement des Hofes in die Differenz von Hof und Stadt eingespannten klassischen Universität stützt diesen Eindruck, legt sie es doch nahe, in der Ordnung der Universität (des *campus*) wie in der Ordnung des Feldlagers (der *campagne*) eine Version der traditionellen Tafelordnung zu sehen (vgl. Leibniz 1986). Insoweit leuchtet ein, dass das Bezugsproblem dieses Arrangements eben jene Anwesenheit selbst ist. Denn eine Tafelordnung ist immer auf Vollständigkeit angelegt; leer bleibende Plätze fallen nicht als Versagen des

---

7 Dafür mag folgender Wortwechsel stehen (Posts vom Juli 2008 auf http://talk.collegeconfidential.com, abgerufen im Dezember 2010):
twilight1991: *i'm from nyc and i really love UMCP, but i've heard the term commuter school quite frequently, this turns me off a bit bc i dont want to go to a school that basically gets deserted on the weekends bc everyone lives in MD. does anyone know about this first hand?*
RUG66: *... i can attest to the fact that... there is HUGGEEE student presence on campus at nights and definitely on the weekends if you are looking for things to do...*
Inaslump11: *Lived my first and second years on campus and very few people in the dorms go home on weekends... UMCP is not a commuter school, it's a PARTY school ☺. Next year I'll technically be a «commuter» because I am being kicked off campus. However... I plan to still remain firmly entrenched in the college and town even if I am a «commuter».*

dort erwarteten Stelleninhabers auf, sondern als Versagen der Tafelordnung selbst (vgl. Lehmann 2010; zuerst Foucault 1994). Anwesenheit bei Tisch stellt einer Gesellschaft, in der Repräsentanz möglich ist, ihre eigene Ordnung vor Augen; daher muss sie um ihrer selbst willen das Verlassen der Plätze (die Desertion, die Fahnenflucht, aber ebenso auch die Arbeitsbummelei, das Krankfeiern usw., kurz: die Absenz schlechthin) unter Strafe stellen und zur Residenz verpflichten (vgl. konzise Grete 1999). Schon Friedrich Schleiermacher (1998) vermutet, wenn er die preußische Universität in Berlin und nicht im Dunstkreis des Hofes, also nicht in Potsdam zu errichten empfiehlt, dass diese Residenzpflicht kaum mit der freundlichen Mahnung zu tun hat, nah an der Klientel im Sinne der ›Praxis‹ zu bleiben (der Forscher dürfe sich als Lehrer so wenig den Umgang mit Studierenden ersparen, wie etwa ein Pfarrer sich aus dem Lebenskreis seiner Gemeinde ent›fremden‹ dürfe). Ihm ist klar: Es geht stattdessen um eine Inszenierung von Repräsentanz, ein Spektakel der Subordination.[8] Anderenfalls wäre Präsenz (Aufenthalt), aber nicht auch Residenz (Wohnung) am Amtssitz geboten gewesen (vgl. mit Nachweisen aus dem ALR Grete 1999: 4 f.). Es ist dann praktischer, die Universität in Distanz zu einem Ort zu bringen, an dem Hof und Stadt kaum zu unterscheiden sind (so groß die ›moralischen‹ Gefährdungen auch sein mögen, die diese Distanz für die Universitätsangehörigen mit sich bringt). Der Verdacht, dem die Residenzpflicht beikommen soll, ist: Die Amtsinhaber ruhen nicht im Amt, sondern in ihren Verbindungen, ihren Netzen, ihren Verkehrsmitteln.[9] Nicht die Universität sondern die Straße, die Kneipe, der Sportplatz (und heute: der ICE) ist *Newton's cradle* – während die Universität sich mit Absenzen ›füllt‹, mit Leuten, die wegen ihrer Unruhe vermisst und doch eben deswegen in Ruhe (quasi im Wortsinne: fahren) gelassen werden. Es ist nachgerade universitätstypisch, sich in diesem Sinne um der Unruhe willen in Ruhe zu lassen. Die höfisch-städtische (oder heute einfach: die administrative) Befürchtung ist, dass eine solche Universität zusehends verwahrlost und immer unruhiger wird. In Ordnung gebracht (Luhmann 1992b: ›bürokratisiert‹) werden kann die Organisation nur von zuverlässig Anwesenden, und auf diese Ordnung zielen Residenzpflichten.

---

8 Weniges macht das so deutlich wie der Umstand, dass der Terminus »Residenzpflicht« heute praktisch nur noch im Kontext des Asylrechts diskutiert wird und dort eine spezifische Demütigung der Fremden gegenüber (sic!) den Eingesessenen markiert. Im Sozialrecht taucht überdies auch heute noch der Verdacht der Pfründenkumulation auf, der im kanonischen Recht ebenfalls zur rigiden Durchsetzung der Residenzpflicht motivierte (wer nicht sichtbar residiert, verliert seine Pfründe). Wann immer der Lebensunterhalt angesichts der Unterausstattung der einzelnen Pfründe nicht zu sichern war und pragmatische Gründe nicht zuletzt auch der Wahrung des Standeshabitus für Pfründenkumulation sprachen, wurde auf die Durchsetzung dieser Pflicht verzichtet. So bis heute.

9 Das Oxford Dictionary ergänzt die Erklärung des Pendelns (*commuting*) als »to travel regularly ... between your place of work and your home« durch zwei weitere: »to replace one punishment with another that is less severe« und »to exchange one form of payment for something else« (und es notiert erläuternd: »I plan my day's work during the morning commute«.

Aus Sicht der Repräsentanzordnung ist es daher kein Problem, sondern ein intendierter Effekt, wenn die Amtsinhaber (heute v.a. noch Professoren und Pfarrer) dieses Spektakel in ihren spezifisch professionalisierten Interaktionen reinszenieren und ihr komplementäres Gegenüber (Studenten, Laien) auf das festlegen, was sie (nicht diese) bindet: auf Residenz in einem Campus und auf Präsenz in den bestuhlten Nischen. Gerade die Sanktion allerdings evoziert die Möglichkeit: Die Leute sind, kaum haben sie einen Platz an der Tafel erlangt, nie zuverlässig präsent, sie sind immer wieder verschwunden (das Grundmuster repräsentativer Ordnung ist daher, mit einem in Russland von Peter dem Großen bis Lenin gebräuchlichen Terminus, *maloljudstvo*: der Leutemangel; beide beklagen, dies impliziere, dass zwar immer Leute präsent seien, dass aber stets die Interessanteren, Gewandteren, die Richtigen eben, fehlen; vgl. Lehmann 2008; 2011). Luhmann merkt entsprechend lakonisch an: »»Repräsentation‹ hat ja den Doppelsinn von: Vertretenkönnen und Gegenwärtigmachen« (1992a, 174). Die Person ist frei, sobald sie eine Position erreicht – und das Symbol ihrer (dieser) Freiheit ist die Differenz von Präsenz und Absenz. Auch der aktuell Anwesende ist potentiell abwesend. Namentlich in Universitäten beherrscht jeder Lehrende und jeder Studierende den Verhaltensstil, der dies veranschaulicht. Wenn es einerseits – was für Universitäten vermutlich von Anfang an gilt, insoweit sie mit der Buchdruckgesellschaft entstehen (vgl. Stichweh 1994, 252)[10] – »keine Statuspositionen mehr gibt, die konkurrenzlos legitimiert sind, für das Sein zu sprechen, res in verba umzusetzen«, und wenn andererseits – was für Universitäten vermutlich ebenso von Anfang an gilt, weil sie sowohl im Kontext der Lehre als auch der Forschung an Karrieren arbeiten, mithin Individualität als Temporalisierung sozialer Ordnung entwerfen – »die Temporalstrukturen der gesellschaftlichen Kommunikation sich so verändern, dass die Gegenwart ohnehin keine Gelegenheit zum Anwesendsein mehr bietet, sondern sie nur noch als Differenz von Vergangenheit und Zukunft zählt« (252), dann verliert jede Repräsentanz ihren positiven Sinn zugunsten einer äußerst produktiven Negativität. Entweder, man kommt situativ ins Gespräch – oder man zieht sich zurück, ins Ungewisse, ins Nichtwissen. An Universitäten nennt man dies: zum Schreiben.

Die Pendelvariante der Universität kann insoweit keine Newton'sche Wiege sein. Sie folgt keinem linearen und keinem kausalen Muster. Wie die Gesellschaft, so stellt auch die Universität im Zuge funktionaler Differenzierung von einer Diskreditierung der Negativität als anderer, dunkler Seite der Positivität und der Ordnung auf einen Respekt, ja sogar auf eine Präferenz für Negativität um (vgl. für die Interpretation des Funktionsbegriffs im Kontexts des Negationsbegriffs, Luhmann folgend, Baecker 1996 und Lehmann 2007). Die Universität ist nicht ›tot‹ und nicht ›wild‹, sondern reinkarniert sich in kom-

---

10 Mit der Notiz, dies sei um 1800 bereits als »die Abschaffung der Universitäten«, ja als »Tod der Universität« beobachtet worden (252).

plexen Zeitordnungen ohne Anspruch auf Stabilität. Sie pendelt, aber sie ist nicht außer sich, sondern in sich ›aufgehängt‹; sie ›schwingt‹ in ihrer Unentschiedenheit, aber sie lässt situatives und also flüchtiges Entscheiden zu (sie kann also auch weiter Organisation sein, rechnet aber in sich selbst mit den Verbindungen – mit dem Verschwinden – ihrer Mitglieder). Sie ruht sich an keiner Stelle von sich selbst aus; sie pendelt nichtlinear,[11] und der Angelpunkt ihrer Unruhe kann zwar überall sein – ist aber dabei immer in ihr selbst:

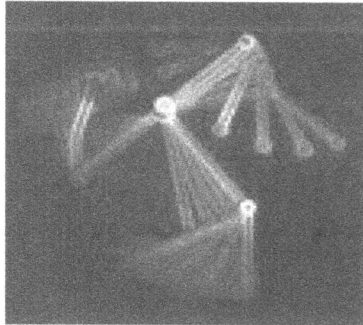

Das heißt: die aus Absenzen, nicht die aus Präsenzen arrangierte Universität ist unruhig (vgl. mit dem Begriff der »Leere« Luhmann 1992a, 171). Ihre Ordnung ist, wie Schleiermacher (1998) bereits präzise formuliert hat, eine bloße Gelegenheit, eine mögliche Unordnung. Genau darin besteht daher die Modernität dieser Ordnung und zugleich ihre Chance darauf, ihren ›Tod‹ im Kontext des Endes der Moderne und ihrer repräsentativen Stellenordnungen zu überleben (vgl. Baecker 2007). Die Freiheit von Forschung und Lehre meint die Freiheit der Absenz, die weder in Residenz- noch in Präsenzpflichten liegt, aber als Kehrseite und damit als Implikat dieser Pflichten immer aufs Neue zuverlässig in die Universität eingespült wird. Der Wissenschaftler aber (sei es in Form des forschenden Studenten, sei es in Form des lehrenden Forschers) lebt diese Unruhe der Universität in Form variabler Absenz. Er desertiert notorisch, sein Pfad ist digressiv (so schon Jean Paul 1963, 9 f.), und sein Leben ist daher – ganz so, wie Musil (1980/I, 317 ff.) das geschildert hat – vorläufig, hypothetisch, »essayistisch«. Wer pendelt, der schreibt.

11 Vgl. v. a. Schweitzer 2000; Abb. (*chaotic pendulum*) nach: http://www.exploratorium.edu/ imagery/index.html; vgl. http://isites.harvard.edu/icb/icb.do?keyword=k16940&tabgroupid= icb.tabgroup19852

Literatur

Baecker, Dirk (2007): Die nächste Universität. S. 98-115 in: Ders., Schriften zur nächsten Gesellschaft. Frankfurt a. M.: Suhrkamp.

Baecker, Dirk (1996): Was leistet die Negation? S. 93-102 in: Friedrich Balke/Joseph Vogl (Hrsg.), Gilles Deleuze – Fluchtlinien der Philosophie. München: Fink.

Goethe, Johann Wolfgang von (2002): Campagne in Frankreich 1792. S. 188-362 in: ders., Autobiographische Schriften II (Werke, Kommentare und Register in 14 Bänden, »Hamburger Ausgabe«, Bd. 10). 12. Aufl. München: Beck.

Grete, Dirk (1999): Die Verfassungsmäßigkeit berufsrechtlicher Residenzpflichten der deutschen Rechtsordnung. Zum Verhältnis der Grundrechte der Berufsfreiheit und der Freizügigkeit. Münster: LIT.

Gumbrecht, Hans Ulrich (2005): Lob des Sports. Frankfurt a. M.: Suhrkamp.

Jean Paul (1963): Des Feldpredigers Schmelzles Reise nach Flätz, mit fortgehenden Noten; nebst der Beichte des Teufels bei einem Staatsmanne. S. 9-76 in: Ders., Sämtliche Werke, Abt. I (Erzählende und theoretische Werke), Bd. VI (Späte erzählende Schriften). München: Hanser.

Knoblauch, Hubert (1991): Die Welt der Pendler und Wünschelrutengänger. Erkundungen einer verborgenen Wirklichkeit. Frankfurt a. M./New York: Campus.

Lehmann, Maren (2007): Negieren lernen. Vom Rechnen mit Individualität. Soziale Systeme 13, 468-479.

Lehmann, Maren (2008): Leutemangel. Mitgliedschaft und Begegnung als Formen der Kirche. S. 123-144 in: Jan Hermelink/Gerhard Wegner (Hrsg.), Paradoxien kirchlicher Organisation. Niklas Luhmanns Kirchensoziologie und die aktuelle Reform der evangelischen Kirche (Religion in der Gesellschaft, 24). Würzburg: Ergon.

Lehmann, Maren (2010): Individualität in Stellenordnungen. In: Unsichere Zeiten. Herausforderungen gesellschaftlicher Transformationen. Verhandlungen des 34. Kongresses der DGS in Jena 2008. Wiesbaden: VS-Verlag, 2010 (CD-R, ohne Pag.).

Lehmann, Maren (2011): Regulierter Staat und Leutemangel. S. 63-78 in: Dies., Mit Individualität rechnen: Karriere als Organisationsproblem. Weilerswist: Velbrück Wissenschaft.

Leibniz, Gottfried Wilhelm (1986): Entwurff gewißer Staats-Tafeln [1680]. In: Ders., Sämtliche Schriften und Briefe. Hg. von der Akademie der Wissenschaften der DDR. 4. Reihe, 3. Bd. Berlin: Akademie-Verlag, S. 341-349 (N. 29).

Luhmann, Niklas (1992a): Beobachtungen der Moderne. Opladen: Westdeutscher Verlag.

Luhmann, Niklas (1992b): Zwei Quellen der Bürokratisierung in Hochschulen. S. 74-79 in: Ders., Universität als Milieu, hrsgg. von André Kieserling. Bielefeld: Haux.

Luhmann, Niklas (1994): Die Wissenschaft der Gesellschaft. 2. Aufl. Frankfurt a. M.: Suhrkamp.

Luhmann, Niklas (1995): Funktionen und Folgen formaler Organisation. Mit einem Epilog 1994. 4. Aufl. Berlin: Duncker & Humblot.

Musil, Robert (1980): Der Mann ohne Eigenschaften. Ausgabe in 4 Bänden. 2. Aufl. Berlin: Volk und Welt; nach der von Adolf Frisé veranstalteten Ausgabe. Reinbek b. H.: Rowohlt, 1952.

Saint-Exupéry, Antoine de (2009): Die Stadt in der Wüste [La Citadelle]. Dt. von Oswalt von Nostitz. Düsseldorf: Rauch.

Schleiermacher, Friedrich Daniel Ernst (1998): Gelegentliche Gedanken über Universitäten in deutschem Sinn. Nebst einem Anhang üb. eine neu zu errichtende. S. 25-100 in: Ders., Kritische Gesamtausgabe, Abt. I, Bd. 6: Universitätsschriften, hrsgg. von Dirk Schmid. Berlin/New York: de Gruyter.

Schweitzer, Frank (2000): Emergenz und Interaktion. S. 49-64 in: Thomas Wägenbaur (Hrsg.), Blinde Emergenz? Interdisziplinäre Beiträge zu Fragen kultureller Evolution. Heidelberg: Synchron Publishers.

Shaftesbury, Anthony Third Earl of (1999): Characteristics of Men, Manners, Opinions, Times.- Ed. by Lawrence E. Klein. Cambridge, UK: Cambridge U.P.

Stichweh, Rudolf (1991): Der frühmoderne Staat und die europäische Universität. Zur Interaktion von Politik und Erziehungssystem im Prozess ihrer Ausdifferenzierung (16-18. Jahrhundert). Frankfurt a. M.: Suhrkamp.

Stichweh, Rudolf (1994): Wissenschaft, Universität, Professionen. Soziologische Analysen. Frankfurt a. M.: Suhrkamp.

Stichweh, Rudolf (2008): Universität nach Bologna. Zur sozialen Form der Massenuniversität. Luzern, Ms. http://www.unilu.ch/files/Universitaet-nach-Bologna--Zur-sozialen-Form-der-Massenuniversitaet.pdf.

PD Dr. Maren Lehmann
Lehrstuhl für Kulturtheorie und -analyse, Zeppelin University
Am Seemoser Horn 20, D-88045 Friedrichshafen
maren.lehmann@zeppelin-university.de

Soziale Systeme 16 (2010), Heft 2, S. 438-443

Ulrich Schreiterer

Die überforderte Universität

Die deutschen Hochschulen sind chronisch überlastet und unterfinanziert. Das ist hinlänglich bekannt und gehört zum festen Repertoire aller öffentlicher Debatten über sie. Doch die ritualisierten Klagen über mangelnde Gelder und Freiheiten und über die Irrungen und Wirrungen staatlicher Steuerungsversuche lenken von einer Entwicklung ab, deren Folgen die bisherigen Spielregeln für die Organisation und Arbeit von Hochschulen schleichend auszuhebeln drohen, zumindest aber obsolet werden lassen. Für jene Einrichtung, die wir als moderne Universität zu kennen glauben, ist das nachgerade fatal. Zwar waren deren Gestalt und Aufgaben nicht unverrückbar in Stein gemeißelt worden. In ihrer 200jährigen Geschichte durchliefen sie vielmehr gleich mehrere Wellen ebenso tiefer wie umfassender und nachhaltiger Veränderungen. Doch im Wesentlichen blieben diese Metamorphosen einem in sich stimmigen Narrativ wissenschaftlicher Erkenntnisgewinnung und wissenschaftsgeleiteter Ausbildung in einem disziplinären Ordnungsrahmen verpflichtet, das heißt kompatibel mit der gängigen »organisational saga« der real existierenden Universitäten. Den normativen Grundpfeilern dieser schillernden Institution, ihrer emergenten Betriebslogik und ihrem konstitutiven Leitmotiv schien ihr manifester äußerer Gestaltwandel trotz des permanenten Krisengeredes nur wenig anhaben zu können. Das Grundprinzip und der modus operandi der forschungsorientierten Universität erwiesen sich als äußerst flexibel und dehnungsfähig. Die massiven Umbrüche in ihrer politischen und gesellschaftlichen Umwelt sowie auch und gerade in den Inhalten und Formen wissenschaftlicher Arbeit konnte sie jedenfalls nicht nur recht gut abfedern und auffangen, sondern sie selber wurde immer öfter von einem Teilhaber zu einem Treiber sozialen Wandels und gesellschaftlich folgenreicher Innovationen.

Als der Wiederaufbau sozialer, politischer und wirtschaftlicher Institutionen im Nachkriegsdeutschland im Schlagschatten einer moralisch-politisch schwer belasteten Wissenschaft 1955 zu Hochtouren auflief, gab der damalige Präsident der Westdeutschen Rektorenkonferenz, der Göttinger Mediävist Hermann Heimpel, die Devise aus, die deutsche Universität habe die NS-Zeit »im Kern gesund« überstanden. Zwar erschien das schon damals vielen Zeitgenossen als pure Schönfärberei, und die Nachgeborenen lasen diesen berühmt-berüchtigten Befund meistens nur noch als frivolen politischen Persilschein. Doch mit der Vorstellung, die »Idee der Universität« sei trotz aller unleugbarer Schrecken ein wertvolles Vermächtnis, das seine wahre Zukunft noch vor sich habe und sein ganzes ızial erst in neuem (sozial) demokratischen Gewande entfalten könnte, ıte niemand brechen, nicht einmal (vielleicht sogar noch am wenigsten)ʒogenannten 68er. Am zunehmend kontrafaktischen und diffuser werdn, doch stets laut und stolz intonierten Sehnsuchtsmotiv einer autonomeŋ selber regulierenden und in erster Linie sich selber verantwortlichen, stⱨer wie sonstiger Zwecke freien, nur der Wissenschaft verpflichteten Uⱡsität vermochte weder die Explosion der Studentenzahlen und die raschⱪahme von Hochschuleinrichtungen etwas zu ändern, noch der mit Händu greifende, sich wechselseitig verstärkende Rollenwandel des Studium uₑr Forschung oder ständig neue, nie enden wollende Hochschulreformen Zweijahrestakt. Doch der Abstand zwischen diesem Diskursraum und tɛhlichen organisationalen Entwicklungen wächst mit zunehmender Geschₙigkeit. In diesen Parallelwelten verpufft die mögliche regulative Kraft kₑptioneller Vorstellungen nahezu restlos. So etwas wie Möglichkeitssinn spfür die Kursbestimmung von Politik und einzelnen Universitäten keine Roŋehr, ist unerheblich geworden. Was zählt, ist die möglichst effektive Aⱦion des Hochschulsystems und seiner einzelnen Elemente an die gesellₐftliche Umwelt und die möglichst effiziente Befriedigung von deren vielfₑen, nicht selten in sich widersprüchlichen Anforderungen, manifest artiⱡerten ebenso wie eher latent bleibenden.

Weltweit gilt die Universität heute als eine Schlüsïnstitution der viel beschworenen »Wissensgesellschaft«, an deren Karrierɪe in der Tat einen großen Anteil trägt. Was als eine klare Erfolgsgeschicherscheint, birgt jedoch zumindest den Keim künftigen Scheiterns durch ɛen »overstretch« zwischen den von der Universität selber mitproduziertegesellschaftlichen Erwartungen und ihren eigenen Möglichkeiten, diese erɪgreich bearbeiten und die lange Liste der ihr zugedachten Rollen und Aufgaⱨn erfüllen zu können, ohne erhebliche Enttäuschungen zu produzieren. Nacⱦdieser Dialektik muss die Universität – jedenfalls ihr diskursiver Humboⱡ'scher Goldstandard – an ihrem eigenen Erfolg und an ihren nolens voler eingegangenen Versprechungen zerbrechen und sich gewissermaßen selbⱦ aufgeben, und zwar nicht erst übermorgen, sondern bereits jetzt. Tatsächlichind die Hochschulen mitten ins Fadenkreuz unterschiedlichster Hoffnungenₙd Ängste einer um ihre Wettbewerbs- und Zukunftsfähigkeit besorgten Geɛllschaft gerückt und zum Adressat vielschichtiger Wünsche und Begehrlichkⱦen sozialer und politischer Gruppen geworden. Die Liste möglicher Aufgaⱡen wird immer länger und bunter, Erwartungen und Anforderungen werdₙ immer lautstarker und drängender vorgetragen. Dem Staat fällt die Rolle zu diese gleichsam zu bündeln und gegenüber dem Hochschulsystem nicht bⱡɵß advokatorisch zu vertreten, sondern als »Prinzipal« der öffentlich finanzierten Einrichtungen darauf hinzuwirken, dass sie erfüllt werden. Gesetzesvorschriften und konditionierte Ressourcenzuweisungen, Anreize und Sanktionen sollen genau dies erreichen: Hochschulen sollen nicht länger vorzugsweise um ihre eigenen Belange und Interessen kern dürfen, sondern ohne viel Brimborium und Federlesens den an sie hertragenen Aufgaben widmen.

Das stellt Lehre und Forsch auf eine neue Geschäftsgrundlage. Dabei hadert die Universität schon e mit sich selbst und weiß nicht mehr, wo ihr der Kopf steht. Hatte sie als so etwas wie einen Daseinszweck, der sich aus dem komplexen Mensmus mit ihrer Umwelt begründete, hat sie diesen inzwischen verloren. gilt beileibe nicht nur für Deutschland, sondern verweist auf eine welt Irritation, die selbst stolze Einrichtungen wie Harvard erreicht und befal hat. 2009 attestierte deren Präsidenten Drew Gilpin Faust in einem viel chteten Artikel im *Chronicle of Higher Education* Universitäten dieses Kers eine evidente »crisis of purpose«. In Festakten polieren Präsidenten l Rektoren zwar noch eifrig ihr Tafelsilber und beschwören zeremonielle ititätsformeln der Universität wie Einheit von Lehre und Forschung, Au mie der Wissenschaft, zweckfreie Bildung und was sonst noch alles daz hören mag. Doch leider sind diese alle schon sehr in die Jahre gekomm und stumpf geworden. Fast alle üblichen Grenzziehungen zwischen Uni sität und Umwelt haben sich unter wachsenden Inklusionslasten und Pfli nheften abgeschliffen oder verbraucht. Alte Distinktionen tragen nicht hr. Insoweit hat die Universität nicht allein ihre scheinbar klare Begründg und gesellschaftliche Stellung verloren, sondern auch und vor allem ihr k stitutives Medium, ihren Code, auf dessen Geltung sie solange erfolgreich r rrieren konnte, wie ihr schier unerschöpfliches soziales und politisches V rauen entgegengebracht wurde. Externer Rechtfertigungsansinnen konnt ie sich jedenfalls solange erfolgreich erwehren und trotzdem nachhaltiger rderung erfreuen, als sie unter dem Schutzschirm einer »high trust instit on« ihren Angelegenheiten nachging.

Für die Standortbestim ung einer umstellten und kritisch beäugten Institution hilft der Verweis a »Wahrheit« jedoch nur wenig weiter. Zur nüchternen Analyse ihrer Option im Umgang mit inflationären Anforderungen aus Politik, Wirtschaft un Gesellschaft hat er zumindest auf den ersten Blick nichts mehr beizutragn. Um auf einen Schelm anderthalb zu setzen und das Puzzle noch schwierr zu machen, mag der Hinweis genügen, dass gleichzeitig nebulös geworen ist, was genau denn die Universität von sonstigen Bildungs- und Forschngseinrichtungen, von Warenhäusern oder Dienstleistungsanbietern unte scheidet und wie sie zwischen den vielen heterogenen Interessen und Ansinen teils selbst ernannter, teils gesetzlich legitimierter Interessenvertreter i ren Ort behaupten oder finden kann. Ihr Eigensinn und ihre merkwürdig a achronistische Gestalt geraten zunehmend unter Verdacht, wenn nicht gar in Verruf, und ihre institutionelle Identität wird just in dem Moment unscharf, in dem sich die einzelnen Universitäten im Wettbewerb um Ressourcen und Reputation strategisch positionieren und organisatorische Stärke demonstrieren sollen. Auf der angestrengten Suche nach einer frohen Botschaft, die ihr den Weg weisen könnte, löst sich die Institution gewissermaßen auf, wird porös und zerbricht in partikulare Beutegemeinschaften. Nach zahllosen Symposien und Denkschriften ist die Frage nach ihrer spezifischen »mission« heute offener denn je. Die vielen neuen Labels für die gute alte Alma Mater – Gesamthochschule, Exzellenzuniversität, unternehmerische Hochschule, virtuelle Hochschule und so weiter – bieten zwar wohlfeile Antworten auf Teilprobleme von begrenzter Reichweite, doch eigentlich tönt es überall »anything goes«, solange es irgendwie gut geht. Sicher ist lediglich, dass die Maginot-Linie von Humboldt und Autonomie nicht mehr hält und das weite balkanisierte Gelände dahinter als grenzenlose Fremde erscheint.

Im Wechselspiel zwischen externer Überforderung und interner Auszehrung ist die grenzenlose Wünsch-dir-Was-Universität auf ein Terrain geraten, für das ihr der Kompass fehlt. Unter starkem Rechtfertigungsdruck versucht sie, möglichst vielen der auf sie hereinprasselnden Erwartungen zu genügen, so gut es eben geht. Aber das verschafft ihr weder Wohlwollen im Außenverhältnis noch Verhaltenssicherheit im Inneren. Stattdessen macht sich auf allen Seiten Überdruss breit. Angesichts dieser deprimierenden Gefechtslage scheint eine große Prise Nüchternheit und Wirklichkeitssinn dringend geboten. Trägt es denn wirklich zur Wahrheitsfindung und Wohlstandmehrung bei, die Universität als Entsorgungseinrichtung für alle erdenklichen sozialen, wirtschaftlichen und kulturellen Probleme, Belange, Wünsche und Interessen zu betrachten und sie für deren Bearbeitung, vielleicht sogar Lösung, einzuspannen und haftbar zu machen – angefangen mit der regionalen Wirtschaftsförderung und der Sicherung von Geschlechter- oder manch anderer Sorte von Gerechtigkeit über die Pflege der Wettbewerbsfähigkeit des Wirtschaftsstandorts Deutschland, der sozialen Integration und kulturellen Vielfalt bis hin zur Produktion brauchbarer Absolventen, brillanter Spitzenforscher und erfolgreicher *start-ups*, den Kampf gegen Armut, Klimawandel und andere globale Probleme nicht zu vergessen? Zerstört man damit nicht gerade die systematischen Voraussetzungen dafür, dass die Universität den vielen verschiedenen ihr zugedachten, nicht selten ja äußerst widersprüchlichen Anforderungen (man denke nur an weltweite Spitzenforschung und Regionalorientierung, Berufsqualifizierung und Wissenschaftlichkeit als Studienziele) halbwegs erfolgreich nachkommen und einen originären Beitrag zur Bearbeitung solcher Fragen und Probleme liefern kann, nämlich eine nur sehr lockere Koppelung an ihre verschiedenen Umwelten?

Die Universität ist alles Mögliche – ein Laboratorium der modernen Welt, ein Exerzierplatz der Wissensgesellschaft, kontroverser gesellschaftlicher Selbstbeschreibungen und politischer Ideen, ein Gelegenheitsraum folgenreicher oder belangloser Kommunikationen. Aber mit Sicherheit ist sie keine Trivialmaschine, die man oben mit Aufgaben und Geld füttert und die dann unten die bestellten Produkte ausspuckt. Gesellschaftlich wertvolle, möglicherweise

sogar unmittelbar nützliche Leistungen kann sie nur mit ihrem eigenen Be-
triebssystem erbringen und neue Aufgaben, Funktions- und Rollenzuschrei-
bungen nur insoweit verdauen, wie sie damit kompatibel sind oder gemacht
werden können. Die Kolonialisierung der Universität durch lange Listen von
Ge- und Verboten, kleinteilige Ziel- und Leistungsvereinbarungen und straffe
Planvorgaben ignoriert den konstitutiven Zusammenhang von Eigensinn und
Zweckerfüllung, funktionaler Differenzierung und Leistungsvermögen. Sie
verkennt, dass die Leistungsfähigkeit und der Wert dieser Institution nicht auf
Mimikry beruht und nach ihrer kontinuierlicher Anpassung verlangt, sondern
als notwendiger Voraussetzung ein hohes Maß an institutioneller Eigenstän-
digkeit, eigener Spielregeln und Maßstäbe bedarf und auf idiosynkratrischen
Prozessen, Routinen und Ritualen aufsetzt. Die vielen gescheiterten hochschulpolitischen Großbaustellen seit den 1970er Jahren zeigen eindrucksvoll,
wie kurz die Halbwertzeit und die Reichweite der unterschiedlichen, jeweils
aktuellen Vorgaben, Losungen und Hoffnungen waren und wie gering ihre
Eintrittswahrscheinlichkeit. Nichts spricht dafür anzunehmen, diese Steue-
rungsphantasien wären lediglich an handwerklichen Fehlern gescheitert, aus
denen man zwischenzeitlich gelernt habe. Denn noch immer und immer wieder bestimmen Wunschzettel und Managementphantasien die hochschulpo-
litische Lufthoheit.

Was bedeutet es aber nun, in dieser fest gefahrenen, auf die Produktion permanenter Enttäuschungen konditionierten Lage nach mehr Wirklichkeitssinn
und skeptischen Realismus in Hochschulpolitik und Hochschulentwicklung
zu rufen? Im Wesentlichen dreierlei: Erstens anzuerkennen, dass die geforderte Inklusion neuer Aufgaben und Klientelen unmöglich in einer einzigen
Organisation, erst recht nicht einer solchen vom Typus der forschungsorientierten Universität, geleistet werden kann. Dafür ist zweitens vielmehr eine
rasche Öffnung des deutschen Systems für ganz unterschiedliche Typen von
Hochschulen notwendig, die alle gleich wichtig sind, aber nicht alle auf demselben Felde konkurrieren und daher auch nicht unbedingt gleichwertig sein
müssen. Eine nachfrageorientierte Ausdifferenzierung des Systems wäre eine
realistische Antwort auf die inflationäre Überfrachtung der Universität mit
Anliegen und Erwartungen, die außerhalb ihres eigenen Horizonts und ihrer
Handlungsmöglichkeiten liegen und an denen gemessen sie nur scheitern
kann. Die Hierarchisierung von Einrichtungen könnte zu einer spürbaren
Entlastung des Systems und effektiveren Allokation knapper Ressourcen führen, auch wenn sie häufig in düsteren Farben gemalt und als ungerecht diskriminiert wird. Drittens schließlich täte der Staat gut daran, die Universitäten
mit ruhiger Hand steuern zu wollen, statt sie mit den fortlaufend wechselnden
hochschulpolitischen *Hypes* der jeweiligen Saison zu traktieren.

Wenn altvertraute Demarkationslinien zwischen verschiedenen Aufgaben-
bereichen der Hochschulen, unterschiedlichen Hochschultypen oder Universitäten, Forschungsinstituten und Unternehmen hinfällig und stattdessen

Grenzüberschreitungen, hybride Organisationsformen und Unbestimmtheiten alltäglich geworden sind, ist diese schöne neue Welt mit den Leitmotiven des Humboldt'schen Universitätsprogramms nicht länger einzufangen. Das Paradigma der grauen Wirklichkeit heißt Villa Kunterbunt. Es ist anders, bescheidener und zugleich komplexer, aber nicht minder ehrgeizig oder herausfordernd als das alte, scheinbar so klare. Alles ist möglich, aber nicht an jedem Ort, Beweglichkeit tut not, aber das heißt nicht etwa Zappelei. Jede Einrichtung muss sich einen eigenen Platz im großen Orchester suchen und behaupten. Nach einem neuen verbindlichen Ordnungsrahmen, transparenten Spielregeln und gerechten Entscheidungen zu rufen, ist anachronistisch und ebenso vergeblich wie auf die Emergenz einer kraftvollen neuen einheitsstiftenden Distinktionsformel für die Universität als sozialer Institution zu hoffen.

Wollen sie dem Teufelskreis von funktionaler Überforderung und Verhaltensunsicherheit entrinnen, müssen die Universitäten gegenüber der Politik und in der Öffentlichkeit jedoch zuerst und zuoberst weitaus selbstbewusster auftreten als bisher – weder als Bittsteller noch als Anbieter von Schnäppchen aller Art. Jede hat irgendein Pfund, mit dem sie wuchern kann, jede ein etwas anderes. Anerkennung und materielle Unterstützung müssen sie sich verdienen, aber nicht als Auftragnehmer, sondern aus eigenem Recht, weil sie Dinge tun, die sonst ungetan blieben, was sich eine moderne, reflexive Gesellschaft aber nicht leisten kann. Die Universität muss daran arbeiten, dass sie nicht sehenden Auges ein Opfer ihrer eigenen unhaltbaren Versprechungen wird, wenn sie sich im leicht verständlichen Versuch einer Flucht nach vorn insbesondere über ihren gesellschaftlichen Nutzen zu definieren versucht. Dann wird sie nämlich schnell beim Wort genommen und mit immer neuen Aufträgen bepackt. Im Wettlauf um einen warmen Platz in der Gunst von Politik und Gesellschaft kann sie nur den Kellner geben, dem die Küche verschlossen bleibt. Sie wäre klug, würde sie akzeptieren, damit bestenfalls erfolgreich scheitern zu können, und noch klüger, wenigstens ein Stück weit auf den berühmten Slogan aus dem Mai 1968 zu vertrauen: »Seid realistisch, fordert das Unmögliche!«

Dr. Ulrich Schreiterer
Wissenschaftszentrum Berlin für Sozialforschung
Reichpietschufer 50
D-10785 Berlin
uli.schreiterer@wzb.eu

Soziale Systeme 16 (2010), Heft 2, S. 444-460

Stefan Kühl

Der Sudoku-Effekt
Zu den Gründen und Folgen der Komplexitätssteigerung
an den Hochschulen[1]

I. Zur Komplexitätssteigerung im Rahmen der Bologna-Reform

Wenn man die Abschlusserklärung der Bildungsminister liest, die diese auf ihrer Konferenz in Bologna kurz vor der Wende zum 21. Jahrhundert verkündeten, fühlt man sich fast an einen religiösen Text erinnert. Mit großem Pathos wird unter dem Titel »Europäischer Hochschulraum« nicht weniger als ein »Europa des Wissens« versprochen, in dem Bürgern »die notwendigen Kompetenzen für die Herausforderungen des neuen Jahrtausends« vermittelt werden sollen (Bologna-Erklärung 1999: 1 f.; siehe zum religiösen Charakter z. B. Maeße 2010, 183 ff.). Auf den Folgekonferenzen der Bildungsminister wird dieses Bekenntnis in immer neuen Formulierungen wiederholt und dabei ein »inspirierendes Arbeits- und Lernumfeld« in Aussicht gestellt, das im Sinne eines »studierendenzentrierten Lernens« Studentinnen und Studenten »die besten Lösungen für nachhaltige und flexible Lernwege« bietet (Budapest-Wiener Erklärung 2010, 2).

Die Ziele der Studienreform à la Bologna sind dabei so formuliert, dass niemand dagegen sein kann. Studierenden soll, so das Versprechen, durch die Schaffung eines einheitlichen »Europäischen Hochschulraumes« ein höheres Maß an »Mobilität« ermöglicht werden – zwischen Fachbereichen ihrer eigenen Universität, zwischen Universitäten ihres Heimatlandes und ganz besonders zwischen Universitäten in verschiedenen europäischen Staaten (Bologna-Erklärung 1999, 4; siehe auch Prager Erklärung 2001, 5). Dafür sollten die Studiengänge aller Universitäten gerade nicht im Sinne eines »europäischen Einheitsstudiums« homogenisiert werden, sondern es sollten lediglich alle Studienleistungen, die an einer Universität im »Europäischen Hochschulraum« erbracht werden, mit den Studienleistungen, die an anderen europäischen Universitäten eingefordert werden, kompatibel gemacht werden. Nicht Har-

---

1 Dieser Artikel gibt lediglich die Grundüberlegungen zum Sudoku-Effekt wieder. In dem Buch, »Der Sudoku-Effekt. Die ungewollten Nebenfolgen einer Hochschulreform«, das Anfang 2012 im transcript-Verlag erscheinen wird, werden systematisch die Folgen des Sudoku-Effekts aufgezeigt werden: Eine verstärkte Verschulung des Studiums, eine Vervielfältigung von (notwendigen) Regelabweichungen an den Hochschulen, sich dadurch ausbildende bürokratische Teufelskreise und eine zunehmende Diffusion von Verantwortung. Vorab sind die Druckfahnen des Buches direkt beim Autor erhältlich.

monisierung sei das Ziel, so die Bildungsminister, sondern die systematische Ermöglichung eines Vergleichs aller an Universitäten erbrachten Studienleistungen durch die Bestimmung des zeitlichen Aufwandes jeder Studienleistung.

Das Mittel der Wahl zur Herstellung der Vergleichbarkeit ist – neben einem zweigliedrigen Aufbau des Hochschulstudiums in ein grundständiges Bachelorstudium und ein aufbauendes Masterstudium – besonders die verpflichtende Einführung eines Punktesystems, mit dem der Zeitaufwand der Studierenden für jede Veranstaltung, jede Prüfung, jede Laborphase, jedes Praktikum im Voraus genau kalkuliert werden soll. Dieses System mit dem etwas umständlichen Namen »European Credit Transfer and Accumulation System« – kurz ECTS – soll es ermöglichen, dass Studienleistungen, die beispielsweise an der Universität Luzern erbracht wurden, problemlos mit Studienleistungen an der Universität Bielefeld verglichen – und weitergehend dann auch gegenseitig verrechnet – werden können.

Ob die hehren Ziele der Bologna-Reform erreicht werden, ist heftig umstritten und wird vermutlich noch längere Zeit umstritten sein. Während Kritiker darauf verweisen, dass die angestrebte Internationalisierung der Studierenden eher gesunken als gestiegen ist (vgl. Heublein 2007, 5), wird von Befürwortern hervorgehoben, dass immer mehr Studierende die Möglichkeit nutzen, im Ausland zu studieren. Während von Kritikern mit Hinweis auf quantitative Studien darauf verwiesen wird, dass die Quote der Studienabbrecher nicht gesunken, sondern drastisch gestiegen ist (vgl. Pfaller 2010, 46), wird von Befürwortern darauf hingewiesen, dass im Rahmen der Bologna-Reform lediglich ein Studium früher abgebrochen wird und insgesamt am Ende mehr Studierende zu einem Abschluss geführt werden. Jede irgendwie verfügbare Zahl wird – andere mögliche Ursachen missachtend – auf Bologna zugerechnet, so dass sowohl die Befürworter als auch die Gegner der Bologna-Reform sich ihre nötigen Evidenzen zurechtlegen können.

Einen Effekt hat die Bologna-Reform jedoch sowohl aus Sicht der Verfechter als auch der Kritiker auf alle Fälle hervorgerufen – eine bis dahin nicht gekannte Steigerung der Komplexität. Die Komplexität der Studiengangsplanung wird inzwischen von kritischen Beobachtern mit der sozialistischen Planwirtschaft verglichen. »Wie weiland in der staatlich gesteuerten Ökonomie des Ostblocks« vergeblich versucht wurde, »die Karotten- und Stahlträgerernte der nächsten fünf Jahre bis auf die einzelne Wurzel und bis auf die konkrete Tonne Stahl« vorauszuberechnen, werde jetzt, so Armin Nassehi (2009), vergeblich versucht, für alle Studiengänge einen »vollständig durchgeplanten Studienverlauf« zu erstellen.

Trotz dieser Diagnosen hatte es in den ersten Jahren der Bologna-Reform jedoch kaum Studien über die durch die Hochschulreformen ausgelöste Komplexitätssteigerung gegeben. Aber vermutlich braucht man auch keine ausgefeilte Methodik, um die Komplexitätseffekte der Bologna-Reformen zu bestimmen. Eine – zugegebenermaßen willkürliche – Anschauungsempirie wird dafür ausreichen.

Erstens: Bologna stellt ganz neue Anforderungen an das »Studierendenverwaltungswesen«. Die Effekte der Komplexitätssteigerung könnte man dadurch messen, dass man an den einzelnen Universitäten die Zunahme von Stellen im Bereich der Prüfungsämter, der Studiengangsverwaltung oder der Justiziariate erfasst (vgl. hierzu Winter 2009, 74). Aber häufig reicht schon der sogenannte »Schlangentest« aus. Schon beim Gang durch ein Institut oder eine Fakultät kann man mit einem Blick auf die Schlangen vor den Türen erkennen, wo die Engpässe in der Betreuung von Studierenden liegen. Die längsten Schlangen von Studierenden bildeten sich bisher vor den Türen derjenigen Professoren, die entweder besonders populär sind oder wegen ihrer Präsenz auf Fachkongressen, auf Gutachterreisen oder in den Massenmedien so selten anwesend sind, dass sie in ihren wenigen Präsenzzeiten an der Uni eine große Menge von Studierenden abfertigen müssen. Der Bologna-Prozess scheint in vielen Universitäten jetzt dazu geführt zu haben, dass sich die längsten Schlangen nicht mehr vor den Türen des Lehrpersonals bilden, sondern vor den Türen des Prüfungsamtes. Wer es nicht glaubt, möge einfach einmal selbst den Test an seiner Universität machen.

Zweitens: Studierende sind für Lehrende »Black Boxes«. Man weiß nicht genau, was in ihren Köpfen vor sich geht, womit sie sich gerade beschäftigen, was sie umtreibt. Jedoch können die Fragen, die sie an die Lehrenden richten, als grober Indikator für das dienen, was sie gerade beschäftigt. Den Komplexitätsgrad eines Studiengangs kann man deshalb daran erkennen, mit welchen Fragen Studierende zu Beginn eines Seminars, einer Vorlesung oder einer Übung auf den Lehrenden zukommen. Man kann den Eindruck bekommen, dass durch die Einführung der Bachelor- und Masterstudiengänge sich die Fragen zu einem nicht unerheblichen Teil von inhaltlichen Aspekten der Veranstaltung zu Fragen der Anrechenbarkeit verschoben haben. Nicht selten scheinen sich Lehrende ganze Sitzungen lang mit Fragen der Art zu beschäftigen, ob man in dieser Veranstaltung auch zwei Leistungspunkte mehr erwerben könne, ob statt einer Hausarbeit auch das noch durch die Studienordnung verlangte Referat gehalten werden dürfe oder an wievielen Sitzungen man teilnehmen müsse, um die aktive Teilnahme bestätigt zu bekommen.

Drittens: Den Komplexitätsgrad kann man auch daran erkennen, wie gut das Verständnis von Studiengängen ist. Die Regelungs- und Vernetzungsdichte von den sich vervielfältigenden Bologna-Studiengängen scheint inzwischen so hoch zu sein, dass Lehrende häufig selbst die eigenen Studiengänge nicht mehr verstehen. Wer sich die Dimension eines solchen Unterfangens vor Augen führen will, muss nur die im Rahmen der Bologna-Reform in Form von Studien- und Prüfungsordnungen, fächerspezifischen Bestimmungen und in Modulhandbüchern festgehaltenen diesbezüglichen Regelungen einer einzigen Universität in ihrer Papierfassung auf einen Stapel legen und diesen dann mit den Studien- und Prüfungsordnungen aus der Zeit vor Bologna vergleichen. Angesichts der Komplexität der Studiengänge können Fragen nach Leistungsnachweisen, nach Verrechenbarkeit von Modulen oder nach zu belegenden Veranstaltungen im Rahmen eines Studiengangs von den Professoren häufig selbst nicht mehr beantwortet werden. Wenn überhaupt, durchschauen nur noch die Spezialisten in der Studienberatung und in den Prüfungsämtern die Besonderheiten der jeweiligen Studiengänge. Wer dies einmal überprüfen will, muss einfach nur versuchen, sich von einem beliebigen Lehrenden den Bachelor- oder Masterstudiengang erklären zu lassen, in dem er oder sie regelmäßig unterrichtet.

Wie ist es zu dieser Komplexitätssteigerung im Zuge der Bologna-Reform gekommen? Was macht sie anscheinend so schwer beherrschbar?

Komplexität wächst nicht – wie in der frühen Komplexitätsforschung noch angenommen – alleine durch eine pure Zunahme von gleichartigen, eindeutig miteinander in Verbindung stehenden Elementen. Eine Vervielfachung von Veranstaltungen erhöht zwar die Wahlmöglichkeiten der Studierenden, verkompliziert auch die Auswahl von Veranstaltungen, macht die Studiengänge aber alleine noch nicht wesentlich komplexer. Komplexitätssteigerung entsteht vielmehr dadurch, wenn plötzlich ganz andersartige Elemente – beispielsweise neben den Veranstaltungen auch ECTS-Punkte oder Module – zusätzlich bei Entscheidungen mit in Betracht gezogen und diese Elemente auch noch auf ganz verschiedene Art und Weise miteinander in Beziehung gesetzt werden müssen (vgl. Luhmann 1980, 1064 ff.).

Wir wissen aus der neueren Forschung, dass Komplexität allein durch das Zusammenspiel einiger weniger Elemente entstehen kann – und zwar dann, wenn die Beziehungen zwischen den Elementen *nicht* genau determiniert sind (vgl. Baecker 1992). Komplexität entsteht also nicht, wenn Verknüpfung von einem Element – beispielsweise eine Vorlesung Statistik – mit genau einem anderen Element – beispielsweise einem Tutorium zur Datenerhebung – zugelassen wird. Und auch wenn alle Elemente mit allen anderen beliebig kombiniert werden können – also beispielsweise alle Veranstaltungen einer Universität kombiniert werden können – liegt bestenfalls einem »Urnebel« ähnelnde unstrukturierte Komplexität vor (vgl. Luhmann 1972, 7). Erst die Ungewissheit, mit welchen Elementen ein anderes Element verknüpft wird, schafft eine hohe strukturierte Komplexität.

Im Rahmen des Bologna-Prozesses wird eine Komplexitätsexplosion dadurch erzeugt, dass zusätzlich zu den Veranstaltungs- und Prüfungsformen mit den ECTS-Punkten und mit den Modulen neue Berechnungsformen hinzugekommen sind, die dazu führen, dass ganz neue Relationen mitbedacht werden müssen. Dabei spielt eine wichtige Rolle, dass die Module nicht jeweils nur mit einem anderen Modul kombiniert werden können, weil ein Modul in verschiedenen Studiengängen verwendet werden soll, gleichzeitig aber auch die Kombination jeden Moduls mit jedem anderen Modul – im Prinzip eine stark komplexitätsreduzierende Maßnahme – untersagt wird, weil Studierenden aus nachvollziehbaren Gründen nicht die beliebige Kombination so unterschiedlicher Module wie »Probleme des Genetivs und Dativs«, »Anwendungen der Integralrechnung«, »Geschichte des Nationalstaates« und »Enzymbildung« ermöglicht werden soll.

Angesichts der Notwendigkeit, die möglichen Kombinationsmöglichkeiten von den in ECTS-Punkten ausgedrückten und in Modulen zusammengefassten Veranstaltungen und Prüfungen in rechtssicheren Ordnungen der Hochschulen zu fixieren, wird die Bologna-Reform häufig als massive Bürokratisierung der Universitäten wahrgenommen. Ein »starrer Schematismus« mit »aufgeblähten Verwaltungen«, »exzessiven Modularisierungen«, »überflüssigen Akkreditierungen«, »vervielfachten Graduierungen, »unnötigen Evaluierungen«, »verwirrenden Zertifizierungen« und »zahllosen Reglementierungen« überziehe, so die Klage, »wie ein Schimmelpilz die europäischen Universitäten« (Liessmann 2009, 7). Die Zurechnung von Leistungspunkten für jeden Handgriff der Studierenden verlange von Universitäten inzwischen nicht nur eine »hochkomplexe Logistik«, sondern auch »ausgeprägte bürokratische Fähigkeiten« von Studierenden und Lehrenden (Steinert 2010, 311).

Aber wie ist es im Rahmen der Bologna-Reform zu dieser Komplexitätsexplosion in Universitäten gekommen? Weswegen hat die Zurücknahme detaillierter staatlicher Regulierungen nicht zu einer Abnahme, sondern zu einer Zunahme von Regelungen geführt?

Schnell könnte man die »üblichen Verdächtigen« für diese Regelungswut im Rahmen des Bologna-Prozesses verantwortlich machen: Als Schuldige lassen sich – wie in fast jeder Diskussion über Hochschulen – die »neoliberalen Verschwörer« heranziehen, die aus den an Humboldt orientierten Universitäten »unternehmerische Universitäten« machen wollen, in denen Bildung zu einer Ware unter anderen wird und die Studierenden zu Kunden degenerieren. Vorbereitet durch die »Lyrikwerkstatt zu Gütersloh« (Kieserling 2009, 27) und anderen nicht selten öffentlich finanzierten Zentren für Hochschulentwicklung würde, so die Beobachtung, ein »autoritär-neoliberaler Umbau der Hochschulen« auf breiter Front einsetzen (Kapfinger / Sablowski 2010, 260). Genauso wie am Markt orientierte Großunternehmen Musterfälle von bürokratischen Wucherungen geworden seien, würden dann auch die Universitäten unter dem Deckmantel einer »neoliberalen Politik« mit einem undurchschaubaren Netzwerk von Regelungen überzogen. An den Universitäten würden so lediglich Bürokratisierungsprozesse nachvollzogen, die man bei privatisierten Wasserversorgern oder bei zu Privatunternehmen umgewandelten Bahnbetreibern beobachten konnte (vgl. nur beispielhaft für den deutschsprachigen Raum und für viele andere Lieb 2009, 89 ff. oder Oelze 2010, 179 ff.).

Entgegen dieser vorschnellen Zurechnung wird in diesem Artikel argumentiert, dass die Komplexitätsexplosion an den Hochschulen, die damit verbundene Bürokratisierung des Studiums und die in den meisten Fällen damit einhergehende Verschulung *nicht* auf die Intentionen neoliberaler Akteure und auch nicht – wie häufig von Bildungspolitikern und Hochschulleitungen suggeriert – auf die Ungeschicklichkeit einzelner Studiengangsplaner zurückgeführt werden können. Die Komplexitätssteigerung mit einer damit einhergehenden Bürokratisierung der Studiengänge kann vielmehr – ein Konzept Robert Mertons (1936) verwendend – als »ungewollte Nebenfolge« der Einführung eines neuen Instruments der Studiengangsplanung und -steuerung identifiziert werden: Der Einführung der ECTS-Punkte als einer Art »Kunstwährung« zur Bestimmung des Arbeitsaufwandes von Studierenden. Es soll dabei nicht bestritten werden, dass die Umstellung auf ein zweigliedriges Studium, die Ersetzung von Abschlussprüfungen durch studienbegleitenden Prüfungen und die Definition von kompetenzorientierten Lernzielen – sogenannte »Learning Outcomes« – jeweils eigene Probleme mit sich bringen. Aber diese Elemente der Hochschulreform haben erst in Kombination mit der Einführung der neuen Kunstwährung ECTS zu den entsprechenden Komplexitätsproblemen an den Hochschulen geführt.

II. Zum Sudoku-Effekt – Auf der Suche nach den Gründen für die Komplexitätsexplosion

Die Schaffung der ECTS-Punkte wird von den Promotoren als wichtiger Beitrag zur »Erhöhung der Transparenz von Lehre und Studium« gepriesen, weil sich Lehrende und Studierende »frühzeitig und zielgerichtet einen klaren Überblick« über die Studienplanung verschaffen könnten. Die Studiengänge würden insgesamt schlüssiger werden, weil durch die neue Kunstwährung die Lehrenden angehalten würden, »die Lerninhalte, die Lehrziele und die erwarteten Lehrergebnisse« untereinander abzustimmen. Es komme insgesamt zu einer »Effizienzsteigerung« in den Studiengängen an den Hochschulen, weil der »Ressourceneinsatz in den verschiedenen Studieneinheiten« besser kalkulierbar werde (vgl. z. B. Schwarz / Teichler 2000, 5 f.; Erhardt 2000, xi; Roscher 2000, 45).

Die Zusammenfassung von ECTS-Punkten in Modulen soll – so jedenfalls die Vorstellung der Promotoren der Bologna-Reform – Studierenden eine größere Wahlfreiheit ermöglichen (vgl. Wissenschaftsrat 2000). »Kleinere, flexibel miteinander zu verknüpfende Module« ergäben, so das Versprechen, »für die Studierenden mehr Kombinationsmöglichkeiten« als »umfangreiche Fächer« (BLK 2002, 4 und 7). Schließlich könnten die Studiengangsplaner mit der Modulstruktur nicht mehr nur disziplinäre Studiengänge für Philosophie, Wirtschaftswissenschaft und Ethnologie erarbeiten, sondern durch die Zusammenstückelung von philosophischen, wirtschaftswissenschaftlichen und ethnologischen Modulen beispielsweise einen Master in »interkultureller Wirtschaftsethik« entwickeln. Durch die Modularisierung der Studiengänge werde den Studierenden »die individuelle Gestaltung des Studiums« bei »gleichbleibender Inanspruchnahme der Kapazitäten« ermöglicht und so eine »bessere Strukturierung des Studiums« sichergestellt (KMK 2004, 1).

Es wird suggeriert, dass Studiengänge nach einem einfachen »Baukasten-system« zusammengestellt werden können, das es Studierenden ermöglicht, Module wie Legosteine miteinander zu kombinieren (vgl. zur Verwendung des Bildes des Baukastens in der Diskussion schon Weizsäcker 1970). Genau-so wie Legosteine unterschiedlich viele Noppen haben können, könnten im Europäischen Hochschulraum auch die Module – je nach Arbeitsaufwand – aus unterschiedlich vielen ECTS-Punkten bestehen, am Ende würden diese »Bausteine« jedoch auf eine für alle nachvollziehbare Art und Weise vielfältig kombinierbar sein. Genauso wie es dabei bei Legosteinen möglich sei, blaue, gelbe und rote Steine je nach Geschmack zusammenzusetzen, könnten zu-künftig auch – wenn von den Studiengangsplanern gewünscht – in einem interdisziplinären Studiengang Module beispielsweise der Philosophie, der Wirtschaftswissenschaft, der Ethnologie, der Biologie, der Germanistik und der Sportwissenschaft miteinander kombiniert werden.

Aber das aus Modulen bestehende Baukastensystem, das durch die neue Studienstruktur produziert wird, hat, wie im Folgenden gezeigt werden soll, nicht das Geringste mit diesem »Lego-Effekt« – der völlig flexiblen Kombi-nationsmöglichkeiten von Bausteinen – zu tun. Die Aufgabe, die in jeweils unterschiedlichen ECTS-Punkten ausgedrückten Veranstaltungsformen und Prüfungstypen in Modulen zu kombinieren, die selbst aber wiederum un-tereinander kombinierbar sein müssen und dabei die Gleichverteilung der zeitlichen Belastung über die Semester berücksichtigen zu müssen, ruft eher die Assoziationen mit einem Sudoku-Rätsel hervor. Abstrakt gesehen be-steht ein Sudoku-Rätsel darin, dass Zahlen auf verschiedenen Ebenen – in der Horizontalen, in der Vertikalen und in den Blöcken – arithmetisch kor-rekt miteinander kombiniert werden müssen. Während anfangs noch ganz unterschiedliche Kombinationsmöglichkeiten vorstellbar sind, schränken sich die Kombinationsmöglichkeiten im Laufe der Füllung eines Sudoku-Rätsels immer weiter ein, so dass man am Ende froh ist, überhaupt eine Lösung ge-funden zu haben.

Man darf die Sudoku-Metapher nicht übertreiben, aber die Parallelen zwi-schen der Gestaltung eines Sudokus und der Entwicklung eines Studiengangs sind frappierend. Genauso wie beim Sudoku innerhalb eines Blocks insgesamt Zahlen mit der Summe von 45 – nämlich $1 + 2 + 3 + 4 + 5 + 6 + 7 + 8 + 9$ – untergebracht werden müssen, müssen auch die Vorlesungen, Seminare, Übun-gen, Klausuren und Hausarbeiten in Modulen mit – an vielen Universitäten vorgegebenen Größen – untergebracht werden. Genauso wie bei einer Zeile des Sudokus die Zahlen 1 bis 9 untergebracht werden müssen, muss bei der Kalkulation eines Studiums in jedem Semester die gleiche Anzahl von Leis-tungspunkten – in der Regel 30 ECTS-Punkte – erbracht werden.

Mit der Bildungswährung ECTS wird eine Vielzahl von Restriktionen eingeführt. Punkte können – so die Logik – letztlich immer nur erworben werden,
wenn in einem Modul alle jeweils mit Punkten hinterlegten Veranstaltungen
und Prüfungen absolviert wurden. Weil in der Studiengangsplanung nachge-
wiesen werden muss, dass in der Idealform die Studierenden pro Semester nicht
weniger und nicht mehr als 30 Leistungspunkte erwerben und gleichzeitig für
die Seminare, Vorlesungen, Übungen und auch die Prüfungsformen möglichst
immer die gleiche Anzahl von Leistungspunkten vorgesehen werden sollte,
wird die Modulstruktur, die eigentlich Austauschbarkeit verspricht, unterlau-
fen. Die Wirkung, die dadurch – sowohl bei der Konzeption als auch bei der
Lösung – produziert wird, lässt sich mit dem Mathematiker Claude E. Shannon
(1951) als abnehmende Informationsentropie bezeichnen. Anfangs hat man
bei der Konzeption noch alle Möglichkeiten: Man kann in ein Kästchen eine
Eins, Zwei, Drei oder Acht setzen, es gibt keinerlei Restriktionen. Je mehr man
jetzt bei der Konzeption voranschreitet, desto mehr Restriktionen hat man. Die
Entropie nimmt immer mehr ab, bis sie am Ende gegen null geht.

Einen Studiengang muss man dabei aus drei Perspektiven betrachten: Auf der
Ebene der Universitätsleitungen geht es darum, Vorgaben darüber machen,
wie der Rahmen eines Studiengangs auszusehen hat. Auf der Ebene der Fakultäten, Fachbereiche oder Institute wird unter Berücksichtigung von zahlreichen formalen, aber auch inhaltlicher Vorgaben versucht, sinnvolle und
akkreditierungsfähige Studiengänge zusammenzubasteln. Auf der Ebene der
Studierenden versuchen diese unter Berücksichtigung der mehr oder minder
schlüssigen Studienpläne, des konkreten Lehrangebots und der zeitlichen
Überschneidungen von Lehrveranstaltungen ihr Studium sinnvoll zu absolvieren. Je nachdem, welche dieser drei Ebenen man betrachtet, ergeben sich
dabei unterschiedliche Probleme.

Die *Vorgaben*, wie ein Studiengang zu modularisieren ist, welche Elemente in
Modulen enthalten sein müssen und wie die Verrechnung in ECTS-Punkte
stattzufinden hat, werden von den Universitätsleitungen erstellt, die sich bei
ihren Vorgaben wiederum an die Richtlinien der Bildungsministerien zu halten
haben. Während des Bologna-Prozesses haben sich einige Grundregeln für die
Gestaltung eines Studiengangs herausgebildet. Von den Bildungsministerien
der meisten Länder wird dabei vorgegeben, dass alle zeitlichen Anforderungen
an Studierende in ECTS-Punkten ausgedrückt werden müssen, dass ein Studium durchgängig zu modularisieren ist und dass ein Studiengang einen in
ECTS-Punkten genau festgelegten zeitlichen Umfang haben muss. Durch die
Universitäten können in diesem Rahmen dann zusätzliche Vorgaben dazu gemacht werden, wie die Studiengangsentwickler ihr Studiengangs-Sudoku zu
gestalten haben. Universitäten können beispielsweise Richtlinien darüber er-
lassen, wie die zeitlichen Anforderungen von Haupt- und Nebenfächern sich
in ECTS-Punkten widerspiegeln müssen oder aus wie vielen ECTS-Punkten
ein Modul mindestens bestehen muss und maximal bestehen darf.

Im Rahmen dieser Vorgaben können die Studiengangsentwickler ein mehr oder minder kompliziertes Konzept entwickeln. Sicherlich: Bei der *Konzeption* eines Studiengangs kommt es selbstverständlich erst einmal darauf an, sich zu überlegen, was Studierende inhaltlich lernen sollen, mit welchen Seminaren, Vorlesungen und Übungen sie diese Lernziele am besten erreichen können und wie man das Erreichen der Lernziele am besten überprüfen kann. Durch die Einführung der Kunstwährung ECTS stehen die Studiengangsplaner aber zusätzlich vor der mathematischen Herausforderung, die Veranstaltungen, Prüfungen und Praktika mit Zahlen zu hinterlegen und so miteinander zu verknüpfen, dass am Ende für den gesamten Studiengang, aber auch für die einzelnen Semester und – an einzelnen Universitäten – auch für die einzelnen Module genau die vorgegebene Summe ECTS-Punkte herauskommt. Dafür verändern sie die Anzahl von Modulen, die Zuweisung von Prüfungen zu den Modulen, die Bewertung von Modulen, Veranstaltungen und Prüfungen mit Leistungspunkten so lange, bis am Ende je nach Vorgabe genau 240, 180, 120 oder 60 Leistungspunkte erreicht werden. Wenn sie den Studierenden Wahlmöglichkeiten lassen wollen und sich bei der Konzeption des Studiengangs geschickt anstellen, lassen sie mehrere Lösungen ihres Studiengangs-Sudokus zu, so dass die Studierenden – vielleicht sogar noch mit Hilfestellungen der Konzepteure – mehrere Lösungsstrategien einschlagen können.

Auch beim Belegen eines Studiengangs mag für Studierende erst einmal im Vordergrund stehen, Wege zu finden, ihre fachliche Neugierde zu befriedigen, sich durch neue Fragen irritieren zu lassen und eigene Wege zur Beantwortung dieser Fragen zu finden. Aber diese Interessen müssen sie notgedrungen mit den Anforderungen der ECTS-Zahlenarithmetik der Studiengänge in Einklang bringen. Bei der *Lösung* ihres Studiengangs-Sudokus stehen die Studierenden vor der Herausforderung, die Module, Veranstaltungen und Prüfungen so miteinander zu verknüpfen, dass sie am Ende die geforderte Anzahl an ECTS-Punkten gesammelt haben. Die Studierenden müssen die immer kleinteiligeren Anforderungen des Studiums bewältigen und dabei die formalen Restriktionen des Studienplans mit dem konkreten, in Umfang und Attraktivität wechselnden Veranstaltungsangebot von Semester zu Semester abgleichen, sowie mit weiteren zeitlichen Restriktionen wie Überschneidungen zwischen Veranstaltungen, Praktika, Nebenjobs. Da manche Veranstaltungen für mehrere Module geöffnet sind, können sich Studierende durch geschicktes »Herumschieben« und laufende Reorganisation der Zuordnung von belegten Veranstaltungen zu Modulen ein bisschen Flexibilität bewahren. Dabei kann es ihnen – wie bei einem Sudoku – passieren, dass sie zu Beginn durch das unbemerkte »Fehlbelegen« von Veranstaltungen und Prüfungen auf eine falsche Spur geraten. Das stellen sie dann häufig erst am Ende fest, wenn ihr Studium jedenfalls »punktemäßig« nicht aufgeht. Mühsam müssen dann Veranstaltungen neu Modulen zugerechnet, neue Verrechnungen von Prüfungen ausprobiert oder sogar Veranstaltungen oder Prüfungen nachgeholt werden.

Um Probleme bei der Lösung eines Studiengangs-Sudokus zu verhindern, kann man es Studierenden einfach machen – und zwar dadurch, dass man ihnen den Lösungsweg direkt vorgibt. Man überlegt sich für einen einzigen Studiengang einer einzelnen Universität, welche Module mit welchen Vorlesungen, Übungen und Seminaren die Studierenden sinnvollerweise studieren sollen, wie diese Module am besten abgeprüft werden können und kalkuliert, wie viel Leistungspunkte für jeden Veranstaltungstypen, jede Prüfungsform und jedes Modul notwendig sind. Man muss lediglich darauf achten, dass man bei der Addition am Ende bei einem Bachelorstudiengang auf 180 Leistungspunkte und bei einem Masterstudiengang auf 120 Leistungspunkte kommt. Den Studierenden gibt man dann genau vor, wie sie was in welchem Semester zu studieren haben.

Dies ist der Grund, weswegen der Sudoku-Effekt bei schon immer stark verschulten Studiengängen wie Jura, Medizin, Betriebswirtschaftslehre oder den Ingenieurswissenschaften deutlich weniger häufig zu beobachten ist als beispielsweise in den Sozial- und Geisteswissenschaften. Die erstgenannten Studiengänge waren schon in ihrer Fassung als Diplom- oder Staatsexamensstudiengänge häufig so stark reguliert und verfügen über so wenig Kontaktstellen zu anderen Studiengängen, dass die Umrechnung jeder Arbeitsstunde in ECTS-Punkte nicht die gleichen Effekte zeigte wie bei den Geistes- und Sozialwissenschaften. Es gibt zwar bei der Konzeption eines Studiengangs nach wie vor einen Sudoku-Effekt, weil am Ende ja nach einem bestimmten Schema 120, 180 oder 240 Leistungspunkte herauskommen müssen, aber der Effekt wird von den Studierenden gar nicht bemerkt, weil den Studierenden ja die Lösung Schritt für Schritt vorgegeben wird, indem ihnen – wie früher auch schon – im Detail vorgeschrieben wird, wo sie an welchem Tag zu welcher Uhrzeit welche Veranstaltung zu belegen haben. Studiengänge ähneln dann einem Sudoku, bei dem den Rätsellösenden von oben Zeile für Zeile diktiert wird, mit welcher Zahl sie das jeweils nächste leere Kästchen zu füllen haben.

Sobald Studiengangsplaner jedoch die Bologna-Rhetorik – Flexibilisierung der Studiumsgestaltung, Erhöhung der Mobilität und Schaffung von Wahlfreiheiten für Studierende – ernst nehmen und dieses Ziel in die Formalstruktur von Studiengängen umzusetzen versuchen, wird es richtig kompliziert. Gerade bei der Verkopplung mehrerer Studiengänge sind die kognitiven Leistungsgrenzen der Studiengangsplaner schnell erreicht. Als Fluchtpunkt bleibt häufig nur, dass eine sich in Leistungspunkten verlierende Lehrplan-Arithmetik die Debatten über die Ausrichtung von Studiengängen überlagert.

Wenn man bei der Konzeption eines Studiengangs nur ausreichend verschiebt, modifiziert und neu berechnet, dann geht es am Ende irgendwie auf. Bloß: Genauso wie beim Sudokurätsel die Anordnung der Zahlen zwischen 1 und 9 letztlich nur durch die notwendige Vernetzung mit anderen Zahlenreihen begründet ist, wird auch bei der Gestaltung eines Studiengangs die

Anordnung von Modulen, Veranstaltungen und Prüfungen häufig am Ende
nur noch von den Konsistenzanforderungen der Leistungspunktelogik getragen. Die durch die Bologna-Reform entstandenen Studiengänge sind dann
häufig nicht das Ergebnis eines Diskussionsprozesses darüber, was Absolventen eines Studiums beherrschen sollen, sondern eher das Ergebnis der
permanenten Anpassung der ursprünglich einmal angedachten Veranstaltungen an die vorgegebenen starren Berechnungsschemata. Die Haltung von
Studiengangsentwicklern – und dann schließlich auch von den Studierenden
selbst – ist: Hauptsache, das Studium geht zahlenmäßig irgendwie auf.

III. Verschulung als ungewollten Nebenfolgen des Sudoku-Effekts

Die Komplexitätsexplosion durch den Sudoku-Effekt kann an den Hochschulen vermutlich durch eine weitere Vermehrung von Verwaltungs- und Pla-
nungsstellen in der Lehre und durch eine Verlagerung der Aufmerksamkeit
der Lehrenden von inhaltlichen Fragen auf die Arithmetik von Studiengängen aufgefangen werden. Interessanter ist jedoch, dass der durch die Einführung von Leistungspunkten produzierte Sudoku-Effekt eine Verschulung als
weitere ungewollte Nebenfolge mit sich bringt.

Mit dem Etikett der »Verschulung« wird dabei eine Vielzahl von Phänomenen
erfasst: »Fixe Stundenpläne«, »klassenorientierte Lehr- und Lernorganisation«,
»Anleitung statt selbstorganisiertes Lernen«, »permanente Anwesenheits-
pflichten einhergehend mit einer hohen Kontrolldichte«, »Prüfungsinflation«,
»wenig Wahlfreiheiten« und »Vermittlung von kanonisiertem ›Schul‹-Wissen«
(Winter 2009, 49). Um zu begreifen, wie sich Verschulungstendenzen an den
Hochschulen – häufig entgegen der ursprünglichen Intention der Studiengangsplaner – ausbilden konnten, erscheint es lohnend, sich beispielhaft die
Zunahme von Vorlesungen, die Inflation von Prüfungen und die Einschränkung von Wahlmöglichkeiten genauer anzusehen.

Die wachsende Zahl von Vorlesungen, in denen den Studierenden Wissen
nur zur passiven Aneignung angeboten wird, auf Kosten von Seminaren, in
denen Inhalte selbst erarbeitet und kritisch diskutiert werden, wird als zentrales Merkmal für eine Verschulung gesehen. Die Vermehrung der Vorlesungen
wird dabei häufig nicht mit didaktischen oder methodischen Überlegungen
begründet (siehe dazu Stichweh 1994, 340), sondern ergibt sich aus einer von
ECTS-Punkten ausgehenden Studiengangsplanung. Die Studiengangsplaner
überlegen, wie viele Veranstaltungen sie in den zur Verfügung stehenden
ECTS-Punkten unterbringen können und erstellen daraus ein erstes Lehr-
tableau. Dann sehen sie sich natürlich vor die Herausforderung gestellt, diese
Veranstaltungen auch mindestens jährlich anbieten zu müssen. Weil die Veranstaltungen – ganz »studierendenzentriert« – aber nicht von den zur Verfügung stehenden Lehrkapazitäten, sondern von den für die Studierenden

als sinnvoll erachteten Inhalten aus geplant wurden, müssen plötzlich mehr Veranstaltungen angeboten werden als durch die Lehrkapazitäten abgedeckt werden können.

Selbst sehr gut ausgestattete Institute, Fakultäten und Fachbereiche, die es an einigen europäischen Universitäten immer noch gibt und die vor den im Namen von Bologna vorgenommenen Reformen immer mit ihren Lehrkapazitäten ausgekommen sind, sollen es bei der Umstellung auf Bachelor- und Masterstudiengänge geschafft haben, dass ihnen pro Semester die Lehrkapazitäten für 20 oder 30 Veranstaltungen pro Studiengang fehlten. Man hatte jetzt zwar Studiengänge, die fast nach einem hochschuldidaktischen Idealtypus von allgemeinen Lernzielen auf Module und dann weiter auf Veranstaltungen heruntergebrochen waren, aber es fehlte einfach an Kapazitäten, mit denen die Veranstaltungen bedient werden konnten. Es bleibt dann häufig nur noch die Möglichkeit, immer mehr Studierende in die Veranstaltungen hineinzuquetschen. Weil Übungen oder Seminare ab einer Teilnehmerzahl von 50 oder 60 Studierenden keinen Sinn mehr machen, werden diese dann aus der Not heraus in Vorlesungen umdefiniert.

Ähnliche Effekte sind bei der Vermehrung von Prüfungsleistungen zu beobachten, die die Studierenden zu absolvieren haben. Obwohl in der Bologna-Erklärung – und auch in den Konkretisierungen in den nationalen Richtlinien – in keiner Form vorgeschrieben wird, wie viele und welche Prüfungen im Laufe eines Studiums abzulegen sind, ist nicht zu bestreiten, dass es im Vergleich zu den alten Studiengängen zu einer erheblichen Erhöhung der Prüfungs- und damit auch Korrekturlasten gekommen ist. Es gibt Universitäten, in denen Studierende neben den regelmäßig in den Veranstaltungen zu erbringenden Schreib- und Präsentationsleistungen pro Semester mehr als sechs benotete und endnotenrelevante Prüfungen in Form von Klausuren, Hausarbeiten oder Literaturberichten erstellen müssen (vgl. die Diagnose bei Draheim / Reitz 2005, 7).

Diese »Prüfungsinflation« ist quasi automatisch im Zuge der Einführung der Modulstruktur an den Universitäten entstanden. Da sich an den Hochschulen im Stile eines Stille-Post-Effekts die Auffassung durch gesetzt hat, dass jedes Modul mindestens eine Einzelleistung enthalten müsse und prüfungsleistungsfreie Module nicht vorkommen sollen, wird automatisch mit der Zahl der Module in einem Studium gleichzeitig die Zahl der abzulegenden Prüfungen festgelegt. Wenn in einem aus 180 Leistungspunkten bestehenden Bachelor-Studiengang die Module durchschnittlich aus fünf Leistungspunkten bestehen, bedeutet dies, dass zur Absolvierung von sechs Modulen pro Semester auch verpflichtend sechs Prüfungen in irgendeiner Form abgelegt werden müssen und damit dreißig – in der Regel endnotenrelevante – Prüfungen im Rahmen eines lediglich dreijährigen Studiums. Die Hochschulen – und im Besonderen die Fachbereiche – bestimmen also letztlich mit der Entscheidung über die Modulgrößen automatisch auch über die Zahl der zu absolvierenden Einzelleistungen.

Mit der damit einhergehenden Vervielfältigung der Prüfungslasten wird dann in vielen Fällen auch die Prüfungsform bestimmt. So mag es aus didaktischen Gründen sinnvoll sein, in einem Studiengang von den Studierenden als zu erbringende Leistung eine Mischung aus mehreren Hausarbeiten, Referaten und mündlichen Prüfungen zu erwarten, aber durch die Vervielfältigung von Prüfungslasten ist dies häufig weder von den Studierenden noch von den mit der Korrektur beauftragten Lehrenden zu leisten. So wird dann häufig für ein Modul nicht die didaktisch sinnvolle Prüfungsform gewählt, sondern die Prüfungsform, die vom bestehenden Lehrpersonal mit einem zu vertretenden Aufwand überhaupt noch zu leisten ist. An einigen Universitäten sollen deshalb Lehrende selbst für Module wie »Geschichte des Nationalsozialismus«, »Logik in der Philosophie« und »Soziologische Grundbegriffe« bereits Multiple-Choice-Klausuren entwickelt haben, die dann arbeitssparend nicht mehr durch das Lehrpersonal selbst, sondern durch die Sekretärinnen korrigiert werden können.

Eine weitere ungewollte Nebenfolge des Sudoku-Effekts ist die Einschränkung der Wahlmöglichkeiten für Studierende. Auf den ersten Blick suggerieren Tausende von Modulen an einer Universität erst einmal fantastische Wahlmöglichkeiten für die Studierenden. Aber die faktischen Wahlmöglichkeiten werden nicht vorrangig durch die Wählbarkeit *von* Modulen produziert, sondern durch die Wählbarkeit von Veranstaltungen *innerhalb* von Modulen. Je mehr Module eine Universität durch ihre kleingliedrige Modulstruktur anbieten muss, desto weniger Wahlmöglichkeiten bestehen bei gleichen Kapazitäten innerhalb der Module. Wenn durch die Lehrenden verpflichtend eine Vielzahl von Modulen angeboten werden muss, können sie innerhalb der Module häufig kaum noch alternativ verschiedene Seminare, Vorlesungen oder Übungen präsentieren.

Der Grund dafür mag etwas kompliziert erscheinen, aber eigentlich ist es ganz einfach: Vor der Einführung der Bologna-Studiengänge konnten Studierende, jedenfalls in den Geistes- und Sozialwissenschaften, aus einem breiten Spektrum von angebotenen Veranstaltungen frei wählen. Sie mussten beispielsweise in einem Vertiefungsgebiet lediglich von den zwölf in einem Jahr angebotenen Veranstaltungen zur Geschichte des neunzehnten und zwanzigsten Jahrhunderts, zur soziologischen Theorie oder zur Botanik sechs Seminare auswählen. Selbst wenn man zeitliche Überschneidungen von Veranstaltungen mit hineinrechnet, hatten Studierende so viele Wahlmöglichkeiten, dass es für Mathematiker nicht einfach ist, die in die Tausende gehenden Kombinationsmöglichkeiten zu errechnen.

Mit der Einführung der kleingliedrigen Modulstruktur wurden diese in einem Jahr angebotenen zwölf Veranstaltungen jetzt – nur um ein Beispiel zu nennen – auf drei jeweils mit genauen Lernzielen beschriebene Module verteilt. Statt *eines* großen Containers »Geschichte des neunzehnten und zwanzigsten Jahrhunderts« gibt es jetzt beispielsweise drei Module mit den

Titeln »Geschichte der Industrialisierung«, »Geschichte totalitärer Regime« und »Geschichte demokratischer Staaten«, die jeweils aus zwei Seminaren bestehen; statt *eines* umfassenden Vertiefungsgebiets »Soziologische Theorie« werden jetzt drei Module mit jeweils zwei Seminaren angeboten, eines für »Gesellschaftstheorie«, eines für »Organisationstheorie« und eines für »Interaktionstheorie«; das Vertiefungsgebiet »Botanik« wird in die drei Module »Pflanzenmorphologie«, »Pflanzenphysiologie« und »Pflanzensystematik« zerlegt. Wenn man jetzt – mit Verweis darauf, dass man die in einem Modul vermittelten Kompetenzen ja nur einmal zu erlangen braucht – verbietet, dass Studierende Module mehrfach belegen und stattdessen in diesem Vertiefungsgebiet das Belegen aller drei Module festschreibt, kann man sehen, wie die Wahlmöglichkeiten der Studierenden sich reduzieren. Weil bei gleichen Lehrkapazitäten pro Modul in einem Jahr nur vier Seminare angeboten werden, können sich wegen der Kollision mit anderen Veranstaltungen die Wahlmöglichkeiten faktisch auf null reduzieren.

Die Aufschlüsselung der Studiengänge in eine Vielzahl von kleingliedrigen, sehr genau definierten Modulen bedeutet für Studierende also die »größtmögliche ungewollte Vernichtung aller Wahlmöglichkeiten« (kurz »GUVAW«). Durch die detaillierte Aufgliederung in manchmal auch noch unterschiedlich große Module kommt es ungewollt zu einer weitgehenden Vorbestimmung des Studienverlaufs, weil Studierende letztlich vielfach die Module, Veranstaltungen und Prüfungen wählen müssen, die irgendwie noch in die durch den Sudoku-Effekt geprägte komplexe Modulstruktur passen.

IV. Der Teufelskreis einer permanenten Hochschulreform

Die Effekte der Hochschulreform in Form von Komplexitätssteigerung und weitergehend in Form einer zunehmenden Verschulung werden auch in den Hochschulen beobachtet – ohne dass diese Effekte aber als ungewollte Nebenfolge der in Modulen zusammengefassten und in ECTS-Punkten ausgedrückten Veranstaltungen und Prüfungen identifiziert wird. Als Reaktion kommt es deswegen immer wieder zu mehr oder weniger umfassende Reformmaßnahmen an den Hochschulen. Dabei werden dann die Studiengänge einer ganzen Universität zum Beispiel durch die Vorgabe einer einheitlichen Modulgröße neu konzipiert oder neue spezifische Anweisungen zum Beispiel über Anzahl von Prüfungen oder Vorlesungen gegeben, die universitätsweit in allen Studiengängen umzusetzen sind. Eine grundlegend neue Studiengangskonzeption soll dann Probleme, Schwierigkeiten und Holprigkeiten der existierenden Studiengänge ausmerzen.

Manche Hochschulen verfangen sich auf diese Weise in einem Teufelskreis permanenter, aufeinander aufbauender Reformen, und es gibt Bachelor- und Master-Studiengänge, die sich in ihrem jungen Leben bereits in der dritten

Reformrunde befinden. Das liegt daran, dass ein solches, durch eine Reform angestoßenes neues Regelwerk immer erst einmal eine eigene Attraktivität hat. Im Vergleich zum alltäglichen, häufig zähen und für viele Studierende, Lehrende und Verwaltungsmitarbeiter frustrierenden Zusammenwirken im Rahmen der existierenden Studienstrukturen malt eine Reform erst einmal »schöne Bilder« einer stromlinienförmigen und widerspruchsfreien Studienstruktur. Weil im Vergleich zu der als chaotisch wahrgenommenen Realität die Masterpläne für eine neue Studienstruktur attraktiver, einfacher und einleuchtender wirken, entsteht zunächst die Plausibilität für eine Umsetzung einer neuen Studienstruktur. Schließlich sind die Pläne in »ihren guten Absichten nur schwer zu widerlegen«, weil der »Härtetest ihrer Vorhaben« noch aussteht (Luhmann 2000, 338).

Aber in ihrer Umsetzung verlieren solche Reformen dann immer wieder ihre Attraktivität. Je konkreter ein Masterplan für eine neue Studienstruktur in die Realität umgesetzt wird, desto klarer wird, dass dieses Konzept ähnlich viele Widersprüchlichkeiten birgt wie alle anderen, vorher bekannten Organisationskonzepte auch. Plötzlich wird dann deutlich, dass das als Wundermittel verkaufte Konzept der gleich großen Modulgrößen, die Schwierigkeit mit sich bringt, auch aufwendige Veranstaltungen in das Korsett einzupassen.

Auf diese Abnutzung einer Reformkonzeption wird dann wieder mit neuen Reformen reagiert, die selbstverständlich mit dem Versprechen höherer Konsistenz und Handhabbarkeit präsentiert werden. Diese Reform schafft aber wiederum neue Probleme, und die werden dann zum Anlass genommen, die nächste Reform zu starten. Der Effekt der Umsetzung der Bolonga-Vorgaben ist deswegen an einigen Universitäten eine Art »Dauer-Reform« gewesen. Denn Reformen, so Nils Brunsson und Johan P. Olsen (1993, 33 f.) produzieren vorrangig immer wieder neue Reformen.

Literatur

Baecker, Dirk (1992): Fehldiagnose »Überkomplexität«. Komplexität ist die Lösung, nicht das Problem. gdi impuls, Nr. 4, 55-62.
BLK (2002): Modularisierung in Hochschulen. Handreichung zur Modularisierung und Einführung von Bachelor- und Masterstudiengängen. Bonn: Bund-Länder-Kommission für Bildungsplanung und Forschungsförderung.
Bologna-Erklärung (1999): Der Europäische Hochschulraum. Bologna: Gemeinsame Erklärung der Europäischen Bildungsminister 19.6.1999.
Brunsson, Nils/Olsen, Johan P. (1993): The Reforming Organization. London/New York: Routledge.
Budapest-Wiener Erklärung (2010): Erklärung von Budapest und Wien zum Europäischen Hochschulraum. Budapest/Wien: Erklärung der Bildungsminister am 12.3.2010.
Draheim, Susanne/Reitz, Tilman (2005): Währungsreform. Die neue Ökonomie der Bildung. Neue Sammlung 45, 3-13.

Erhardt, Manfred (2000): Einleitung. S. 3-4 in: Stifterverband für die Deutsche Wissenschaft (2000): Credits an deutschen Hochschulen. Transparenz – Koordination – Kompatibilität. Bonn: Stifterverband für die Deutsche Wissenschaft.

Gaston, Paul L. (2010): The Challenge of Bologna. What United Stats Higher Educaiton Has to Learn From Europe, and Why It Matters That We Learn It. Sterling, VA: Stylus.

Heublein, U. et al. (2007): Internationale Mobilität im Studium. Studienbezogene Aufenthalte deutscher Studierender in anderen Ländern. Hannover: HIS:Projektbericht.

Kapfinger, Emanuel / Sablowski, Thomas (2010): Bildung und Wissenschaft im Kapitalismus. S. 249-278 in: Horst, Johanna-Charlotte (Hrsg.), Unbedingte Universitäten. Was passiert? Stellungnahmen zur Lage der Universität. Zürich: Diaphanes.

Kieserling, André (2009): Die Wirklichkeit der Humboldt-Rhetorik oder Was soll aus den Studenten werden? S. 26-37 in: Jürgen Kaube (Hrsg.), Die Illusion der Exzellenz. Lebenslügen der Wissenschaftspolitik. Berlin: Klaus Wagenbach.

KMK (2004): Rahmenvorgaben für die Einführung von Leistungspunktsystemen und die Modularisierung von Studiengängen. o. O.: Beschluss der Kultusministerkonferenz vom 15.9.2000 i. d. F. vom 22.10.2004.

Lieb, Wolfgang (2009): Humboldts Begräbnis. Blätter für deutsche und internationale Politik, H. 6, 89-96.

Liessmann, Konrad Paul (2009): Vorwort. S. 7-10 in: Andrea Liesner / Ingrid Lohmann (Hrsg.), Bachelor bolognese. Erfahrungen mit der neuen Studienstruktur. Opladen / Farmington Hills: Verlag Barbara Budrich.

Luhmann, Niklas (1972): Rechtssoziologie. Reinbek: Rowohlt.

Luhmann, Niklas (2000): Organisation und Entscheidung. Opladen: Westdt. Verlag.

Luhmann, Niklas (1980): Komplexität. S. 1064-1070 in: Erwin Grochla (Hrsg.), Handwörterbuch der Organisation. Stuttgart: Poeschel.

Maeße, Jens (2010): Die vielen Stimmen des Bologna-Prozesses. Zur diskursiven Logik eines bildungspolitischen Programms. Bielefeld: transcript.

Merton, Robert K. (1936): The Unanticipated Consequences of Purposive Social Action. American Sociological Reveiw 1, 894-904.

Nassehi, Armin (2009): Bologna-Reform. Mehr universitären Liberalismus wagen. FAZ, 25.11.2009.

Oelze, Berthold (2010): Für eine kritische Soziologie des Bologna-Prozesses. Soziologie 39, 179-185.

Pfaller, Robert (2010): Der Kampf gegen die Fortentwicklung der Universität zur repressiven Attrappe. S. 51-54 in: Johanna-Charlotte Horst (Hrsg.), Unbedingte Universitäten. Was passiert? Stellungnahmen zur Lage der Universität. Zürich: Diaphanes.

Prager Erklärung (2001): Auf dem Weg zum europäischen Hochschulraum. Prag: Kommuniqué des Treffens der europäischen Hochschulministerinnen und Hochschulminister am 19.5.2001.

Roscher, Falk (2000): Das operative Regelwerk von Credit-Systemen. S. 45-56 in: Stefanie Schwarz / Ulrich Teichler (Hrsg.), Credits an deutschen Hochschulen: Kleine Einheiten – große Wirkung. Neuwied / Kriftel: Luchterhand.

Schwarz, Stefanie / Teichler, Ulrich (2000): Memorandum zur Einführung eines Credit-Systems an den Hochschulen in Deutschland. Rahmenvorschläge zur Verbesserung der Studien- und Prüfungsorganisation. S. 5-10 in: Stifterverband für die Deutsche Wissenschaft (2000), Credits an deutschen Hochschulen. Transparenz – Koordination – Kompatibilität. Bonn: Stifterverband für die Deutsche Wissenschaft.

Shannon, Claude Claude Shannon (1951): Prediction and Entropy of Printed English. The Bell System Technical Journal 30, 50-64.

Steinert, Heinz (2010): Die nächste Universitätsreform ist schon da. Soziologie 39, 310-324.

Stichweh, Rudolf (1994): Akademische Freiheit, Professionalisierung der Hochschullehre und Politik. S. 337-362 in: Rudolf Stichweh (Hrsg.), Wissenschaft, Universität, Professionen. Soziologische Analysen. Frankfurt a. M.: Suhrkamp.

Weizsäcker, Ernst von (1970): Baukasten gegen Systemzwänge. München: Piper.

Winter, Martin (2009): Das neue Studieren. Chancen, Risiken, Nebenwirkungen der Studienstrukturreform: Zwischenbilanz zum Bologna-Prozess in Deutschland. Wittenberg: Arbeitsbericht des Instituts für Hochschulforschung.

Wissenschaftsrat (2000): Empfehlungen zur Einführung neuer Studienstrukturen und -abschlüsse (Bakkalaureus/Bachelor – Magister/Master) in Deutschland. Wissenschaftsrat, 21.1.2000.

Prof. Dr. Stefan Kühl
Fakultät für Soziologie, Universität Bielefeld
Postfach 10 01 31, D-33501 Bielefeld
stefan.kuehl@uni-bielefeld.de

Zum Schluss

Soziale Systeme 16 (2010), Heft 2, S. 463-470

Nikolaus Wegmann

Wie kommt die Theorie zum Leser?
Der Suhrkamp Verlag und der Ruhm der Systemtheorie[1]

Theorie ist nur ein Genre in der Welt der Bücher. Auch für sie gibt es keine Erfolgsgarantie, kein festes Abonnement auf Leser. Nicht einmal für Leser, die sich von Berufs wegen – Studenten, Professoren oder Kulturredakteure – dafür interessieren müssten. Selbst das Titel-Pathos einer *Theorie der Gesellschaft* ist kein Selbstläufer. Die Zeiten, in denen junge Männer den Ernst ihres Studiums mit dem Erwerb von 12.000 Seiten Hegel in der *Suhrkamp-Theorie Werkausgabe* (1969-1971) demonstriert haben, sind lange her. Die 68er, so Karl Heinz Bohrer, sei die letzte Generation gewesen, die noch Bücher gelesen hat.

Um so mehr macht das Schicksal derart langformatiger Über-Texte neugierig. Wer hat das eigentlich gelesen, wer liest das jetzt immer noch? Wie hat dieses Format überhaupt Leser gefunden? Wieso ist dieses Genre nicht an den zu erwartenden Einwänden – bloßer Akademismus, geistiger Heroismus, hypertropher Anspruch oder Intellektuellen-Kitsch – gescheitert? Wo doch tote Literatur in übervollen Bibliotheken der Normalfall ist?

Wer an Theorie glaubt, wer in ihr allein die Königsdisziplin der Geisteswissenschaften sieht, für den ist das nur eine kleine Anfrage. Vermutlich lassen die engen Lesezirkel der Anhänger ausgreifende Zweifel an der Resonanz der Theorie gar nicht erst zu. Erfolg ist für sie zuerst und letztendlich eine Sache der Qualität. Theorie ist dann wie literarische Literatur: Theorie gibt es nur als *gute* Theorie. Schlechte Literatur, so der analoge Wertungstopos, ist gar keine. Und gute Theorie – ein weißer Schimmel – setzt sich kraft der ihr eigenen Qualität beim Leser durch. Das erinnert an klassische Werke. Für sie ist der Leser kein Problem; er wird immer schon vorausgesetzt. Er ist so selbstverständlich, dass man über ihn auch nicht mehr sprechen muss. Ein Leser mit Eigensinn – aber auch ein Autor mit Markt-Kalkül – ist in diesem Modell nicht vorgesehen. Die hohe Bedeutung des großen Werks geht der Lektüre voraus. Das Klassische, so Hegel in seiner Ästhetik, ist »das sich *selbst Bedeutende* und damit auch sich *selber Deutende*«. Doch Klassiker, und das gilt selbstredend

---

1 Das Folgende ist nicht aus dem Archiv gearbeitet; auch gibt es keine Insider-Anekdoten aus dem Bielefeld der 1970er Jahre. Ich präsentiere vielmehr Thesen zum Suhrkamp-Verlag und seiner Rolle bei der Durchsetzung Luhmanns als Systemtheoretiker. Das ist für mich weniger eine Frage des geschickten Marketings als ein Problem des erfolgreichen Rühmens. Es geht mir um den Ruhm Luhmanns.

auch für Niklas Luhmann und die Systemtheorie, fallen nicht vom Himmel.
Sie werden gemacht. Auch sie müssen sich in der Ökonomie der Aufmerksamkeit behaupten. Auch sie müssen den Leser erst einmal erreichen.

I.

Eine der wichtigsten Schnittstellen zwischen dem nur geschriebenen Theorie-
text und einem potentiellen Lesepublikum ist der Verlag, der diesen Text publiziert. Die Frage, wo Niklas Luhmann seine Texte veröffentlich hat, scheint
sich fast zu erübrigen. Wissen wir nicht alle, dass Luhmann ein Suhrkamp-
Autor ist? Doch diese Gewissheit verliert sich schnell, wenn man sich die Fak-
ten anschaut. Wo hat Luhmann tatsächlich veröffentlicht? Was ist wann bei
welchem Verlag erschienen?
Es geht los mit einer verwaltungswissenschaftlichen Monografie von 1963:
*Verwaltungsfehler und Vertrauensschutz: Möglichkeiten gesetzlicher Regelung der
Rücknehmbarkeit von Verwaltungsakten*, bei Duncker & Humblot erschienen.
Auch die nächsten drei Monografien erscheinen hier; allesamt sind dies ver-
waltungswissenschaftliche bzw. juristische Studien. 1964: *Funktionen und Folgen
formaler Organisation*, Berlin: Duncker & Humblot; 1965: *Öffentlich-rechtliche
Entschädigung rechtspolitisch betrachtet*, Berlin: Duncker & Humblot; 1965: *Grund-
rechte als Institution: Ein Beitrag zur politischen Soziologie*, Berlin: Duncker & Humblot. Dann kommt hinzu: zunächst der Enke Verlag (heute Teil der Thieme
Gruppe): mit dem *Vertrauen*-Buch von 1968; (Stuttgart: Medizin und Soziologie), dann Mohr gleichfalls 1968 mit *Zweckbegriff und Systemrationalität* und
Luchterhand 1969 mit *Legitimation durch Verfahren*, 1970 erscheint dann der
erste Band der *Soziologischen Aufklärung* beim Westdeutschen Verlag.
Schnell wird deutlich – eigentlich kommen alle vor: nicht nur Mohr und Luchterhand, Westdeutscher Verlag, Nomos, Kohlhammer, Rowohlt, de Gruyter,
Metzner in Frankfurt, Picus in Wien, auch der Kleinverlag Haux in Bielefeld,
Olzog in München, und natürlich ist auch Suhrkamp dabei. Eher fällt auf, wer
fehlt: Hanser und Beck habe ich nicht gesehen, auch Fischer nicht.
Das erste Buch bei Suhrkamp erscheint 1971. Doch es ist keineswegs so, dass
von da an dann alles weitere bei Suhrkamp erschienen ist: Das *Macht*-Buch
erscheint 1975 wiederum bei Enke, die *Reflexionsprobleme im Erziehungssystem*
bringt 1979 Klett-Cotta heraus, *Politische Theorie im Wohlfahrtsstaat* veröffentlicht 1981 der Olzog-Verlag, die *Ökologische Kommunikation* 1986 der Westdeutsche Verlag, die *Soziologie des Risikos* wird 1991 bei de Gruyter verlegt und
die *Realität der Massenmedien* von 1995/1996 publiziert nicht, wie erwartet,
Suhrkamp, sondern der Westdeutsche Verlag.
Es hat demnach 1971 keine Konversion, keinen grundlegenden Wechsel zu
Suhrkamp gegeben. Luhmann nutzt vielmehr die gesamte Verlagsszene
in Deutschland. Es ist kein eindeutiges Muster zu erkennen: außer dem der

gewollten *Streuung.* Gerade kein Exklusivverlag. Zudem bleiben die Verbindungen zu den speziellen Fachverlagen intakt. Verwaltungswissenschaft geht z. B. an Dunker & Humblot, harte Soziologie zum Westdeutschen Verlag. Nach der Empirie der *Publikationsstatistik* gerechnet, ist Suhrkamp demnach eher nicht »der« Verlag Luhmanns;[2] auch wenn seit Anfang der 1980er Jahre »Suhrkamp« deutlicher dominiert.

Kann man es dabei belassen? Natürlich nicht – Suhrkamp kann für Luhmann kein Verlag unter vielen anderen sein. Allerdings wird das Attribut »Suhrkamp-Autor« nicht durch simples Auszählen plausibel. Auch Verlage müssen gelesen werden.

Es braucht also Thesen. Ich biete zwei an. Sie sollen erklären, warum Luhmann groß geworden ist: »Groß« heißt hier: Wie hat Luhmann jene gesteigerte Sichtbarkeit, ja Anschaulichkeit erreicht, die ihn in der Bundesrepublik zu mehr gemacht hat als nur zu einem Klassiker der Soziologie?

II.   1. These: Im Streit zum Ruhm: Die Habermas-Luhmann-Kontroverse

1971 erscheint also das erste Buch bei Suhrkamp: Jürgen Habermas / Niklas Luhmann: *Theorie der Gesellschaft oder Sozialtechnologie – Was leistet die Systemforschung?* Der Band hat weder Einleitung noch Nachwort. Es gibt nur die Beiträge der beiden Autoren. Habermas sucht die »Auseinandersetzung mit Niklas Luhmann« (142-290), und Luhmann schreibt eine »Eine Entgegnung auf Jürgen Habermas« (291-405).

In der Ideengeschichte der Bundesrepublik Deutschland ist das der Beginn der Habermas-Luhmann-Kontroverse. 1973 schiebt der Suhrkamp Verlag noch einen Band nach, mit der bereits bekannten Titelzeile: *Theorie der Gesellschaft oder Sozialtechnologie. Beiträge zur Habermas-Luhmann Diskussion* (Maciejewski 1973). Auch er erscheint in derselben, von Habermas mitherausgegebenen Reihe »Theorie-Diskussion«. Der zweite Titel wiederholt den ersten: Ab jetzt ist das die Kürzestformel für den Streit. Die Wiederholung sitzt, sie macht aus dem inner-wissenschaftlichen Disput ein Markenzeichen für Theorie. Aus dem Verwaltungswissenschaftler, aus dem Soziologen wird so ein Theoretiker. Genauer: ein Theoretiker in einer ganzen Serie von anderen Theoretikern. Das ist eine ebenso forcierte wie wirkungsmächtige neue Autoren-Nachbarschaft. »Suhrkamp Theorie Diskussion« heißt das. Eine deutsche Variante zu dem, was andernorts als »French Theory« oder »Critical Theory« ebensogut – außergewöhnlich gut – läuft.

---

2 Dann könnte man mit dem gleichen Recht auch von dem Westdeutschen Verlag als »dem« Verlag Luhmanns sprechen.

»Luhmann is probably best-known to North Americans«, so Wikipedia zu dieser Umformatierung des Fachwissenschaftlers zum Theoretiker, »for his debate with the critical theorist Jürgen Habermas over the potential of social systems theory.« (http://en.wikipedia.org/wiki/Niklas_Luhmann)
Wie kommt es zu dieser Kontroverse? Ein Erfolg geschickter Verlagsregie? Der Lohn für die intellektuelle Leistung Luhmanns? Eine Geste von Habermas an den ungleich weniger bekannten Kollegen? Hat es mit der Erschöpfung linker Theorieproduktion zu tun? Oder passiert alles mehr oder minder zufällig? Ruhmsucht kann man als Motiv ausschließen. Luhmann war, so Rudolf Stichweh (1998, 63), »durchgängig ironisch, auch gegenüber dem biographischen Zufall. Dass es *sein* Werk war.« Luhmann, so Stichweh weiter, hatte ein deutliches »Detachment gegenüber dem eigenen Werk«.

III.

Aus buchwissenschaftlicher Perspektive ist die Kontroverse ein typisches Ereignis in der Welt der Bücher und Leser. Die 1971er Debatte im Suhrkamp Verlag ist spektakulär – aber gerade als spektakuläres Ereignis ist sie eine bekannte Erscheinung: Hier findet einmal mehr ein Literaturstreit statt, oder, weil es um Theorie geht, ein *Theoriestreit.*
Doch was ist das eigentlich? Der Streit ist primär kein innerwissenschaftliches Ereignis. Er ist eine eigene, hocherfolgreiche polemogene Form der Kommunikation. Entsprechend geht es auch nicht so sehr um Sieger und Verlierer oder um die Frage, ob die Argumente berechtigt sind oder die Form wahren. Ungleich stärker interessiert die kommunikative *Energie,* die der Streit mobilisiert. Er ist eine Aufladestation für Theorien. Denn ein Streit ist eigentlich unwahrscheinlich. Eher wäre Indifferenz zu vermuten. Angesichts der stets gegebenen Vielfalt der Positionen in einem Fach ist die allgemeinen Koexistenz der Thesen und Argumente der Normalfall: Jeder sagt, was er aus welchen Gründen auch immer für »richtig« hält – und er bleibt dann auch dabei, weil es keine Sanktionswahrscheinlichkeit gibt. Einem Habermas kann man nicht das Gehalt kürzen, einen Luhmann nicht maßregeln.
Im Streit reagiert man mit Zustimmung oder Ablehnung. Genau das macht den Zwang zur Teilnahme aus. In seinem Sog expandiert die Zirkulation der umstrittenen Texte und wächst die Intensität der Lektüre. Zugleich stiftet der Streit kraft des Themas, um das man streitet, Gemeinsamkeit. Man streitet, teilt aber als Gemeinsames die Sache, um deren Willen man sich so engagiert. Hier, in unserem Streitfall, ist dies die *großformatige* Theorie von Gesellschaft. Der Streit, gerade weil er stattfindet und also auch etwas da sein muss, was den Streit lohnt, sichert über die Differenzen hinweg die Selektion von Wichtigem und darin unstrittig Relevantem.

Hinzu kommt, und das macht das Genre erst recht folgenreich, dass der Streit Wissenschaft, Öffentlichkeit und Gesellschaft in einer einzigen kommunikativen Form koppelt. Der Streit findet quer zu diesen Aufteilungen statt. Er ist weder nur für Spezialisten, noch allein etwas für die Feuilletons oder den interessierten Leser – und er ist darin eine *Aufmerksamkeit generierende* Form: Im Streit wird wissenschaftliche Kommunikation – aufgrund ihrer Selbstbezogenheit eigentlich nur etwas für die, die dazugehören, – interessant. Ein Streit ist immer eine *story* wert.

All das hat im Fall Luhmann besonderes Gewicht. Jenseits der Wissenschaft ist er unscheinbar, vom Typus her ein Bürokrat. Er lebt nicht in einer Metropole, sondern in Oerlinghausen bei Bielefeld. Auf die Frage Alexander Kluges: »Sie sind 1927 geboren. Welche Vorstellungen verbinden Sie mit dem Jahr 1927? – antwortet Luhmann, vor laufender Kamera: »Also – mir genügt, dass ich geboren bin« (Luhmann / Kluge 2004, 49). Auch auf Drängen ist Luhmann nicht bereit, *persönlich* zu werden. Er gibt – in der Sprache des Autoren-Marketings – *nichts her* (mehr dazu: Hüser 2007).

»Habermas« ist *dagegen* der offizielle, der Staats-Intellektuelle der Bundesrepublik Deutschland. Er ist prominent. Aus diesem Kontrast heraus gibt er »Luhmann« Profil. Ab jetzt, mit diesem Streit, ist Luhmann *Partei*. Der Theoriestreit als Verlagsprogramm im Hause Suhrkamp motiviert auch den, der eigentlich »so viel Theorie« gar nicht will. Man kann Luhmann jetzt einsortieren – und darüber auch sich selbst als Leser von Theorie verorten: Ideenpolitisch gesprochen: Zur Frankfurter Schule gibt es eine Alternative.

Der Theoriestreit mit Habermas macht also aus dem Verfasser wissenschaftlicher Spezialschriften erst einen Autor, und zwar einen Autor von Theorie. Vor diesem ersten Suhrkamp-Buch ist Luhmann »nur« der Verfasser von Schriften zu sehr vielen Themen in sehr verschiedenen Disziplinen und in ganz verschiedenen Verlagen. Seine Theorie war noch kein Eigenname – und Reklame für sich selbst war ihm fremd. Jetzt steigt – wie auf einen Schlag – seine Bekanntheit. Der Streit macht den eben noch Unscheinbaren berühmt. Dabei war Luhmann am Erfolg seiner Theorie immer interessiert. So sah er für seine Theorie nur dort eine Chance, wo man immer schon an Theorie interessiert war, z. B. bei den an Marx geschulten Linken. Das Format »Theoretiker« dürfte ihm zugesagt haben.

IV. 2. These: Ruhm zu Ruhm:
Der Goetz-Suhrkamp-Luhmann-Komplex[3]

War der Theoriestreit die Veranschaulichung Luhmanns der 1970er Jahre, so leistet Rainald Goetz diese Form der Popularisierung für die 1990er Jahre, ja bis in die Gegenwart. Goetz ist nicht ein literarischer Autor unter vielen; er ist – und darauf kommt es hier an – der deutsche Gegenwarts-Autor mit der größten Autorität, auch ohne Büchnerpreis. Jedenfalls gilt das für eine Leser-Generation, die *Spex* kennt, weiß was Techno ist und die *Abfall für alle* oder das *Vanity Fair Blog* im Netz und Tag für Tag gelesen hat. In der »Bibliothek Suhrkamp« ist es demnach nicht die Nachbarschaft der Luhmann-Schüler – Stichweh, Baecker, Fuchs, Kieserling – die zählt. Es ist vielmehr, so meine These, Rainald Goetz. Für Goetz, erfahren und kundig in der Welt der Medien, der Kultur und des Betriebs, ist die Verbindung Goetz und Suhrkamp zum Suhrkamp-Autor weder zufällig noch folgenlos. Er schreibt, wie er durch die Stadt zieht, mit einem Kapuzenshirt, auf dem in großen Buchstaben »Suhrkamp-Boys« steht – und das mit einem super guten Gefühl. Wer hier Kritik und Abhängigkeit assoziiert, ist draußen. Goetz ist – auch und gerade mit der Unterstützung seines Verlags – selber ein prominenter Mitspieler im Kulturbetrieb. Bekennende Reklame macht er auch für Luhmann. Z. B. in *Celebration. Texte und Bilder zur Nacht*, bei Suhrkamp 1999 erschienen, zeigt er sich an einem Pool in San Francisco mit Luhmanns *Das Recht der Gesellschaft*. Im snapshot.

Die Momentaufnahme ist auch sein poetologischer Ehrgeiz: Die Welt wahrnehmen im Moment der laufenden Kommunikation. Zugleich ist das eine Andockstelle bei Luhmann und seinem Axiom von der Gesellschaft als der Totalität ihrer Kommunikation. Goetz übernimmt das, zielt aber anders als der Soziologe Luhmann nicht auf die geordnete Welt der funktionalen Systeme. Er ist vielmehr fasziniert von der Richtungslosigkeit der Alltagskommunikation. Sie will er direkt und sofort aufschreiben. So wie Warhol immer seinen Kassettenrekorder, so hat Goetz sein Notizbuch dabei. Immerwährendes Transkribieren. Nichts weniger als eine »Begehung der Luhmannschen Theorie« will Goetz leisten – und so sind die *Suhrkamp Boys* Luhmann und Goetz vereint in einer wahrlich großformatigen Vision ihrer Werke. Der eine schreibt an der *Theorie der Gesellschaft*, »Dauer 30 Jahre« »Kosten keine«. Der andere arbeitet an der nicht minder riesenhaften *Geschichte der Gegenwart* (5 Bücher von 1998 bis 2000).

---

3 Das Folgende steht auf schwankendem Grund: Der ehemalige Lektor von Suhrkamp-Wissenschaft, Bernd Stiegler, hat mir mitgeteilt, dass es im Suhrkamp-Archiv einen womöglich auch noch umfangreichen Briefwechsel zwischen Rainald Goetz und Luhmann gibt. Bei Luhmann selbst ist in zwei anspielungsreichen Fußnoten von Gesprächen mit Goetz die Rede – und nicht zuletzt: Goetz' Luhmann-Lektüre ist vertrackt. All dem kann ich hier nicht nachgehen.

Noch einmal: Goetz will Kommunikation der Gesellschaft als Wahrnehmung, ist also bereit, sich mit dem Strom des Ungefilterten, dem Ineinander von Medien, Kultur, Theorie, Musik, Politik, Kunst als Thema einzulassen – aber das heißt nicht, dass er diese Kommunikation ohne Qualitätsanspruch beobachtet. Im Gegenteil. Die beißende Kritik am Personal des Betriebs, gleich ob Kunst, Medien oder Politik, ist allgegenwärtig, oft genug mit Klarnamen. Goetz besteht auf einer »Stimmigkeit« – und rühmt genau deswegen Luhmann. Der systemtheoretische Purismus wird bewundert. Hier beruhe Theorie auf Theorie, sei frei gebaute Konstruktion – im Unterschied zur »postmodernen Theoretisiererei«. Theorie bei Luhmann sei *radikal als Denkgebäude*. Luhmann ist für ihn, so die Lobrede weiter, der »Antifasler unter den Träumern des Denkens« (1999, 226). Adorno im Vergleich zu ihm ein kompletter Wirrkopf, Foucault ein Märchenerzähler.« (148). Doch das größte Lob geht anders: »Mich ERSCHÜTTERT Luhmanns Totale immer wieder«. So Goetz in *Abfall für alle*. Erschüttert, in Großbuchstaben gesetzt – das ist nur eine Variation mehr auf das Credo des Goetzschen Pop: Hingerissen auf das Hinreißende zu zeigen. Im Volltext: »Es gibt keine andere vernünftige Weise über Pop zu sprechen, als hingerissen auf das Hinreißende zu zeigen, hey super.« (Goetz 1999, 177)

Genug. Man kann sich in Goetz verlaufen. Der Einsatz – so die Ankündigung – war Goetz' Autorität bei seinen Lesern. Er hat sie, so meine These, weil seine Luhmann-Lektüre von seinen Lesern als exemplarische Lektüre akzeptiert wird. Übernommen wird. Nachgeahmt wird. Luhmanns Theorie wird auf diese Weise zugänglich – nicht als Soziologie, sondern als formsichere Radikalität. Als Pop-Gegenstand. Als Kunstwerk von brutaler Schönheit: »Mit Luhmann draußen, beim Eis, bis es ganz dunkel war. Über Schrift. Brutal schön.« (Goetz 1999, 390)

Kein Zufall also, dass 1998 auf der *Spex*-Bücherliste (2/1998, 40) Luhmann auf Platz 8 stand (u. a. zusammen mit Nick Hornby, Max Goldt und William Gibson).[4] Goetz hat Autorität. Das ist nicht die Autorität des offiziellen Literaturkritikers oder Gelehrten, schon gar nicht die eines moralisch oder politisch Engagierten. Goetz hat »street credibility« – das ist die Form der Autorität, in der Theorie nach Goetz sich heute nur behaupten kann. Nur dann wird man zurecht etwas von ihr erwarten; nur dann mit ihr sich intensiv beschäftigen.

Endgültig aber bin ich mir jetzt nicht mehr sicher, ob ich noch als forschender Philologe oder schon als doppelter Fan spreche: Vielleicht hat sich die große Zeit des Suhrkamp Verlags doch in die 1990er hinein fortgesetzt. Immerhin zeigt der Goetz-Luhmann-Suhrkamp-Komplex noch einmal eine *glückliche Konstellation von Theorie und Literatur*. Es gibt Schlechteres.

---

4 Die Liste ist eine Bestenliste. Luhmanns *Gesellschaft der Gesellschaft* steht auf Platz 8 der herausragenden Popphänomene des Jahre 1997 (mehr: Schäfer 2007, 269 f.).

Literatur:

Habermas, Jürgen (1971): Theorie der Gesellschaft oder Sozialtechnologie? Eine Auseinandersetzung mit Niklas Luhmann. S. 142-290 in: Jürgen Habermas / Niklas Luhmann, Theorie der Gesellschaft oder Sozialtechnologie – Was leistet die Systemforschung? Frankfurt a. M.: Suhrkamp.

Hüser, Rembert (2007): Etiketten aufkleben. S. 239-260 in: Christian Huck / Carsten Zorn (Hrsg.), Das Populäre der Gesellschaft. Systemtheorie und Populärkultur. Wiesbaden: VS.

Maciejewski, Franz (Hrsg.) (1973): Theorie der Gesellschaft oder Sozialtechnologie. Beiträge zur Habermas-Luhmann-Diskussion. Frankfurt a. M.: Suhrkamp.

Luhmann, Niklas (1971): Systemtheoretische Argumentationen. Eine Entgegnung auf Jürgen Habermas. S. 291-405 in: Jürgen Habermas / Niklas Luhmann, Theorie der Gesellschaft oder Sozialtechnologie – Was leistet die Systemforschung? Frankfurt a. M.: Suhrkamp.

Luhmann, Niklas / Kluge, Alexander (2004): Vorsicht vor zu raschem Verstehen. Niklas Luhmann im Fernsehgespräch mit Alexander Kluge. S. 49-77 in: Wolfgang Hagen (Hrsg.), Warum haben Sie keinen Fernseher, Herr Luhmann? Letzte Gespräche mit Niklas Luhmann. Berlin: Kadmos.

Schäfer, Martin Jörg (2007): Luhmann als ›Pop‹. Zum ästhetischen System ›Rainald Goetz‹. S. 262-283 in: Christian Huck / Carsten Zorn (Hrsg.), Das Populäre der Gesellschaft. Systemtheorie und Populärkultur. Wiesbaden: VS.

Stichweh, Rudolf (1998): Niklas Luhmann – Theoretiker und Soziologe. S. 61-69 in: Ders. (Hrsg.), Niklas Luhmann. Wirkungen eines Theoretikers. Bielefeld: transcript.

Goetz, Rainald (1999): Abfall für alle – Roman eines Jahres. Frankfurt a. M.: Suhrkamp.

Prof. Dr. Nikolaus Wegmann
Department of German, Princeton University
203 East Pyne Building
Princeton, NJ 08544
nwegmann@princeton.edu

Abstracts

Uwe Schimank, Reputation statt Wahrheit: Verdrängt der Nebencode den Code?

Governance-Veränderungen des Wissenschaftssystems in Richtung »new public management« könnten dazu führen, dass Reputation – vormals lediglich komplexitätsreduzierender Nebencode der innerwissenschaftlichen Kommunikation – der primäre Handlungsantrieb der Wissenschaftler wird. Das geschieht, wenn Reputation anhand weniger quantifizierter Indikatoren gemessen wird und dann rigoros als Hauptkriterium für die Allokation finanzieller Ressourcen an Wissenschaftler genutzt wird. Diese Entwicklung könnte gravierende Dysfunktionalitäten für den wissenschaftlichen Erkenntnisfortschritt haben und zu einer Deprofessionalisierung der Wissenschaft führen.

Uwe Schimank, Reputation instead of truth: Does the subordinated code displace the code?

Governance changes of the science system towards a »new public management« might bring about a situation where reputation – in former times just a subordinated code which reduced the complexity of scientific communication – could become the primary motivation of scientists. This is the case if reputation is measured by a few quantitative indicators and a scientist's reputation is rigorously used as the main criterion by which financial resources are allocated to him. This development could produce massive dysfunctionalities for scientific progress and might lead to a de-professionalization of science.

Christian Hilgert/Tobias Werron, Verwissenschaftlichung als Globalisierungsdiagnose?

Der Beitrag fragt nach der Eignung des Begriffs Verwissenschaftlichung für die Zwecke gesellschaftstheoretischer Analysen und vertritt die These, dass er als zeitdiagnostischer Begriff ähnlich einseitig sein mag wie andere bereichsspezifische Diagnosen, als *globalisierungstheoretische* Diagnose dagegen plausibel und produktiv sein kann. Wir stellen zwei Thesen zur Verwissenschaftlichung – eine systemtheoretische und eine neoinstitutionalistische (›scientization‹) – vor, die die Frage aufwerfen, inwiefern der Wissenschaft eine herausgehobene Position im Übergang zu einer globalen (weltgesellschaftlichen) Ordnung zugeschrieben werden kann. Wir behaupten die Komplementarität beider Verständnisse und führen sie an den Beispielen der ›Verwissenschaftlichung des Sozialen‹ (Lutz Raphael) und der globalen Expansion angewandter Forstwissenschaft auf globalisierungstheoretische Forschungsfragen hin.

Christian Hilgert/Tobias Werron,›Scientization‹ as a World Society Thesis

There are a number of sociological concepts and theories that point to an expanding or dominant position of particular macro-fields in modern society. The most popular deal with the ›economization‹, ›marketization‹ and ›commercialization‹ associated with the economic field. Similar expansionist dynamics in other societal fields are often neglected, leading to a somewhat lopsided view on modern society. In this paper we argue that a particularly interesting alternative candidate is modern science, especially if the focus is less on general characteristics of modernity but on modern globalization processes since the mid-to-late 19th century. To make this argument, we quote and explain two globalization theses that point to a prominent role of modern science, i. e. systems theory and world polity research (›scientization‹), claiming that both are compatible perspectives with different weaknesses and strengths that need to be combined in order to accomplish an adequate understanding of ›scientization‹ in the making of world society. The argument is developed and illustrated using two historical examples: the ›scientization of the social‹ (Lutz Raphael) and the global expansion of ›scientific forestry‹ since the 19th century.

André Kieserling, Ausdifferenzierung von Konkurrenzbeziehungen. Wirtschaft und Wissenschaft im Vergleich

Der Text vergleicht Konkurrenzbeziehungen in der Wirtschaft und in der Wissenschaft anhand der Frage, wie deutlich diese kompetitive Form sozialer Beziehungen gegen andere Sozialformen im selben System differenziert werden kann. Während eine solche Differenzierung in der Wirtschaft gut funktioniert, zum Beispiel als Differenzierung der Konkurrenten gegen die Tauschpartner, werden diese beiden Rollen in der Wissenschaft häufig von denselben Personen wahrgenommen. Die Verzerrung sowohl der »reinen« Konkurrenz als auch des »gerechten« Tausches von wissenschaftlicher Leistung gegen fachliche Reputation, die sich daraus ergibt, ist von der Wissenschaftssoziologie oft beschrieben worden. Ihre Einstufung als Pathologie, die in der Literatur überwiegt, ist indessen theorieabhängig, wie man insbesondere dann sieht, wenn man das Reputationsmedium und seine Orientierungsfunktion einmal nicht mit Merton oder Bourdieu, sondern mit systemtheoretischen Mitteln beschreibt.

André Kieserling, The differentiation of competitive relationships. Comparing economy and science.

Competitive relationships between social actors can be more or less »pure«, that is: more or less differentiated against alternative social forms such as exchange or cooperative relations within the same social system. In this respect, it is argued, economic competition differs from scientific competition. In the market economy, the competitor is not a partner for exchange relationships at the same time. In scientific communication this differentiation is not in place: The competitor of a scientist can be the same person who reviews a contribution and who decides (together with other peers) on the recognition the scientist deserves and receives for his work. This leads to a distortion of both »pure« competition and »fair« gratification of scientific contributions. In the sociology of scientific recognition, there is broad consensus on this phenomenon, but to a lesser extent in the question of how to interpret it. Seen from a systems theoretical point of view, it is not trivial, to say the least, that a »purer« version of scientific competition would be an unmixed blessing.

Christian Mersch, Patente und Publikationen

Patente und Publikationen sind die wichtigsten Formen der öffentlichen Kommunikation technologischen und wissenschaftlichen Wissens in der modernen Gesellschaft. Während die Publikation bereits systemtheoretisch als grundlegendes Kommunikationselement des globalen Wissenschaftssystems analysiert worden ist, hat das Patent noch nicht in nennenswertem Ausmaß soziologische Aufmerksamkeit auf sich ziehen können. Dieser Aufsatz arbeitet an dieser soziologischen Leerstelle, indem er die Unterscheidung von Patenten und Publikationen als analytischen Ausgangspunkt für eine Theorie des Patents fruchtbar macht. Neben bemerkenswerten funktionalen Parallelen werden auch Divergenzen zwischen beiden Kommunikationsformen herausgearbeitet, die vor allem auf die vollkommen unterschiedliche Veröffentlichungsmotivation von Publizierenden und Patentierenden zurückgeführt werden. Am Schluss wird die Frage aufgeworfen, ob neuartige, verstärkt auf öffentliche Inklusion von nicht professionell ausgebildeten Akteuren setzende Verfahren der Qualitätssicherung eine befriedigende strukturelle Antwort auf das für beide Systeme von vielen Beobachtern als zunehmend problematisch empfundene Verhältnis von Quantität und Qualität der Wissensproduktion darstellen.

Christian Mersch, Patents and Publications

Patents and publications are the most important forms of public communication of technological and scientific knowledge in modern society. Publications have already been investigated in-depth and have been described by sociological scholars as basic communication element of global science. The patent, however, has not yet been able to attract a similar level of sociological attention. By leveraging the distinction of patents and publications as an analytical starting point, this paper explores similarities and differences between both forms of knowledge communication. Dissimilarities between both systems are explained as a function of the completely different motivation of scientific authors and patent applicants to make their knowledge public. For both systems an increase in public forms of the participation of non-professional actors in quality control can be observed. We raise the question whether these new forms of public inclusion can represent an effective alternative to the conventional quality control mechanisms peer-review and patent examination.

Raf Vanderstraeten, Disziplinbildung – Zum Wandel wissenschaftlicher Kommunikation in der Soziologie

Für die moderne Wissenschaft, so hat Rudolf Stichweh gezeigt, sind spezialisierte Zeitschriften das Publikationsmedium *par excellence*. Zeitschriftpublikationen bilden die privilegierte Form wissenschaftlicher Kommunikation. Sie ermöglichen und strukturieren die Autopoiesis wissenschaftlicher Kommunikationssysteme. Vor dem Hintergrund dieser theoretischen Ausgangspunkte präsentiert dieser Aufsatz eine empirische (quantitativ-historische) Analyse von Publikationspraktiken in den wichtigsten soziologischen Zeitschriften in Belgien und den Niederlanden. Aufgrund der engen Verbindung zwischen den kommunikativen und disziplinären Strukturen der Wissenschaft kann sich diese historisch-soziologische Analyse von Zeitschriften auch der Evolution der soziologischen Disziplin selbst widmen.

Raf Vanderstraeten, Disciplinary structures – On the evolution of scientific communication within sociology

Rudolf Stichweh has shown how specialised scholarly journals fulfill a key communicative function for scientific disciplines. Publications in journals have become the privileged or canonical form of scientific communication. They both enable and

structure the autopoiesis of scientific communication systems. Against this theoretical background, this paper presents an empirical (quantitative-historical) analysis of
the publication practices in the main generalist sociology journals in Belgium and the
Netherlands from the early-twentieth century onwards. Because of the close relation-
ship between journals and discipline, or between the communicative and disciplinary
structures of science, this historical-sociological analysis also addresses the evolution
of the discipline of sociology itself.

Hartmann Tyrell, Universalgeschichte, Weltverkehr, Weltgesellschaft:
Begriffsgeschichtliche Anmerkungen

Der Beitrag schließt an die begriffsgeschichtlichen Darlegungen an, die Rudolf Stichweh seinen Studien zur Weltgesellschaftsthematik wiederholt vorangestellt hat; er ist
bemüht, einige der Ideenreihen, die Stichweh herausgearbeitet hat, punktuell weiter-
zuführen und zu ergänzen. Der Schwerpunkt der Überlegungen nimmt historisch
Bezug auf das späte 18. Jahrhundert: auf die »Globalisierungsdiskussion (...) im Zeitalter der Spätaufklärung« (M. Koch). Deren Kontext war ein vor allem ›universalgeschichtlicher‹, und ein Begriff von ›Weltgesellschaft‹ lag hier gewissermaßen in der
Luft. Dieser Begrifflichkeit nähert sich der Beitrag, neben einigen Anmerkungen zur
Weltsemantik unter religiösen Vorzeichen, auf zwei Wegen. Dabei geht es einerseits
um den Begriff des Verkehrs, der im Deutschen seit dem 18. Jahrhundert für das steht,
was im Englischen und Französischen der durchaus mehrdeutige Begriff ›commerce‹
besagt. Nicht zuletzt ist ›Verkehr‹ ein Kommunikationsbegriff, zugleich führt er seine
›kommerzielle›, seine Handelsbedeutung mit sich. Und mit beiden Bestandteilen des
Kompositums ›Weltgesellschaft‹ ist er seinerseits nicht zufällig eine Verbindung eingegangen; so kommt es hier zum Kompositum ›Weltverkehr‹, der Globalisierungsfor-
mel des 19. Jahrhunderts, und dort, wofür nicht zuletzt Adam Smith steht, zur ›commercial society‹. Direkt zum Begriff einer ›société universelle‹ bzw. ›société unique‹
führt andererseits eine Debatte des späten 18. Jahrhunderts, an der u. a. Guillaume
Thomas Raynal, Adam Smith und Immanuel Kant beteiligt waren. Es war der Abbé
Raynal, der mit seiner europaweit erfolgreichen ›Geschichte beider Indien‹ das weltweit begangene Unrecht der weltexpansiven Europäer zum Thema gemacht hatte.
Diese ›Inhospitalität‹ der Europäer, wie Kant es nannte, lag, universalgeschichtlich
zurückblickend, als schwere moralische Last auf der von Europa aus in Gang gesetzten interkontinentalen Zusammenführung der Menschheit und dem daraus resultierenden Weltverkehr. Sie lud sich aber, futurisch gewendet, mit geschichtsphilosophisch erwartungsvollem (aber durchaus nicht ›überspannt‹-utopischem) Ideengut
auf, das Begriffsbildungen freisetzte, die semantisch wiederholt, in die Nähe einer
(»endlich doch« erreichten) ›Weltgesellschaft‹ oder ›Völkergemeinschaft‹ führten.

Hartmann Tyrelll, Universal History, World Commerce, World Society: Historical Remarks

The theory of world society as outlined by Rudolf Stichweh is not only interested in
the history of world society and its genesis but also in the semantics of *world society*
and their history. The essay is a contribution to this topic. It focusses its attention
on the late european eighteenth century and especially on authors like Adam Smith,
Immanuel Kant, and Guillaume Thomas Raynal. For example, in the works of the latter there can be found the terms ›la société universelle‹ or ›société unique‹, and they

are related to the one worldwide social system. Furthermore, the essay is interested in the english and french concept ›commerce‹, in German *Verkehr*. In the eighteenth century this concept was a key word of the social and of sociability, too, and in the form of compound words it can be find in the combination with the ›world‹ as well as with ›society‹: ›world commerce‹ (*Weltverkehr*) on the one hand and the ›commercial society‹ on the other.

Heinz-Elmar Tenorth: Lebensform und Lehrform – oder: die Reformbedürftigkeit der Humboldtschen Universität

Das deutsche Modell der Universitäten, die sog. »Humboldtsche Universität«, hat neben der Erwartung des Studiums keine eigene Form der Lehre entwickelt, ungeachtet programmatischer Selbstbeschreibungen, wie sie in der Formel von der »Einheit von Forschung und Lehre« vorliegen, denn z. B. »Bildung durch Wissenschaft« meint nicht Lehre, sondern Selbststudium, eine Lebens-, keine Lehrform. Die Forderung der Studienreform begleitet deshalb diese Universität seit der Gründung im frühen 19. Jahrhundert, findet aber keine anerkannte Lösung. Die sog. »Bologna-Reform« bietet eine solche Form, in der die Konstruktion studentischer Fachkompetenz mit der Sozialisation für Forschung verbunden werden könnte – und scheint erneut keine Anerkennung zu finden.

Heinz-Elmar Tenorth: Way of life and way of teaching – or: the need for a reform of the Humboldt university

Despite its emphatic selfdescriptions like the *Einheit von Forschung und Lehre* the German type of the modern university, Humboldt's model, developed no satisfying form of teaching, beyond the insufficient practice of the *Vorlesung*. *Bildung durch Wissenschaft*, the often mentioned formula and ideal, does not mean teaching but selfcultivation and more a style of life than a form of teaching and study. The history of this university from the early 19th century up to now is therefore characterized by the continous but unsuccessfully efforts to construct forms of teaching and learning, suitable for the conditions of a modern research university. The latest offer, the so called »Bologna-Reform«, can be interpreted as a solution of this problem, but is again, as earlier programs, not accepted inside the university and rejected in the name of *Bildung*.

Dirk Baecker, Kleines Einmaleins einer Systemtheorie der Universität

Universitäten kombinieren Lehre mit Forschung und Verwaltung. Der Aufsatz greift auf die analytischen Werkzeuge der Theorie sozialer Systeme zurück, um die einfache (operative) und doppelte (regulative) Reproduktion der Universität innerhalb eines Netzwerks der Büros von Forschern, Lehrern und Verwaltern zu beschreiben. Universitäten reproduzieren sich demnach, indem Zugriffe dieser Büros aufeinander sowohl blockiert als auch genutzt werden. Daraus entsteht eine Komplexität loser Kopplungen, die von außen undurchschaubar ist, von innen jedoch zur Ausgestaltung einer robusten Organisation in der Auseinandersetzung mit den Anforderungen von Erziehung, Wissenschaft und Gesellschaft genutzt werden kann.

Dirk Baecker, A systems primer on universities

Universities combine teaching with research and administration. This paper uses the analytical tools of social systems theory to describe the operative and regulative closure of the university considered as a network of offices entertained by researchers, teachers and administrators. Universities reproduce themselves by both blocking and using the mutual access of the decisions of those offices to each other. This way to reproduce ensures a complexity of loose couplings, which is impenetrable from outside while securing inside a robust organization able to deal with the demands of higher education, scientific research, and social responsibility.

Cornelia Bohn, Die Universität als Ort der Lektüre. Printkultur trifft Screenkultur

Der Artikel diskutiert Kontinuitäten und Diskontinuitäten professioneller Lektürepraktiken im Lichte struktureller, semantischer und medialer Umbauten. Er begreift das Einüben professioneller Urteilsfähigkeit im Umgang mit neuem Wissen als eine der Residualaufgaben moderner Universität und geht davon aus dass erst die gelesene Publikation wissenschaftliche Kommunikation vollzieht. Terminus a quo ist die aufkommende Printkultur der Renaissance und deren Reflexion auf Autorschaft, Autodidaxie und Kritik. Terminus ad quem ist die neue Screenkultur, ihr ubiquitärer Gebrauch webbasierter Kommunikationsformen mit den Besonderheiten eines konfigurativen Charakters von Benutzeroberflächen, synchroner Erreichbarkeit, simultanem Zugriff auf Daten und Textbestände, dynamisch interaktiven Kompositformaten, gegenläufiger Tendenzen der Selbstarchivierung und Selbstüberschreibung und eine sich daraus ergebende Notwendigkeit zur präzisen zeitlichen Indexierung einer jeden Mitteilung und Information. Als Kontinuum der Lektüreanweisungen in der Printkultur und der Screenkultur identifiziert der Beitrag die Reflexion auf deren notwendige Selektivität. Historisch variabel hingegen, so das Resultat der Analyse, sind die Muster und Hilfen im Selektionsgeschehen: Kompendien für den eigenen Gebrauch, Lehrbücher als Vorselektion für den universitären Gebrauch, Bildung als Voraussetzung und Ziel der Lektüre, Institutionalisierung von Kritik und Rezensionswesen als Aufmerksamkeitssteuerung, sowie Formen der Lektürepraxis als Lektürevermeidung durch »power skimming« und »cross-checking« oder die Etablierung von Abstract Journals. Als Spezifikum der Screenkultur beobachtet der Artikel neue Formen webbasierter wissenschaftlicher Semi-Publikationen und konstatiert, dass damit eine Relativierung der Autorisierungs- und Glaubwürdigkeitsinstanzen der Printkultur einhergeht, die durch das Vibrieren der dynamischen Netzkommunikation überfordert sind.

Cornelia Bohn, The university as reading place. Print culture meets screen culture

The article discusses continuities and discontinuities of professional reading practices in light of structural, semantic and medial reconfigurations. It sees the conveyance of professional standards in judging new knowledge as one of the remaining tasks of modern universities, assuming that scientific communication is not accomplished until a publication is actually read. Terminus a quo of the argument is the emergence of print culture during the Renaissance and its focus on authorship, autodidacticism and critique; terminus ad quem is the new screen culture with its ubiquitous forms of web-based communication and its characteristic features of configured user interfaces, synchronous availability, simultaneous access to various data and electronic libraries, dynamically interactive composite formats, the obverse tendencies of the internet to automatically archive and overwrite data and the resulting necessity of temporally indexing messages and information. The article identifies selective reading as a recommended strategy in print culture as well as in screen culture. What varies historically, however, are the patterns and aids of selection: individual compilations and compendiums of excerpts for further personal use; textbooks as pre-selection for use at universities; »Bildung« as prerequisite for as well as purpose of reading; the institutionalization of critique and review as attention direction device; finally, the reading-practices as reading avoidance such as »power skimming« and »crosschecking« as well as the establishment of abstract journals. The article observes new forms of web-based scientific semi-publications as a specific feature of screen culture and suggests that they undermine those institutions of print culture which authorize and lend credibility to publications as the latter cannot keep up with the pace, oscillation and dynamics of internet communication.

Hans Ulrich Gumbrecht, Was ist »die amerikanische Universität« – und was sollen amerikanische Universitäten sein? Neun ethnographische Aufnahmen und zwei systemische Fragen

In der alltäglichen Unterhaltung zwischen deutschen Intellektuellen wird häufig von »dem amerikanischen Universitätssystem« gesprochen. Aus vielerlei Gründen ist dies eine problematische Redeweise – nichtsdestotrotz nimmt der Essay diese Bezugnahme auf ein »amerikanisches Universitätssystem« (im Singular) ernst und überprüft sie mittels des systemtheoretischen Konzepts des »Systems«. Aus einer solchen Perspektive betrachtet hat ein System zumindest drei Kriterien zu erfüllen: es muss einerseits Geschlossenheit nach außen und andererseits interne Anschlussfähigkeit der Kommunikation gewährleisten und es muss eine Bezugnahme auf eine Funktion sicherstellen. Während die Anwendung dieses Konzepts auf die Landkarte der amerikanischen Universitäten zunächst den Eindruck einer erheblichen Inkohärenz entstehen lässt, bleibt bei genauerer Betrachtung letztlich ein Eindruck von Ambiguität: das »amerikanische Universitätssystem« scheint zugleich sehr inkohärent und sehr geschlossen zu sein. Die metatheoretische Frage ist deshalb, ob dieser deskriptive Kontrapunkteffekt eine inhärente Realität des »amerikanischen Universitätssystems« abbildet, oder ob er nicht vielmehr typisch ist für eine systemtheoretische Beschreibung selbst. Falls die letztere Annahme zutreffen sollte, würde dies bedeuten, dass eine spezifische Leistung der Systemtheorie in der Produktion eines besonderen Ausmaßes an deskriptiver und intellektueller Komplexität besteht.

Hans Ulrich Gumbrecht, What is »the american university« – and what should american universities be? Nine ethnographic observations and two systemic questions

In everyday conversation between German intellectuals, frequent reference is made to »the American university system.« For multiple reasons, this is a problematic usage – but this essay takes the reference to an »American university system« (in the singular) seriously, and tests it with the systems-theoretical concept of the »system.« Seen from a systemic angle, the System has to fulfill at least three criteria: it has to produce external closure and internal communication; and it must have an equivalent in the System's self-reference. While the application of this concept to the landscape of American universities starts out with a strong impression of incoherence, it ends up producing an impression of ambiguity: the »American university system« appears to be both particularly incoherent and very closed. The meta-theoretical question is therefore whether this descriptive counterpoint-effect represents an inherent reality of the »American university system«, or whether, as a result, it is typical for Systems-Theory-based description. If the latter assumption is true, this would mean that one specific strength of Systems Theory is the production of a specific degree of descriptive and intellectual complexity.

Adrian Itschert, Harvard, Princeton, Yale und das Meritokratiemodell

Die sozialwissenschaftlichen Beschreibungen der amerikanischen Eliteuniversitäten weisen vier auffällige Widersprüche auf, die in verschiedenen Texten immer wiederkehren. Der Artikel unterscheidet den Widerspruch zwischen der wissenschaflichen Reputation dieser Universitäten und ihren Studentenkulturen, den Widerspruch zwischen ihrem offenen Bekenntnis zur Meritokratie und ihren faktischen Praktiken bei der Studienzulassung, den Widerspruch der gewachsenen statistischen Repräsentativität ihrer Studentenpopulation im Hinblick auf Gender und Race und ihrer mangelnden Class Diversity, sowie den Widerspruch zwischen ihrer unterstellten Abhängigkeit von mächtigen externen Stakeholdergruppen und ihrer in einigen Situationen belegten Konfliktbereitschaft gegenüber diesen Gruppen. Der Text versucht zu zeigen, dass sich diese augenscheinlichen Widersprüche auflösen lassen, wenn man die am Meritokratiemodell orientierte Perspektive zugunsten einer differenzierungstheoretischen Perspektive aufgibt.

Adrian Itschert, Harvard, Princeton, Yale and the modell of meritocracy

Four noticeable contradictions can be discerned in the sociological descriptions of the american Ivy League Colleges. There is an obvious contradiction between their scientific reputation and their student culture, between the flaming dedication to meritocracy by prominent deans as James Bryant Conant and their factual admission practices, between the grown statistical representativeness of their student population related to race and gender and their obvious lack of class diversity and the contradiction between their supposed compliance vis-à-vis powerful external stakeholder groups like their alumni and their at least sometimes proven readiness to risk conflicts with these groups. The text tries to show that these apparent contradictions can be dissolved with the help of differentiation theory.

Georg Stanitzek, Die Bohème als Bildungsmilieu: Zur Struktur eines Soziotopos

Der Artikel skizziert thesenförmig einige Züge, welche die Bohème als »Mikrokosmos« (Balzac) der modernen Gesellschaft kennzeichnen. Es handelt sich um ein gemischtes Milieu, dessen marginale Stellung sich mit erheblicher Bedeutung für moderne Innovations- und Ausbildungsprozesse verbindet. In Opposition zum Mainstream des bürgerlichen und akademischen Lebens testet man in der Bohème dessen Normen und Routinen und versieht sie probeweise mit Alternativen. Es wird die Frage nach der gegenwärtigen Bedeutung der Bohème gestellt, und es werden einige Desiderate künftiger Bohèmeforschung bezeichnet.

Georg Stanitzek, Bohemians, a Culturally Innovative Milieu. The Construction of a Socio-Topos

With its general line of argument, this article traces several features that distinguish bohemian existence as a »microcosm« (Balzac) of modern society. The bohemians represent a mixed milieu whose marginal societal position was combined with considerable significance in the development of modern approaches to innovation and training. From an antagonistic stance towards the bourgeois and academic world, the bohemians put that world's norms and routines to the test, providing alternatives on a trial basis. The article also explores the present-day significance of the bohemians and indicates some of the hitherto neglected areas for further research on bohemian lifestyles.

Boris Holzer, Was man an der Uni lernt

In Universitäten wird nicht nur geforscht, sondern auch gelehrt. Sowohl die Wissenschaft als auch die Erziehung sind maßgebliche Umwelten der Universität. Was man an Universitäten lernt, hängt daher von konkreten Erziehungsabsichten ab, aber auch von eher beiläufig anfallenden, unbeabsichtigten Sozialisationseffekten. Diese haben, ähnlich wie in der Schule, vor allem mit dem Leben in formalen Organisationen zu tun. Orientiert an der Diskussion um den »heimlichen Lehrplan« lässt sich zeigen, dass die Universität in vielerlei Hinsicht als Fortsetzung und Steigerung der für die Schule typischen »modernen« Sozialisationsmuster begriffen werden kann. Unterschiede zeigen sich am ehesten im Bereich des Unterrichts, der an der Universität durch eine Rücknahme von Erziehung zugunsten der Simulation von Wissenschaft gekennzeichnet ist.

Boris Holzer, On what is learned at university

Universities are not only sites of research but also of teaching. Science and education are therefore primary environments of the university. Yet the consequences of university training are not limited to those envisaged by specific educational objectives but also include inadvertently produced, unintended socialization effects. Similar to schools, those effects are primarily due to the life in a formal organization. Based on the debate about a »hidden curriculum« the article shows that universities continue and intensify those »modern« socialization patterns that are commonly attributed to schools. Differences are most prominent in the university classroom, which is characterized by downplaying the role of education in favour of simulating science.

Maren Lehmann, Pendeln oder: Variable Absenz als Form der Universität

Die folgende Skizze nutzt die Unterscheidung von Campus- und Pendler-Universitäten, um die Form der Universität als eine Konsequenz regulärer Platzierungen von Individuen (Präsenz, Position, Ordnung, Ruhe) und deren Subversion durch die platzierten Individuen (Absenz, Negation, Unordnung, Unruhe) zu diskutieren. Die »akademische Freiheit«, die die Universität bietet, ist – so die These – eine geordnete Ermöglichung von Unordnung, eine Lizenz zur Absenz.

Maren Lehmann, Commuting or: variable absence as the form of the university

Using the difference of ›campus universities‹ and ›commuter schools‹, the following sketch discusses the form of the university as a consequence of orderly placements (presence, position, order, rest) and their subversion by the individuals being placed (absence, negation, disorder, unrest). The form of the university (academic freedom), then, is an orderly license to think and work disorderly, a license to be absent.

Ulrich Schreiterer, Die überforderte Universität

Wachsende Leistungsanforderungen und Begehrlichkeiten von Politik, Wirtschaft und Gesellschaft treiben die Universität in eine tückische Falle: Gibt sie ihnen nach, führt das in einen systematischen »overstretch«, schwächt und balkanisiert sie als Institution. Zu widerstehen, fällt ihr angesichts einer manifesten »crisis of purpose« und verschwindender Distinktionsmerkmale indes immer schwerer. In dem Maße, in dem die Bedingungen der Möglichkeit gelingender systemischer Operationen ausgehebelt werden, verliert die Universität ihre darauf beruhende Funktionsfähigkeit.

Ulrich Schreiterer, The overstrained university

With higher education (HE) turning into a mature, though severly underfunded, industry, it is increasingly taken to be a panacea for a great many societal issues and challenges. The ever-growing array of requests and demands it attracts, however, is about to unhinge its cherished institutional ecology, operating system, and governance, and to spawn an unprecedented »crisis of purpose«. The article argues that HE, research universities in particular, would be ill-advised to comply and try to cope with that surge since this could not but result in institutional overstretch and failure. What is needed, instead, is hard-nosed self-assurance together with far more leeway in individual institutions' mission, organization, and way to do things.

Stefan Kühl, Der Sudoku-Effekt. Zu den Gründen und Folgen der Komplexitätssteigerung an den Hochschulen

Der Artikel argumentiert, dass durch die Einführung von Leistungspunkten als einer neuen Kunstwährung an den Hochschulen ein Sudoku-Effekt produziert wird – die Ausrichtung der Studiengangsplanung und des Studiums selbst auf das Management von Leistungspunkten. Der Sudoku-Effekt wird dabei auf eine Reihe von Merkmalen zurückgeführt: die Wirkung der Zusammenfassung von Leistungspunkten in Modul-Containern, die Vernetzung einer Reihe von restriktiven Anforderungen bezüglich der Zuordnung von Leistungspunkten zu Modulen, Semestern, Veranstaltungen und Prüfungen und die Notwendigkeit am Ende eine »Punktlandung« auf genau 120, 180 oder 240 Leistungspunkte hinzubekommen. Es wird beschrieben, wie bei der Gestaltung – und teilweise auch bei der Lösung – von Bologna-Studiengängen sich eine Sudoku-Mentalität ausbildet: Hauptsache es geht am Ende irgendwie auf.

Stefan Kühl, The Sudoku-Effect. Reasons for and Effects of the Increase of Complexity at the Universities

The argument of this article is that credit points as new artificial currency in universities produce a Sudoku-Effect – the concentration of the perception of students at the management of credit points. The Sudoku-Effect is explained with several characteristics of the credit point system: the cumulation of credit points in modules, the combination of several different restrictions and the necessity to produce at the end exactly 120, 180 or 240 credit points.

Nikolaus Wegmann, Wie kommt die Theorie zum Leser? Der Suhrkamp Verlag und der Ruhm der Systemtheorie

Groß ist nur, was gerühmt wird. Der Aufsatz stellt die Frage, wie die Systemtheorie ihren Weg zum Ruhm gefunden hat. Die Antwort konzentriert sich auf den Suhrkamp Verlag als dem Hausverlag Niklas Luhmanns: Gleich zweimal tritt Luhmann in eine besondere Beziehung zu einem anderen Suhrkamp-Autor. Erst in diesen Autorenpaarungen Habermas / Luhmann und Rainald Goetz / Luhmann wird aus dem Soziologen Luhmann der große Theoretiker.

Nikolaus Wegmann, How Does Theory Find Its Readers? The Suhrkamp Publishing House and the Fame of Systems Theory

Only that which is praised is great. My essay raises the question of how Systems Theory came to find such praise. The answer focuses on Suhrkamp Verlag as the publishing house of Niklas Luhmann: no less than twice, Luhmann was read in connection with another particular Suhrkamp author. First from the position of these author constellations – Habermas / Luhmann and Rainald Goetz / Luhmann – did Luhmann the sociologist become the great theorist.

Über die Autoren

Dirk Baecker, sociologist, chair for cultural theory and analysis at Zeppelin University, Friedrichshafen, Germany. He studied sociology and economics at the University of Cologne and Université Paris-IX Dauphine and did his dissertation and habilitation at the Faculty for Sociology at the University of Bielefeld. His research areas cover general sociological theory, economic sociology, organization research and theory of culture. Recent books are *Form und Formen der Kommunikation* (Frankfurt a. M. 2005) and *Studien zur nächsten Gesellschaft* (Frankfurt a. M. 2007) and *Organisation und Störung* (Frankfurt a. M. 2011).

Cornelia Bohn ist Professorin für Allgemeine Soziologie an der Universität Luzern und Direktoriumsmitglied des Nationalen Forschungsschwerpunktes Eikones der Universität Basel. Zu ihren Forschungsschwerpunkten zählen Soziologische Theorien, Soziologie des Geldes; Bild, Sozialität und Kommunikationsmedien, Theorien der Individualität und Personalität, Soziologie der Inklusion und Exklusion, historische und gegenwärtige Semantikanalysen. Ausgewählte Publikationen: *Schriftlichkeit und Gesellschaft* 1999; *Inklusion, Exklusion und die Person,* Konstanz 2006; *Une société mondiale. Les concepts sociaux de Bourdieu et Luhmann,* in: Müller/Sintomer (Hrsg.), Pierre Bourdieu, théorie et pratique. Perspectives franço-allemandes, Paris 2006; *Geld und Eigentum.* Workingpapers des Soziologischen Seminars, Universität Luzern, 4.2009.

Hans Ulrich Gumbrecht is the Albert Guerard Professor of Literature at Stanford University. Among his books on literary theory and literary and cultural history are: *In 1926 – Living at the Edge of Time* (Harvard University Press, 1998); *Vom Leben und Sterben der großen Romanisten* (Hanser, 2002); *The Powers of Philology* (University of Illinois Press, 2003); *Production of Presence* (Stanford University Press, 2004); *In Praise of Athletic Beauty* (Harvard Press, 2006); *Unsere breite Gegenwart* (Suhrkamp Verlag, 2010), *Stimmungen lesen* (Hanser Verlag, 2011; English translation forthcoming). *After 1945 – Latency as Origin of the Present* (2011, forthcoming).

Christian Hilgert, Studium der Soziologie in Mainz und Bielefeld. Diplomarbeit zum Verhältnis von Wissenschaft und Erziehungssystem in Universitäten. Seit 2009 Stipendiat des DFG-Graduiertenkollegs »Weltgesellschaft – Herstellung und Repräsentation von Globalität« mit einer Arbeit zur Konstruktion von Globalität in ökologischen Diskursen. Kürzlich erschienen: *Netz-Werke. Funktionale Differenzierung, Selbstdarstellung und Beziehungspflege auf Social Networking Platforms* (zusammen mit Stefan Beher und Thorben Mämecke), in: Michael Bommes/Veronika Tacke (Hrsg.), Netzwerke in der funktional differenzierten Gesellschaft. Wiesbaden 2011, 289-315.

Boris Holzer, Ph.D. (LSE, 2001), Professor für Politische Soziologie an der Universität Bielefeld. Aktuelle Forschungsgebiete: Soziologische Theorie und Soziologie der Weltgesellschaft, politische Soziologie, soziale Netzwerke. Neuere Veröffentlichungen: *Netzwerke* (Bielefeld: transcript, 2006); *Netzwerktheorie,* in: Georg Kneer/Markus Schroer (Hrsg.), Handbuch Soziologische Theorien (Wiesbaden: VS, 2009); *Von der Beziehung zum System – und zurück? Relationale Soziologie und Systemtheorie,* in: Jan Fuhse/Sophie Mützel (Hrsg.), Relationale Soziologie (Wiesbaden: VS, 2010).

Adrian Itschert; geboren 1972; Studium der Soziologie in München; seit 2003 wissenschaftlicher Assistent an der Universität Luzern, Promotion 2009. Aktuelle Forschungsthemen: Ungleichheitssoziologie und politische Soziologie. Letzte Publikation: *Konkurrenz, Tausch, Kooperation, Über- und Unterordnung, Geheimhaltung und Streit im Radsport.* Simmel Studies 19, 62-109.

Jürgen Kaube, studierte Philosophie, Germanistik, Kunstgeschichte sowie Wirtschaftswissenschaften an der Freien Universität Berlin. Seit 1999 in der Feuilletonredaktion der Frankfurter Allgemeinen Zeitung, zuständig für Wissenschafts- und Bildungspolitik, die Seiten »Forschung und Lehre« und seit August 2008 Ressortleiter für die »Geisteswissenschaften«. Im Wissenschaftsteil der Frankfurter Allgemeinen Sonntagszeitung betreut er die Seite »Erkenntnis und Interesse«. Publikationen: *Otto Normalabweicher: der Aufstieg der Minderheiten,* Springe: zu Klampen-Verlag, 2007; *Die Illusion der Exzellenz: Lebenslügen der Wissenschaftspolitik* (Hrsg.), Berlin: Wagenbach, 2009.

André Kieserling ist Professor für Allgemeine Soziologie und soziologische Theorie an der Universität Bielefeld. Zu seinen Buchpublikationen gehören: *Kommunikation unter Anwesenden,* Frankfurt a.M. 1999; *Selbstbeschreibung und Fremdbeschreibung,* Frankfurt a.M. 2004.

Stefan Kühl, Prof. Dr., Soziologe und Historiker; Forschungsschwerpunkte: Gesellschaftstheorie, Organisationssoziologie, Interaktionssoziologie, Industrie- und Arbeitssoziologie, Professionssoziologie, Wissenschaftsgeschichte. Neuere Buchveröffentlichungen u.a.: *Sisyphos im Management. Die vergebliche Suche nach der perfekten Organisationsstruktur.* Weinheim: Wiley, 2000 *Coaching- und Supervision. Zur personenorientierten Beratung in Organisationen.* Wiesbaden: VS-Verlag, 2008; *Organisationen – eine sehr kurze Einführung.* Wiesbaden: VS-Verlag, 2011; *Der Sudoku-Effekt.* Die ungewollten Nebenfolgen einer Hochschulreform. Bielefeld: Transcript, 2011.

Maren Lehmann, Dr. phil, Privatdozentin für Soziologie an der Fakultät für Kulturreflexion der Universität Witten/Herdecke und Assistentin am Lehrstuhl für Kulturtheorie der Zeppelin-Universität Friedrichshafen (Bodensee). Publikationen zuletzt: *Theorie in Skizzen,* Berlin: Merve, 2011; *Mit Individualität rechnen: Karriere als Organisationsproblem,* Weilerswist: Velbrück Wissenschaft, 2011.

Christian Mersch, Studium und Promotion in Soziologie in Bielefeld, Bilbao, Luzern und Berlin; Promotion 2011. Vertriebsmanager für das Pharma Consulting-Unternehmen Heartbeat Experts in Brüssel. Forschungsinteressen: Patente in der Weltgesellschaft, Patentschutz und Zugänglichkeit von Medikamenten in Entwicklungsländern, Genese und Evolution der globalen Pharmabranche. Neueste Publikation: *Die Welt der Patente. Perspektiven einer Soziologie des Patents,* 2011 (i. E.).

Uwe Schimank, Prof. für Soziologische Theorie an der Universität Bremen. Arbeitsgebiete: soziologische Theorie, Wirtschafts- und Organisationssoziologie, Wissenschafts- und Hochschulforschung. Neuere Publikationen: *Qualitätssicherung der Lehre: Makro- und mikropolitische Konfliktlinien*, in: Handbuch Qualität in Studium und Lehre. Raabe: C 2.4: 1-20; *Wie Akteurkonstellationen so erscheinen, als ob gesellschaftliche Teilsysteme handeln – und warum das gesellschaftstheoretisch von zentraler Bedeutung ist*, in: Gert Albert/Steffen Sigmund (Hrsg.), Soziologische Theorie kontrovers. Sonderheft 50/2010 der Kölner Zeitschrift für Soziologie und Sozialpsychologie. Wiesbaden, 462-471; *Die Moderne: eine funktional differenzierte kapitalistische Gesellschaft*, in: Berliner Journal für Soziologie 19, 327-351.

Johannes F.K. Schmidt, Dipl.-Soz., Studium der Soziologie in München und Bielefeld, wissenschaftlicher Mitarbeiter am Soziologischen Seminar der Universität Luzern und an der Fakultät für Soziologie der Universität Bielefeld. Forschungsschwerpunkte: Soziologische Theorie, insbes. Systemtheorie und Netzwerktheorie, Soziologie persönlicher Beziehungen. Publikationen u.a.: *Rezeption und Reflexion: Zur Resonanz der Systemtheorie Niklas Luhmanns außerhalb der Soziologie* (Hrsg. mit Henk de Berg), Frankfurt a.M. 2000; *Freundschaft und Verwandtschaft. Zur Unterscheidung und Verflechtung zweier Beziehungsformen* (Hrsg. mit M. Guichard u.a.), Konstanz 2007. *Soziale Beziehung als systemtheoretischer Begriff*, Soziale Systeme 13 (2007), 516-527; *Theorie der Netzwerke oder Netzwerktheorie?* (Hrsg. mit Boris Holzer), Stuttgart 2009.

Ulrich Schreiterer, Dr. rer. soc., Jg. 1953, beschäftigt sich als studierter Soziologe und Historiker mit Fragen der Governance von Hochschulen und Wissenschaft im internationalen Vergleich. Nach diversen Tätigkeiten im Wissenschaftsmanagement, u.a. beim Wissenschaftsrat und beim CHE, war er zwischen 2003 und 2008 Senior Research Fellow an der Yale University. Seither arbeitet er am Wissenschaftszentrum Berlin für Sozialwissenschaften (WZB). Neuere Veröffentlichungen u.a.: *Traumfabrik Harvard. Warum amerikanische Hochschulen so anders sind*. Frankfurt a.M. 2008; *Science diplomacy at the intersection of S&T policies and foreign affairs: toward a typology of national approaches*, in: Science & Public Policy 37 (9), 2010, 665-677; *Exzellente Zukunft – Beobachtungen zur Dritten Förderlinie*, in: Stephan Leibfried (Hrsg), Die Exzellenzinitiative. Zwischenbilanz und Perspektiven. Frankfurt a.M. 2010, 85-113.

Dieter Simon, Prof. emeritus an der Humboldt Universität Berlin, Rechtshistoriker. Langjähriger Herausgeber von *Ius Commune. Zeitschrift für europäische Rechtsgeschichte, Rechtshistorisches Journal* sowie *Myops. Berichte aus der Welt des Rechts*. Publikationen u.a.: *Terrorismus und Rechtsstaatlichkeit. Analysen, Handlungsoptionen, Perspektiven* (Hrsg. mit K. Graulich), Berlin 2007; *Zufall, Abfall, Ausfall. Rezensionen und Betrachtungen zur rechtstheoretischen Gegenwartsliteratur* (mit B. Lahusen). Frankfurt a.M. 2008.

Georg Stanitzek lehrt Germanistik und Allgemeine Literaturwissenschaft mit dem Schwerpunkt Medien- und Literaturtheorie an der Universität Siegen. Kürzlich erschienen: *Essay – BRD* (2011).

Heinz-Elmar Tenorth, 1944 geboren, Studium der Geschichte, Germanistik, Sozialkunde sowie der Philosophie, Pädagogik und Soziologie, Univ. Würzburg, Promotion 1975; 1979-1991 Prof. Univ. Frankfurt am Main. 1991-2011 Prof. Historische Erziehungswissenschaft, Humboldt Universität zu Berlin, Arbeitsschwerpunkt: Theorie und Geschichte pädagogischen Wissens.

Hartmann Tyrell, Prof. i. R. Dr., Jg. 1943, lehrte seit 1972 allgemeine Soziologie an der Fakultät für Soziologie der Universität Bielefeld. Forschungsschwerpunkte: Geschichte der Soziologie, soziologische Theorie, Religionssoziologie; letzte Publikation in dieser Zeitschrift: *Zweierlei Differenzierung: Funktionale und Ebenendifferenzierung im Frühwerk Niklas Luhmanns*. Soziale Systeme 12, 2006, 194-310 (auch in: Soziale und gesellschaftliche Differenzierung: Aufsätze zur soziologischen Theorie. Wiesbaden: VS Verlag 2008).

Raf Vanderstraeten, geb. 1966, 1994 Promotion in Leuven (Belgien), 2004 Habilitation in Bielefeld. Derzeit Professor an der Universität Gent (Belgien). Forschungsschwerpunkte: Soziologische Theorie, Historische Soziologie, Soziologie der Erziehung, Soziologie der Religion, Soziologie des Wissens. Neuere Veröffentlichungen: *Soziale Beobachtungsraster: Eine wissenssoziologische Analyse von statistischen Klassifikationsschemata*, Zeitschrift für Soziologie 35 (2006), 193-211; *Säkularisierung als Inklusionsproblem*, Soziale Systeme 13 (2007), 327-337; *Scholarly communication in education journals*, Social Science History 35 (2011), 109-130.

Nikolaus Wegmann, professor of German at Princeton University. Ph.D. 1984 at Bielefeld, Habilitation 1998 at Cologne. Co-editor of *Athenäum. Jahrbuch der Friedrich Schlegel Gesellschaft*. Currently works on a media history of GDR literature. See recent article: *An Ort und Stelle. Zur Geschichte der konkreten Poesie in der DDR*, in: Deutsche Vierteljahrsschrift der Literaturwissenschaft und Geistesgeschichte 84, 2 (2010): 235-59.

Tobias Werron, geb. 1970, Studium der Rechtswissenschaft in Heidelberg und Berlin, Promotionsstudium in Soziologie in Bielefeld und Luzern, derzeit Akad. Rat a. Z. an der Universität Bielefeld. Forschungsschwerpunkte: Soziologische Theorie, Theorie der Weltgesellschaft / Globalisierungsforschung, Mediensoziologie, Sportsoziologie. Neuere Publikationen: *Wie ist Globalisierung möglich? Zur Entstehung globaler Vergleichshorizonte am Beispiel von Wissenschaft und Sport* (mit Bettina Heintz), in: Kölner Zeitschrift für Soziologie und Sozialpsychologie 63 (2011), 359-394; *Direkte Konflikte, indirekte Konkurrenzen. Unterscheidung und Vergleich zweier Formen des Kampfes*, Zeitschrift für Soziologie 39 (2010); *Der Weltsport und sein Publikum. Zur Autonomie und Entstehung des modernen Sports*, Weilerswist 2010.

Hinweise für unsere Autoren

Verfahren der Einsendung und Form des Manuskripts: Manuskript (in deutscher, englischer oder französischer Sprache) einseitig und anderthalbzeilig schreiben und als Word- bzw. WordPerfect- oder als pdf-Datei per email-attachment in anonymisierter Form einsenden. Ein Manuskript sollte nicht länger als 25 Seiten (ca. 65.000 Zeichen) sein. Die Gesamtzeichenzahl bitte auf dem Deckblatt vermerken.

Bitte unbedingt eine 10- bis 15zeilige *Zusammenfassung* des Beitrags in deutscher *und* englischer Sprache auf einem gesonderten Blatt beifügen. Weiterhin bitten wir um eine kurze Notiz zum Autor (ca. 10 Zeilen).

Die *Fußnoten* sind fortlaufend zu numerieren und sollten *nicht* für bibliographische Angaben, sondern nur für inhaltliche Anmerkungen genutzt werden.

Hervorhebungen in Kursivschrift.

Tabellen und Abbildungen bitte dem Manuskript gesondert beifügen. Im Manuskript müssen die Stellen angegeben werden, an denen Tabellen oder Abbildungen eingefügt werden sollen. Von den Abbildungen müssen reproduktionsfertige Vorlagen geliefert werden.

Literaturhinweise im Text: Nennung des Autorennamens, des Erscheinungsjahres und ggf. der Seitenzahl. Bei mehrfacher Zitierung der gleichen Quelle, Literaturhinweise in derselben Form wiederholen und keine Abkürzungen wie »a.a.O.«, »op.cit.«, »ebd.«, »ibid« etc. verwenden. Im einzelnen:

1. Wenn der Autorenname im Text vorkommt, Erscheinungsjahr in Klammern anfügen: »... Parsons (1960) ...«.
2. Wenn der Autorenname im Text nicht vorkommt, den Familiennamen des Autors und das Erscheinungsjahr in Klammern einfügen: »... (s. Arendt 1958) ...«.
3. Bei einem Buch mit mehreren Autoren die Familiennamen der Autoren durch »/« trennen: »... Maturana/Varela (1980) ...«.
4. Seitenangaben hinter dem Erscheinungsjahr nach einem Komma: »... Luhmann (1984, 242ff.) ...«.
5. Sofern mehrere Titel desselben Autors aus einem Jahr zitiert werden, der Jahreszahl zur Unterscheidung die Buchstaben a, b, c usw. hinzufügen: »... Esser (1994a, 12) ...«.
6. Bei Nennung mehrerer Titel eines Autors in einem Literaturhinweis, die Angaben durch Semikolon trennen und in eine gemeinsame Klammer einschließen: »... Esser (1994a, 12; 1994b, 124)...«. Ebenso bei mehreren aufeinanderfolgenden Literaturhinweisen: »... (Parsons 1960; Maturana/Varela 1980; Glanville 1988) ...«.

Literaturverzeichnis: Alle zitierten Titel alphabetisch nach Autorennamen und nach Erscheinungsjahr geordnet in einem gesonderten Anhang am Schluß des Manuskripts unter der Überschrift »Literatur« aufführen. Die Titel bitte vollständig, d.h. auch mit u.U. vorhandenen Untertiteln anführen. Den Vornamen des Autors ungekürzt angeben. Den Verlagsnamen in abgekürzter, aber noch verständlicher Form nennen. Beispiele:

1. Bücher: Parsons, Talcott (1972): Das System moderner Gesellschaften. München: Juventa.
   Zu beachten: Mehrere Autoren bzw. Herausgeber eines Titels werden durch »/« voneinander getrennt, die Reihenfolge »Nachname, Vorname« wird nicht durchbrochen: Müller, Hans-Peter/Schmid, Michael (Hrsg.) (1995): Sozialer Wandel. Modellbildung und theoretische Ansätze. Frankfurt a.M.: Suhrkamp.
2. Zeitschriftenbeiträge: Geser, Hans (1986): Elemente zu einer soziologischen Theorie des Unterlassens. Kölner Zeitschrift für Soziologie und Sozialpsychologie 38, 643-669.
3. Beiträge aus Sammelbänden: Derrida, Jacques (1979): Structure, Sign and Play in the Discourse of the Human Sciences. S. 247-265 in: Richard Macksey/Eugenio Denato (Hrsg.), The Languages of Criticism and the Sciences of Man: The Structuralist Controversy. Baltimore: The Johns Hopkins Press.
   Zu beachten: Die Nennung der Herausgeber erfolgt hier in der »natürlichen« Reihenfolge, d.h.: »Vorname Nachname«.

Korrekturen werden vom Verlag mit der Bitte um sorgfältige Prüfung und umgehende Rückgabe vorgelegt. Es wird nur eine Korrektur (Fahnenkorrektur) verschickt. Kosten für außergewöhnlich umfangreiche, verspätete oder vom Autor verschuldete Korrekturen müssen dem Verlag erstattet werden.

Redaktionsadresse:
Johannes Schmidt
Soziologisches Seminar, Kultur- und Sozialwissenschaftliche Fakultät, Universität Luzern
Frohburgstrasse 3, PF 4466, CH-6002 Luzern
Fax (+41) (0)41 / 229 55 55
E-Mail: soziale.systeme@unilu.ch

Hans Willgerodt

Werten und Wissen

Beiträge zur politischen Ökonomie

Marktwirtschaftliche Reformpolitik Bd. 11

2011. XVIII/462 S., geb., 59,– €. ISBN 978-3-8282-0534-5

Wirtschaftspolitik ist Kunstlehre. Es geht um das Zusammenspiel von Politik und ordnungstheoretischem Wissen und Kunst, die daraus resultierenden Erkenntnisse in einem bestimmten gesellschaftspolitischen Umfeld fruchtbar werden zu lassen. Die ordoliberale Konzeption erweiterte diesen Ansatz um das Wissen der Interdependenz zwischen wirtschaftlicher und politischer Sphäre – als Theorie und Konzeption für die Praxis.

Die Zusammenstellung der wissenschaftlichen Beiträge von Hans Willgerodt zeigen dies eindrucksvoll. Die Aufsätze umfassen einen Zeitraum von 60 Jahren wissenschaftlicher Arbeit. Sie sind ein Beleg schier unerschöpflicher Kreativität und engagierter Teilnahme an wirtschaftspolitischen und gesellschaftspolitischen (Fehl-)Entwicklungen sowie dafür, welche Leistungen für Theorie und Praxis möglich sind, wenn hohe wissenschaftliche Kreativität mit festen ordnungspolitischen Grundsätzen und Erkenntnissen kombiniert werden. Die Lektüre belegt: Das Stemmen gegen den Zeitgeist lohnt sich und das Kämpfen gegen den Strom sollte eine eherne Aufgabe des Wissenschaftlers sein. Die Beiträge sind frisch geblieben.

Inhaltsübersicht

Erster Teil:
Werte, Freiheit und Ordnung

Christliche Ethik und wirtschaftliche Wirklichkeit

Wirtschaftsfreiheit als moralisches Problem

Die Gesellschaftliche Aneignung privater Leistungserfolge als Grundelement der wettbewerblichen Marktwirtschaft

Grenzmoral und Wirtschaftsordnung

Rang und Grenzen der Wirtschaftsfreiheit im Streit der Fakultäten: Rechtswissenschaft, Medizin und Naturwissenschaften

Soziale Marktwirtschaft – ein unbestimmter Begriff?

Wirtschaftsordnung und Staatsverwaltung

Westdeutschland auf dem Wege zu „richtigen" Preisen nach der Reform von 1948

Einigkeit und Recht und Freiheit

Der Staat und die Liberalen

Demokratisierung der Wirtschaft und die Freiheit des Einzelnen

Der Bürger zwischen Selbstverantwortung und sozialer Entmündigung

Zweiter Teil:
Vertrauen, Irrtum und Wissen als wirtschaftspolitische Probleme

Diskretion als wirtschaftspolitisches Problem

Der Unternehmer zwischen Verlust, Gewinn und Gemeinwohl

Regeln und Ausnahmen in der Nationalökonomie

Das Problem des politischen Geldes

Gedeckte und ungedeckte Rechte

Sozialpolitik und die Inflation ungedeckter Rechte

Enteignung als ordnungspolitisches Problem

Die Anmaßung von Unwissen

Die Universität als Ordnungsproblem

LUCIUS
LUCIUS   Stuttgart

ORDO
Jahrbuch für die Ordnung von Wirtschaft und Gesellschaft
Band 62

Begründet von Walter Eucken und Franz Böhm

Herausgegeben von
Hans Otto Lenel, Thomas Apolte, Clemens Fuest, Walter Hamm, Wolfgang Kerber,
Martin Leschke, Ernst-Joachim Mestmäcker, Wernhard Möschel, Josef Molsberger,
Christian Müller, Peter Oberender, Ingo Pies, Razeen Sally, Alfred Schüller, Viktor Vanberg,
Christian Watrin, Hans Willgerodt

2011. X/678 S., geb. € 116,-. ISBN 978-3-8282-0554-3

Inhaltsübersicht:

Heiko Peters/S. Ried/P. Schwarz, Krisenreaktion und Krisenprävention im Euro-Raum

Ansgar Belke, „EU Governance" und Staateninsolvenz: Optionen jenseits der Kommissionsvorschläge

Hanno Beck/D. Wentzel, Ordnungspolitische Überlegungen zu einer Insolvenzordnung für Staaten

Johannes Suttner/V. Kielholz, Leerverkäufe verbieten?

Bodo Knoll, Vom Wert der Blase – Die Funktion der Spekulation in der Marktwirtschaft

Ludger Wößmann, Aktuelle Herausforderungen der deutschen Bildungspolitik

Horst Bossong, Suchtpolitik im paternalistischen, aktivierenden oder ermöglichenden Staat

Michael Coenen/J. Haucap/A. Herr/B.A. Kuchinke, Wettbewerbspotenziale im deutschen Apothekenmarkt

Ingo Pies/P. Sass, Wie sollte die Managementvergütung (nicht) reguliert werden?

Till Talaulicar, Normierungseffekte der Co-Regulierung von Standards guter Corporate Governance

Eva Maria Lucke/C. Lütge, Moralisches Verhalten in einem korrupten Markt: Anreize und Erfolgsfaktoren anhand einer Fallstudie aus Argentinien

Christian Kirchner, Corporate Governance und Ordnungsökonomik

Nils Goldschmidt/A. Lenger, Ordnungsökonomik als angewandte Wissenschaft

Tobias Pfaff, Das „Bruttonationalglück" als Leitlinie der Politik in Bhutan

Friedrich L. Sell, Scham- und Schuldgefühl: Zur ökonomischen Bedeutung zweier kulturell motivierter Emotionen

Steffen Groß, Vom »Gesetz« zur »Form« – Überlegungen zum epistemischen und methodologischen Status der Volkswirtschaftslehre

Marie Möller, Gefangen im Dilemma? Ein strategischer Ansatz der Wahl- und Revolutionsteilnahme

Vorträge zur Ordnung der Wirtschaft und Gesellschaft

Razeen Sally, Liberty outside the West

Viktor Vanberg, Moral und Wirtschaftsordnung

Alfred Schüller, Das fatale Einheitsdenken in der EU. Lehren aus Selbsttäuschungen und Fehlschlägen

Manfred E. Streit, Zur Krise des Euro

Bernd Noll, Wie viel gemeinsame Ethik braucht eine Weltwirtschaftsordnung?

Karen Horn, Diesseits von Angebot und Nachfrage

LUCIUS
LUCIUS   Stuttgart

Bildungsökonomik und Soziale Marktwirtschaft

Herausgegeben von
Thomas Apolte und Uwe Vollmer

2010. X/206 Seiten, kt. € 42,-. ISBN 978-3-8282-0503-1

Schriften zu Ordnungsfragen der Wirtschaft Bd. 91

Herausgegeben von

Prof. Dr. Gernot Gutmann, Köln
Dr. Hannelore Hamel, Marburg
Prof. Dr. Helmut Leipold, Marburg
Prof. Dr. Alfred Schüller, Marburg
Prof. Dr. H. Jörg Thieme, Düsseldorf
Prof. Dr. Stefan Voigt, Marburg

Unter Mitwirkung von

Prof. Dr. Dieter Cassel, Duisburg
Prof. Dr. Karl-Hans Hartwig, Münster
Prof. Dr. Hans-Günter Krüsselberg, Marburg
Prof. Dr. Ulrich Wagner, Pforzheim

Inwieweit wird das Bildungssystem Deutschlands, angefangen von der frühkindlichen Bildung bis hin zu den Hochschulen, modernen Anforderungen gerecht? Wo gibt es Reformbedarf und welche Optionen bieten sich? Was sind die Folgen unzureichender Qualifikation von Berufstätigen und wie kann man darauf adäquat reagieren?
Diese Fragen wurden im 42. Forschungsseminar Radein diskutiert, das im Februar 2009 in Südtirol/Italien stattfand und dessen Ergebnisse der vorliegende Band wiedergibt.

Inhaltsübersicht

Katharina Spieß
Sieben Ansatzpunkte für ein effektiveres und effizienteres System der frühkindlichen Bildung in Deutschland

Björn Frank
Ökonomische Analyse einiger Elemente des deutschen Schulsystems

Klaus Beckmann
Hochschulreform und Hochschulfinanzierung im Bologna-Prozess

Rahel Schomaker
Qualitätssicherung durch Akkreditierung?

Oliver Jennissen
Die Rolle der Bildung in der Sozialen Marktwirtschaft

LUCIUS
LUCIUS   Stuttgart